判例トレーニング

憲法

棟居快行・工藤達朗・小山剛 編

赤坂幸一　新井誠　井上武史
大河内美紀　大林啓吾　片桐直人
佐々木弘通　佐々木雅寿　宍戸常寿
柴田憲司　鈴木秀美　土屋武
松本哲治　山本龍彦　横大道聡

信山社

は し が き

　日本版ロースクールとして法科大学院が開学して，今春で丸 14 年になる。本書の編者 3 名にとり，当時のことは LS 憲法研究会編『プロセス演習憲法』（信山社，2004 年）の刊行の苦しみとして，忘れがたい思い出になっている。下級審からの争点形成の流れを追うことと，最高裁の判例法理を事案を少し変えるとどう使えるかを考えることで判例の射程を探ることという，まさに二兎をそれなりに追い求めたのが同書の特徴であった。

　本書の編者 3 名は，今日でも『プロセス演習憲法』に強いこだわりを持っているが，残念なことに 2011 年の第 4 版以来，諸般の事情で改訂版を出すことがかなわないまま，法科大学院や司法試験自体が世間の関心を失うという事態にまで立ち至っている。われわれが法科大学院の教室で出くわすのは，当事者目線で双方向の論証に参加できる以前に，そもそも最高裁判例が何を言っているのかよく理解できない，という学生諸氏の真摯な悩みである。そこで，判旨そのものをていねいに読み，どういう論証の積み上げで合憲違憲の結論が出されているのか，という「最高裁の論証作法」にスポットを当てる解説書が，まずもって必要だと感じるようになった。

　本書はこうして，「判例の読み方・使い方」に徹した学習教材として法科大学院で使用され，あるいは学部生が法科大学院レベルの判例読解を可能とするために産まれた。その特徴は，法科大学院の教員である執筆陣の声に基づいて，実際に現場で使われている教材の最大公約数を取り込んだ点にある。

　本書の工夫としては，以下の点が挙げられよう。
① 予習の便宜のために，「**要点**」で判決の内容を概観できるようにした。
② 判決文の引用はていねいに，かつ重要な箇所は**下線**を引き，**キーワードはゴチック**で強調した。
③ 「**確認問題**」で判決文のポイントを復習しやすくした。
④ 「**解説**」では，理論のための理論は避け，あくまで判決文の理解を助ける記述を中心とした。
⑤ 本書だけでは重要判例を網羅できていないが，「**関連判例**」で類似する判例を明示した。
⑥ 「**演習問題**」は，授業のレポート課題となりうるレベルのものを提示するとともに，「**考え方**」としてヒントを添えた。

　なお，多くの読者は，本書でも「解説」がやはり難しいと感じるかもしれない。しかしこれは，執筆者の研究関心から高度な記述になっているのではなく，最高裁の判例法理がそれだけ手強いためである。また，現実の裁判では最高裁判例を両当事者がそれぞれ自分側に有利に解釈して使おうとする。そうした憲法裁判実務を追体験するためにも，「ああ

でもない，こうでもない。」という判旨の理解の深掘りは，実は不可欠といってよい。

　本書の執筆陣はロートルに属する編者を除くと，研究教育の最前線にいる若手中堅の一線どころであり，両者の橋渡しと感覚の共有のために，横大道聡教授，柴田憲司准教授に編集協力者として参加していただいた。明晰に教える術を心得た執筆陣を揃えた本書は，判例の読解と応用の基本的な力を身につけようとする読者のみなさんにとり，有意義であると信じている。

　本書が憲法判例の論証の構造を知り，その基本的な思考方法を修得する一助となれば，編者一同これに勝るよろこびはない。

　なお，本書の企画から出来上がりまで，信山社出版の柴田尚到氏にはひとかたならぬご尽力をいただいた。この場を借りて厚く御礼申し上げる。

　　2018 年春

　　　　　　　　　　　　　　　　　　　　　　　　　　　　編者一同

判例トレーニング憲法

目　次

平等①

1 国籍法事件 ････････････････････････････〔棟居快行〕････ 1

（最高裁平成 20 年 6 月 4 日大法廷判決）

平等②

2 非嫡出子相続分事件 ･･････････････････････〔棟居快行〕････ 10

（最高裁平成 25 年 9 月 4 日大法廷決定）

プライバシー権

3 住基ネット判決 ･･････････････････････････〔山本龍彦〕････ 19

（最高裁平成 20 年 3 月 6 日第一小法廷判決）

人格権

4 夫婦同氏事件 ････････････････････････････〔柴田憲司〕････ 28

（最高裁平成 27 年 12 月 16 日大法廷判決）

内心の自由

5 起立斉唱命令事件 ････････････････････････〔佐々木弘通〕････ 39

（最高裁平成 23 年 5 月 30 日第二小法廷判決）

団体構成員の人権

6 南九州税理士会事件 ･･････････････････････〔井上武史〕････ 51

（最高裁平成 8 年 3 月 19 日第三小法廷判決）

信教の自由

7 神戸高専事件判決 ････････････････････････〔小山　剛〕････ 61

（最高裁平成 8 年 3 月 8 日第二小法廷判決）

iv　目　次

政教分離

8　空知太神社事件 ･･････････････････････････〔片桐直人〕････ 69

（最高裁平成 22 年 1 月 20 日大法廷判決）

表現の自由①

9　よど号ハイジャック記事抹消事件 ････････････〔宍戸常寿〕････ 78

（最高裁昭和 58 年 6 月 22 日大法廷判決）

表現の自由②

10　北方ジャーナル事件 ･･････････････････････〔鈴木秀美〕････ 87

（最高裁昭和 61 年 6 月 11 日大法廷判決）

表現の自由③

11　堀越事件 ･･････････････････････････････････〔土屋　武〕････ 95

（最高裁平成 24 年 12 月 7 日第二小法廷判決）

表現の自由④

12　船橋市西図書館事件 ････････････････････････〔横大道聡〕･･･ 105

（最高裁平成 17 年 7 月 14 日第一小法廷判決）

集会の自由

13　泉佐野市民会館事件 ････････････････････････〔大河内美紀〕･･･ 115

（最高裁平成 7 年 3 月 7 日第三小法廷判決）

職業の自由

14　薬事法違憲判決 ････････････････････････････〔小山　剛〕･･･ 125

（最高裁昭和 50 年 4 月 30 日大法廷判決）

財産権

15　証券取引法インサイダー取引規制事件 ･･･････〔松本哲治〕･･･ 134

（最高裁平成 14 年 2 月 13 日大法廷判決）

罪刑法定主義

16 広島市暴走族追放条例事件‥‥‥‥‥‥‥‥‥‥〔新井　誠〕‥‥143

（最高裁平成 19 年 9 月 18 日第三小法廷判決）

生存権

17 堀木訴訟‥‥‥‥‥‥‥‥‥‥‥‥‥‥‥‥‥‥‥〔棟居快行〕‥‥152

（最高裁昭和 57 年 7 月 7 日大法廷判決）

教育権

18 旭川学テ事件‥‥‥‥‥‥‥‥‥‥‥‥‥‥‥‥‥〔大林啓吾〕‥‥161

（最高裁昭和 51 年 5 月 21 日大法廷判決）

選挙権

19 在外国民選挙権訴訟‥‥‥‥‥‥‥‥‥‥‥‥‥‥〔工藤達朗〕‥‥173

（最高裁平成 17 年 9 月 14 日大法廷判決）

平等選挙

20 議員定数不均衡訴訟‥‥‥‥‥‥‥‥‥‥‥‥‥〔佐々木雅寿〕‥‥184

（最高裁平成 25 年 11 月 20 日大法廷判決）

公務就任権

21 東京都管理職選考受験事件‥‥‥‥‥‥‥‥‥‥‥〔工藤達朗〕‥‥193

（最高裁平成 17 年 1 月 26 日大法廷判決）

裁判を受ける権利

22 裁判員制度違憲訴訟‥‥‥‥‥‥‥‥‥‥‥‥‥‥〔赤坂幸一〕‥‥202

（最高裁平成 23 年 11 月 16 日大法廷判決）

判例索引

編者紹介

棟居快行（むねすえ・としゆき）

　1978 年　東京大学法学部卒業　博士（法学）

　現　在　専修大学大学院法務研究科教授　大阪大学名誉教授

〈主要著作〉

『人権論の新構成』（信山社，1992 年，2008 年新装版）

『憲法学再論』（信山社，2001 年）

『憲法学の可能性』（信山社，2012 年）

「表現の自由の意味をめぐる省察」ドイツ憲法判例研究会編『講座憲法の規範力第 4 巻　憲法
　　の規範力とメディア法』（信山社，2015 年）

「プライバシー権の来し方・行く末」戸波江二先生古稀記念『憲法学の創造的展開　上巻』（信
　　山社，2017 年）

工藤達朗（くどう・たつろう）

　1981 年　中央大学大学院法学研究科博士前期課程修了

　現　在　中央大学大学院法務研究科教授

〈主要著作〉

『憲法学研究』（尚学社，2009 年）

『ファーストステップ憲法』（共著，有斐閣，2005 年）

『ケースで考える憲法入門』（共著，有斐閣，2006 年）

『憲法 I 基本権』（共著，日本評論社，2016 年）

「憲法改正手続規定に違反して行われた憲法改正の効力」戸波江二先生古稀記念『憲法の創造
　　的展開　下巻』（信山社，2017 年）

小山　剛（こやま・ごう）

　1990 年　慶應義塾大学大学院法学研究科博士課程単位取得退学　博士（法学）

　現　在　慶應義塾大学法学部教授

〈主要著作〉

『基本権保護の法理』（成文堂，1998 年）

『基本権の内容形成』（尚学社，2004 年）

『「憲法上の権利」の作法』（尚学社，第 3 版，2016 年）

「『憲法上の権利』各論（1）〜（20）」法学セミナー 705 〜 728 号（2013 〜 2015 年）所収

執筆者紹介

（五十音順）

赤坂幸一（あかさか・こういち）

　1998 年　京都大学法学部卒業

　現　在　九州大学法学研究院准教授

〈主要著作〉

『初期日本国憲法改正論議資料——萍憲法研究会速記録（参議院所蔵）1953 〜 1959』（柏書房，
　　2014 年）

『憲法論点教室』（日本評論社，2012 年）（曽我部真裕・新井誠・尾形健との共編著）

「統治機構論探訪」法学セミナー 748 号（2017 年）〜連載中

「ドイツにおける連邦政府内部の憲法適合性審査——ベルリン調査報告」レファレンス

794 号（2017 年）

「統治システムの運用の記憶——議会先例の形成」レヴァイアサン 48 号（2011 年）

新井　誠（あらい・まこと）

2001 年　慶應義塾大学大学院法学研究科後期博士課程単位取得退学　博士（法学）

現　在　広島大学大学院法務研究科教授

〈主要著作〉

『議員特権と議会制——フランス議員免責特権の展開』（単著，成文堂，2008 年）

「議会と裁判所の憲法解釈をめぐる一考察」『現代アメリカの司法と憲法——理論的対話の試み』（共編著，尚学社，2013 年）

『憲法 I　総論・統治』，『憲法 II　人権』（共著，日本評論社，2016 年）

「二元的執政府と両院制議会——元老院との関係から見た一考察」辻村みよ子編集代表『講座　政治・社会の変動と憲法—フランス憲法からの展望—第 I 巻　政治変動と立憲主義の展開』（共編著，信山社，2017 年）

「フランスにおけるテロ対策法制とその変容」『変容するテロリズムと法——各国における〈自由と安全〉法制の動向』（共編著，弘文堂，2017 年）

井上武史（いのうえ・たけし）

2006 年　京都大学大学院法学研究科博士後期課程修了　博士（法学）

現　在　九州大学大学院法学研究院准教授

〈主要著作〉

『結社の自由の法理』（単著，信山社，2014 年）

『憲法裁判所の比較研究』（共著，信山社，2016 年）

『一歩先への憲法入門』（共著，有斐閣，2016 年）

『憲法判例の射程』（共著，弘文堂，2017 年）

「フランス第 5 共和政における憲法改正」辻村みよ子編集代表『講座　政治・社会の変動と憲法—フランス憲法からの展望—第 II 巻　社会変動と人権の現代的保障』（信山社，2017 年）

大河内美紀（おおこうち・みのり）

2002 年　名古屋大学大学院法学研究科博士課程後期課程単位取得退学　博士（法学）

現　在　名古屋大学大学院法学研究科教授

〈主要著作〉

『憲法解釈方法論の再構成』（日本評論社，2010 年）

「『司法審査の正当性を問うこと』について」長谷部恭男・辻村みよ子編『憲法理論の再創造』（日本評論社，2011 年）

「『司法の独立』のグローバル化とその困難」名古屋大学法政論集 255 号（2014 年）

「アメリカにおける『立憲主義』の現在」憲法理論研究会編『対話的憲法理論の展開』（敬文堂，2016 年）

「公務員の政治的意見表明」長谷部恭男編『論究憲法』（有斐閣，2017 年）

大林啓吾（おおばやし・けいご）

2007 年　慶應義塾大学大学院法学研究科博士課程修了　博士（法学）

現　在　千葉大学大学院専門法務研究科准教授

『アメリカ憲法と執行特権』（成文堂，2008 年）

『憲法とリスク』（弘文堂，2015 年）

『最高裁の少数意見』（共編著，成文堂，2016 年）

『アメリカ憲法と公教育』（共編著，成文堂，2017 年）

viii 編者・執筆者紹介

『ロバーツコートの立憲主義』（共編著，成文堂，2017 年）

片桐直人（かたぎり・なおと）
　2007 年　京都大学大学院法学研究科博士後期課程単位取得満期退学　博士（法学）
　現　在　大阪大学大学院高等司法研究科准教授
　〈主要著作〉
　『憲法判例 50 ！』（共著，有斐閣，2016 年）
　『精読憲法判例』（共著，弘文堂，2018 年）
　『憲法のこれから』（共著，日本評論社，2017 年）
　「日本国憲法の下における中央銀行制度の位置づけとそのデザイン」論究ジュリスト 16 号
　　（2016 年）
　「憲法と『皇室経済』」憲法研究創刊第 1 号（信山社，2017 年）

佐々木弘通（ささき・ひろみち）
　1997 年　東京大学大学院法学政治学研究科博士課程修了　博士（法学）
　現　在　東北大学大学院法学研究科教授
　〈主要著作〉
　「憲法 70 年と政教分離原則」法学教室 440 号（2017 年）
　「公定教会制と公共圏・序説」遠藤泰生編『近代アメリカの公共圏と市民』（東京大学出版会，
　　2017 年）
　「〈国民が担う立憲主義〉に関する考察」糠塚康江編『代表制民主主義を再考する』（ナカニシ
　　ヤ出版，2017 年）
　『現代社会と憲法学』（共編著，弘文堂，2015 年）
　『憲法基本判例』（共編著，尚学社，2015 年）

佐々木雅寿（ささき・まさとし）
　1989 年　北海道大学大学院法学研究科博士課程退学　博士（法学）
　現　在　北海道大学大学院法学研究科教授
　〈主要著作〉
　『現代における違憲審査権の性格』（単著，有斐閣，1995 年）
　『対話的違憲審査の理論』（単著，三省堂，2013 年）
　『はじめての憲法学（第 3 版）』（共著，三省堂，2015 年）
　『世界の人権保障』（共編著，三省堂，2017 年）
　「カナダにおける憲法変動とカナダ最高裁判所の役割」『憲法問題』28 号（三省堂，2017 年）

宍戸常寿（ししど・じょうじ）
　1997 年　東京大学法学部卒業
　現　在　東京大学大学院法学政治学研究科教授
　〈主要著作〉
　『憲法裁判権の動態』（弘文堂，2005 年）
　『憲法 解釈論の応用と展開（第 2 版）』（日本評論社，2014 年）
　『判例プラクティス憲法（増補版）』（共著，信山社，2014 年）
　『憲法学読本（第 2 版）』（共著，有斐閣，2014 年）
　『憲法 I ―基本権』（共著，日本評論社，2016 年）

柴田憲司（しばた・けんじ）
　2012 年　中央大学大学院法学研究科博士後期課程修了　博士（法学）

現　在　中央大学法学部准教授

〈主要著作〉

「憲法上の比例原則について（1）（2・完）」法学新報 116 巻 9・10 号（2010 年），同 11・12 号（同年）

「比例原則と目的審査」法学新報 120 巻 1・2 号（2013 年）

「ドイツ連邦憲法裁判所の少数意見制」大林啓吾・見平典編『最高裁の少数意見』（共著，成文堂，2016 年）

「生存権の『制約』可能性」戸波江二先生古稀記念『憲法学の創造的展開　上巻』（信山社，2017 年）

鈴木秀美（すずき・ひでみ）

1990 年　慶應義塾大学大学院法学研究科後期博士課程単位取得退学　博士（法学）

現　在　慶應義塾大学メディア・コミュニケーション研究所教授　大阪大学名誉教授

〈主要著作〉

『よくわかるメディア法』（共編著，ミネルヴァ書房，2011 年）

『インターネット法』（共編著，有斐閣，2015 年）

『放送制度概論』（共編著，商事法務，2017 年）

『放送の自由（増補第 2 版）』（信山社，2017 年）

土屋　武（つちや・たけし）

2013 年　中央大学大学院博士課程後期課程満期退学

現　在　新潟大学法学部准教授

〈主要著作〉

『ドイツの憲法裁判』（共著，中央大学出版部，2013 年）

『ペーター・ヘーベルレ　多元主義における憲法裁判』（共編訳，中央大学出版部，2014 年）

「基本権解釈の『主体』に関する予備的考察」戸波江二先生古稀記念『憲法学の創造的展開　上巻』（信山社，2017 年）

松本哲治（まつもと・てつじ）

1996 年　京都大学大学院法学研究科博士後期課程退学

現　在　同志社大学大学院司法研究科教授

〈主要著作〉

『憲法 I 総論・統治（第 2 版）』（共著，有斐閣，2017 年）

『憲法 II 人権（第 2 版）』（共著，有斐閣，2017 年）

「薬事法距離制限違憲判決──職業選択の自由と距離制限をともなう開設許可制」論究ジュリスト 17 号（2016 年）

「投票価値の平等と事前の救済」阪本昌成先生古稀記念『自由の法理』（成文堂，2015 年）

「職業選択の自由──タクシーの再規制の問題を中心にして」同志社法学 64 巻 7 号（2013 年）

山本龍彦（やまもと・たつひこ）

2005 年　慶應義塾大学大学院法学研究科博士課程単位取得退学　博士（法学）

現　在　慶應義塾大学大学院法務研究科教授

〈主要著作〉

『遺伝情報の法理論』（尚学社，2008 年）

『判例プラクティス憲法（増補版）』（共著，信山社，2014 年）

『憲法学のゆくえ』（共編著，日本評論社，2016 年）

『プライバシーの権利を考える』（信山社，2017 年）

『おそろしいビッグデータ』（朝日新書，2017 年）

横大道聡（よこだいどう・さとし）
　2007 年　慶應義塾大学大学院法学研究科後期博士課程単位取得退学　博士（法学）
　現　在　慶應義塾大学大学院法務研究科教授
　〈主要著作〉
　『現代国家における表現の自由』（単著，弘文堂，2013 年）
　『憲法判例の射程』（編著，弘文堂，2017 年）
　『憲法 I 総論統治』『憲法 II 人権』（共著，日本評論社，2016 年）
　『変容するテロリズムと法』（共編著，弘文堂，2017 年）
　『地域に学ぶ憲法演習』（共編著，日本評論社，2011 年）

凡　例

1　当事者の表記

　民事事件，行政事件の原告は X，民事事件，行政事件の被告および刑事事件の被告人は Y で表記し，当事者以外の関係者は A，B，C 等 X，Y 以外のアルファベットで表記した。

2　判決文の扱い

(1)　引用の表示　　引用個所は「　」で示した。また，原本中の「　」は『　』に置き換えた。

(2)　引用個所中の強調　　引用個所中で，重要な言葉をゴチックであらわし，また重要な表現には下線を付した。

(3)　省略個所の表示　　省略個所は一律「……」で示した。

(4)　固有名詞の扱い　　適宜言い換えを行った。

(5)　数字の扱い　　条文，年月日等につき漢数字となっていたものはアラビア数字に置き換えた。

(6)　誤字・脱字の扱い　　引用個所中のあきらかな誤字・脱字は訂正することとしたが，それを削除はせずそのままとし，〔　〕内で正しいと考えられるものを補った。

(7)　促音・拗音の扱い　　促音・拗音は一律小書きとした。

(8)　前述の表示　　原本が縦組みの際に「右」と前述の表示があるが，そのままとした。

(9)　論旨の明確化　　論旨をより明確にするために執筆者が付した小見出しおよび補った言葉には，それを〔　〕に入れて示した。

3　おもな文献名の略記法

　判例集，文献の略語はこの一覧のほか，一般の慣例による

(1)　判例集略語

民（刑）集	最高裁判所民（刑）事判例集	裁時	裁判所時報
高民（刑）集	高等裁判所民（刑）事判例集	刑月	刑事裁判月報
下民（刑）集	下級裁判所民（刑）事判例集	家月	家庭裁判月報
行集	行政事件裁判例集	集民（刑）	最高裁判所裁判集民（刑）事
東高民（刑）時報	東京高等裁判所民（刑）事判決時報	判時	判例時報
		金判	金融・商事判例
訟月	訟務月報	判タ	判例タイムズ

(2)　文献略語

ジュリ	ジュリスト	百選 I・II	『憲法判例百選 I・II』（第 6 版・2013 年）（別冊ジュリ）
論ジュリ	論究ジュリスト（ジュリ増刊）		
法教	法学教室	争点	『憲法の争点』（2008 年）（ジュリ増刊）
曹時	法曹時報		
法時	法律時報	基本判例	『憲法の基本判例』（第 2 版・1996 年）（別冊法教）
判評	判例時報に添付の「判例評論」		
法セ	法学セミナー	最判解民（刑）事篇平成（昭和）○○年度　最高裁判所判例解説民（刑）事篇平成（昭和）○○年度
○○百選	○○判例百選（版表記のないものは，初版〔第 1 版〕）（別冊ジュリ）	
セレクト○○年	判例セレクト○○（法教別冊付録）	速報判例解説（Watch）　法セ増刊（Vol.10 以降は新・判例解説 Watch，最新版はウェブ上の TKC ローライブラリーで公開〔No. ○〕）
平成（昭和）○○年度重判解	『平成（昭和）○○年度重要判例解説』（ジュリ臨増）	
		リマークス	私法判例リマークス（法時別冊）

xii 凡 例

(3) 著書等略語

芦部　　　　　　芦部信喜(高橋和之補訂)『憲法〔第
　　　　　　　　6 版〕』(岩波書店，2015 年)
芦部憲法学Ⅰ～Ⅲ　芦部信喜『憲法学Ⅰ～Ⅲ』
　　　　　　　　(有斐閣，Ⅰ・1992 年，Ⅱ・1994
　　　　　　　　年，Ⅲ〔増補版〕・2000 年)
プロセス　　　　LS 憲法研究会編『プロセス演習
　　　　　　　　憲法』(信山社，版表記なし・第
　　　　　　　　4 版・2011 年，第 3 版・2004 年)
事例研究　　　　木下智史＝村田尚紀＝渡辺康行編
　　　　　　　　著『事例研究憲法』(日本評論社，

第 2 版・2013 年)
論点探究　　　　小山剛＝駒村圭吾編『論点探究憲
　　　　　　　　法』(弘文堂，第 2 版・2013 年)
論究憲法　　　　長谷部恭男編『論究憲法』(有斐閣，
　　　　　　　　2017 年)
射程　　　　　　横大道聡編著『憲法判例の射程』
　　　　　　　　(弘文堂，2017 年)
判プラ　　　　　憲法判例研究会編『判例プラクテ
　　　　　　　　ィス憲法〔増補版〕』(信山社，
　　　　　　　　2014 年)

平 等 ①

1 国籍法事件

■ 最高裁平成 20 年 6 月 4 日大法廷判決
■ 平成 18 年(行ツ)第 135 号
　退去強制令書発付処分取消等請求事件
■ 民集 62 巻 6 号 1367 頁，判時 2002 号 3 頁

〈事実の概要〉

　本件は，法律上の婚姻関係にない日本国民である父とフィリピン共和国籍を有する母との間に日本国内において出生した X（原告・被控訴人・上告人）が，出生後父から認知されたことを理由として法務大臣あてに国籍取得届を提出したところ，国籍取得の条件を備えておらず，日本国籍を取得していないものとされたことから，国（被告・控訴人・被上告人）に対し，日本国籍を有することの確認を求めた事案である（退去強制令書が発付されたためその取消訴訟が提起され，それに国籍確認訴訟が追加的に併合されたのち，在留特別許可により取消訴訟は取り下げられている。参照，法学館憲法研究所サイト憲法情報 Now〈憲法関連裁判情報〉の担当弁護士による本件解説）。なお，別件の国籍確認訴訟につき，最高裁大法廷による同内容の違憲判決が同じ日に下されている（集民 228 号 101 頁）。

　国籍法（以下，「法」）2 条 1 号は，子は出生の時に父または母が日本国民であるときに日本国民とする旨を規定して，日本国籍（以下「国籍」）の生来的取得について，父母両系血統主義によることを定めている。したがって，子が出生の時に日本国民である父または母との間に法律上の親子関係を有するときは，生来的に国籍を取得することになる。

　その結果，①母が日本国民である場合には，子を産むことで母子間に法律上の親子関係が成立することから，子は生まれた時点で当然に国籍を取得することになる。また，生物学上の父が日本国民で母が外国人で子が出生により国籍を当然取得しうるのは，②両者が法律婚の関係で子が嫡出子として出生するか，③子が非嫡出子であっても胎児認知によって出生時に法律上の父子関係が成立している場合にかぎられる。

　それでは，父が日本国民で母が外国人である非嫡出子（胎児認知の場合を除く）は，国籍を出生により当然に取得することはできないのか。国籍法 3 条 1 項（本件違憲判決後に法改正される以前の規定。以下「旧規定」）は，「父母の婚姻及びその認知により嫡出子たる身分を取得した子で 20 歳未満のもの（日本国民であった者を除く。）は，認知をした父又は母が子の出生の時に日本国民であった場合において，その父又は母が現に日本国民であるとき，又はその死亡の時に日本国民であったときは，法務大臣に届け出ることによって，日本の国籍を取得することができる」と規定していた。

　すなわち，同条同項の要件を満たす子は，出生により当然に日本国籍を取得するわけではないが，④出生後に父母が法律婚をすることで嫡出子（準正子）となれば，その時点で届出により日本国籍を取得（届出取得）しうるものとされていた。しかしながら，⑤生後認知（裁判所の審判や判決による場合を含む）を受けて法律上の父子関係が成立しているにもかかわらず，両親が子の出生後に法律婚に至らない場合には，届出取得は認められていなかった。

　このような法 3 条 1 項旧規定は，父系血統主義を採用していた国籍法を父母両系主義に改めた昭和 59 年国籍法改正（法律第 45 号）の際に設けられた規定であるが，国会での審議過程では，政府委員により以下のように説明されて

2 平 等 ①

いた。「血統主義と申しましても単に血がつな
がっていさえすればというふうなことではなく
て，やはり血統がつながっていることが，一つ
は日本の国に対する帰属関係が濃いということ
5 を明確ならしめる一つの重要な要素としてとら
えられていることだろうと思います。……そう
いうことからいたしますと，なるほど片親の血
はつながっておったにしても，当然に日本の国
と結びつきが強いという意味で国籍が取得され
10 るというふうにすることが適当ではないだろう。
これが準正になりますと，そこでは両親の間に
婚姻関係があるわけで，生活の一体化というも
のが出てまいりますから，そういう場合は意思
表示によって日本の国籍を取得させてもいいだ
15 ろうけれども，認知だけではそうはいかないの
ではないか，そういう考えから現在のような案
にしておるわけでございます」(昭和 59 年 4 月
17 日衆議院法務委員会)。

本件は前記⑤のケースに該当する子 X が，
20 法 3 条 1 項の旧規定が，両親の法律婚が成立
した場合（④の場合）には国籍の届出取得を認
めながら，生後認知にとどまる X のような場
合にはそれを認めないのは憲法 14 条 1 項の平
等保障に違反するなどとして，国を相手取り国
25 籍の確認を求めた事案である。

第 1 審（東京地判平 17・4・13 判時 1890 号 27
頁）は，両親が内縁関係にある家族の一員であ
る X の日本社会との結びつきは準正子と異な
らず法 3 条 1 項旧規定は不合理な差別を行う
30 ものであるとして，その「嫡出子」の「嫡出」
の部分につき一部無効とした。

これに対し，原審（東京高判平 18・2・28 家
月 58 巻 6 号 47 頁）は，仮に法 3 条 1 項の旧規
定が憲法 14 条 1 項に違反し無効であったとし
35 ても，そのことから，出生後に日本国民である
父から認知を受けたにとどまる子が日本国籍を
取得する制度が創設されるわけではなく，X が
当然に日本国籍を取得することにはならないと
した。また，国籍法については，法律上の文言
40 を厳密に解釈することが要請され，立法者の意
思に反するような類推解釈ないし拡張解釈は許
されず，そのような解釈の名の下に同法に定め

のない国籍取得の要件を創設することは，裁判
所が立法作用を行うものとして許されないから，
X が同法 3 条 1 項の類推解釈ないし拡張解釈に
よって日本国籍を取得したということもできな
いとして，X の請求を退けた。X 上告。

〈上告審〉

> **要 点**
>
> ① 日本国民である父と外国人女性との婚
> 姻外の関係で出生し生後認知を受けた子は，
> 両親がその後法律婚をすることで子が準正子
> となる場合にかぎって日本国籍を届出取得し
> うると定めていた国籍法 3 条 1 項旧規定は，
> 憲法 14 条 1 項に違反する不合理な差別にあた
> る。
> ② 準正子と生後認知の非嫡出子との間の
> 不合理な差別を解消する方法として，準正子
> の国籍取得を定めた規定の部分を違憲無効と
> することも平等の回復にはなるが，立法者の
> 合理的意思に沿うものではない。
> ③ 国籍法の過剰な要件によって狭められ
> た国籍取得要件を違憲とすることで，国籍取
> 得要件の拡大につながっても，制度の創設で
> あって司法審査権の範囲を逸脱してしまう，
> ということにはならない。

■ 判 旨 ■

破棄自判。

4 「〔国籍法 3 条 1 項による国籍取得の区別の
憲法適合性〕 日本国民である父又は母の嫡出
子として出生した子はもとより，日本国民であ
る父から胎児認知された非嫡出子及び日本国民
である母の非嫡出子も，生来的に日本国籍を取
得することとなるところ，同じく日本国民を血
統上の親として出生し，法律上の親子関係を生
じた子であるにもかかわらず，日本国民である
父から出生後に認知された子のうち準正により
嫡出子たる身分を取得しないものに限っては，
生来的に日本国籍を取得しないのみならず，同
法 3 条 1 項所定の届出により日本国籍を取得
することもできないことになる。このような区
別の結果，日本国民である父から出生後に認知
されたにとどまる非嫡出子のみが，日本国籍の

取得について**著しい差別的取扱いを受けている**ものといわざるを得ない」。**要点①**

5 「〔**本件区別による違憲の状態を前提としてX**に日本国籍の取得を認めることの可否〕 国籍法3条1項が日本国籍の取得について**過剰な要件を**課したことにより本件区別が生じたからといって、本件区別による違憲の状態を解消するために同項の規定自体を全部無効として、準正のあった子（以下「準正子」という。）の届出による日本国籍の取得をもすべて否定することは、血統主義を補完するために出生後の国籍取得の制度を設けた同法の趣旨を没却するものであり、立法者の合理的意思として想定し難いものであって、採り得ない解釈であるといわざるを得ない。**要点②**

そうすると、準正子について届出による日本国籍の取得を認める同項の存在を前提として、本件区別により不合理な差別的取扱いを受けている者の救済を図り、本件区別による違憲の状態を是正する必要があることになる」。「このような見地に立って是正の方法を検討すると、憲法14条1項に基づく平等取扱いの要請と国籍法の採用した基本的な原則である父母両系血統主義とを踏まえれば、日本国民である父と日本国民でない母との間に出生し、父から出生後に認知されたにとどまる子についても、血統主義を基調として出生後における日本国籍の取得を認めた同法3条1項の規定の趣旨・内容を等しく及ぼすほかはない。すなわち、このような子についても、父母の婚姻により嫡出子たる身分を取得したことという部分を除いた同項所定の要件が満たされる場合に、届出により日本国籍を取得することが認められるものとすることによって、同項及び同法の合憲的で合理的な解釈が可能となるものということができ、この解釈は、本件区別による不合理な差別的取扱いを受けている者に対して直接的な救済のみちを開くという観点からも、相当性を有するものというべきである。」「そして、上記の解釈は、本件区別に係る違憲の瑕疵を是正するため、国籍法3条1項につき、同項を全体として無効とすることなく、過剰な要件を設けることにより本件

区別を生じさせている部分のみを除いて合理的に解釈したものであって、その結果も、準正子と同様の要件による日本国籍の取得を認めるにとどまるものである。この解釈は、日本国民との法律上の親子関係の存在という血統主義の要請を満たすとともに、父が現に日本国民であることなど我が国との密接な結び付きの指標となる一定の要件を満たす場合に出生後における日本国籍の取得を認めるものとして、同項の規定の趣旨及び目的に沿うものであり、この解釈をもって、裁判所が法律にない新たな国籍取得の要件を創設するものであって国会の本来的な機能である立法作用を行うものとして許されないと評価することは、国籍取得の要件に関する他の立法上の合理的な選択肢の存在の可能性を考慮したとしても、当を得ないものというべきである。」**要点③**

6 「〔**結論**〕 以上のとおり、Xは、国籍法3条1項の規定により日本国籍を取得したものと認められる」。

泉徳治裁判官補足意見 「国籍法3条1項の主旨は日本国民の子で同法2条の適用対象とならないものに対し日本国籍を付与することにあり、『父母の婚姻』はそのための一条件にすぎないから、その部分が違憲であるとしても、上記主旨はできる限り生かすのが、立法意思に沿うものというべきである。……国籍法3条1項から『父母の婚姻』の部分を除くことに代わる選択肢として、まず、同条全体を廃止することが考えられるが、この選択肢は、日本国民である父に生後認知された非嫡出子を現行法以上に差別するものであり、すべての児童が出生や父母の性別により差別されないことを規定した市民的及び政治的権利に関する国際規約24条及び児童の権利に関する条約2条を遵守すべき日本の国会が、この選択肢を採用することは考えられない。」「もとより、国会が、将来において、国籍法3条1項を憲法に適合する方法で改正することは、その立法裁量に属するところであるが、それまでの間は、『父母の婚姻』の部分を除いて同項を適用すべきである。」「また、『父母の婚姻』の部分を除いて国籍法3条1項

の規定を適用することは，憲法の平等原則の下で同項を解釈し適用するものであって，司法が新たな立法を行うものではなく，司法の役割として当然に許されるところである。」

今井功裁判官補足意見（2名同調）「国民に権利利益を与える規定が，権利利益を与える要件として，A，Bの二つの要件を定め，この両要件を満たす者に限り，権利利益を与える（反対解釈によりA要件のみを満たす者には権利利益を与えない。）と定めている場合において，……その法律全体の仕組み，当該規定が違憲とされた理由，結果の妥当性等を考慮して，B要件の定めのみが無効である（すなわちB要件の定めがないもの）とし，その結果，A要件のみを満たした者についても，その規定の定める権利利益を与えることになると解することも，法律の合憲的な解釈として十分可能であると考える」。「違憲の法律により本来ならば与えられるべき保護を受けることができない者に対し，その保護を与えることは，裁判所の責務であって，立法権を侵害するものではなく，司法権の範囲を超えるものとはいえない」。

藤田宙靖裁判官意見　現行法上，「非準正子が届出という手続によって国籍を取得できないこととなっているのは，同項〔3条1項〕があるからではなく，同法2条及び4条の必然的結果というべきなのであって，同法3条1項の準正要件があるために憲法上看過し得ない差別が生じているのも，いわば，同項の反射的効果にすぎないというべきである。それ故また，同項に準正要件が置かれていることによって違憲の結果が生じているのは，多数意見がいうように同条が『過剰な』要件を設けているからではなく，むしろいわば『不十分な』要件しか置いていないからというべきなのであって，同項の合理的解釈によって違憲状態を解消しようとするならば，それは『過剰な』部分を除くことによってではなく，『不十分な』部分を補充することによってでなければならないのである。」「一般に，立法府が違憲な不作為状態を続けているとき，その解消は第一次的に立法府の手に委ねられるべきである」るが，「立法府が既に一定の

立法政策に立った判断を下しており，また，その判断が示している基本的な方向に沿って考えるならば，未だ具体的な立法がされていない部分においても合理的な選択の余地は極めて限られていると考えられる場合において，著しく不合理な差別を受けている者を個別的な訴訟の範囲内で救済するために，立法府が既に示している基本的判断に抵触しない範囲で，司法権が現行法の合理的拡張解釈により違憲状態の解消を目指すことは，全く許されないことではないと考える」。

甲斐中辰夫，堀籠幸男裁判官反対意見　「多数意見は，同項の規定について，非準正子に対して日本国籍を届出によって付与しない趣旨を含む規定であり，その部分が違憲無効であるとしているものと解されるが，そのような解釈は，国籍法の創設的・授権的性質に反するものである上，結局は準正子を出生後認知された子と読み替えることとなるもので，法解釈としては限界を超えているといわざるを得ない。」

■ ■ ■ ■ **確認問題** ■ ■ ■ ■

1　生後認知を受けた子を，親の法律婚によって準正子となった子とそうならなかった子との間で国籍取得要件に差を設け，前者には国籍の届出取得を認め，後者には簡易帰化しか許さないのは不合理な差別か。（→ 要点①）

2　憲法14条1項違反を解消するために，制度創設的な司法救済を行う必要がある場合，裁判所はどのような条件の下であれば，立法者による法改正を待たずに，特定の救済方法を選択することが許されるか。（→ 要点②）

3　立法者意思を手がかりとして，法定されていない国籍付与の要件を追加する解釈を採ることは，司法による制度の創設に他ならず，憲法が裁判所に与えた司法審査権から逸脱しているということにはならないか。（→ 要点③）

4　2裁判官の反対意見は，多数意見は本件規定をどのように解釈し，それはなぜ裁判所の法解釈として許されないと批判しているのか。（→ 要点③）

5　藤田裁判官の意見は，本件規定の捉え方

の点で，多数意見とどこが異なるのか。
（→**要点③**）また，藤田意見のような捉え方を
してもなお本件判決の結論に賛成できたのはな
ぜか。

■ ■ ■ ■ 解 説 ■ ■ ■ ■

1 不合理な差別の存在

(1) 国籍取得要件についての立法者の制度設
計

憲法 10 条は，「日本国民たる要件は，法律
でこれを定める」とするのみで，立法者には国
籍取得要件につき広い立法裁量権が付与されて
いる。換言すれば，親が日本国民であるからと
いって，子が当然に日本国籍取得権なるものを
有するわけではない。国籍法は，立法者がいわ
ば白紙に絵を描いた結果であり，国籍取得は立
法の結果にすぎない。ただし，いうまでもなく
同 14 条 1 項の平等原則は同法にも及ぶから，
国籍法が定める国籍取得要件において不合理な
差別が存在することは許されない。

この点につき，およそ広い立法裁量権の行使
に際しても，14 条 1 項後段が列挙する差別禁
止についての諸事項を国籍取得要件に組み込む
ことについては，特段の慎重さが要求される。
すなわち，人種，信条，性別，社会的身分，門
地を基準とする異なる取扱いについての差別を
特に禁止する同条同項後段は，限定列挙でなく
例示列挙であると解されているが，個人の尊厳
（憲法 13 条）の保障を反映して，特にこれらの
事項に見られるところの，個人の努力ではいか
んともしがたいにもかかわらず繰り返されてき
た社会的偏見に基づく差別を，特に例示して禁
止する趣旨である。

法律上の親が日本国籍を有していれば，子は
出生と同時に当然に日本国籍を取得するという
意味での血統主義をとること自体は，国籍法に
ついての立法裁量権の行使として許される。し
かしながら，例えば父親が日本国籍を有する場
合にのみ子の日本国籍を認め，母親が日本国民
であっても父親が外国人の場合には子の日本国
籍を認めないという父系血統主義は，わが国の
国籍法の大原則であったものの，歴史的に繰り

返されてきた男性優位の偏見に基づいた，子本
人にはいかんともしがたい差別的取扱いであっ
たという批判も成り立つ。そこで，1985 年施
行の国籍法改正によって「父母両系血統主義」
へと改められたのであるが，この国籍法大改正
に際しても，血統主義という原則は維持され，
いまひとつの国籍取得の立法例である出生地主
義に舵を切るということはなかった。すなわち，
立法者は憲法 10 条による立法への委託を受け
て，その立法裁量権を行使してまず血統主義を
選択し，それを国籍法の大原則とした。父系血
統主義から父母両系血統主義への転換は，血統
主義という前提からすればむしろ制度の好まし
い進展とさえいいえた。

他方で，国籍法は父母両系血統主義に立つに
もかかわらず，その論理的帰結を貫いていたわ
けではなかった。すなわち，法律上の父もしく
は母が日本国民である子の場合，出生により当
然に国籍を取得するという仕組みは，父母両系
血統主義を採用する以上当然の帰結として，父
の胎児認知もしくは母の分娩の場合には認めら
れていた。しかしながら，日本国民である父が
生後認知をした子の場合には，国籍の届出取得
（届出時に当然に取得される）という血統主義の
帰結は貫かれなかった。代わりに，生後認知に
加えて両親が法律婚をすることで子が嫡出子
（準正子）となった場合にかぎり，届出による
国籍取得が認められていたのである。

その結果，本件原告らのように，生後認知を
受けたが両親が法律婚していない子の場合には，
届出による国籍取得は認められず，国籍につい
ては取得が保障されていない「帰化」（これら
の者については国籍法 8 条 1 号の「日本国民の子
（養子を除く。）で日本に住所を有するもの」に該
当するなどとして，通常の帰化よりは簡便だが帰
化であることに変わりはない「簡易帰化」）の手続
を経るほかなかったのである。

(2) 生後認知された子の嫡出性の有無による
不合理な差別

生後認知だけで国籍の届出取得を認めるとす
れば，いうまでもなく制度の濫用が起きてしま
う。そこで立法者は，生後認知された子の国籍

については，生後認知に加えて両親が法律婚を
する（その結果，子が準正子・嫡出子となる）場
合に限定することで，日本社会との具体的関わ
りを有する者に国籍の届出取得を限定しうると
考えたのである。しかし，この線の引き方は，
子にはいかんともしがたい両親の法律婚の有無
という事情が本人の日本国籍取得に決定的な影
響を与えてしまうこと，そして要するに嫡出子
は国籍を届出で取得しうるが，非嫡出子はそう
ではないという形であからさまな非嫡出子差別
を行っていることにより，それ自体が 14 条 1
項後段が禁ずる「社会的身分」による差別とも
いいうる。

　他方で，今日では生後認知のみにより国籍の
届出取得を認めても，さほど弊害はない。家族
関係は多様化しており，父母が法律婚と遜色な
い事実婚の強い結びつきを有し，子も日本社会
との関係を有している場合も多い。また，なに
により DNA 検査などで親子関係不存在の場合に
は反証することも容易である。

　そこで，本件違憲判決を契機として立法者は，
生後認知の子は両親の法律婚による準正子・嫡
出子という要件を削除し，胎児認知ではなく生
後認知であっても，届出だけで国籍取得を可能
とする制度へと法改正を行った。この切り替え
は，最高裁の法令違憲判決に促されたものであ
ったとはいえ，本来の立法上の大原則である血
統主義を貫徹するという点では，立法者にとっ
てもさほど苦痛ではなかったはずである。制度
の濫用防止策としては，虚偽の届出に対する罰
則（1 年以下の懲役または 20 万円以下の罰金を定
める国籍法 20 条 1 項），および国籍法施行規則
1 条 5 項 5 号が定める「その他実親子関係を認
めるに足りる資料」の添付義務などが定められ
ている。

2　14 条違反の解消としての国籍確認の可否

(1)　14 条違反の場合の司法的救済の困難

　司法は事件・法律上の争訟に付随して司法審
査権を行使し，人権その他国民の権利利益を救
済する。司法は救済機関であって，制度創設機
関ではない。制度の創設は，「唯一の立法機関」

（憲法 41 条）である国会のみがなしうる。表現
の自由などの自由権が法令により不当に侵害さ
れている場合には，当該法令に対して違憲判決
を下すことで，自由権はその不当な制約から解
放され，「制約なき自由」としての本来の保障
水準に当然に到達する。社会権であっても，例
えば生活保護の申請に対する拒否処分が違憲違
法であるとして取消判決によって取り消される
場合には，「取消判決の拘束力」（行政事件訴訟
法 33 条 1 項）により，支給決定がなされる。理
由が 14 条違反の場合も同じである。

　これに対して，本件のように地位や利益の確
認を求める訴訟で，ある法令の平等原則違反を
司法が認める場合には，本件原告のような当事
者の請求に応じて，裁判所は優遇されている者
と同等の水準を劣遇されてきた者に付与するこ
とが許されるか。このいわば違憲判決の出口論
が問題となる。なぜなら，(イ)本件原告のような
劣遇者 A は，生後認知を受け両親が法律婚す
ることで嫡出子となった優遇者 B との間で不
合理な差別が存在すると主張し，裁判所が 14
条違反という違憲判断に至るとしても，(ロ)だか
らといって，裁判所が A の請求どおり B と同
等の利益を A にも認める給付判決などを下し
うるかは，また別の問題だからである。

　AB 間の 14 条違反という事態は，A を B が
享受している水準まで引き上げることによるだ
けでなく，逆に B の優遇を廃止して B を A の
レベルにまで引き摺り下ろすことによっても解
消される。もちろん，この二つの水準の中間に
は，AB 間での平等を回復する無数の水準があ
る。そして，立法者が国籍法を制定する際には，
平等原則に縛られはするものの，どの水準で A
と B の処遇を揃えるかは，完全に立法裁量に
委ねられているわけである。司法は，裁判当事
者ではない B のグループを A の水準と同等に
まで引き下げることは出来ないが，かといって
A らを B の水準まで引き上げるという一義的な
解決は，憲法 14 条 1 項の平等原則から当然に
は得られない。司法権固有の紛争解決の権能や
司法審査権によって，こうした優遇者レベルへ
の引き上げを内容とする一義的な解決（本件で

は原告Aらの国籍を確認すること）をうまく説明できるか，が問われることになるのである。

(2) 立法者の自己拘束としての首尾一貫性の要請

本判決は，この難問に対して，国籍法の「趣旨」，「立法者の合理的意思」，「平等取扱いの要請と国籍法の採用した基本的な原則である父母両系血統主義とを踏まえ（る）」といった言い回しで，どのような司法的解決が立法者意思にもっとも忠実であるか，という別の問いをまず立てる。その結果，父母両系血統主義という国籍法の大原則を可及的に貫きつつ，同時に平等原則という憲法上の要請をも満たすという連立方程式を解く形で，原告らの国籍確認のみを一義的な救済方法であると特定することができたのである。

この手法は，立法者が制度設計の細部に憲法上の瑕疵をかかえている場合，それを司法がどう解決するかは，立法者が制度全体に対して立てた基本原則に忠実な解決を施すことが，立法者の制度創設権限を司法がもっとも侵害しない方法（「合憲的で合理的な解釈」）である，という哲学（首尾一貫性論）に基づいている。

こうした哲学に素直に与しない意見に対して多数意見は，国籍取得要件を「全体として無効とすることなく，過剰な要件を設けることにより本件区別を生じさせている部分のみを除いて合理的に解釈したもの」などとして，過剰な規定を違憲無効とするという通常の司法審査権の行使であると説明しようとしている。しかし，藤田裁判官意見が指摘するように，本件判決のような国籍の確認による救済は，「『過剰な』部分を除くことによってではなく，『不十分な』部分を補充することによってでなければならない」というのが実相であろう。したがってやはり，立法の不作為の部分をどう司法によって埋め合わせるのか，それをいかに説明するとしても制度創設であることは否定できないのではないか，という本質的な問題は残っている。

この点につき，藤田意見が主張するように，「立法府が既に一定の立法政策に立った判断を下しており，また，その判断が示している基本的な方向に沿って考えるならば，……立法府が既に示している基本的判断に抵触しない範囲で，司法権が現行法の合理的拡張解釈により違憲状態の解消を目指すこと」も可能と考えるべきことになろう。これがまさに「首尾一貫性論」に基づく解決である。これは司法自らの制度設計を立法者のそれに上書きするものではなく，立法者が自らの基本方針を貫徹しえていない部分的な不足や矛盾を，立法者の基本原則の当てはめによって司法が解消するものである。その意味では違憲審査というよりは，現状の立法のままでは違憲となるべきところを立法者自身が打ち立てた基本原則の力を借りて合憲的に（拡張）解釈する手法であり，合憲的合理的に立法者意思を捉えれば，こういう規範内容が明文にはなくとも読み込めるはずだ，という憲法適合的な法解釈の手法ということもできよう。

■ ■ ■ ■ 関連判例 ■ ■ ■ ■

尊属殺人罪違憲判決（最大判昭48・4・4刑集27巻3号265頁）

■ ■ ■ ■ 演習問題 ■ ■ ■ ■

1 次の【事例】を読み，下記の【設問】に答えなさい。

【事　例】

以下の事例は，在宅投票制度神経症訴訟（最判平18・7・13判時1946号41頁）の事案（国賠訴訟）を素材に，選挙権確認訴訟に改変したものである。原告Xは，精神発達遅滞および不安神経症のため（重度の知的障害者として自治体から療育手帳を交付されている），家庭内では新聞を読みテレビを見たり知人と電話で話すなどの活動は可能であるものの，外出先で他人を見かけると身体が硬直し身動きが困難になるなどの症状に悩まされてきた。同人はかつて特別支援学校高等部を卒業後ほどなく自宅に「ひきこもり」の状態となり，成人した後も，投票所に行くことが困難であるため，20xx年の首長選挙，ならびに同年の衆議院議員総選挙をそれぞれ棄権せざるを得なかった。そこでXは，国会が1974（昭和49）年6月3日に公職選挙法

8 平 等 ①

を改正した際に，身体障害者手帳を有する者等に限って郵便投票の方法を認める制度を設け，その後この制度の対象者を精神的原因による投票困難者にまで拡充する立法をしなかったのは不合理な差別であるとして，次回の選挙で郵便投票により選挙権を行使しうることの確認を求める訴え（「郵便投票選挙権確認訴訟」と仮に呼ぶ）を国を相手取り提起したとする。

【設　問】

被告国側から「本件確認請求は新たな制度の創設を司法に求めるものであって，そもそも司法的救済になじまない」という趣旨の反論がなされたとして，Xは，国籍法判決を援用してどのような再反論をすることができるか。

＊考え方

本書19事件の類似事案であるが，国籍法事件の応用として考えてみよう。1974年の公選法改正の趣旨をどうとるかにかかっている。投票所で投票するという原則をそもそも実現しえない有権者に対して郵便投票という投票機会を提供するというのが立法趣旨であれば，それを身体障害者手帳の有無という技術的な要件によって曲げることが首尾一貫性の観点からどう評価されるか。なお，在宅投票制度神経症訴訟最判を参考資料として引用しておく。

(1) 精神的原因による投票困難者の特徴 「精神的原因による投票困難者については，その精神的原因が多種多様であり，しかもその状態は必ずしも固定的ではないし，療育手帳に記載されている総合判定も，身体障害者手帳に記載されている障害の程度や介護保険の被保険者証に記載されている要介護状態区分等とは異なり，投票所に行くことの困難さの程度と直ちに結び付くものではない。したがって，精神的原因による投票困難者は，身体に障害がある者のように，既存の公的な制度によって投票所に行くことの困難性に結び付くような判定を受けているものではない」。

(2) 国賠法上の違法性が成立しないこと 「選挙権が議会制民主主義の根幹を成すものであること等にかんがみ……，精神的原因による投票困難者の選挙権行使の機会を確保するための立法措置については，今後国会において十分な検討がされるべきものであるが，本件立法不作為について，国民に憲法上保障されている権利行使の機会を確保するために所要の立法措置を執ることが必要不可欠であり，それが明白であるにもかかわらず，国会が正当な理由なく長期にわたってこれを怠る場合などに当たるということはできないから，本件立法不作為は，国家賠償法1条1項の適用上，違法の評価を受けるものではない」。

(3) 泉補足意見 「投票所において投票を行うことが極めて困難な状態にある在宅障害者に対して，郵便等による不在者投票を行うことを認めず，在宅のまま投票をすることができるその他の方法も講じていない公職選挙法は，憲法の平等な選挙権の保障の要求に反する状態にあるといわざるを得ない」。

2 「はざま差別」とも呼ばれた学生無年金事件で，仮に最高裁が14条違反で違憲であることを認めたとして，国籍法判決の上記引用部分に相当する考慮をするとすれば，その部分はどのような判示となるか。なお，学生無年金訴訟＝最判平19・9・28（民集61巻6号2345頁）の判決の一部を以下に引用する（記号，タイトル，下線は筆者による）。

(1) 国民年金制度の概要 「国民年金制度は，老齢，障害又は死亡によって国民生活の安定が損なわれることを国民の共同連帯によって防止することを目的とし，被保険者の拠出した保険料を基として年金給付を行う保険方式を制度の基本とするものであり（法〔国民年金法。以下同〕1条，87条），雇用関係等を前提とする厚生年金保険法等の被用者年金各法の適用対象となっていない者（農林漁業従事者，自営業者等）を対象とする年金制度として創設されたことから，強制加入被保険者の範囲を，就労し保険料負担能力があると一般に考えられる年齢によって定めることとし，他の公的年金制度との均衡等をも考慮して，原則として20歳以上60歳未満の者としたものである（昭和60年改正前の法7条1項）。そして，国民共通の基礎年金制度を導入し被用者年金各法の被保険者等をも国民年金の強制加入被保険者とすることとした昭和60年改正においても，第1号被保険者（平成元年改正前の法7条1項1号）の範囲を原則として上記の年齢によって定めることとしたものである。」

(2) 学生を強制加入とせず，無年金者を生じさせた理由 「学生（高等学校等の生徒を含む。以下同じ。）は，夜間の学部等に在学し就労しながら教育を受ける者を除き，一般的には，20歳に達した後も稼得活動に従事せず，収入がなく，保険料負担能力を有していない。また，20

歳以上の者が学生である期間は，多くの場合，数年間と短く，その間の傷病により重い障害の状態にあることとなる一般的な確率は低い上に，多くの者は卒業後は就労し，これに伴い，平成元年改正前の法の下においても，被用者年金各法等による公的年金の保障を受けることとなっていたものである。一方，国民年金の保険料は，老齢年金（昭和60年改正後は老齢基礎年金）に重きを置いて，その適正な給付と保険料負担を考慮して設定されており，被保険者が納付した保険料のうち障害年金（昭和60年改正後は障害基礎年金）の給付費用に充てられることとなる部分はわずかであるところ，20歳以上の学生にとって学生のうちから老齢，死亡に備える必要性はそれほど高くはなく，専ら障害による稼得能力の減損の危険に備えるために国民年金の被保険者となることについては，保険料納付の負担に見合う程度の実益が常にあるとまではいい難い。さらに，保険料納付義務の免除の可否は連帯納付義務者である被保険者の属する世帯の世帯主等（法88条2項）による保険料の納付が著しく困難かどうかをも考慮して判断すべきものとされていること（平成12年改正前の法90条1項ただし書）などからすれば，平成元年改正前の法の下において，学生を強制加入被保険者として一律に保険料納付義務を負わせ他の強制加入被保険者と同様に免除の可否を判断することとした場合，親などの世帯主に相応の所得がある限り，学生は免除を受けることができず，世帯主が学生の学費，生活費等の負担に加えて保険料納付の負担を負うこととなる。」「他方，障害者については障害者基本法等による諸施策が講じられており，生活保護法に基づく生活保護制度も存在している。」

＊考え方
　学生無年金者が制度の谷間に置かれていた状態については，14条との関係では，未成年学生との比較，成人勤労者との比較，というタテヨコ両面の比較が意識されている必要がある。そもそも14条は，「等しいものを等しく」という命題に尽きるのであるが，そこに言う「等しいもの」とは，後段列挙事由による人間の類型化を禁止する意味での「等しい者」，および，同じ事情におかれている場合には同じ処遇がなされるべきであるとい

う意味での「等しい物」の二つの意味を含んでいる。ここでは，将来にわたる稼得能力をほぼ喪失したという困窮の状況は未成年も成人も変わらないから，未成年学生障害者と成人学生障害者とは「等しい者」である点を強調すべきである。

　引用部分の判示には表れていない，成人勤労者（強制加入ゆえセーフティネットが当然に与えられる）との不平等の点については，成人学生には任意加入というルートが用意されていたことがネックになるが，これはよく考えると，勤労者は自分のリスク管理ができない者にも国家がパターナリスティックに保険制度を与えているのに，成人学生にはパターナリズムの代わりに「自己決定」を強制しているのであり，保険料が払えない貧困学生や，合理的リスク管理ができない自己決定能力の低い学生が，救済の網の目から排除されているのである。

　昭和30年代の立法時の「学生は親も裕福な特権階級だから（保険の必要もないだろう）」とか，昭和60年代の改正時の「親がそう裕福とは限らないのであればなおいっそう，掛け捨てになってしまう確率が高い在学中だけの保険料納付義務は酷である」とかの（立法不作為の）立法理由が，それぞれ成人学生を客観的裏付けもなく成人勤労者と区別して「社会的身分」として特別視し，セーフティネットから合理的理由なく排除したことを捉えて，14条1項後段列挙に該当し，違憲が推定されるという論証が考え方のひとつのスジとして可能であろう。

〔参考文献〕
司会：高橋和之，岩沢雄司，早川眞一郎「国籍法違憲判決をめぐって（鼎談）（特集／国籍法違憲訴訟最高裁大法廷判決）」ジュリ1366号44頁
森英明「国籍法違憲訴訟最高裁大法廷判決の解説と全文」ジュリ1366号92頁
常本照樹「平等判例における違憲判断と救済方法の到達点（国籍法違憲判決）〈憲法最高裁判例を読み直す（特集）〉」論ジュリ1号100頁

（棟居快行）

平 等 ②

2 非嫡出子相続分事件

- 最高裁平成 25 年 9 月 4 日大法廷決定
- 平成 24 年(ク)第 984 号，第 985 号
  遺産分割審判に対する抗告棄却決定に対する特別抗告事件
- 民集 67 巻 6 号 1320 頁，判時 2197 号 10 頁

〈事実の概要〉

平成 13 年 7 月に死亡した A の遺産につき，A の嫡出子（その代襲相続人を含む）である X ら（相手方）が，A の嫡出でない子である Y ら（抗告人）に対し，遺産の分割の審判を申し立てた事案である。

第 1 審（東京家審平 24・3・26 金判 1425 号 30 頁）は，民法 900 条 4 号ただし書の規定（本件決定時の 4 号は，「四　子，直系尊属又は兄弟姉妹が数人あるときは，各自の相続分は，相等しいものとする。ただし，嫡出でない子の相続分は，嫡出である子の相続分の二分の一とし，父母の一方のみを同じくする兄弟姉妹の相続分は，父母の双方を同じくする兄弟姉妹の相続分の二分の一とする」であった。本件決定後に「嫡出でない子の相続分は，嫡出である子の相続分の二分の一とし，」を削除する改正がなされた。以下，この部分を「本件規定」という）につき，最高裁平成 7 年 7 月 5 日合憲決定（関連判例 1）に従い，合理的理由のない差別とはいえず，憲法 14 条 1 項に反するものとはいえないとして，Y らの主張を斥けた。

原審（東京高決平 24・6・22 民集 67 巻 6 号 1352 頁参照）は，民法 900 条 4 号ただし書の規定のうち，嫡出でない子の相続分を嫡出子の相続分の 2 分の 1 とする部分（本件規定）は，憲法 14 条 1 項に違反しないと判断し，本件規定を適用して算出された相手方らおよび抗告人らの法定相続分を前提に，A の遺産の分割をすべきものとしたため，Y らが特別抗告した。

〈上告審〉

要 点

①　相続制度をどのように定めるかは，それぞれの国の伝統，社会事情，国民感情などを総合的に考慮したうえでなされる立法府の合理的な裁量判断に委ねられているが，その国における婚姻ないし親子関係に対する規律，国民の意識等を離れてこれを定めることはできず，法定相続分に関する区別に合理的な根拠が認められない場合には，14 条 1 項に反し違憲となる。

②　昭和 22 年民法改正時から現在に至るまでの間に，我が国において，家族という共同体の中における個人の尊重がより明確に認識されてきたことは明らかであり，法律婚という制度自体は我が国に定着しているとしても，このような認識の変化に伴い，父母が婚姻関係になかったという，子にとっては自ら選択ないし修正する余地のない事柄を理由としてその子に不利益を及ぼすことは許されない。

③　遅くとも平成 13 年 7 月当時において，民法 900 条 4 号ただし書前段の規定は憲法 14 条 1 項に違反していた。

④　本決定の違憲判断は，被相続人の相続の開始時から本決定までの間に開始された他の相続につき，遺産の分割の審判その他の裁判，遺産の分割の協議その他の合意等により確定的となった法律関係に影響を及ぼすものではない。

■決定要旨■

破棄差戻し。

2　「〔本件規定の憲法 14 条 1 項適合性の判断基

② 非嫡出子相続分事件　11

準〕　相続制度は，被相続人の財産を誰に，どのように承継させるかを定めるものであるが，相続制度を定めるに当たっては，それぞれの国の伝統，社会事情，国民感情なども考慮されなければならない。さらに，現在の相続制度は，家族というものをどのように考えるかということと密接に関係しているのであって，その国における婚姻ないし親子関係に対する規律，国民の意識等を離れてこれを定めることはできない。これらを総合的に考慮した上で，相続制度をどのように定めるかは，立法府の合理的な裁量判断に委ねられているものというべきである。この事件で問われているのは，……法定相続分に関する区別が，合理的理由のない差別的取扱いに当たるか否かということであり，立法府に与えられた上記のような裁量権を考慮しても，そのような区別をすることに合理的な根拠が認められない場合には，当該区別は，憲法14条1項に違反するものと解するのが相当である要点①。」

　3　「(1)　〔本件規定の由来〕　憲法24条1項……を受けて，民法739条1項は，「婚姻は，戸籍法（中略）の定めるところにより届け出ることによって，その効力を生ずる。」と定め，いわゆる事実婚主義を排して法律婚主義を採用している。一方，相続制度については，……嫡出でない子の法定相続分を嫡出子のそれの2分の1とする規定（昭和22年民法改正前の民法1004条ただし書）は，本件規定として現行民法にも引き継がれた。

　(2)　〔個人の尊厳と法の下の平等に照らした不断の吟味の必要性〕　……しかし，法律婚主義の下においても，嫡出子と嫡出でない子の法定相続分をどのように定めるかということについては，……その定めの合理性については，個人の尊厳と法の下の平等を定める憲法に照らして不断に検討され，吟味されなければならない。

　(3)　〔昭和22年民法改正以降の変遷〕……

　ア　……昭和22年民法改正以降，我が国においては，……戦後の経済の急速な発展の中で，職業生活を支える最小単位として，夫婦と一定年齢までの子どもを中心とする形態の家族が増加するとともに，高齢化の進展に伴って……中高年の未婚の子どもがその親と同居する世帯や単独世帯が増加しているとともに，離婚件数，特に未成年の子を持つ夫婦の離婚件数及び再婚件数も増加するなど……に伴い，婚姻，家族の在り方に対する国民の意識の多様化が大きく進んでいることが指摘されている。

　イ　……本件規定の立法に影響を与えた諸外国の状況も，大きく変化してきている。すなわち，諸外国，特に欧米諸国においては，かつては，宗教上の理由から嫡出でない子に対する差別の意識が強く，昭和22年民法改正当時は，多くの国が嫡出でない子の相続分を制限する傾向にあり，そのことが本件規定の立法に影響を与えたところである。……1960年代後半（昭和40年代前半）以降，これらの国の多くで，子の権利の保護の観点から嫡出子と嫡出でない子との平等化が進み，相続に関する差別を廃止する立法がされ，平成7年大法廷決定時点でこの差別が残されていた主要国のうち，ドイツにおいては1998年（平成10年）の『非嫡出子の相続法上の平等化に関する法律』により，フランスにおいては2001年（平成13年）の「生存配偶者及び姦生子の権利並びに相続法の諸規定の現代化に関する法律」により，嫡出子と嫡出でない子の相続分に関する差別がそれぞれ撤廃されるに至っている。現在，我が国以外で嫡出子と嫡出でない子の相続分に差異を設けている国は，欧米諸国にはなく，世界的にも限られた状況にある。

　ウ　我が国は，昭和54年に『市民的及び政治的権利に関する国際規約』（昭和54年条約第7号）を，平成6年に『児童の権利に関する条約』（平成6年条約第2号）をそれぞれ批准した。これらの条約には，児童が出生によっていかなる差別も受けない旨の規定が設けられている。……

　我が国の嫡出でない子に関する上記各条約の履行状況等については，平成5年に自由権規約委員会が，包括的に嫡出でない子に関する差別的規定の削除を勧告し，……最近でも，平成22年に，児童の権利委員会が，本件規定の存在を懸念する旨の見解を改めて示している。

12 平等 ②

エ 前記イ及びウのような世界的な状況の推移の中で，我が国における嫡出子と嫡出でない子の区別に関わる法制等も変化してきた。すなわち，……平成6年に，**住民基本台帳**事務処理要領の一部改正（平成6年12月15日自治振第233号）が行われ，世帯主の子は，**嫡出子であるか嫡出でない子であるかを区別することなく，一律に「子」と記載する**こととされた。また，**戸籍**における嫡出でない子の父母との**続柄欄の記載**をめぐっても，……平成16年に，戸籍法施行規則の一部改正（平成16年法務省令第76号）が行われ，嫡出子と同様に『**長男（長女）**』等と記載することとされ，既に戸籍に記載されている嫡出でない子の父母との続柄欄の記載も，通達……により，当該記載を申出により上記のとおり更正することとされた。さらに，**最高裁平成18年（行ツ）第135号同20年6月4日大法廷判決・民集62巻6号1367頁は，嫡出でない子の日本国籍の取得につき嫡出子と異なる取扱いを定めた国籍法3条1項の規定**（平成20年法律第88号による改正前のもの）**が遅くとも平成15年当時において憲法14条1項に違反していた旨を判示し，**同判決を契機と**する国籍法の上記改正**に際しては，同年以前に日本国籍取得の届出をした嫡出でない子も日本国籍を取得し得ることとされた。

〔オ 略〕

カ ……我が国でも，**嫡出子と嫡出でない子の差別的取扱いはおおむね解消されてきた**が，本件規定の改正は現在においても実現されていない。その理由について考察すれば，欧米諸国の多くでは，全出生数に占める嫡出でない子の割合が著しく高く，中には50％以上に達している国もあるのとは対照的に，我が国においては，……割合としては約2.2％にすぎないし，婚姻届を提出するかどうかの判断が第1子の妊娠と深く結び付いているとみられるなど，**全体として嫡出でない子とすることを避けようとする傾向**があること，換言すれば，家族等に関する国民の意識の多様化がいわれつつも，**法律婚を尊重する意識**は幅広く浸透しているとみられることが，上記理由の一つではないかと思われ

る。

しかし，嫡出でない子の法定相続分を嫡出子のそれの2分の1とする本件規定の合理性は，……種々の要素を総合考慮し，個人の尊厳と法の下の平等を定める憲法に照らし，嫡出でない子の権利が不当に侵害されているか否かという観点から判断されるべき法的問題であり，法律婚を尊重する意識が幅広く浸透しているということや，嫡出でない子の出生数の多寡，諸外国と比較した出生割合の大小は，上記法的問題の結論に直ちに結び付くものとはいえない。

キ 当裁判所は，平成7年大法廷決定以来，結論としては本件規定を合憲とする判断を示してきたものであるが，**平成7年大法廷決定**において既に，……国民の意識の変化，更には国際的環境の変化を指摘して，昭和22年民法改正当時の合理性が失われつつあるとの**補足意見**が述べられ，その後の小法廷判決及び小法廷決定においても，同旨の個別意見が繰り返し述べられてきた……。

ク ……親族・相続制度のうちどのような事項が嫡出でない子の法定相続分の差別の見直しと関連するのかということは必ずしも明らかではなく，……関連規定との整合性を検討することの必要性は，本件規定を当然に維持する理由とはならない……。

なお，……平成7年大法廷決定においては，本件規定を含む法定相続分の定めが遺言による相続分の指定等がない場合などにおいて補充的に機能する規定であることをも考慮事情としている。しかし，本件規定の補充性からすれば，嫡出子と嫡出でない子の法定相続分を平等とすることも何ら不合理ではないといえる上，遺言によっても侵害し得ない遺留分については本件規定は明確な法律上の差別というべきであるとともに，本件規定の存在自体がその出生時から嫡出でない子に対する差別意識を生じさせかねないことをも考慮すれば，本件規定が上記のように補充的に機能する規定であることは，その合理性判断において重要性を有しないというべきである。」

「(4) 〔上記変化に伴い子を個人として尊重する

考えが確立されてきた〕 本件規定の合理性に関連する以上のような種々の事柄の変遷等は、その中のいずれか一つを捉えて、本件規定による法定相続分の区別を不合理とすべき決定的な理由とし得るものではない。しかし、昭和22年民法改正時から現在に至るまでの間の社会の動向、我が国における家族形態の多様化やこれに伴う国民の意識の変化、諸外国の立法のすう勢及び我が国が批准した条約の内容とこれに基づき設置された委員会からの指摘、嫡出子と嫡出でない子の区別に関わる法制等の変化、更にはこれまでの当審判例における度重なる問題の指摘等を総合的に考察すれば、家族という共同体の中における**個人の尊重**がより明確に認識されてきたことは明らかであるといえる。そして、法律婚という制度自体は我が国に定着しているとしても、上記のような認識の変化に伴い、上記制度の下で父母が婚姻関係になかったという、子にとっては**自ら選択ないし修正する余地のない事柄**を理由としてその子に不利益を及ぼすことは許されず、**子を個人として尊重し、その権利を保障**すべきであるという考えが確立されてきているものということができる 要点②。

〔あてはめ〕 以上を総合すれば、遅くともAの相続が開始した平成13年7月当時においては、立法府の裁量権を考慮しても、嫡出子と嫡出でない子の法定相続分を区別する合理的な根拠は失われていたというべきである。

したがって、本件規定は、遅くとも平成13年7月当時において、憲法14条1項に違反していたものというべきである 要点③。」

4 〔先例としての事実上の拘束性〕

「……本件規定は、本決定により遅くとも平成13年7月当時において憲法14条1項に違反していたと判断される以上、本決定の先例としての事実上の拘束性により、上記当時以降は無効であることとなり、また、本件規定に基づいてされた裁判や合意の効力等も否定されることになろう。しかしながら、……本決定の違憲判断が、先例としての事実上の拘束性という形で既に行われた遺産の分割等の効力にも影響し、いわば解決済みの事案にも効果が及ぶとすること

とは、著しく**法的安定性を害する**ことになる。……

したがって、本決定の違憲判断は、**Aの相続の開始時から本決定までの間に開始された他の相続**につき、本件規定を前提としてされた遺産の分割の審判その他の裁判、遺産の分割の協議その他の合意等により**確定的なものとなった法律関係に影響を及ぼすものではない**と解するのが相当である 要点④。」

5 「〔結論〕 以上によれば、平成13年7月▲▲日に開始したAの相続に関しては、本件規定は、憲法14条1項に違反し無効でありこれを適用することはできないというべきである。……更に審理を尽くさせるため、本件を原審に差し戻すこととする。

よって、裁判官全員一致の意見で、主文のとおり決定する。」

なお、裁判官金築誠志、同千葉勝美（両者はいずれも本決定の先例としての拘束力の範囲についてである）、同岡部喜代子（本件規定が非嫡出子の個人の尊厳を損なうものであることを強調する）の各補足意見がある（以下、いずれも筆者によるまとめ）。

金築誠志裁判官補足意見 本決定の先例としての事実上の拘束性については、違憲判断に関する個別的効力説を前提とすべきであるが、法の平等な適用という観点からは、本決定の違憲判断の効果は、遡及するのが原則である。しかし、先例としての事実上の拘束性は、法の公平・平等な適用という要求に応えるものであるから、合理的な理由に基づく例外が許されてよい。

千葉勝美裁判官補足意見 憲法が最高裁判所に付与した違憲審査権により法令の違憲無効の判断がされると、個別的効力説を前提にしたとしても、先例としての事実上の拘束性により、法的安定性を損なう事態が生ずる。このような事態を避けるため、違憲判断の遡及効の有無、時期、範囲等を一定程度制限するという権能、すなわち、立法が改正法の附則でその施行時期等を定めるのに類した作用も、憲法は、これを違憲審査権行使の司法作用としてあらかじめ承認しているものと考える。

岡部喜代子裁判官補足意見　相続分の定めは親子関係の効果の問題であり，嫡出子を嫡出でない子より優遇すべきであるとの結論は論理的に当然ではない。嫡出でない子は，生まれながらにして選択の余地がなく婚姻共同体の一員となることができないのであるから，昭和22年民法改正当時以来，嫡出子の相続分を非構成員である嫡出でない子の相続分よりも優遇することの合理性は減少してきた。

■　■　■　■　確認問題　■　■　■　■

1　本件決定は，相続制度の具体的な内容が立法者の合理的な裁量判断に委ねられていると述べているが，それはどのような理由に基づいているか。（→ 要点①）

2　本件決定は，本件規定の制定（1947年）以降，非嫡出子の相続分を取り巻く環境についてどのような変化があったと述べているか。（→ 要点②）

3　このような変化の途中の時点で下された平成7年大法廷決定（1988年に相続が発生した事案であった）は，本件規定を合憲としたが，本件決定は平成7年決定を明示的には判例変更していない。これはなぜか。（→ 要点②，解説1(3)）

4　決定要旨3(4)の「父母が婚姻関係になかったという，子にとっては自ら選択ないし修正する余地のない事柄を理由としてその子に不利益を及ぼすことは許されず，子を個人として尊重し，その権利を保障すべきであるという考えが確立されてきている」という一節は，本件規定を違憲とした結論とどのように結びついているか。非嫡出子が14条1項後段列挙事由のうちの「社会的身分」に該当するとの理由で違憲判断がなされたのか。（→ 要点②③，解説2(1)）

5　本件決定は，その違憲判断の先例としての事実上の拘束力について，「既に関係者間において裁判，合意等により確定的なものとなったといえる法律関係までをも現時点で覆すことは相当ではない」として確定済みの事案には及ばず，「関係者間の法律関係がそのような段階に至っていない事案」にのみ及ぶものとした。

このような区別をしたのはなぜか。また，憲法の最高法規性（98条1項），および法適用の平等の観点からすれば，このような区別は妥当か。（→ 要点④，解説3）

■　■　■　■　解　説　■　■　■　■

1　本決定と平成7年合憲決定との比較

(1)　**本決定の拠り所としての環境の変化**

本件決定は，本件相続発生時である2001（平成13）年時点では本件相続分差別規定は違憲であるとして，最高裁平成7年7月5日大法廷決定（民集49巻7号1789頁。以下，「平成7年決定」という）による本件規定の合憲判断の判例を覆した画期的な決定であり，立法もただちに本件決定に追随して民法900条ただし書前段を削除した。

しかしながら，本件決定は正面から平成7年決定を批判して判例変更を行ったのではなく，時間の経過に伴う本件規定を取り巻く環境の変化により，しだいに本件規定の正当性が失われてきた，という理由付けをしている。

本件決定と平成7年決定は，理論構成も大きく異なるので，以下に両者の構造を対比する。

(2)　**平成7年決定**

同決定は，次のように述べて本件規定を合憲としていた。当該規定の立法目的は法律婚の尊重と非嫡出子保護の調整をはかることにあり，法律婚主義を採用するからには，その調整の結果，嫡出子と非嫡出子との間に差が生じるのはやむをえない。法定相続分が遺言に対する補充的な規定にすぎないことも考慮すると，非嫡出子の相続分を2分の1としたことは，上の立法理由との関連において著しく不合理で立法府に与えられた合理的裁量を超えているとまではいえない。なお，可部裁判官の補足意見は，法律婚主義を採用する以上，法定相続分の格差は同主義の論理的帰結であると述べている。

これに対して同じく補足意見である大西意見（園部同調），千種・河合意見は，いずれも当該規定の合理性は疑わしくなっているとしながらも，国会での立法作業を通じて親族・相続制度全体を視野に入れた総合的検討がなされるべき

であるとの理由から，合憲とした。

中島，大野，高橋，尾崎，遠藤裁判官の反対意見は次のように主張した。当該規定は単なる財産的利益の問題ではなく，相続人を婚姻家族に属するという属性で見るのか，それとも被相続人の子という点で見るのかが問われているのであって，司法審査も目的，手段の両面でより強い合理性を要求すべきである，憲法24条2項は相続における個人の尊厳を要請しており，法律婚の保護を理由に非嫡出子を差別することは許されないはずであるから，この規定は立法目的と手段との間に実質的関連性を有しない（尾崎裁判官の追加反対意見がある）。

(3)　本件決定による平成7年決定の総論部分のみの踏襲

これに対して，本件決定は，相続制度は立法者の裁量に委ねられており，「現在の相続制度は，家族というものをどのように考えるかということと密接に関係している」とする点は，表現上も平成7年決定を踏襲している（本件決定「2」）。

ところが，平成7年決定では広い立法裁量を肯定するいわば枕詞にすぎなかったこの引用部分が，本件決定では文字通りに受け止められた。すなわち本件決定は，「現在の相続制度は，家族というものをどのように考えるか」について，昭和22年の民法改正以降，平成7年決定を経てその後の内外の諸事情がどのように変化したかという「事柄の変遷」をていねいにフォローした。その結果，「総合的に考察すれば，家族という共同体の中における個人の尊重がより明確に認識されてきた」のであり，もはや「父母が婚姻関係になかったという，子にとっては自ら選択ないし修正する余地のない事柄を理由としてその子に不利益を及ぼすことは許されず，子を個人として尊重し，その権利を保障すべきであるという考えが確立されてきている」，したがって，遅くとも本件相続時（2001年7月）には，本件規定は違憲となるに至っていた，としたのである。

2　本件決定の違憲判断の特徴

⑴　14条1項後段列挙事由や13条に端的に依拠したのではない

このように本件決定は，相続制度という本来立法裁量の余地が広い事項について，嫡出性の有無については厳格な裁量統制を行い，違憲判断を下した。

その際，憲法14条1項後段の「人種，信条，性別，社会的身分，門地」に基づく差別を禁止するとする規定（後段列挙事項）の社会的身分に非嫡出子を含めて解し，これらの事項に基づく差別的取扱いに対しては違憲性が推定され厳格審査がなされるべきである，という「特別意味説」に依拠して違憲判断を下す方法もあり得たはずであるが，このような思考はなされていない。むしろ，非嫡出子という本人にはいかんともしがたい事情による差別的取扱いが，個人の尊厳を損なうものである，という指摘によって違憲判断が導かれている。

ただし，個人の尊厳に依拠したといっても，例えば端的に13条を適用して違憲判断を下した，という単純な構成をとっていない。代わりに，国民感情が家族における個人の尊重を重視するように変遷をとげてきた，という事実を重視した。

このように時間の経過のファクターを本件決定が取り入れた理由としては，いくつか考えられる。

一つには，もちろん昭和22年当初から違憲であったという論理的・絶対的な違憲判断では，違憲判断の効果をどこまで遡及させるのかについて，本件決定のように本件相続発生時までに限定する理由づけが困難になることがあったであろう。

さらに第二に，相続制度をどう定めるかは立法裁量事項であることから，司法審査の出発点はあくまで裁量統制論であり，裁量権者が考慮すべき事項を考慮したか，という判断過程統制の手法が本件決定の基礎にあるからであろう。すなわち，立法者にとっての要考慮事項の一つとして，個人の尊厳を志向する国民意識の変化を挙げ，この点を立法者が不断にくみ取って必

要な法改正を行なわなければならないのに，そうしてこなかったという点を捉えて違憲判断を下しているのである。

また第三の理由としては，平成7年決定が非嫡出子の保護も立法目的に含めて捉え，法律婚主義の保護と非嫡出子保護という二つの立法目的の調整の結果として，2分の1という規定の合憲性をもっともらしく説明している点を，論理的に攻撃するのは厄介であったという事情もあったかもしれない。

(2) 近時の他の違憲判決との異同

時間の経過というファクターの導入により，従来は合憲と判断してきたものに一転して違憲判断を下すという手法は，近時の違憲判決に多くみられる手法である。すなわち，在外国民選挙権判決（本書19事件），国籍法判決（本書1事件），再婚禁止期間違憲判決（本書4事件関連判例）のような違憲判決は，いずれも立法者の立法政策上の首尾一貫性の欠如の表面化（立法当初は一貫していないことを許す事情が存在したが，その後の事情や環境の変化でもはや首尾一貫性の欠如が許されなくなったこと）を突いて下されている。

ただし，本件決定のように，国民感情のレベルでの規範意識の変化を内外の立法等の変遷を通じて明らかにすることで，合憲判断から違憲判断への変更を正当化するものは以上の違憲判決にはみられない。あくまで通信手段の進化（在外邦人選挙権判決），社会環境の変化（国籍法判決），科学技術の進化（再婚禁止期間判決）というような，客観的事実のレベルの変化により，立法全体としての首尾一貫性が失われたことが理由とされている点に注意する必要がある。

(3) 本件規定が相続制度全体の一部であり，遺言に対しては補充的である点について

なお，本件規定は相続制度全体の一部をなしているから，本件規定の是非については制度全体の「関連規定との整合性」を図る必要があるとの指摘については，本件規定が他のどの規定と関連しているかは必ずしも明らかではなく，本件規定を合憲と考える理由にはならない，というのが本件決定の立場である。

この点は，平成7年決定の千種・河合裁判官補足意見が「本件規定は親族・相続制度の一部分を構成するものであるから，これを変更するに当たっては，右制度の全般に目配りして，関連する諸規定への波及と整合性を検討し，もし必要があれば，併せて他の規定を改正ないし新設すべきもので……国会における立法作業によって，より適切になし得る事柄」であるとしていたことへの反論の面を持つ。ただし，同補足意見も，「もっとも，ある法規の合理性が著しく失われて，憲法14条1項に照らし，到底容認できない段階に達しているときは，もはや立法を待つことはできず，裁判所が違憲を宣言することによって直ちにその適用を排除しなければならない」と述べていたところである。

また，平成7年決定は，法定相続分の規定である本件規定は遺言に対して補充的な役割にとどまる点を合憲性の理由の一つとして挙げていた。しかしながら，補充的であれば被相続人は遺言で調整できるのであるから，ますます平等な法定相続分が法定相続分の規定としては要請されるはずである。加えて，遺留分については法定相続分の規定がそのまま反映される。さらに，そもそも「規定の存在自体がその出生時から嫡出でない子に対する差別意識を生じ」させるのだから，法定相続分の規定が補充的であるというのは合憲性の理由とはならない。このように，本件決定は平成7年決定の実質的理由については，十分に正面から批判しえていた（にもかかわらず正面から否定しなかったのは，違憲判断の遡及的効果を最小限に止めるためであろう）。

3 違憲判断の事実上の拘束力の射程について

(1) 本件決定による射程の限定

本件決定は，法定相続分に基づく分割の申立てを家裁が審判で認容したことが争われた事案に対するものであり，もともと合憲違憲の判断の基準時は相続発生時点である平成13（2001）年であった。それゆえ，前述したように，平成7年決定との判断の相違は，違憲判断の基準時の相違（平成7年決定の基準時であった1988年以降2001年に至るまでの諸事情の決定的な変化）

を理由とすれば足りた。もっとも、平成7年決定は時間の経過に伴う国民感情の変遷といった可変的な要素を合憲判断の理由としたのではなく、あくまでロジカルに合憲という結論を導いているので、平成7年決定の時点での国民感情については昭和22年民法改正時点から変化していないことを前提としていたようにも思われる。そうであれば、本件決定は、1995年から2001年に至る数年間の間に国民感情など本件規定を取り巻く外的環境に劇的な変化があったことを論証しなければならなかったはずであるが、本決定はそのような特定の短期間における事情の変化を意識的かつ説得的に論証しえているようには見えない(今世紀初頭に主要国で法改正があったことの言及はなされているが)。

ともあれ本件決定は、本件相続時点で本件規定が違憲であったと断じたことにより、本件決定時と相続時の間(2001年〜2013年)の他の同種事案への本件違憲判断の波及効果をどう考えるか、という深刻な問題が発生した。

これに対する本件決定の回答は、判旨「4」のとおり、「本決定の違憲判断は、Aの相続の開始時から本決定までの間に開始された他の相続につき、本件規定を前提としてされた遺産の分割の審判その他の裁判、遺産の分割の協議その他の合意等により確定的なものとなった法律関係に影響を及ぼすものではない」とするものであった。

(2) 遡及適用の範囲

ここで問題となるのは、第一に、このような本件違憲判断の他の事案への遡及適用は、違憲決定それ自体の一般的効力によるのか、という点である。この点は金築、千葉両裁判官の補足違憲がそれぞれ述べるように、違憲決定そのものは個別的効力しか有しないものの、違憲判断の事実上の拘束力(判例としての拘束力という将来に向かう意味とは別の、本件相続時点以降の未確定の遺産分割事件に対する事実上の遡及的な拘束力)としては及ぶことになる。

第二に、違憲判断の事実上の拘束力は、本件相続発生以降の本件決定までのすべての事案に及ぶのか、が問題となる。原則論としては、本件相続時点で本件規定がすでに違憲であったことになれば、それ以降本件決定までに発生した相続も、同じ規範に基づいて法定相続されるのが平等原則から要請され、当該規定による法定相続はなされるべきではない。ただし、法的安定性の観点から、すでに協議や審判で確定済みのものに対しては、蒸し返し的に本件決定の拘束力が及ぶものではない、とされた。

このような、遡及適用を未確定の事案に対してのみ認めるという解決は、ある種の立法的な経過措置に近似する。そこで、第三に、司法審査権の範囲内で、このような遡及適用の範囲のいわば政策的な限定を行うことが司法権に許されているのか、が問題となる。

この点につき、金築裁判官補足意見は、平等原則が不合理な差別の禁止であることから、どの時間的範囲において平等が回復されるべきであるかについても「合理性」の判断を裁判所は行うことが出来る、という立場を取っているものと思われる。

また、千葉裁判官補足意見は、本件決定の遡及的拘束力の限定が立法の附則における遡及適用の範囲の規定に類似しており、その意味で法創造的であることを認めながら、そもそも憲法が最高裁に与えた司法審査権にはそのような権限も含まれている、という司法審査権の側からの正当化を行っている。

司法審査権といえども、あくまで法律上の争訟性を前提とし、当事者間の権利・法律関係をめぐる紛争を法の解釈適用により終局的に解決する作用の範囲内で行使されるのが付随審査制の建前である。そうであれば、いったん終局的に紛争が解決されている遺産分割協議や審判が確定している事案については、そもそも時間を遡って民法900条4号ただし書が違憲であるという新解釈を適用すべき「紛争」がすでに存在しないと言うこともできないわけではない。

のみならず、未確定の事案は今後(本決定以降)確定されるのであり、したがって本決定の拘束力はあくまで将来の司法判断に向かってのみ及ぶ(本決定はそのような立場を貫いた)と見なすことも、不可能ではない。

18 平 等 ②

■ ■ ■ ■ 関連判例 ■ ■ ■ ■

　1　非嫡出子相続分最高裁平成7年合憲決定（最大決平7・7・5民集49巻7号1789頁）

　2　国籍法事件最高裁大法廷判決（最大判平20・6・4民集62巻6号1367頁）

■ ■ ■ ■ 演習問題 ■ ■ ■ ■

　1　民法900条4号ただし書は，本件決定後に本件規定が削除され，「父母の一方のみを同じくする兄弟姉妹の相続分は，父母の双方を同じくする兄弟姉妹の相続分の二分の一とする」という部分のみが残された。これは，兄弟姉妹間の相続に際しては，いわゆる「半血」（片方の親のみが共通である兄弟姉妹）の者は半分の相続分ということを定めた規定である。Xは長兄A，次兄Yの実母が亡くなったあとに彼らの父が再婚後に出生し，A,Yとはいわゆる半血の兄弟である。子も配偶者もいないAが亡くなり，YとXが相続人となったが，遺言がなく，法定相続分としてXはYの半分しか相続できないことになった。Xがこの規定の違憲性を主張するとして，どのような主張をすることが考えられるか。またYは，どのように反論するべきか。Xはもとより嫡出子であり，この規定は非嫡出子差別には当たらないが，非嫡出子相続分についての平成25年違憲決定の判断枠組みを踏まえて検討せよ。

　　＊考え方
　　Xは，個人の尊重の理念が確立され，また同時に家族関係は血縁よりも精神的な紐帯が重要であることがしだいに認識されるようになったことを主張する。Yは，相続制度は国民感情になどに基づく立法裁量に委ねられており，なお国民の間に「血を分けた兄弟」という意識が強いことを主張する。

　2　森林法186条（昭和62年削除前）は山林の共有者からの任意の分割請求を制限していたが，森林法事件大法廷判決（最大判昭62・4・22民集41巻3号408頁。本書15事件関連判例1）により当該規定は違憲とされた。ところが，この最高裁判決よりちょうど1か月前の昭和62年3月22日に，山林の2分の1の持分を有する共有者甲乙間でかねて甲が申し立てていた共有分割請求につき裁判上の和解協議が整い，甲は乙の持分を市場価格の2割増しで買い取っていた。森林法違憲判決で扱われた事件（持分権者の一方が持分を超えて立木を伐採し売却したという事案であった）の発生時よりもずっと後の時点である昭和62年3月になされた上記和解協議につき，甲が森林法判決の拘束力の遡及により市場価格を超える買取価格は本来支払う必要のない金額であったと主張して，森林法判決以後の時点で不当利得返還請求訴訟を乙を相手取り提起したものとする。どのような判決が予想されるか。

　　＊考え方
　　本件遺産分割事件と共有林の共有分割との法的性質の相違。後者は裁判所の形成的判断によるものであり，基準時はあくまで判決時である。

〔参考文献〕
蟻川恒正「婚外子法定相続分最高裁違憲決定を読む〈起案講義憲法7〉」法教397号102頁
泉德治「婚外子相続分差別規定の違憲決定と『個人の尊厳』」世界849号（2013年）229頁
伊藤正晴・ジュリ1460号88頁
髙井裕之・百選Ⅰ〔第6版〕62頁

（棟居快行）

プライバシー権

3 住基ネット判決

■ 最高裁平成 20 年 3 月 6 日第一小法廷判決
■ 平成 19 年（オ）第 403 号，同年（受）第 454 号
　損害賠償請求事件
■ 民集 62 巻 3 号 665 頁，判時 2004 号 17 頁

〈事実の概要〉

　かつて住民基本台帳（以下「台帳」という）の情報は，これを保有する当該市町村においてのみ利用されていたが，住民基本台帳法改正（平成 11 年。以下，「住基法」という）は，①氏名・生年月日・性別・住所の 4 情報に，②住民票コード（無作為に作成された 10 桁の数字および 1 桁の検査数字を組み合わせた数列）および③転入・出生等の変更情報を加えた本人確認情報を，市町村・都道府県・国の機関等で共有してその確認ができるネットワークシステム（以下，「住基ネット」という）を構築した。

　X ら（原告・控訴人・被上告人）は，この住基ネットにより憲法 13 条の保障するプライバシー権その他の人格権が違法に侵害されたなどと主張して，台帳を保管する Y（守口市。被告・被控訴人・上告人）に対し，国賠法 1 条に基づく損害賠償（慰謝料）の請求を行った。1 審（大阪地判平 16・2・27 判時 1857 号 92 頁）がこの請求を棄却したため，X らは，2 審（大阪高判平 18・11・30 判時 1962 号 11 頁）で，上記権利に基づく妨害排除請求として，住民票コードの削除等を求めた。2 審は，「自己のプライバシー情報の取扱いについて自己決定する利益（自己情報コントロール権）」を憲法上保障されているプライバシー権の重要な一内容とし，上述した本人確認情報をこの対象に含めたうえ，その収集・保有・利用等には，①正当な行政目的と，②その実現手段の合理性が求められるところ，行政機関に保有されている個人情報が住民票コードをもってデータマッチングや名寄せされて

利用される具体的危険のある住基ネットは，②の合理性を欠くとして，上記権利の侵害を肯定し，住民票コードの削除請求を認容した。そこで Y が上告した（2 審は X らの住民票コード削除請求を認容したものの，国賠法に基づく損害賠償請求は棄却した。そのため，この棄却部分について X らから上告および上告受理申立てがなされたが，上告棄却兼不受理決定によって確定したため，結局本件の争点は，住民票コードの削除請求に絞られることとなった）。

　Y は，上告理由として，(a)自己情報コントロール権は，内容が未だ不明確で，実体法上の権利とは認め難いこと，(b)住基法や関連法令，さらに住基ネットの制度上の仕組みに照らせば，データマッチングや名寄せが行われる具体的危険は認められないことなどを挙げた。

〈上告審〉

要　点

　① 憲法 13 条は，個人の私生活上の自由の一つとして，個人に関する情報をみだりに第三者に開示または公表されない自由を保障している。

　② 本人確認情報は，個人の内面に関わるような秘匿性の高い情報とはいえない。

　③ 住基ネットによる本人確認情報の管理・利用等は，法令等の根拠に基づき，住民サービスの向上および行政事務の効率化という正当な行政目的の範囲内で行われている。

　④ (i)システムの安全性，(ii)懲戒・刑罰による漏えい等の厳格な禁止，(iii)監視機関等，適切な運用を担保するための制度的措置の存在から，本人確認情報が法令等の根拠に基づかずに，または正当な行政目的の範囲を逸脱

20　プライバシー権

して第三者に開示・公表される具体的な危険が生じているということはできない。

⑤　(i)行政個人情報保護法と住基法は一般法と特別法の関係にあり，住基ネットにおける個人情報のやりとりには住基法の厳格なルールが適用されること，(ii)本人確認情報の目的外利用や，データマッチングを目的とした秘密情報等の収集・提供は懲戒処分または刑罰の対象となること，(iii)現行法上，個人情報を一元的に管理できる機関等は存在していないことから，データマッチング等の具体的な危険が生じているということもできない。

⑥　以上のことから，行政機関が住基ネットにより住民であるＸらの本人確認情報を管理・利用等する行為は，個人に関する情報をみだりに第三者に開示または公表するものということはできず，当該個人がこれに同意していないとしても，憲法13条により保障された上記の自由を侵害するものとはいえない。

■ 判　旨 ■

破棄自判。

〔1　憲法13条の保障する自由〕

「憲法13条は，国民の私生活上の自由が公権力の行使に対しても保護されるべきことを規定しているものであり，個人の**私生活上の自由**の一つとして，何人も，個人に関する情報をみだりに第三者に開示又は公表されない自由を有するものと解される〔京都府学連事件判決＝最大判昭44・12・24刑集23巻12号1625頁参照〕。**要点①**」

〔2　本人確認情報の性質〕

「そこで，住基ネットがＸらの上記の自由を侵害するものであるか否かについて検討するに，住基ネットによって管理，利用等される本人確認情報は，氏名，生年月日，性別及び住所から成る4情報に，住民票コード及び変更情報を加えたものにすぎない。このうち4情報は，人が社会生活を営む上で一定の範囲の他者には当然開示されることが予定されている個人識別情報であり，変更情報も，転入，転出等の異動事由，異動年月日及び異動前の本人確認情報にとどまるもので，これらはいずれも，個人の内面に関

わるような秘匿性の高い情報とはいえない。これらの情報は，住基ネットが導入される以前から，住民票の記載事項として，住民基本台帳を保管する各市町村において管理，利用等されるとともに，法令に基づき必要に応じて他の行政機関等に提供され，その事務処理に利用されてきたものである。そして，住民票コードは，住基ネットによる本人確認情報の管理，利用等を目的として，都道府県知事が無作為に指定した数列の中から市町村長が一を選んで各人に割り当てたものであるから，上記目的に利用される限りにおいては，その秘匿性の程度は本人確認情報と異なるものではない。**要点②**」

〔3　住基ネットの目的と構造〕

(1)　また，「住基ネットによる本人確認情報の管理，利用等は，**法令等の根拠**に基づき，**住民サービスの向上及び行政事務の効率化**という**正当な行政目的**の範囲内で行われているものということができる**要点③**」。

(2)　「住基ネットのシステム上の欠陥等により外部から不当にアクセスされるなどして本人確認情報が容易に漏えいする具体的な危険はないこと，受領者による本人確認情報の目的外利用又は本人確認情報に関する秘密の漏えい等は，懲戒処分又は刑罰をもって禁止されていること，住基法は，都道府県に本人確認情報の保護に関する審議会を，指定情報処理機関に本人確認情報保護委員会を設置することとして，本人確認情報の適切な取扱いを担保するための制度的措置を講じていることなどに照らせば，住基ネットにシステム技術上又は法制度上の不備があり，そのために本人確認情報が法令等の根拠に基づかずに又は正当な行政目的の範囲を逸脱して第三者に開示又は公表される**具体的な危険**が生じているということもできない。**要点④**」

(3)　「なお，原審は，……住基ネットにより，個々の住民の多くのプライバシー情報が住民票コードを付されてデータマッチングされ，本人の予期しないときに予期しない範囲で行政機関に保有され，利用される具体的な危険が生じていると判示する。」しかし，「行政個人情報保護法は，行政機関における個人情報一般について

その取扱いに関する基本的事項を定めるものであるのに対し，住基法……の本人確認情報の保護規定は，個人情報のうち住基ネットにより管理，利用等される本人確認情報につきその保護措置を講ずるために特に設けられた規定であるから，本人確認情報については，住基法中の保護規定が行政個人情報保護法の規定に優先して適用されると解すべきであって，住基法による目的外利用の禁止に実効性がないとの原審の判断は，その前提を誤るものである」。また，「データマッチングは本人確認情報の目的外利用に当たり，それ自体が懲戒処分の対象となるほか」，刑罰によっても禁止されていること，「現行法上，本人確認情報の提供が認められている行政事務において取り扱われる個人情報を一元的に管理することができる機関又は主体は存在しないことなどにも照らせば，住基ネットの運用によって原審がいうような具体的な危険が生じているということはできない 要点⑤」。

〔4 結論〕

「そうすると，行政機関が住基ネットにより住民であるXらの本人確認情報を管理，利用等する行為は，個人に関する情報をみだりに第三者に開示又は公表するものということはできず，当該個人がこれに同意していないとしても，憲法13条により保障された上記の自由を侵害するものではないと解するのが相当である。また，以上に述べたところからすれば，住基ネットによりXらの本人確認情報が管理，利用等されることによって，自己のプライバシーに関わる情報の取扱いについて自己決定する権利ないし利益が違法に侵害されたとするXらの主張にも理由がないものというべきである。 要点⑥」

■ ■ ■ ■ 確認問題 ■ ■ ■ ■

1　本件におけるXらの請求はどのようなものであったか。（→事実の概要）

2　本判決は，憲法13条をどのような規定と捉え，そこからどのような自由が保障されると解したか。それは学説のいう自己情報コントロール権と同一のものか。（→ 要点①，解説1）

3　本判決は，氏名・生年月日・性別・住所から成る4情報，変更情報，住民票コードを，それぞれどのような性質をもつ情報として捉えたか。（→ 要点②）

4　本判決は，住基ネットによる本人確認情報の管理・利用等に法令等の根拠が必要であると解したか。（→ 要点③）

5　本判決は，住基ネットの目的をどのようなものと捉えたか。（→ 要点③）

6　本判決が，「本人確認情報が法令等の根拠に基づかずに又は正当な行政目的の範囲を逸脱して第三者に開示又は公表される具体的な危険が生じているということもできない」と述べた理由は何か。（→ 要点④）

7　2審は，住基ネットにより，個人の多くのプライバシー情報が住民票コードを付されてデータマッチングされ，本人の予期しないときに予期しない範囲で行政機関に保有され，利用される具体的な危険が生じていると判示した。本判決が，住基ネットの運用によってこのような具体的な危険が生じているということはできないと述べた理由は何か。（→ 要点⑤）

■ ■ ■ ■ 解　説 ■ ■ ■ ■

1　憲法13条が保障する自由

住民基本台帳は，平成11年の住基法改正以前から既に存在しており，この台帳に記載された個人情報（4情報および変更情報）のやりとりは従前から行われていた。したがって，本件の主要な論点は，住民票コードを新たに付して，この「やりとり」を国家が高度にネットワークシステム化したことにあろう。そうなると，まず問題になるのは，公権力による個人情報の高度ネットワークシステム化に，憲法上どのような自由ないし権利を対抗させるべきか，である。ちなみに本判決は，警察官による写真撮影の合憲性を扱った京都府学連事件判決（関連判例2）を引用しているが（判旨1），その目的は，憲法13条が公権力の行使に対し「国民の私生活上の自由」が保護されるべきことを定めた規定であることを確認する点にあり，公権力による高度情報ネットワークシステム（以下，「《システ

ム》」という）の構築・運用に対しどのような自由を対抗させるべきかという前記問題に直接の解答を与えるものではない。

本件でＸらは，住基ネット《システム》の構築を「監視社会」と直結させ，その運用自体が「公権力から監視されない権利」を侵害するなどと主張していた。また学説の中には，本件で「原告らが依拠するにふさわしいプライバシーの権利の内容」とは，「個人に関する情報をみだりに情報管理システムに接続されない自由」であるとする見解もみられた（蟻川・後掲82頁）。こうした見解は，公権力が個人情報を《システム》に組み込むことによる個人の包括的監視を直接問題にするものであるといえるが，本判決はこうした《システム》対抗的な権利観の採用を拒否した。またＸらは，個人情報が《システム》を通じて，個人の知らぬ間に市町村・都道府県・国の機関間で「やりとり」されることなどを踏まえ，いわゆる自己情報コントロール権の侵害を主張したが（2審はこれを承認），本判決は，自己情報に対するコントロール性の喪失を前提としたこうした見方を採用することもなかった。プライバシー権の内実をめぐっては，これを「他者に対して自己を開いたり閉じたりする能力〔の〕確保」（奥平・後掲108頁）とか，多様な「役割イメージ」を使い分ける「自己イメージのコントロール」（棟居・後掲192頁）と捉える見解，さらにはドイツの憲法判例を参照してこれを「情報自己決定権」として捉える見解（小山・後掲118頁）などがあるが，「結局，〔いずれの見解も〕自己情報の開示・非開示，そして開示する場合にはその内容について相手に応じて自分が決定できることにその核心部分があり，それは自己情報のコントロールという定義の中に吸収できる」（渋谷・後掲407頁）と考えられる[1]。この点，学界では，プライバシー権に対する見方が自己情報コントロール権的な理解へと収斂してきているといえるが，最高裁は本件でも，かかる理解を正面から承認することはなかった。

上述のとおり本判決は，公権力による《システム》の構築・運用，《システム》への個人の

埋め込みが論点となっていたにもかかわらず，個人情報（センシティブ情報）の不特定多数者への「公開」（「宴のあと」事件＝東京地判昭39・9・28下民集15巻9号2317頁〔関連判例1〕）や特定第三者への「開示」（前科照会事件＝最判昭56・4・14民集35巻3号620頁〔関連判例3〕）[2]からの自由として定義される古典的プライバシー権概念に依拠して，憲法13条から「個人に関する情報をみだりに第三者に開示又は公表されない自由」を引き出し，これを《システム》に対置させた[3]。そのため，2でみるように，本件における違憲審査のポイントは，《システム》の構築やそれとの接続自体の合理性・必要性ではなく，《システム》との接続を前提に，その運用によって"個人情報がみだりに第三者に開示・公表されることはないか"という点（いわばリスク評価）に置かれることになる。

なお，本件は，個人情報が本人の同意なく実際に第三者に開示・公表された（既にこうした開示・公表が起きてしまった）事案（宴のあと事件，前科照会事件，江沢民講演事件〔関連判例5，

---

1) プライバシー権の内実をめぐる学界の争いは，「自己情報コントロール権」の捉え方や，文脈に応じた現れ方，力点の置き所の違いとして理解することができる。アメリカ法に由来する自己情報コントロール権とドイツ法に由来する情報自己決定権との差異を殊更に強調する見解もあるが，後者も前者に対して外在的な批判を加えるものではなく，差異の強調は生産的ではない。最高裁が「自己情報コントロール権」の承認に踏み切れず，伝統的なプライバシー権理解にとどまる理由の1つが，学界におけるコンセンサスの欠如にあるとすれば，学界としては，自己情報に対するコントロールの重要性を認めるという点で議論が収斂していることを明確に示すべきであろう。

2) 前科照会事件判決は，プライバシー権を，前科等の情報を「みだりに公開されないという法律上の保護に値する利益」として定式化したが，事案の性格（京都市による弁護士会への前科情報の提供）からみて，ここでいう「公開」は，特定第三者への「開示」ないし「提供」として理解できる（個人情報が公に対して開示された事案ではない）。

3) このような「自由」の定式化は，第三者への開示・公表からの自由を認めてきた従前の判例との連続性を強く意識したものといえよう。調査官解説も，本判決の提示した自由が「従前の判例の延長にある」ことを強調している（増森・後掲161，163頁）。

最判平 15・9・12 民集 57 巻 8 号 973 頁〕）と質的に異なるだけでなく，個人情報が本人の同意なく公権力により実際に収集された事案（京都府学連事件，指紋押捺事件〔関連判例 4，最判平 7・12・15 刑集 49 巻 10 号 842 頁〕）とも異なる。住基ネットは，行政機関がその構築以前から保有してきた 4 情報および変更情報を《システム》化し，住民票コードを割り当てたものすぎず，その構築・運用のための新たな個人情報の収集を伴わないからである。仮に憲法上のプライバシー関連事案を，(a)公権力による個人情報の公表（公開）事案，(b)公権力による個人情報の開示（第三者提供）事案，(c)公権力による個人情報の収集事案，(d)公権力による《システム》構築・運用（接続）事案の 4 つに分類するとすれば[4]，本件は(d)タイプに属する。

2　本判決における「みだりに」の意味[5]

(1)　情報の性質

上述のように，本判決は，住基ネットが「〔個人〕情報をみだりに第三者に開示又は公表されない自由」を侵害するか，という問題設定を行った。そこでまず本判決が検討したのは，住基ネットを通じて各機関でやりとりされることになる本人確認情報の性質であった。本判決は，まず 4 情報について，単なる個人識別情報であるという秘匿性の低さと，台帳制度の下で「以前から」各市町村において管理等されてきたとともに，「法令に基づき必要に応じて他の行政機関等に提供され，その事務処理に利用されてきた」という既得性・旧知性を指摘した（住基ネット導入以前から，アナログ式方法により各機関で既にやり取りされてきた）。そして住民票コードについては，それが他の個人情報を検索・名寄せするマスターキーとして使われる可能性を重視し，その秘匿性を高く見積もる考え[6]を斥け，所定の「目的に利用される限りにおいては」との留保を付けながらも，その秘匿性を 4 情報と同様，低く捉えた。

(2)　理由——形式的理由と実質的理由

本判決は，以上のような情報の性質に関する吟味を行った後で，住基ネットにおける情報実

践が，果たして「みだりに第三者に開示又は公表されない自由」を侵害するといえるか，という本題の検討に入っている（本判決は，住基ネットの憲法適合性について「一般的な判断基準を示すものではない」。増森・後掲 164 頁〔注 15〕）[7]。

ところで，従前の判例でも用いられてきた「みだりに」（妄りに，濫りに）という言葉は，「むやみに。わけもなく。思慮もなく。無作法に」といった意味をもつ（『広辞苑〔第 7 版〕』〔岩波書店，2018 年〕）。したがって，この語義に忠実であれば，例えば一定の作法の下，適切な「わけ」（理由）あってなされた開示や公表は，「みだりに」なされたものとはいえず，上記自由を侵害しないことになる。本判決は，この点で，まずは住基ネットによる本人確認情報のやりとりが，「〔①〕法令等の根拠に基づき，〔②〕住民サービスの向上及び行政事務の効率化とい

[4]　もちろん，この 4 類型に私人によるプライバシー権侵害の類型も加わることになる。なお，《システム》への登録を目的とした新たな個人情報の収集は，(c)タイプと(d)タイプの問題を併有することになる。京都府学連事件は，当時の情報通信技術からして，撮影した写真を《システム》に接続することまで含まないために，単純な収集事案である(c)タイプに分類できるが，例えば，N システムや GPS 捜査の事案などは，収集した情報が《システム》に組み込まれる可能性があるために，(c)タイプの事案であるとともに(d)タイプの事案であると考えることもできる（GPS 捜査については，最大判平 29・3・15 刑集 71 巻 3 号 13 頁参照）。その場合の憲法適合性判断には，後述する構造審査のような視点が求められるように思われる。

[5]　2 の記述は，山本・後掲① 209 頁以下と一部重複するところがある。

[6]　この点，2 審は，「住民票コードは，それ自体数字の羅列にすぎない技術的な個人識別情報であるが，住民票コードが記載されたデータベースが作られた場合には，検索，名寄せのマスターキーとして利用できるものであるから，その秘匿の必要性は高度である」と述べていた。

[7]　本判決が一般的な判断基準を定立しなかったのは，1 で述べたように，「みだりに第三者に開示又は公表されない自由」という古典的なプライバシー権を《システム》と対置させたために，審査がリスク評価的なもの（権利侵害のリスクがあるか，という方向での審査）になったからであろう。他方，(a)〜(c)タイプの事案では，既に「開示」や「収集」という具体的な行為がなされた後の審査となるから，〈権利侵害—正当化〉という論証形式をとり，判断基準を明確に示す必要も出てくる。

う正当な行政目的の範囲内で行われている」点を指摘し，それが「わけもなく」，「むやみに」なされるものでないこと，すなわち，（少なくとも建前上は）「みだりに……開示又は公表されない自由」を侵害するものでないことを論証している。要するに，住基ネットにおける情報のやりとりは，①形式的理由（「法令等の根拠」）と，②実質的理由（「住民サービスの向上及び行政事務の効率化」）の双方によって適切な範囲内にとどめられているというわけである。

ここで注意を要するのは，第一に，本判決が，本人確認情報の秘匿性の低さを強調しているにもかかわらず，上記①（形式的理由）について「法令等の根拠」（実際には住基法という法律）を求めていることである。例えば，住基法30条の7第3項は，都道府県知事は住基法の別表に定められた事務の処理に関して住民の居住関係の確認のための求めがあった場合に限り，国の機関等に本人確認情報を提供できることとしている（当該都道府県の区域内の市町村への提供も同様）。さらに，同法30条の34は，かかる情報の受領者は，住基法の定めるところにより当該事務の処理に関し本人確認情報の提供を求めることができることとされているものの遂行に必要な範囲内で，受領した本人確認情報を利用等できるとしている。これは，住基ネットを利用した情報のやりとりが，行政自身の手によって闇雲に拡大されていくことを防ぎ，その拡張には，常に法律による民主主義的な承諾（集合的同意）を求める趣旨であると解される（したがって，法令等の根拠に基づかない本人確認情報の管理・利用等は違憲と判断されうる）。

他方で，上記②（実質的理由）については，「住民サービスの向上」や「行政事務の効率化」といった程度の「正当な行政目的」で足りるとしている点にも注意が必要である。これによれば，例えば「行政事務の効率化」のみを目的になされた情報の他機関提供でも，「みだりに」なされた開示とは認定されず，上記自由を侵害しないことになる。本判決がこのような弱い理由で足りるとしたのは，住基ネットで扱う情報（本人確認情報）が，住基ネット導入以前から各

機関間でやり取りされてきたもので（既得性・旧知性），かつ，その秘匿性が低いということによろう（前記(1)参照）。したがって，《システム》において，仮に秘匿性が高く，既得性・旧知性のない個人情報をやりとりする場合には，「行政サービスの向上」や「行政事務の効率化」以上の目的——秘匿性の高さに比例した実質的な目的——が厳に要求されるように思われる。

(3)《システム》の構造

《システム》の本来的な問題は，情報の流れが余りに高速化，複雑化，不可視化するために，そのやりとりが「法令等」に書かれた利用範囲，すなわち「建前」（もともと予定された情報経路）から簡単に逸脱し，「みだりに」開示等がなされてしまう危険が，アナログ式情報実践の場合と比べて格段に高まることにある。そこで本判決は，建前上の「理由」（形式的・実質的理由）を前提とした前記(2)の審査に加えて，建前どおりに情報がやり取りされることを担保する「仕組み」ないし「構造（structure）」がシステム内に組み込まれているか，その不備ないし欠陥により，「みだりに」開示等がなされる「具体的危険」がないか，という点まで審査した（「構造審査」とも呼ばれる）。すなわち，本判決は，①「システム上の欠陥等により外部から不当にアクセスされるなどして本人確認情報が容易に漏えいする具体的な危険〔が〕ないこと」（システムの安全性），②「目的外利用又は本人確認情報に関する秘密の漏えい等〔が〕，懲戒処分又は刑罰をもって禁止されていること」（罰則等による厳格な禁止），③住基法が，監視機関を設置するなどして，「本人確認情報の適切な取扱いを担保するための制度的措置を講じていること」（監視機関の設置等）の3点をチェックしたのである。この結果，本判決は，「住基ネットにシステム技術上又は法制度上の不備があり，そのために本人確認情報が法令等の根拠に基づかずに又は正当な行政目的の範囲を逸脱して第三者に開示又は公表される具体的な危険が生じているということもできない」（傍点筆者）と判断し，住基ネットによる情報実践は「憲法13条により保障された上記の自由を侵害する

ものではない」との結論を導いたのであった。

　もちろん、住基ネットに組み込まれた監視機関が、実効性のある監視機能を果たすのに十分な権限を有しているかなど、①から③の各項目に関する本判決の上記評価に疑問がないわけではない。しかし、本判決が、前記(2)の審査に加えて、システム「構造」の脆弱性までを審査したことの意義は小さくない。本判決は、構造の脆弱性ゆえに個人情報がみだりに開示等される具体的危険が認められれば、現実にそのような開示等がなされていない段階でも、上記自由の「侵害」が肯定される可能性を認めたからである。これは、従前は法律レベルの要請とされてきたセキュリティシステムの構築（いわゆるプライバシー・バイ・デザイン）ないし整備を、憲法レベルの要請にまで引き上げたうえ、その不備を（主観的）権利侵害の評価と結び付けた点で、画期的ですらある（構造的脆弱性＝具体的危険＝権利侵害）。また、監視機関が置かれていないなど、システムの「構造」やデザインが脆弱であれば、ただそれのみで――実際の漏えい等がなくとも――「侵害」されるという本判決の「プライバシー権」は、「システム・コントロール」的な側面または「構造要求」的な側面を実質的に帯びるものとも考えられる。本判決が、このように、構造と権利・自由とを密接に関連づけたのは、高度化した情報ネットワークシステムにおいては、その構造ないしアーキテクチャの脆弱性に由来する不安が、現実に個人情報が開示された場合と同じぐらい、個人の自律的な生き方に否定的な影響を与えると考えたからであろう。

3　データマッチングとプロファイリング

　本判決は、判旨3(3)で、「データマッチング」の具体的危険性について検討を加えている。しかし、憲法13条の自由を「〔個人〕情報をみだりに第三者に開示又は公表されない自由」と捉える限り、「みだりにデータマッチングされない自由」は憲法の保障範囲から外れ、かかる検討は不要となるはずである。本判決も、この検討を行うに当たり「なお」と断りを入れている

が、判決中この検討に費やした部分のボリュームが最も大きくなっている。このことは、本判決が、2審への反論の必要性とともに、「データマッチング」問題の重要性を意識していたことを示していよう。「データマッチング」が具体的に何を意味するのかは必ずしも明らかではないが、さしあたり、住民票コードのような索引情報から、それに紐づけられた複数の個人情報を名寄せし、突合することを意味すると考えてよいだろう。そこで懸念されているのは、断片的な個人情報が大量に集積され、突合されることにより、本人があずかり知らないところでその人の「個人像」が形成され、それが独り歩きして当人の評価の基礎とされることである。現在は、人工知能（Artificial Intelligence, AI）を用いたプロファイリング技術[8]が飛躍的に発展してきており、「データマッチング」がもつ意味も変わりつつある。複数の――それ自体はセンシティブでない――断片的個人情報を突き合わせ、AIに分析させることにより、その人の精神状態、健康状態、政治的信条といった詳細なセンシティブ情報がかなり正確に推知できるようになっているからである。公権力が専断的にこうしたプロファイリングを行うことを防ぐためにも、番号制などの《システム》の運用においては、その実施に明確な法律上の根拠（形式的根拠）と実質的な根拠を求めるとともに、こうした根拠を欠いた「データマッチング」ないし「プロファイリング」の具体的な危険を抑え込む堅牢な「構造」が要求されるように思われる。この点で、本判決が――本件では論理的に「不要」であったにもかかわらず――敢えてデータマッチングの具体的危険に触れた意味は

---

8)　2018年5月施行のEUの「一般データ保護規則（General Data Protection Regulation, GDPR）」は、「プロファイリング」を、「自然人に関する特定の個人的側面を評価するために、特に、当該自然人の職務遂行能力、経済状況、健康、個人的選好、関心、信頼性、行動、位置もしくは動向を分析または予測するために、個人データを用いて行うあらゆる形式の自動化された個人データ処理」と定義し、この処理形式に異議を唱える権利などを組み込んだ（山本・後掲①257頁以下参照）。

26 プライバシー権

大きい。これは，憲法 13 条の私生活上の自由
に「みだりにデータマッチングされない自由」
ないし「みだりにプロファイリングされない自
由」を包摂する必要性を予示するものとして理
解されるべきであろう。

■ ■ ■ ■ 関連判例 ■ ■ ■ ■

1 「宴のあと」事件（東京地判昭 39・9・28 下
民集 15 巻 9 号 2317 頁）

2 京都府学連事件（最大判昭 44・12・24 刑集
23 巻 12 号 1625 頁）

3 前科照会事件（最判昭 56・4・14 民集 35 巻
3 号 620 頁）

4 指紋押捺事件（最判平 7・12・15 刑集 49 巻
10 号 842 頁）

5 江沢民講演事件（最判平 15・9・12 民集 57
巻 8 号 973 頁）

■ ■ ■ ■ 演習問題 ■ ■ ■ ■

1 平成 25 年 5 月に成立した「行政手続に
おける特定の個人を識別するための番号の利用
等に関する法律」（以下，「番号法」という）は，
国民一人ひとりに 12 桁の「個人番号」を付し，
国の機関や地方公共団体等が分散して保有して
いる個人情報と関連付けて（番号法上，①個人
番号と②このような個人情報によって構成される
情報を合わせて「特定個人情報」と呼ぶ），国の
機関や地方公共団体等の間での情報連携を促進
しようとするものである。具体的には，国民の
利便性の向上，行政の効率化，公平・公正な社
会の実現（国民の所得状況や行政サービスの受給
状況が把握しやすくなり，税や社会保障の負担を
不当に免れることや，給付を不正に受給すること
の防止につながる）が目的として掲げられる。
番号法上，特定個人情報は，税金，社会保険，
災害対策などの行政手続において，番号法の別
表に掲げられた事項のために利用，提供等され
る。また番号法は，行政個人情報保護法などの
法律よりも，個人情報等に対する不正行為の罰
則を強化し，監視機関として個人情報保護委員
会を設置した。この番号制（マイナンバー制）
に含まれる憲法上の問題について論じなさい。

＊考え方
　まずは，憲法 13 条からいかなる自由を引き出
すかが重要となる。古典的プライバシー権との連
続性を重視し，住基ネット判決と同様の自由を観
念するか，自己情報コントロール権を採用するか，
それとも《システム》に関する憲法問題の固有性
（包括的監視，管理国家化の可能性や萎縮効果な
ど）を踏まえた新たな自由定式を採用するか。そ
れにより，その後の論証の流れも変わってくるは
ずである。住基ネット判決と同様の自由定式を採
用した場合は同判決と同様の流れをたどるが，取
り扱う情報の性質の違いを踏まえ（番号制の場合，
よりセンシティブな情報を取り扱う），住基ネッ
ト判決とは異なる形式的・実質的理由が求められ
るように思われる。さらに，漏えいや濫用（目的
を逸脱したプロファイリング）を防ぐための「構
造」もより堅牢なものが要求されよう。

2 警察は，DNA 型記録取扱規則（国家公安
委員会規則）に基づき，特定の事件の解決のた
めに採取した DNA サンプルから DNA 型記録
を作成し，この DNA 型記録をデータベースに
登録している。規則は，「被疑者 DNA 型記録
を保管する必要がなくなったとき」に当該規則
を抹消することとしているが（7 条），基本的に
は，一旦登録された記録は，特定の事件が解決
された後も，「犯罪捜査に資することを目的」
（1 条）に登録され続けることになっている。住
居侵入罪で逮捕された X は，令状に基づき
DNA サンプルを採取され，その DNA 型記録を
ベータベースに登録された。X は起訴され，有
罪判決を受け 3 万円の罰金に処せられたが，そ
の後，再就職を果たし，平穏な生活を送ってい
た。X は，それにもかかわらず，現在もなお自
らの DNA 型記録が警察の DNA 型データベー
スに登録され続けていることに不満を抱いてい
る。あなたが弁護士として X から相談を受け
た場合，どのような訴えを提起し，そこにおい
てどのような憲法上の主張を行うか。

＊考え方
　DNA サンプルの採取および DNA 型記録の作成
自体は，特定の事件を解決することとの関係で正
当化されうる。また，この記録を当該事件の解決
まで保存することも同様に正当化されよう。問題
は，警察がこの DNA 型記録を，「犯罪捜査に資す
る」という抽象的な目的の下で，特定の事件の解
決後も《システム》の中に保存・登録し続けるこ
とが憲法上可能か，という点にある（玉蟲・後掲

433 頁，山本・後掲②参照）。ここでも，いかなる憲法上の自由を対抗させるか，DNA 型記録の性質をどう捉えるか（DNA サンプル自体は廃棄されるものとする），国家公安委員会規則が登録の形式的根拠として十分か，実質的根拠をどう評価するか，漏えい・濫用を防ぐ「構造」は存在するかなどが検討されなければならない。

〔参考文献〕

蟻川恒正「プライヴァシーと思想の自由」樋口陽一ほか編『新版　憲法判例を読みなおす』（日本評論社，2011 年）

奥平康弘『憲法Ⅲ』（有斐閣，1993 年）

小山剛「単純個人情報の憲法上の保護」論ジュリ 1 号 118 頁

渋谷秀樹『憲法〔第 3 版〕』（有斐閣，2017 年）

玉蟲由樹「警察 DNA データベースの合憲性」日本法学 82 巻 2 号（2016 年）433 頁

中岡小名都・自治研究 87 巻 9 号（2011 年）131 頁

増森珠美・最判解民事篇平成 20 年度 141 頁

棟居快行『人権論の新構成』（信山社，1992 年）

山崎友也・平成 20 年度重判解 11 頁

山本龍彦①『プライバシーの権利を考える』（信山社，2017 年）

山本龍彦②「日本における DNA データベース法制と憲法」比較法研究 70 号（2008 年）77 頁以下

山本龍彦③・百選Ⅰ〔第 6 版〕46 頁

（山本龍彦）

人 格 権

4 夫婦同氏事件

■ 最高裁平成 27 年 12 月 16 日大法廷判決

■ 平成 26 年(オ)第 1023 号
損害賠償請求事件

■ 民集 69 巻 8 号 2586 頁，判時 2284 号 38 頁

〈事実の概要〉

X（原告・控訴人・上告人）らは，婚姻前の氏を通称として使用している者，または氏の選択をせずに提出した婚姻届が不受理となった者である。X らは，夫婦同氏1)を定める民法 750 条（以下「本件規定」とする）が，(1)憲法 13 条，(2)憲法 24 条，(3)女子差別撤廃条約 16 条 1 項(b)(g)に違反し，本件規定の改廃等を怠った立法不作為が国家賠償法 1 条 1 項の適用上違法となると主張して，国（被告・被控訴人・被上告人）に対し損害賠償を請求した。第 1 審（東京地判平 25・5・29 判時 2196 号 67 頁）・控訴審（東京高判平 26・3・28 民集 69 巻 8 号 2741 頁参照）ともに国賠法上の違法性を否定したため X が上告。上告審で X は，(4)憲法 14 条 1 項違反の主張を追加した。最高裁は，(3)は適法な上告理由に当たらないとし2)，(1)(2)(4)につき下記の通り合憲判断を示して上告を棄却3)。

〈上告審〉

要 点

① 氏は，婚姻・家族に関する法制度の一部として法律がその内容を規律している。そのため，氏に関する人格権の内容は，憲法の趣旨を踏まえて定められる法制度を通じて初めて具体的に捉えられる。

② 現行法上，氏には，名と同様の個人の呼称という意義に加えて家族の呼称という意義があり，家族内で氏を統一することには合理性がある。氏は，自己の意思のみで設定・変更しうる性質のものではない。婚姻に伴う身分変動を自己の意思で選択したことにより，

家族の呼称である氏が変更されることは性質上予定されている。婚姻の際に氏の変更を強制されない自由は，憲法 13 条で保障された人格権ではない。婚姻前に築いた個人の信用，評価，名誉感情等を婚姻後も維持する利益等は，人格権ではないが，人格的利益として，同 24 条違反を判断する際の考慮事項となる。

③ 本件規定には文言上，男女間の形式的不平等は存在しない。圧倒的多数の夫婦が男性氏を名乗る結果も，本件規定の在り方自体から生じたものではない。本件規定は憲法 14 条 1 項に違反しないが，上記結果の一原因たりうる社会の差別的な意識を除去して実質的な平等を図ることは同条項の趣旨に沿う。この点は，同 24 条違反の有無を判断する際の考慮事項となる。

④ 憲法 24 条 1 項は，婚姻をするかどうか，いつ誰と婚姻するかについて，当事者の自由・平等な意思決定に委ねるべき趣旨を定める。だが，本件規定は，婚姻の効力として夫婦同氏を定めたものであり，婚姻をすることについての直接の制約はない。本件規定による婚姻への事実上の制約については，同条の認める立法裁量を超えたかを判断する際の考慮事項となる。

⑤ 憲法 24 条 2 項は，婚姻・家族制度の構築を立法裁量に委ね，他方でその立法に際し，同条 1 項も前提としつつ，個人の尊厳と両性

---

1) 歴史的・日常的には，「苗字」・「姓」等の語が，「氏」の類義語・異義語として用いられるが，現行の法令用語として明定されているのは「氏」のみである。畑・後掲 233 頁以下。

2) この是非につき，山元一・法時 88 巻 3 号 1 頁。

3) 国賠法の判断と憲法判断との順序問題につき，大林啓吾・法時 88 巻 7 号 66 頁。調査官は，憲法判断を先行させる必要性の判断は裁判官の裁量だとする立場を本判決は採用したという。畑・後掲 266 頁。

の本質的平等に立脚すべき要請・指針を明示して立法裁量の限界を画しており，上記の人格的利益や実質的平等，婚姻への事実上の制約にも配慮した立法を求めている。そこで，本件規定の憲法適合性は，個人の尊厳と両性の本質的平等の要請に照らして合理性を欠き，国会の立法裁量の範囲を超えるものと見ざるを得ないような場合に当たるか否かという観点から判断する。

⑥　夫婦同氏は日本に定着している。社会の自然かつ基礎的な集団単位である家族の呼称を一つに定めることには合理性がある。嫡出子であることの公示・識別のために同氏とすることにも一定の意義がある。同氏により家族の一員であることを実感する意義も理解できる。夫婦同氏は子の立場としても利益を享受しやすい。他方で，夫婦の氏の決定は両者の協議に委ねられ，上記の人格的利益や婚姻への妨げは通称使用により緩和されうる。本件規定は憲法24条に反しない。

⑦　この判断は，選択的夫婦別氏制度の合理性を否定するものではない。

■ 判　旨 ■

上告棄却。

第1〔**憲法13条**〕「2⑴　氏名は，社会的にみれば，個人を他人から識別し特定する機能を有するものであるが，同時に，その個人からみれば，人が個人として尊重される基礎であり，その個人の**人格**の象徴であって，**人格権**の一内容を構成する」（最判昭63・2・16民集42巻2号27頁参照）。

「⑵　しかし，氏は，婚姻及び家族に関する法制度の一部として**法律**がその具体的な内容を規律して」おり，「氏に関する上記**人格権**の内容も，憲法上一義的に捉えられるべきものではなく，憲法の趣旨を踏まえつつ定められる法制度をまって初めて具体的に捉えられる」。「具体的な法制度を離れて，氏が変更されること自体を捉えて直ちに人格権を侵害し，違憲であるか否かを論ずることは相当ではない」。 **要点①**

⑶　「民法における氏に関する規定〔嫡出子は両親の氏，非嫡出子は母の氏を取得（民法790条），婚姻による氏の変更（本件規定），離婚，婚

姻の取消しの際の復氏（同767条1項，771条，749条），養子の縁組の際の氏の変更（同810条），離縁の際の復氏（同816条1項，808条2項）〕……は，……氏に，名と同様に個人の呼称としての意義があるものの，名とは切り離された存在として，**夫婦及びその間の未婚の子や養親子**が同一の氏を称するとすることにより，社会の構成要素である家族の呼称としての意義があるとの理解を示しているものといえる。そして，**家族は社会の自然かつ基礎的な集団単位**であるから，このように個人の呼称の一部である氏をその個人の属する集団を想起させるものとして一つに定めることにも合理性がある」。

「⑷　本件で問題となっているのは，婚姻という身分関係の変動を自らの意思で選択することに伴って夫婦の一方が氏を改めるという場面であって，自らの意思に関わりなく氏を改めることが強制されるというものではない。氏は〔その個人識別という社会的機能に照らせば〕……自らの意思のみによって自由に定めたり，又は改めたりすることを認めることは本来の性質に沿わないものであり，一定の統一された基準に従って定められ，又は改められるとすることが不自然な取扱いとはいえ」ず，氏に「**社会の構成要素である家族**の呼称としての意義があることからすれば，氏が，親子関係など一定の身分関係を反映し，婚姻を含めた身分関係の変動に伴って改められることがあり得ることは，その性質上予定されている」。

「⑸　以上のような現行の法制度の下における氏の性質等に鑑みると，**婚姻の際に『氏の変更を強制されない自由』**が憲法上の権利として保障される**人格権**の一内容であるとはいえない。本件規定は，憲法13条に違反」しない。

「3　もっとも，……〔氏の個人識別機能や人格関連性に照らせば，改氏により〕アイデンティティの喪失感を抱いたり，従前の氏を使用する中で形成されてきた他人から識別し特定される機能が阻害される不利益や，個人の信用，評価，名誉感情等にも影響が及ぶという不利益が生じたりすることがあることは否定でき」ない。「これらの**婚姻前に築いた個人の信用，評価，名**

30 人格権

誉感情等を婚姻後も維持する利益等は，憲法上の権利として保障される**人格権**の一内容であるとまではいえないものの，……氏を含めた婚姻及び家族に関する法制度の在り方を検討するに当たって考慮すべき**人格的利益**であるとはいえるのであり，憲法24条の認める立法裁量の範囲を超えるものであるか否かの検討に当たって考慮すべき事項である」。 要点②

　第2〔憲法14条〕　2「本件規定は……夫婦がいずれの氏を称するかを夫婦となろうとする者の間の協議に委ねているのであって，その**文言上性別に基づく法的な差別的取扱いを定めている**わけではなく，本件規定の定める夫婦同氏制それ自体に男女間の**形式的な不平等**が存在するわけではない。我が国において，夫婦となろうとする者の間の個々の協議の結果として夫の氏を選択する夫婦が圧倒的多数を占めることが認められるとしても，それが，**本件規定の在り方自体から生じた結果**であるということはできない。したがって，本件規定は，憲法14条1項に違反するものではない」。

　「3　もっとも，……〔圧倒的多数の夫婦が男性氏を名乗るという結果につき〕仮に，社会に存する差別的な意識や慣習による影響があるのであれば，その影響を排除して夫婦間に**実質的な平等**が保たれるように図ることは，憲法14条1項の趣旨に沿うものであるといえる。そして，この点は，……後記の憲法24条の認める立法裁量の範囲を超えるものであるか否かの検討に当たっても留意すべき」である。 要点③

　第3〔憲法24条〕　2(1)「〔憲法24条1項は〕**婚姻をするかどうか，いつ誰と婚姻をするか**については，当事者間の自由かつ平等な意思決定に委ねられるべきであるという趣旨を明らかにしたもの」である。「本件規定は，婚姻の**効力**の一つとして夫婦が夫又は妻の氏を称することを定めたものであり，**婚姻をすることについての直接の制約を定めたものではない。**」「婚姻及び家族に関する法制度の内容に意に沿わないところがあることを理由として婚姻をしないことを選択」するという，「ある法制度の内容により婚姻をすることが**事実上制約されることになって**

いることについては，婚姻及び家族に関する法制度の内容を定めるに当たっての国会の立法裁量の範囲を超えるものであるか否かの検討に当たって考慮すべき事項である」。 要点④

　(2)「憲法24条2項は，具体的な制度の構築を第一次的には国会の合理的な**立法裁量**に委ねるとともに，その立法に当たっては，**同条1項**も前提としつつ，**個人の尊厳**と**両性の本質的平等**に立脚すべきであるとする**要請，指針を示す**ことによって，その裁量の限界を画したものといえる。そして，憲法24条が……あえて立法上の要請，指針を明示していることからすると，その要請，指針は，……憲法上直接保障された権利とまではいえない**人格的利益**をも尊重すべきこと，両性の**実質的な平等**が保たれるように図ること，婚姻制度の内容により婚姻をすることが**事実上不当に制約**されることのないように図ること等についても十分に配慮した法律の制定を求めるものであり，この点でも立法裁量に限定的な指針を与え」ている。

　「3(1)　他方で，婚姻及び家族に関する事項は，国の伝統や国民感情を含めた社会状況における種々の要因を踏まえつつ，それぞれの時代における夫婦や親子関係についての全体の規律を見据えた総合的な判断によって定められるべきものである。特に……〔上記の多様な〕**人格的利益**や**実質的平等**……の実現の在り方は，その時々における社会的条件，国民生活の状況，家族の在り方等との関係において決められる」。

　(2)　そうすると「婚姻及び家族に関する法制度を定めた法律の規定が憲法13条，14条1項に違反しない場合に，更に憲法24条にも適合するものとして是認されるか否かは，……当該規定が**個人の尊厳**と**両性の本質的平等**の要請に照らして**合理性**を欠き，国会の**立法裁量**の範囲を超えるものとみざるを得ないような場合に当たるか否かという観点から判断す」る。 要点⑤

　4(1)　ア「夫婦同氏制は，旧民法……の施行された明治31年に我が国の法制度として採用され，我が国の社会に定着してきた」。「現行の民法の下においても，**家族は社会の自然かつ基礎的な集団単位**と捉えられ，その呼称を一つに

定めることには合理性が認められる。そして，夫婦が同一の氏を称することは，上記の家族という一つの集団を構成する一員であることを，対外的に公示し，識別する機能を有している。特に，婚姻の重要な効果として夫婦間の子が夫婦の共同親権に服する**嫡出子**となるということがあるところ，**嫡出子であることを示すために子が両親双方と同氏である仕組みを確保することにも一定の意義がある**」。「**家族を構成する個人が，同一の氏を称することにより家族という一つの集団を構成する一員であることを実感することに意義を見いだす考え方も理解できる**」。「夫婦同氏制の下においては，**子の立場として，いずれの親とも等しく氏を同じくすることによる利益を享受しやすい**」。加えて「**本件規定……それ自体に男女間の形式的な不平等が存在**するわけではな」い。

「イ　これに対して，……〔上記の人格的利益の喪失にかかる不利益は，特に女性に生じることが多く〕これらの不利益を受けることを避けるために，あえて婚姻をしないという選択をする者が存在することもうかがわれる。しかし，夫婦同氏制は，婚姻前の氏を**通称**として使用することまで許さないというものではなく，……上記の不利益は，このような**氏の通称使用**が広まることにより一定程度は緩和され得る」。

「ウ　以上の点を総合的に考慮すると，本件規定の採用した夫婦同氏制が，夫婦が別の氏を称することを認めないものであるとしても，……直ちに**個人の尊厳**と**両性の本質的平等**の要請に照らして合理性を欠く制度であるとは認めることはできない。したがって，本件規定は，憲法 24 条に違反するものではない。」 要点⑥

（2）　なお，「上記(1)の判断は，……〔別氏を希望する者にこれを可能とする**選択的夫婦別氏制**〕に合理性がないと断ずるものではない」。「夫婦同氏制の採用については，**嫡出子の仕組みなど**の婚姻制度や氏の在り方に対する社会の受け止め方に依拠するところが少なくなく」，「この種の制度の在り方は，国会で論ぜられ，判断されるべき事柄にほかならな」い。 要点⑦

寺田逸郎裁判官補足意見　婚姻・家族法制は広く社会に効果を及ぼすため，「社会の構成員一般からみてもそう複雑でないものとして捉えることができるよう規格化された形で作られていて，個々の当事者の多様な意思に沿って変容させることに対しては抑制的である」。特に現行法上，婚姻制度を特徴づけるのは「嫡出子の仕組みをおいてほかになく」，現行民法下では夫婦及びその嫡出子が家族関係の基本を成しており，これは憲法 24 条との整合性を欠くものではなく，夫婦とその嫡出子を同氏とする規定もその表れである。同氏以外の選択肢を設けないことが不合理かどうかは，「制度全体との整合性」も考慮する必要があり，「現行制度の嫡出子との結び付きを前提としつつ，氏を異にする夫婦関係をどのように構成するのかには議論の幅」を残す。この点は政策的な性格を帯び，国民的議論，民主主義的なプロセスに委ねる必要がある。

岡部喜代子裁判官意見（櫻井龍子・鬼丸かおる裁判官が同調）　女性の社会進出に伴う同一性識別のための婚姻前の氏使用の必要性の増大，女子差別撤廃条約に基づく女子差別撤廃委員会による本件規定への懸念の表明などの社会事情の変化により，本件規定の合理性は揺らいでいる。氏の変更は，血縁・家族・民族・出自等，氏に表明された個人の背景や属性の喪失をもたらす。氏選択の意思決定の過程に男女の現実の不平等と力関係が作用している（96％以上の夫婦が男性氏）。この点の配慮をしないまま夫婦同氏に「例外を設けない」ことは，個人の尊厳と両性の本質的平等に立脚した制度とはいえない。婚姻は届出によって効力を生じ（民法 739 条 1 項），夫婦の氏は婚姻届の必要的記載事項であり（戸籍法 74 条 1 号），同氏の選択は婚姻成立に不合理な要件を課したものとして，婚姻の自由を制約する。通称も便宜的なもので，公的な文書には使用できない場合もあり，戸籍名と通称名との不一致という問題も惹起する。そもそも通称使用の広まりは，夫婦同氏の不都合性を示す証左である。本件規定は憲法 24 条に違反する（国賠法上の違法性は否定）。

木内道祥裁判官意見　人の社会的認識は，職業

32　人格権

ないし所属と氏，居住地と氏でなされるのが通例であり，氏の変更は社会的認識への重大な不利益となる。多数意見のいう身分変動に伴う氏の変更は，憲法上の要請ではなく，民法上も一貫しておらず（離婚や養子離縁の際の氏の続称など），氏の法律効果も明定されていない。家族の一体感についても，夫婦親子間では氏よりも名で個別認識がなされるのが通例である。対外的な公示・識別も，第三者に夫婦親子かという印象を与える程度のものに過ぎず，同氏でない婚姻をした夫婦は破綻しやすい，子の成育がうまくいかない，と解する根拠はない。法制化されない通称は，その許容性が相手方の判断に左右される。同氏により嫡出子であることが表示されても，未成熟子の生育の支えにはならない。以上から，夫婦同氏に「例外を許さない」ことに合理性はない（国賠法上の違法性は否定）。

山浦善樹裁判官反対意見　憲法24条違反の判断は，岡部裁判官の意見に同調。そして，平成8年に法制審議会が選択的夫婦別氏制度を含む民法改正要綱を答申したこと，女子差別撤廃委員会からの再三の要請，国会内での繰り返しの質疑，諸外国で例外なき夫婦同氏を採る例がまれであること等に照らせば，上記の法制審議会の答申以降，本件規定の改廃等の措置を怠った国会の立法不作為は，国賠法上違法となる。

■ ■ ■ ■ **確認問題** ■ ■ ■ ■

1　憲法13条に関し，いかなる自由が本件では問題となり，それがいかなる理由から人格権としての保障を受けないと判示されているか。（→ 要点①②，解説1）

2　本判決のいう「人格権」ならざる「人格的利益」の内容を説示しなさい。（→ 要点②）

3　形式的／実質的平等の関係，および形式的不平等が不存在とされた理由を説明せよ。（→ 要点③）

4　間接差別・差別的効果の法理を意識していると解される本判決の説示を挙げなさい。（→ 要点③，解説4）

5　「婚姻をするについての自由」（24条1項）の内容とされたものを2つ挙げ，この自由への

直接的制約が否定された理由を説示せよ。（→ 要点④，解説5）

6　婚姻・家族法制度が立法裁量を超えたか否かを判断する際の枠組み，およびその裁量を認める要素，限定する要素は，どのようなものか。（→ 要点⑤，解説6）

7　本判決は，憲法13条，14条1項と24条との関係をどのように捉えているか。（→ 要点⑤，解説3・6）

8　本判決は，6の検討の際，夫婦同氏のメリット・デメリットとしてどのような点を挙げたか。裁判官の個別意見は，この点をどのように判断しているか。（→ 要点⑥，判旨の末尾の各個別意見）

■ ■ ■ ■ **解　説** ■ ■ ■ ■

1　憲法13条①：憲法上の人格権

本件Xは，「氏の変更を強制されない自由」が憲法13条で人格権として保障され，これを民法750条が侵害し違憲である旨を主張した。これに対し最高裁は，本件は「婚姻の際に」氏の変更を強制されない自由が問題となっている事案だと，権利内容を限定的に設定し，これは憲法上の人格権の保障を受けないとした。憲法上の保障を明示的に否定するという立論は，従来の判例には見られなかった本判決の特徴をなす。

(1)　判例法理の概観

これまで最高裁は，(a)公権力との関係で，憲法13条から直接導出される自由を「私生活上の自由」と呼び，いわゆるプライバシーにかかわる自由を承認してきた（京都府学連事件＝本書3事件関連判例等）。

(b)これに対し，いわゆる自己決定権を含む，その他の権利・利益については，それが憲法13条の保障内容に含まれるのか否かを明示せず，時に"仮に含まれるとしても"としつつ，問題となった国家的制約の合憲性を審査し，「憲法13条に反しない」旨を，しばしば述べてきた（被拘禁者の喫煙＝本書9事件関連判例等）。

(c)他方で最高裁は，不法行為等の私法上の権利・利益が問題となった事案で，それを「人格

権」ないし「人格的利益」と構成し，法的救済の可能性を承認する場合がある。名誉・プライバシーが典型例であるが（「石に泳ぐ魚」事件＝本書10事件関連判例，「逆転」事件＝最判平6・2・8民集48巻2号149頁。ただし「法的保護に値する利益」），その他の多様な権利・利益についても同様の構成をとる（輸血拒否事件＝最判平12・2・29民集54巻2号582頁，船橋市西図書館事件＝本書12事件等）。氏名についても人格権として保障される旨を，本判決が引く昭和63年判決は述べ，氏名を正確に呼称される人格的利益の存在可能性を示した。また，最判平18・1・20（民集60巻1号137頁）は，氏名を冒用されない権利の存在可能性を認めた。他方，宗教上の人格権という主張に対し，その権利性・利益性を否定した自衛官合祀事件（最大判昭63・6・1民集42巻5号277頁）もある。

この(c)私法領域の判例では，憲法13条への明示的な言及はない。だが，上記「逆転」事件は，表現の自由は「常に他の基本的人権に優越するものではな」いとし，私法上の利益と憲法との連関を指摘する。また，北方ジャーナル事件（本書10事件）は，表現の自由の制約根拠として「人格権としての個人の名誉の保護（憲法13条）」と述べる（五十嵐清『人格権法概説』〔有斐閣，2003年〕17頁等）。

(2) 権利内容・射程の限定

本判決は，（私法上の）人格権としての氏名という上記先例の論旨を確認しつつも，そこから直ちに結論を導いていない。これは，どのような内容の権利が問題となっており，それが憲法上の保障を受ける性質のものかを，事案に即して具体的に検討しようとする趣旨だとされる（畑・後掲241〜242頁）[4]。

さしあたり本判決は，「婚姻の際に」氏の変更を強制されない自由が，憲法上の人格権として保障されないことを述べたものであり，当事者の主張する「氏の変更を強制されない自由」，ひいては氏名が憲法上の人格権たりうるか，何が憲法上の人格権に含まれるのか，という問題について，一般論として明示的な判断を示していない。そのため，婚姻（法律婚）以外の場面で氏の扱いに関し，例えば通称使用の禁止等の事態が生じれば，別途，憲法13条の問題となる可能性はある。それではなぜ，「婚姻の際に」という場面設定が憲法上の権利性の否定につながるのか。

2 憲法13条②：制度的自由

(1) 本判決の立論

この点，本判決は，氏のいわば法制度（民法）依存性を指摘する（判旨第1，2(2)）。この観点から，民法上の氏に関する規定を通覧し，①氏には個人の呼称という名と同様の機能に加え，「夫婦及びその間の未婚の子や養親子」からなる「家族」の一員という身分関係を表示する機能があるとする。そして，②本件はその身分関係の変動（婚姻）を自由意思で選択する場面であり，③氏は自由意思で決定する性質のものではなく，④身分変動に伴う氏変更は性質上予定されている，という理由から，上記自由の憲法上の権利性を否定する。

この立論に対しては「憲法上の人権の内容がなぜ下位法の解釈により決せられるのかについて素朴な疑問」が生じうる。この点，調査官は，生来的な権利（自然的自由。信教の自由等）と，法制度を前提とする権利（制度的自由。財産権等）との区別を前提に，後者は純粋に憲法の解釈のみからはその権利内容が導かれないという。また，本判決は，氏に関する人格権の内容は「憲法の趣旨を踏まえつつ定められる法制度をまって初めて具体的に捉えられる」としており，単純に下位法の解釈のみから憲法上の権利内容を逆推論しているわけではないとされる（畑・後掲242頁以下）[5]。

それでは，「憲法の趣旨」はどこに示されているのか。氏が自己決定になじまないという③の説示は，氏と憲法13条との関連度の低さを

---

[4] 調査官は，判例において，ある権利・利益が憲法上・私法上の人格権として保障されるか否かは，「権利や利益の憲法上の位置づけや性質，権利や利益の内容（具体的・強固・絶対的なものといえるか），第三者の事情（権利行使に関与する者の裁量の有無や他者の権利の侵害の可能性）といった点が総合的に考慮されているように思われる」とする。

示唆しうる。また本判決は，①氏の家族表示機能を述べる際，家族は「社会の基礎的かつ集団的単位」（世界人権宣言16条3項参照）であるため，家族内で氏を統一することには「合理性」があると断じている。この立論が「憲法の趣旨」を踏まえたことになる理由を，あえて本判決から見出すならば，夫婦同氏は法律婚制度の一部として憲法24条に照らし合理性があるとする後掲の説示であろう（畑・後掲245頁参照）。つまり，法律婚制度の一内容たる夫婦同氏に合理性があり，この合理的な制度の利用を自由意思で選択した（法律婚の利用を強制されているわけではない）以上，"法律婚に伴う身分変動を選択しつつも，なお従前の身分関係を表示する氏を維持する利益"までをも，憲法上の権利として保障すべき要請は見出せない，とされているものと解される。

(2) 制度の論理？　強制の不在？

他方，こうした法律制度の合理性や強制の不在を理由に，憲法13条の権利保障自体を否定するという立論は，三段階審査で言う保障範囲の論証が，制約や正当化の論証と一体的になされているような印象も与える。

こうした形での権利保障の否定という立論は，明文なき人格権が扱われたという本件の特性に加え，問題となる権利内容を本判決がかなり狭く設定したこと（上掲1(2)）に起因するものといえ，制度的自由一般に妥当する立論ではないとも解される。実際，制度的自由とされる財産権を扱う際，判例は，憲法上の権利性自体を否定することはまずない（小山・後掲）。また，性同一性障害者の性別変更の要件として，子の不在を定める規定の合憲性が争われた事件（最決平19・10・19家月60巻3号36頁）は，戸籍上の性別変更という制度的自由の事案ともいえる（演習問題1）。最高裁は，「家族秩序の維持」にかかる立法裁量を認め，「憲法13条……に違反するものとはいえない」としたが，権利性を明示的に否定はしていなかった。そのため制度的自由についても，本件と別の事案では，その憲法上の権利保障を前提に，制度依存性は，合憲的制限を受けやすいこと（内野正幸『人権の

オモテとウラ』〔明石書店，1992年〕144頁）や，一定の立法裁量を認める理由として考慮し，正当化段階で結論を出すという立論もありうる。

また，たしかに，人に氏や名がつくというシステム自体が法律により創出される側面もあり（両親または母親の氏を名乗る，名は親が決める等），そして氏の個人・家族識別機能に照らせば，氏の取得や変更が純然たる個人の意思決定に委ねられるという意味での自由・自己決定権を，人が生来的に有しているとは言い難くなる側面はある（参照，米沢広一・ジュリ1059号10頁，石埼学・Watch Vol.18・31頁。他方，高橋・後掲は，氏は自然的自由に属するという）。

だが，本件で問題となる権利の具体的内容は，「婚姻前に築いた個人の信用，評価，名誉感情等を婚姻後も維持する利益」である。本判決はこの権利性を否定したが（後掲3），出生等によりいったん取得した氏が，後に変更される際のルールは，氏の個人識別機能や，氏が個人の背景・属性等を表象する側面に照らし，個人の人格に重大な影響をもつ，という観点から，上記利益の憲法上の人格権性を肯定する立論もありうる（小山・後掲，佐々木くみ・Watch Vol.14・29頁）。その際，最高裁が憲法上の権利保障の根拠としてもちだす「人格」概念は，「個性」（薬事法事件＝本書14事件）という比較的射程の広い概念だとも解しうる点も補強になりうる（人格概念は渋谷秀樹＝赤坂正浩『憲法1人権〔第6版〕』〔有斐閣，2016年〕256頁以下）。社会事情の変化による権利性の基礎づけも，認定の困難性・主観性は伴いうるが，補強的に用い得よう。

あるいは，法律婚を自由意思で選択しなければ，上記利益の侵害は生じないため，氏の変更が「強制」されない自由は問題になっていない，という趣旨なのかもしれない（権利内容の設定の際に，保護法益に加え制約態様を組み込むと（〜

---

5)　この点について調査官は，「当該法制度において認められた利益に関しては憲法の趣旨を踏まえて制度が構築されたのかとの観点において」，「まだ具体的な法制度により認められていない利益に関してはどのような制度を構築するべきかとの観点において憲法の趣旨が反映されることになることを説示したものと解される」という。

されない権利），こうした保障範囲と制約との一体化が生じやすい。不法行為法上の被侵害利益に関し，首相靖国参拝事件＝最判平18・6・23判時1940号122頁，既述の自衛官合祀事件等）。

これに対しては，「自由意思により……選択したことを理由に……著しい不利益を……与えることが当然に許容される」わけではない（神戸高専事件＝本書7事件）という反論もありうる[6]。

3　憲法13条③：人格権と人格的利益

だが本判決は，上記利益は「人格権」ではなく「人格的利益」にとどまるとし，いわば上記の著しい不利益性を否定する。権利（人格権）と利益（人格的利益）の区別自体は，上記1(1)の私法上の諸判例や民法709条の文言にも見られる。ただしこの不法行為の場面では，権利・利益のどちらに分類されても，同条の適用を受ける点に変わりはない[7]。だが本判決は，この人格的利益は憲法13条の権利保障を受けないとし，同24条がこの利益の受け皿になるとする（後掲6）。

そうすると，憲法24条の適用が想定できない場面（婚姻・家族法制以外）で，人格的利益に格下げされたものについては，同13条をもちだす余地はなくなりそうである。本件で同24条違反を指摘する裁判官の個別意見も，同13条には言及しておらず，上記人格的利益と同13条との連関には不明なところが残る（二宮周平・リマークス53号61頁）。他方，私法上の「利益」と憲法との連関を指摘した上記「逆転」事件等を傍証に，不法行為の場面では民法709条等をこの人格的利益の受け皿にし，その淵源としての憲法13条をもちだすという立論も，理論上はありうる。

4　憲法14条：形式的平等　間接差別

本判決は，①憲法14条1項が，裁判規範としては形式的平等（機会の均等）を要請するという通説的見解を確認し，民法750条の「文言」には，男女の形式的不平等は存在しないという。②差別的な結果（夫婦の多数が男性氏を名乗る）も，同条の「規定のあり方自体から生

じたものではない」とした。区別の合理性を判断する以前に，区別自体が存在しないとする[8]。③そして，実質的平等の実現（差別的結果の原因となる社会意識の除去等）は，憲法24条の立法裁量の限界の有無を判断する際の考慮事項となる，とする。

とりわけ②は，一見中立的な規定が差別的効果を生み出す間接差別ないし差別的効果の法理を念頭に置いたものとされる（畑・後掲248頁）。これをもちだすならば，差別の存在の認定基準をどこに求めるか，差別的な「意図」か，「結果」か，の解明が課題となる。

「意図」の場合，「家」制度の維持の意図を本件規定から読み取る（松井茂記『日本国憲法〔第3版〕』〔有斐閣，2007年〕285頁），「夫の氏」とする案を「夫又は妻」に改めた経緯（窪田充見・法教429号9頁参照）から男女差別の意図を否定する，差別的な結果が生じるのを知りながら当該規定を制定・維持したと主張する（高橋・後掲），等の立論がありうる。

「結果」を重視する場合，③にも関わり，どのような統計結果等が出ると不平等と評価しうるのか，差別的な社会意識の除去は憲法上の要請か，実質的平等をも憲法が要請するという構成になるのか，社会意識の変革は氏規定を通じて行いうる性質のものか（別氏制を採用しても結果に大差がない，子の氏を両親が決める段階に問題が移行する，等の可能性），等々を整理する必要があろう（詳細は，白水・後掲，辻村・後掲）。

5　憲法24条①：婚姻をするについての自由

本件Xは，民法750条は実質的に婚姻の「要

---

6)　この点を，後掲の婚姻の自由の主張の際に，「違憲な条件」（横大道聡『現代国家における表現の自由』〔弘文堂，2013年〕37頁以下）としてもちだす方途もありうる。

7)　差止めの根拠として人格的利益で足りるかという点につき，竹田稔『プライバシー侵害と民事責任〔増補改訂版〕』（判例時報社，1998年）10頁。

8)　木村草太・月報司法書士543号（2017年）22頁は，本件を，男女の区別という問題ではなく，法律婚を希望するカップルのうち，①夫婦同氏に合意しているカップルと，②別氏を希望するカップルとの間の区別として問題設定する可能性を指摘する。

件」になっており，憲法 24 条 1 項が保障する婚姻の自由の制約になる旨を主張していた。民法 750 条は，婚姻をして氏を改め，既述の名誉・信用等の喪失の不利益を甘受するか，それとも婚姻を断念するか，の二者択一を迫るという（岡部裁判官意見，注 6）も参照）。

だが上告審は，民法 750 条は婚姻の「効力」（効果）を定めるものであり，「婚姻をすることについての自由」を「直接に制約」しないという。そのうえで，上記の婚姻の断念という「事実上」の制約については，同氏制度が立法裁量の範囲内か否か（後掲）の考慮事項になるとした。この判断にも，上記の制度的自由という観点が影響しているとされる（畑・後掲 256 頁）。

すなわち，憲法 24 条が婚姻を法律事項としていること（および夫婦という文言）から，同条のいう婚姻とは，基本的に現行法が定める（一夫一婦制による男女間の）法律婚のことを指す，と解すれば，「婚姻の自由」とは，この法律婚を利用する自由という意味に近くなる（関連して長谷部恭男『憲法の理性〔増補新装版〕』〔東京大学出版会，2016 年〕133 頁）。本判決が「婚姻をするについての自由」という微妙な表現で示した同条 1 項の保障内容は，①婚姻をするかどうか，②いつ誰と婚姻するかを決める自由という 2 点である。これは一方で，旧民法の戸主の同意権の否定という従来の学説の趣旨を確認するものといえる。他方で，③婚姻の内容・効果，④婚姻の方式・形式等を当事者が決定する自由は保障されていないこと，現行法が定める法律婚の効果の一部（夫婦同氏）を排除する形で法律婚を利用する自由はないことを含意しうる [9]。かくして，本件規定は上記自由①②と直接関連しないとされる。これに対し，再婚禁止期間（民法 733 条 1 項）のような婚姻の要件たる婚姻障害は，①②の「直接的な制約」（関連判例）になるとされる。

なお，この関連判例は，上記自由を「権利」と明言せず「十分尊重に値する」と位置づける。その理由は明示されていないが（法律婚という客観的な制度の反射とされているのか），過去の判例で尊重に値するとされた利益についても，

その制約の憲法適合性が審査されており（レペタ事件＝最大判平元・3・8 民集 43 巻 2 号 89 頁），上記自由①②にも憲法上の保障が及ぶこと自体は肯定されていると解しうる。

6 憲法 24 条②：立法裁量

以上の観点から本判決は，本件における争点を，憲法 24 条 2 項の認める立法裁量の限界という，婚姻・家族に係る制度構築の問題に収斂させ，判旨第 3,3 の判断枠組みを示した。その際，①憲法 24 条の文言（個人の尊厳，両性の本質的平等）に照らして立法裁量を限定し，②この観点から，憲法 13 条，14 条 1 項，24 条 1 項の局面で拾いきれない既述の諸利益も，この裁量を限定する指針になるとする。この意味で憲法 24 条は，同 13 条，14 条 1 項の特別法というよりも，それを超えた独自の規範内容を含むとされている（解説 3。他方で 14 条 1 項に違反する場合には，同時に 24 条違反にもなる。関連判例）。③もっとも，婚姻・家族制度の立法における考慮要素の多様性等を指摘し，立法裁量の広さも示唆している。④また，目的手段型の判断枠組みを採用していないのは，本件は典型的な人権制限の場面（人権に対立する目的を達成する手段として法律が制定）ではなく，制度構築の場面である（法律が憲法の制限のみならず具体化にもなっている）点の表れだとされる（畑・後掲 260 頁）。

具体的な論証構造は，同氏規定のメリットとデメリットとを総合的に衡量するものといえる。判断枠組みにおける個人の尊厳・両性の本質的平等という観点は，不利益が小さい理由の中で考慮されているようであるが，詳論されておらず，通称の広まりが不利益を緩和するとするの

---

9) 参照，石綿はる美・論ジュリ 18 号 79 頁，羽生香織・Watch Vol.19・109 頁。憲法解釈として，③④も含めた契約自由に近い意味での婚姻の自由も保障されうる可能性につき，安念潤司・ジュリ 1222 号 21 頁。他方，現行の法律婚が憲法上の最低限の要請だと解した場合，この制度の核心を廃止することは違憲になるが（制度的保障説），それ以外の同性婚等は，憲法上は要請・禁止・許容の可能性が残る。工藤・後掲，長谷部編・後掲〔川岸〕。

みである。これも見方によっては同氏の必要性・合理性を減じる要素になりうるが（岡部裁判官意見），立ち入った検討はなく，必ずしも厳格な審査は行われていないこと（上記③）がうかがえる。

　同氏制度の合理性を示す理由・メリットとして，おそらく最も重きが置かれているのは，婚姻の効果としての嫡出子の制度である。既述のように，最高裁が想定する「家族」とは，「夫婦及びその間の未婚の子ないし養親子」という現行民法のいわば基本決定である。「婚姻」は，こうした「家族」を形成する法律婚として想定されている。かくして「婚姻」によって成立した「家族」内で，家族の呼称たる氏を統一することにも合理性（一貫性）がある，という立論だと解しうる。

　他方，違憲判断を示す裁判官の個別意見は，上記メリット・デメリットの評価を異にし，「例外を許さないこと」が不合理だとする。多数意見は，例外を許さない制度も合理的だとしている（「規格化」の必要を語る寺田補足意見）。基本的な対立軸は，法律婚・嫡出子制度にとって夫婦同氏は本質的か，同氏を受け入れたくない人が法律婚を利用しなくなれば，かえって法律婚制度の阻害になるのではないか，他方で子の氏の扱いを切り離して本件規定のみの違憲性を論じうるか，憲法論と政策論の線引き，という諸点である。他に，「家族という共同体の中での個人の尊重」を強調した非嫡出子相続分事件（本書2事件）との整合性（相続と氏では社会事情等が異なるということか）や，国が強行法規で婚姻・家族を規律することの意味（家族観につき渡辺・後掲，巻美矢紀・論ジュリ18号86頁，水野紀子・家庭の法と裁判6号〔2016年〕15頁）も，対立軸たりうる。

■ ■ ■ ■ ■ **関連判例** ■ ■ ■ ■ ■

再婚禁止期間判決（最大判平27・12・16民集69巻8号2427頁）

■ ■ ■ ■ ■ **演習問題** ■ ■ ■ ■ ■

1　Xは，身体は女性として生まれながら，心は男性という性同一性障害を有し，名の変更許可審判を受け改名した。他方Xは，性同一性障害者の性別の取扱いの特例に関する法律3条1項4号（以下「本件規定」）が，性別変更の要件として定める生殖腺の除去は施しておらず，戸籍上は女と表示されている。本件規定の立法趣旨は，性別の取扱いの変更を認める以上，元の性別の生殖能力が残っていることによる問題（子が産まれた場合の混乱，ホルモンの分泌による身体的・精神的影響等）を回避することにある。Xは，女性Cとの法律婚を希望して婚姻届を提出したが，不受理とされた。そこでXは，性別の取扱いの変更の審判を申し立て，性別変更の要件として身体への重大な侵襲を伴う施術を求める本件規定は憲法13条に違反する，また，XはCとの法律婚を希望しており，Xから子が生まれる可能性等はないため，本件規定をXに適用することは違憲であると主張した。Xの憲法上の主張が認められるかを，想定される反論を踏まえて論じなさい。

　　＊考え方
　　Xの権利内容は何か，「性別（戸籍上の表示）を変更する権利」か，「身体の不可侵性（自己決定権）」か。またXは，①戸籍名の変更，②婚姻，という制度を利用すること自体を強制されているわけではないが，この制度を利用するためには，本件規定が求める施術を受ける必要がある。これをいかにして制約と評価するか，さらに政治部門の裁量がどの程度認められる領域か，本件規定の具体的な目的は何か（男女二分論？），等がポイントになろう。参照，高井裕之・Watch Vol.21・37頁。

2　Yが設置する私立高校の教師であるXは，法律上の婚姻をし，戸籍上の氏を夫の氏に改めた後，婚姻前の氏を通称として用いたい旨の要望をYに申し出た。しかしYは，教員として業務を行う際には戸籍上の氏を使用することを求める回答をした。Xは，通称使用を認めないYの措置は憲法13条に反する違憲・違法な不法行為（民法709条，710条）だと主張し，損害賠償請求訴訟を提起した。Xの憲法上の主張が認められるかを，Yの反論を想定しながら論じなさい。

38　人　格　権

＊考え方

　本件は私人間の紛争であるが，三菱樹脂事件の
ような論証を詳細に行わなくても問題ない（解説
3）。X は，平成 27 年最大判とは異なり民法上・戸
籍上の氏は変更したことを前提に，婚姻前の氏を
通称として使用する権利を主張する。その際，教
育・研究の業務の中で通称の使用を認めないこと
は X の同一性識別や信用等に重大な不利益が及ぶ，
等と主張しうる。Y は，通称と戸籍上の氏との二
元管理の必要により同一性識別に支障が生じる，
公証制度に支えられた戸籍上の氏は通称よりも高
い個人識別特定機能を有する，等と主張しうる。
東京地判平 28・7・11（判時 2329 号 60 頁）参照。

〔参考文献〕
畑佳秀「判解」曹時 68 巻 12 号 213 頁
小山剛・平成 28 年度重判解 21 頁
高橋和之「判批」世界 879 号（2016 年）138 頁
「座談会・夫婦同氏規定・再婚禁止期間規定の憲法適合
　　性をめぐって」法の支配 183 号（2016 年）5 頁
篠原永明「『婚姻の自由』の内容形成」甲南法学 57 巻
　　3・4 号（2017 年）605 頁
白水隆「間接差別の認定」浅倉むつ子・西原博史編著
　　『平等権と社会的排除』（成文堂，2017 年）67 頁
工藤達朗「憲法における婚姻と家族」赤坂正浩ほか『フ
　　ァーストステップ憲法』（有斐閣，2005 年）11 章
辻村みよ子『憲法と家族』（日本加除出版，2016 年）
　　137 頁以下，246 頁以下
長谷部恭男編『注釈日本国憲法(2)』（有斐閣，2017 年）
　　第 24 条〔川岸令和〕
渡辺康行「憲法判例の中の家族」駒村圭吾編著『テク
　　ストとしての判決』（有斐閣，2016 年）69 頁

（柴田憲司）

内心の自由

5 起立斉唱命令事件

- **最高裁平成 23 年 5 月 30 日第二小法廷判決**
- 平成 22 年(行ツ)第 54 号
  再雇用拒否処分取消等請求事件
- 民集 65 巻 4 号 1780 頁，判時 2123 号 3 頁

〈事実の概要〉

およそ 2 週間の内に最高裁のすべての小法廷は（Ⅰ. 最二小判平 23・5・30 民集 65 巻 4 号 1780 頁，Ⅱ. 最一小判平 23・6・6 民集 65 巻 4 号 1855 頁，およびⅢ. 最三小判平 23・6・14 民集 65 巻 4 号 2148 頁），ほぼ同文の法廷意見により，起立斉唱命令事件に関して合憲の判断を示した（Ⅰ判決は 4 対 0，Ⅱ判決は 4 対 1，Ⅲ判決は 4 対 1。Ⅰ判決には各 1 名の裁判官による補足意見が 3 つ，Ⅱ判決には 1 名の裁判官による補足意見が 1 つと反対意見が 1 つ，Ⅲ判決には各 1 名の裁判官による補足意見が 3 つと反対意見が 1 つ，付いている）。本章は，Ⅰ判決（以下「本判決」という）を直接の検討対象とするものの，Ⅰ～Ⅲの全判決（以下「本判決等」という）を視野に入れた考察を行う。

本件Ⅰ事件の X（原告・控訴人＝被控訴人・上告人）をはじめとする上告人ら──本件Ⅰ事件では都立高等学校の教諭 1 名，Ⅱ事件では都立高等学校の教諭 12 名と学校司書 1 名，Ⅲ事件では都内の市立中学校の教諭 3 名──は，各公立学校の「卒業式等の式典における国歌斉唱の際に国旗に向かって起立し国歌を斉唱すること（以下「起立斉唱行為」という）」を命ずる旨の校長の職務命令に従わず，前記国歌斉唱の際に起立しなかった。

Ⅰ事件・Ⅱ事件では，上告人らは，定年退職または定年前の勧奨退職に先立ち申し込んだ非常勤の嘱託員等の採用選考において，東京都教育委員会（以下，都教委）から，前記不起立行為が職務命令違反等に当たることを理由に不合格とされたため，上告人らを不合格としたことは違法だと主張して，東京都に対して国家賠償法 1 条 1 項に基づく損害賠償等を求めた（Ⅰ事件では，前記不合格が行政処分であるとした上でその取消しまたは無効確認と前記採用の義務付けをも求めたが，第 1 審・原審ともに，いずれの訴えも不適法だとした）。Ⅲ事件では，上告人らは，都教委から，前記不起立行為が職務命令違反等に当たることを理由に，事情聴取をされ，戒告処分を受け，服務事故再発防止研修を受講させられ，また東京都人事委員会から，前記戒告処分の取消しを求める審査請求を棄却する旨の裁決を受けたため，東京都に対し，上記戒告処分および裁決の各取消しならびに国家賠償法 1 条 1 項に基づく損害賠償を求めた。

本件Ⅰ事件の第 1 審（東京地判平 21・1・19 判時 2056 号 148 頁）・原審（東京高判平 21・10・15 判時 2063 号 147 頁）はいずれも，本件職務命令は憲法 19 条に違反しないとした。その上で，第 1 審は，前記採用選考を不合格としたことに裁量権の逸脱・濫用を認めて損害賠償請求を一部認容したが，原審は，裁量権の逸脱・濫用を認めず X の請求を棄却すべきものとした。

〈上告審〉

要 点

① 起立斉唱行為を教（職）員に対して命じる職務命令が 19 条に違反するかどうかは，前記職務命令を拒否する教（職）員個人の，「日の丸」や「君が代」が戦前の軍国主義等との関係で一定の役割を果たしたとする歴史観ないし世界観との関係で，問題となる。

40 内心の自由

②　国家行為が個人に対して，特定の思想を持つことを強制したり，これに反する思想を持つことを禁止したりする場合と，特定の思想の有無について告白することを強要する場合には，その国家行為は，個人の内心の自由を直接的に制約する。

③　起立斉唱行為は，式典における慣例上の儀礼的な所作であり，特定思想の表明行為でなく，特定の歴史観ないし世界観を否定することと不可分に結び付く行為ではないので，前記職務命令は，特定の思想を持つことを強制したり，これに反する思想を持つことを禁止したりするものでなく，ゆえに個人の内心の自由を直接的に制約しない。

④　起立斉唱行為は，国旗および国歌に対する敬意の表明の要素を含む行為であり，前記職務命令を拒否する教（職）員個人の歴史観ないし世界観に由来する行動（敬意の表明の拒否）と異なる外部的行為だから，前記職務命令は，個人の内心の自由を間接的に制約する。

⑤　職務命令による外部的行動の制限が個人の内心の自由を間接的に制約する場合にその制約が憲法上許されるか否かは，職務命令の目的および内容ならびに前記制約の態様等を総合的に較量して，その職務命令に前記制約を許容しうる程度の必要性および合理性が認められるか否かという観点から判断されるところ，前記職務命令は憲法上許される。

■判　旨■

（法廷意見の理由「第1」「3」から，段落2つのみを省略してほぼ全文を引用。見出し・太字・下線のほか，記号(a)(b)・(p)(q)・(m)(n)は引用者）

上告棄却。

「3(1)〔**本件で問題となるXの内心とその憲法的把握**〕　Xは，卒業式における国歌斉唱の際の起立斉唱行為を拒否する理由について，日本の侵略戦争の歴史を学ぶ在日朝鮮人，在日中国人の生徒に対し，『日の丸』や『君が代』を卒業式に組み入れて強制することは，<u>教師としての良心が許さない</u>という考えを有している旨主張する。このような考えは，『日の丸』や『君が代』が戦前の軍国主義等との関係で一定の役

割を果たしたとするX自身の**歴史観ないし世界観**から生ずる社会生活上ないし教育上の信念等ということができる。　要点①

〔**内心の自由に対する直接的制約に当たるかどうか**〕　しかしながら，本件職務命令当時，公立高等学校における卒業式等の式典において，国旗としての『日の丸』の掲揚及び国歌としての『君が代』の斉唱が広く行われていたことは周知の事実であって，学校の儀式的行事である卒業式等の式典における国歌斉唱の際の**起立斉唱行為**は，一般的，客観的に見て，(a)<u>これらの式典における慣例上の儀礼的な所作としての**性質**</u>を有するものであり，かつ，(b)<u>そのような所作として**外部からも認識される**ものというべきである。(a)したがって，上記の起立斉唱**行為**は，**その性質**の点から見て，<u>Xの有する**歴史観ないし世界観**を否定することと不可分に結び付くものとはいえず</u>，Xに対して上記の起立斉唱行為を求める本件職務命令は，<u>上記の**歴史観ないし世界観**それ自体を否定するもの</u>ということはできない。(b)また，上記の起立斉唱行為は，その**外部からの認識**という点から見ても，<u>特定の思想又はこれに反する思想の表明として外部から認識されるもの</u>と評価することは困難であり，職務上の命令に従ってこのような行為が行われる場合には，上記のように評価することは一層困難であるといえるのであって，本件職務命令は，(p)<u>特定の思想を持つことを強制したり，これに反する思想を持つことを禁止したりするものではなく</u>，(q)<u>特定の思想の有無について告白することを強要するもの</u>ということもできない。そうすると，本件職務命令は，これらの観点において，<u>個人の思想及び良心の自由を**直ちに制約する**もの</u>と認めることはできないというべきである。　要点①〜③

(2)〔**内心の自由に対する間接的制約に当たるかどうか**〕　もっとも，上記の起立斉唱行為は，教員が日常担当する教科等や日常従事する事務の内容それ自体には含まれないものであって，一般的，客観的に見ても，<u>国旗及び国歌に対する敬意の表明の要素を含む行為</u>であるということができる。そうすると，<u>自らの**歴史観ないし世**</u>

界観との関係で否定的な評価の対象となる『日の丸』や『君が代』に対して敬意を表明することには応じ難いと考える者が，これらに対する敬意の表明の要素を含む行為を求められることは，その行為が個人の**歴史観**ないし**世界観**に反する特定の思想の表明に係る行為そのものではないとはいえ，個人の**歴史観**ないし**世界観に由来する行動**（敬意の表明の拒否）と異なる**外部的行為**（敬意の表明の要素を含む行為）を求められることとなり，その限りにおいて，その者の思想及び良心の自由についての**間接的な制約**となる面があることは否定し難い。」 **要点①④**
……

「〔**内心の自由に対する間接的制約が憲法上許されるかどうかを判断する枠組み**〕 そこで，このような間接的な制約について検討するに，個人の**歴史観**ないし**世界観**には多種多様なものがあり得るのであり，それが内心にとどまらず，**そ**れに**由来する行動**の実行又は拒否という**外部的行動**として現れ，当該外部的行動が社会一般の規範等と抵触する場面において**制限を受ける**ことがあるところ，その制限が**必要かつ合理的**なものである場合には，その制限を介して生ずる上記の間接的な制約も許容され得るものというべきである。そして，職務命令においてある行為を求められることが，個人の歴史観ないし世界観に由来する行動と異なる外部的行為を求められることとなり，その限りにおいて，当該職務命令が個人の思想及び良心の自由についての間接的な制約となる面があると判断される場合にも，(m)職務命令の目的及び内容には種々のものが想定され，また，上記の制限を介して生ずる(n)制約の態様等も，職務命令の対象となる行為の内容及び性質並びにこれが個人の内心に及ぼす影響その他の諸事情に応じて様々であるといえる。したがって，このような間接的な制約が許容されるか否かは，(m)職務命令の目的及び内容並びに(n)上記の制限を介して生ずる制約の態様等を**総合的に較量**して，当該職務命令に上記の制約を許容し得る程度の**必要性及び合理性**が認められるか否かという観点から判断するのが相当である。 **要点⑤**

(3) 〔**間接的制約が憲法上許されるかの判断枠組みに即した当てはめ判断**〕

〔**本件職務命令はXの内心の自由に対する間接的制約に当たる**〕 これを本件についてみるに，本件職務命令に係る**起立斉唱行為**は，前記のとおり，**X**の**歴史観**ないし**世界観**との関係で否定的な評価の対象となるものに対する敬意の表明の要素を含むものであることから，そのような敬意の表明には応じ難いと考える**X**にとって，その**歴史観ないし世界観に由来する行動**（敬意の表明の拒否）と異なる**外部的行為**となるものである。この点に照らすと，**本件職務命令**は，一般的，客観的な見地からは式典における慣例上の儀礼的な所作とされる行為を求めるものであり，それが結果として上記の要素との関係においてその歴史観ないし世界観に由来する行動との相違を生じさせることとなるという点で，その限りで**X**の思想及び良心の自由についての間接的な制約となる面があるものということができる。 **要点④**

〔**(m)職務命令の目的および内容の検討**〕 他方，学校の卒業式や入学式等という教育上の特に重要な節目となる儀式的行事においては，生徒等への配慮を含め，**教育上の行事にふさわしい秩序を確保して式典の円滑な進行を図ること**が必要であるといえる。法令等においても，**学校教育法**は，高等学校教育の目標として国家の現状と伝統についての正しい理解と国際協調の精神の涵養を掲げ（同法42条1号，36条1号，18条2号），……高等学校教育の内容及び方法に関する全国的な大綱的基準として定められた**高等学校学習指導要領**も，学校の儀式的行事の意義を踏まえて**国旗国歌条項**を定めているところであり，また，**国旗及び国歌に関する法律**は，従来の慣習を法文化して，国旗は日章旗（「日の丸」）とし，国歌は『君が代』とする旨を定めている。そして，住民全体の奉仕者として法令等及び上司の職務上の命令に従って職務を遂行すべきこととされる**地方公務員の地位の性質及びその職務の公共性**（憲法15条2項，地方公務員法30条，32条）に鑑み，**公立高等学校の教諭であるX**は，法令等及び職務上の命令に

従わなければならない立場にあるところ，地方公務員法に基づき，高等学校学習指導要領に沿った式典の実施の指針を示した本件通達を踏まえて，その勤務する当該学校の校長から学校行事である卒業式に関して本件職務命令を受けたものである。これらの点に照らすと，**本件職務命令**は，公立高等学校の教諭であるXに対して当該学校の卒業式という式典における慣例上の儀礼的な所作として国歌斉唱の際の起立斉唱行為を求めることを**内容とするもの**であって，高等学校教育の目標や卒業式等の儀式的行事の意義，在り方等を定めた関係法令等の諸規定の趣旨に沿い，かつ，地方公務員の地位の性質及びその職務の公共性を踏まえた上で，生徒等への配慮を含め，教育上の行事にふさわしい秩序の確保とともに当該式典の円滑な進行を図るものであるということができる。

〔前記当てはめ判断の結論〕　以上の諸事情を踏まえると，本件職務命令については，前記のように外部的行動の制限を介してXの思想及び良心の自由についての間接的な制約となる面はあるものの，(m)職務命令の目的及び内容並びに(n)上記の制限を介して生ずる制約の態様等を総合的に較量すれば，上記の制約を許容し得る程度の必要性及び合理性が認められるものというべきである。 要点⑤

（4）〔本件職務命令に関する憲法論の結論〕　以上の諸点に鑑みると，本件職務命令は，Xの思想及び良心の自由を侵すものとして憲法19条に違反するとはいえないと解するのが相当である。」

■ ■ ■ ■ ■ 確認問題 ■ ■ ■ ■ ■

1　本判決は，起立斉唱行為を命じる本件職務命令に従わない理由となるXの考えを，19条論においてどのように把握したか。本判決は，Xの考えのうちのどの部分を，19条が保護する「思想及び良心」であると考えているか。（→ 要点①，解説1(1)）

2　本判決は，どのような場合に内心の自由に対する直接的制約があると考えているか。本判決は，どのような推論を経て，本件職務命令

が内心の自由に対する直接的制約に当たらないと判断したか。（→ 要点②③，解説1(2)）

3　本判決は，どのような場合に内心の自由に対する間接的制約があると論じたか。その制約は，「直接的」制約がどのようなものであるのに対して「間接的」であると説明されているか。（→解説2(1)）

4　本判決は，内心の自由に対する間接的制約の合憲性をどのような判断枠組みに従って判断すべきだと述べているか。（→ 要点⑤，解説2(2)）

5　本判決は，どのような推論を経て，本件職務命令は内心の自由に対する間接的制約に当たるが憲法上許容されると判断したか。（→ 要点④⑤，解説2）

■ ■ ■ ■ 解　説 ■ ■ ■ ■

1　「内心の自由に対する直接的制約」論の読解・検討

（1）　19条が保護する内心（「思想及び良心」）

本判決「3(1)」の第1段落を読もう。Xが起立斉唱行為を拒否する理由は，「日本の侵略戦争の歴史を学ぶ在日朝鮮人，在日中国人の生徒に対し，『日の丸』や『君が代』を卒業式に組み入れて強制することは，教師としての良心が許さないという考え」に基づくが，最高裁によるとこの「考え」は，「社会生活上ないし教育上の信念等」である。Xはまた，『『日の丸』や『君が代』が戦前の軍国主義等との関係で一定の役割を果たした」という内容の「歴史観ないし世界観」を持つ。そして上記「社会生活上ないし教育上の信念等」は，この「歴史観ないし世界観」「から生ずる」ものだと最高裁は捉えている。学説は19条論において一般に，人の内心をその深さの観点から，信仰に準じる世界観・価値観・主義・思想などいちばん深いレベルにある内心A，道徳的反省や是非善悪の弁別判断など中間レベルにある内心B，事実の知不知などもっとも浅いレベルにある内心C，の3つに大別する枠組みを共有しているが，本判決等の言う「歴史観ないし世界観」は内心Aに，「社会生活上ないし教育上の信念等」は内心B

に，相当すると解される。

　以上の論旨について，第1に，Xが起立斉唱行為を拒否する理由は何か。本件では，その直接的な理由は「社会生活上ないし教育上の信念等」にあるが，その「信念等」は「歴史観ないし世界観」から「生ずる」ものだから，そのようにして「歴史観ないし世界観」はXが起立斉唱行為を拒否する間接的な理由となっている。一方，Ⅱ事件・Ⅲ事件では，その直接的な理由が「歴史観ないし世界観及びこれに由来する社会生活上ないし教育上の信念等」（下線引用者）とされている。この後段は，実質的に本件Xの拒否理由と同じものだが，それと並列して前段の「歴史観ないし世界観」も直接的な拒否理由となっている。なぜ本件で「歴史観ないし世界観」が直接的な拒否理由とされていないのかは不明だが，後で「第3」で論じる点が関係しているのかもしれない。

　第2に，最高裁は19条が保護する「思想及び良心」をどのような内心であると捉えているか。続く直接的制約に関する叙述部分と間接的制約に関する叙述部分を読むことで，その答えが判明する（【判旨】の太字部分に注目せよ）。そこには，「歴史観ないし世界観」の語は頻出するが，「社会生活上ないし教育上の信念等」の語は全く出てこない。最高裁は，19条が保護する内心として，前者のみを考えている。

　第3に，本件のXの拒否理由たる「考え」が，専ら「教師としての良心」であり個人としての良心ではなかった点が問題となる（Ⅱ判決は上告人13名の拒否理由を6点に整理するが，そのうちの3点が「教育者としての考え」である）。76条3項に関する「裁判官の良心」論でも論じられる点だが，個人としての主観的良心と，専門職としての職務上の客観的良心とは，性格を異にする。公務員たる教員の職務上の良心は，子どもの教育を受ける権利（26条）に応えるために憲法上の保障に与る，職務権限行使の際の教育専門職としての裁量的判断の自律性（教員の「教育の自由」）の中に位置づくものだが，この「教育の自由」は個人権としての自由権とは性格が違うものである。だが最高裁は，少なくと

も本件では，Xの教員としての「教育上の信念等」は，彼の個人としての「歴史観または世界観」に由来しているとの理解の下，後者（のみ）に対する19条の保護のありようを検討するという姿勢をとっている。

　(2)　内心の自由に対する直接的制約とは何か

　本判決「3(1)」の第2段落に進もう。最高裁はまず，本件職務命令の対象となる行為（以下「対象行為」という）である起立斉唱行為について，「一般的，客観的に見て」，(a)行為の性質と，(b)行為が外部からどう認識されるか，という2つの観点いずれからも，「式典における慣例上の儀礼的な所作」であるとする。その上で，まず(a)の観点からは，本件職務命令が「歴史観ないし世界観それ自体を否定するもの」であれば憲法上由々しき事態であることを示唆しつつ，そうではない，何故ならば，対象行為たる起立斉唱行為が「歴史観ないし世界観を否定することと不可分に結び付く」行為でないからだ，とする。また(b)の観点からは，対象行為たる起立斉唱行為が「特定の思想又はこれに反する思想の表明」行為であれば憲法上由々しき事態であることを示唆しつつ，そうでないから，本件職務命令は，(p)「特定の思想を持つことを強制したり，これに反する思想を持つことを禁止したりするもの」と，(q)「特定の思想の有無について告白することを強要するもの」のいずれでもないとする。以上より，本件職務命令は個人の内心の自由を「直ちに制約」しない，つまり内心の自由に対する直接的制約に当たらないと結論する。

　では，内心の自由に対する直接的制約とはどんな場合のことか。判旨の文脈上，もっとも抽象的レベルで最高裁の頭にあるのが(p)と(q)である。従来の学説の多くは，内心の自由に関する制約類型として，内心に基づく不利益取扱い，内心の告白の強制，特定思想の強制，の3つを挙げ，19条がこれらの国家行為を絶対的に禁止すると説いたが，最高裁の言う(p)（文脈上その前段と後段で一体である）は，特定思想の強制という制約類型を，また(q)は，内心の告白の強制という制約類型を，言うものと解される。も

44 内心の自由

う1段本件に近いレベルで最高裁が問題とする
のは，まず(b)の観点からは，国家行為が「特定
の思想……の表明」行為の強制に当たるかどう
かである。当たれば(p)や(q)に該当し従って内心
の自由に対する直接的制約に当たると最高裁は
考えるようである。次に(a)の観点からは，国家
行為が「歴史観ないし世界観それ自体を否定す
るもの」，より具体的には「歴史観ないし世界
観を否定することと不可分に結び付く」行為の
強制，に当たるかどうかである。当たれば(p)に
該当すると解される。

　以上の論旨をよりよく理解するためにその批
判的吟味を行おう。第1に，(a)の観点から最高
裁が問題とする国家行為に関する前記記述が，
確かにそれはひどいことだと感じられはするも
のの，それが具体的にはどんな国家行為なのか
曖昧で漠然としているのは問題である。ただ，
最高裁が(b)の観点から問題とする，「特定の思
想……の表明」行為の強制という国家行為が，
最高裁の頭では，(a)の観点から問題とする国家
行為に該当することは，判旨の文脈上明らかで
ある。本件に即して敷衍するとそれはどんな国
家行為か。それは，Xが「『日の丸』や『君が
代』が戦前の軍国主義等との関係で一定の役割
を果たしたとする」思想を持つから，その「特
定の思想」に「反する思想」を表明する行為の
強制という国家行為である。そうした，内心A
に当たるような内容を表明する表現行為の強制
こそが，19条が禁止する，特定思想の強制と
いう制約類型であり，これに当たりさえしなけ
れば，内心の自由に対する直接的制約は存在し
ない，という最高裁の理解が，19条論として
真っ当かどうかが，第2の，かつ核心的な問題
である。〈確かにひどいことだと感じられるも
のの，それが具体的にどんな国家行為なのか，
曖昧で不明である〉という難点は，実は学説上
の，特定思想の強制という制約類型それ自体が
持っている解釈論的な弱点である。最高裁はそ
の中身を，内容的には明確だが現実的には無意
味に等しいものに具体化することで，19条の
直接的制約の射程をひどく狭くし，その制約の
有無の検討を，限りなくただのアリバイ作りに

近い作業に貶めてしまった観がある。今，現実
的に無意味に等しいと述べたのは，一つには，
特定思想内容の表現行為の強制は，既に21条
の下でよほどのことがない限り違憲とされるし，
二つには，そんな珍奇な強制を国家が必要とす
る正当な状況を想定することが現実的に甚だ困
難だからだ。第3に，最高裁は，「特定の思想
……の表明」行為の強制を，(q)にも当たると解
するようである。だが学説上の内心の告白強制
という制約類型は本来，人の内心を公権力が強
制的に告白させることであり，本件のように人
の内心に反する内容を強制的に「告白」表明さ
せることではない。2つの異なる制約類型を最
高裁は残念ながら区別できていないのかもしれ
ない。

　国家行為が内心の自由に対する直接的制約に
当たるかどうかを，どうやって判断するのか。
最高裁は基本的には，その国家行為が個人に対
して強制する行為を(a)と(b)の2つの観点から評
価し，その行為が特定思想の表明行為に当たれ
ば直接的制約だ，としている。

　なお最高裁は，国家行為が内心の直接的制約
に当たる場合にはどうなるのか（学説が説くよ
うに絶対的に違憲となるのか，厳格審査に付さ
れるのか，等々），何も述べていない。

2　「内心の自由に対する間接的制約」論の読解・検討

(1)　内心の自由に対する間接的制約とは何か

　本判決「3(2)」に進んでその第1段落を読も
う。第1に，最高裁は，対象行為たる起立斉唱
行為について，再び「一般的，客観的に見て」，
「国旗及び国歌に対する敬意の表明の要素を含
む行為」であるとした。ここでは(a)(b)の2つの
観点から検討する叙述はないが（但しⅢ判決に
はある），直接的制約論と共通する「一般的，
客観的に見て」の語句にその検討は含意されて
いると見うる。第2に，最高裁によれば，「そ
うすると」，そういう行為を命じる命令は「そ
の者」（＝「自らの歴史観ないし世界観との関係で
否定的な評価の対象となる『日の丸』や『君が代』
に対して敬意を表明することには応じ難いと考え

る者」＝Xのような者）の内心の自由に対する「間接的な制約となる面がある」。何故か。第3に、その理由を最高裁はこう説明する。命令対象であるそういう行為は、「個人の歴史観ないし世界観に反する特定の思想の表明に係る行為そのもの」ではないからその命令は直接的制約でないが、「個人の歴史観ないし世界観に由来する行動（敬意の表明の拒否）と異なる外部的行為（敬意の表明の要素を含む行為）」だからその命令は間接的制約なのだ、と。

以上の論旨によれば、内心の自由に対する間接的制約とはどんな場合のことか。特定思想の表明行為を強制する国家行為は、直接的制約に当たる。起立斉唱行為の強制は、これに当たらない。だが起立斉唱行為は、自らの思想（＝「歴史観，世界観」）との関係で否定的評価の対象となる物事（＝「日の丸」と「君が代」）に対する「敬意の表明の要素を含む行為」であるから、この行為の強制は間接的制約に当たる。換言すると、起立斉唱行為は、第1に、自らの思想に反する特定思想そのものではなく、自らの思想との関係で否定的評価の対象となる物事に対する敬意の念を、第2に、表明する行為（＝表現行為）そのものではなく、表明する要素を含む行為（その本体は「式典における慣例上の儀礼的な所作」であり表現行為ではない）である。その意味で、ある命令が間接的制約とされるのは、命令対象である行為が、いわば〈二重に薄められた「特定思想の表明行為」〉だと把握される場合であると理解される。ここでも最高裁の基本思考は、学説上の特定思想の強制という制約類型にある。

　⑵　内心の自由に対する間接的制約が憲法上
　　　許されるかどうかの判断

本判決「3⑵」の第3段落に進もう【判旨】では第2段落を省略）。この段落の主題は、内心の自由に対する間接的制約が存在するとき、その制約が憲法上許されるかどうかをどのようにして判断すべきかである。その第1文で最高裁いわく、「個人の歴史観ないし世界観……に由来する……外部的行動」に対する「制限が必要かつ合理的なものである場合には、その制限を

介して生ずる上記の間接的な制約も許容され得る」。第2文・第3文で最高裁は、より具体的に、職務命令が個人の内心の自由に対する間接的制約となる場合について、「このような間接的な制約が許容されるか否かは、⒨職務命令の目的及び内容並びに⒩上記の制限を介して生ずる制約の態様等を総合的に較量して、当該職務命令に上記の制約を許容し得る程度の必要性及び合理性が認められるか否かという観点から判断する」と述べた。つまり、⒨「職務命令の目的及び内容」と⒩「制約の態様」等を「総合的に較量」して、当該職務命令の「必要性と合理性」の有無を判断すべし、とした。

そして、続く「3⑶」で、この憲法的判断枠組みに従った当てはめ判断を行っている。もっとも、その第1段落は、あらためて本件職務命令が内心の自由に対する間接的制約に当たることを確認する。ここの叙述は、「3⑵」第1段落の叙述（本件職務命令そのものではなく、やや一般的に「これら〔「日の丸」や「君が代」〕に対する敬意の表明の要素を含む行為を求められること」について論じている）の、ほぼ繰返しである。次の第2段落が、当てはめ判断の肝である。だが、判断枠組みとしては⒨ならびに⒩を「総合的に較量」するべしとしたものの、実際に行った当てはめ判断においては、専ら⒨「職務命令の目的及び内容」の、特に「目的」に関わる検討だけしか行わず、この点について、「本件職務命令は、……高等学校教育の目標や卒業式等の儀式的行事の意義、在り方等を定めた関係法令等の諸規定の趣旨に沿い、かつ、地方公務員の地位の性質及びその職務の公共性を踏まえた上で、生徒等への配慮を含め、教育上の行事にふさわしい秩序の確保とともに当該式典の円滑な進行を図るものである」との判断に到達した。そして結論の第3段落で、本件各職務命令には内心の自由に対する間接的制約を許容し得る程度の必要性および合理性が認められると判断した。

以上の論旨によれば、内心の自由は、それが間接的に制約されることに対してどれほど強い憲法的保護を受けるのだろうか。この点、本判

決「3⑵」の第3段落の前記第1文がきわめて示唆的である。いわく、「外部的行動」に対する「制限が必要かつ合理的なもの」あれば、その行動制限に伴う内心の自由に対する間接的制約は憲法上許される、と。ここには、内心の自由に固有の特別の憲法的保護は何もない。何故ならば、そもそも憲法上の権利に当たらない外部的行動であっても、それに対する制限が必要かつ合理的なものでなければならないのは、憲法上当然だからである（不必要・不合理な制限は、13条の「公共の福祉」に反する）。果せるかな、最高裁は、同段落の前記第3文でより具体的に本件に即した憲法的判断枠組みを提示した後、本判決「3⑶」で、この判断枠組みに従った当てはめ判断を行うのだが、そこではただ、憲法上の権利でない一般的行為の自由に対する制約の「必要性及び合理性」を審査するのと同じ調子で、規制する側に一応の理由があるかどうかを審査するにとどまっている。前記第3文の具体的な判断枠組みでは、「当該職務命令に上記の制約〔＝内心の自由の間接的制約〕を許容し得る程度の必要性及び合理性が認められるか」を判断すべしと述べてはいたものの、最高裁にとっての「上記の制約を許容し得る程度」とは、正にその程度のものに過ぎないのである。

3 本判決等による内心の自由論の更なる考察

⑴ 「個人の歴史観ないし世界観に由来する外部的行動」の保護？

本判決「3⑵」第1段落と「3⑶」第1段落は、起立斉唱行為を命じる本件職務命令がXの内心の自由に対する間接的制約になる理由を、起立斉唱行為が「個人の歴史観ないし世界観に由来する行動（敬意の表明の拒否）と異なる外部的行為（敬意の表明の要素を含む行為）」になる点に求めていた。ここではまだしも「個人の歴史観ないし世界観に由来する行動」の後に括弧書きで「（敬意の表明の拒否）」と記されているが、それが、内心の自由に対する間接的制約の合憲性判断枠組みを提示する「3⑵」第3段落の叙述では、括弧書きの限定の外れた「個人の歴史観ないし世界観……に由来する行動の実

行又は拒否という外部的行動」などという書きぶりになっている。だがこの点は、内心の自由の保障に関する基本思考に悖っている。その理由は次の通りである。

第1に、外面的精神活動の自由が人の精神活動の現れである外部的行動の自由であるのに対して、内心の自由（内面的精神活動の自由）は、基本的にはあくまで、人の内面における精神活動の自由である。無論、現実生活において内心の自由の侵害が問題となるときには、人の内心は隠れたままでなく必ずその人の何らかの外部的行動を通じて明るみに出ており、それに対する何らかの国家行為が問題として取り上げられる。ゆえに内心の自由の侵害が問題となる現実の大多数の事案では、人の何らかの外部的行動が関係している。ただ、たとえ人の外部的行動に焦点が当たっていても、その事案を内心の自由の問題として把握するのは、そこでの課題が外部的行動そのものの保護ではなく内心の保護にある場合であり、結果として外部的行動が保護されるとしてもその眼目があくまで内心の保護にある場合である。つまり内心の自由は人の内心を守るのであり、外部的行動それ自体を守るのではない。内心の自由の憲法解釈論は、その理路を明らかにするものでなければならない。本判決等は、「行動」ではなく（「歴史観ないし世界観」その他何らかの）内心との関係で、それ「と異なる外部的行為」の強制として、内心の自由に対する間接的制約を説明すべきであった。第2に、内心の自由（内面的な精神活動の自由）は、「優越的地位」に立つとされる表現の自由（外面的な精神活動の自由）よりもさらに根底的な価値を守るものである。ゆえに内心の自由の侵害が問題となる事案では、表現の自由の侵害が問題となる事案におけるよりもさらに強く自由擁護的な憲法解釈論を構築した上でそれに即した合憲性判断を行うのでなければならない。そのためには、内心の自由の憲法解釈論は、〈狭い間口を潜り抜けたものにだけ強力な保護を与える〉という議論構造を持たねばならない。表現の自由に関する憲法解釈論が既に、それが優越的地位にふさわしく強力に自由擁護

的であるために，あらゆる外部的行動ではなくただ「表現行為」に該当する外部的行動のみを表現の自由の問題として把握するという議論の構造を持つ。それに対して，もし本判決等が，「敬意の表明の拒否」に限らない「個人の歴史観ないし世界観に由来する行動」一般を内心の自由の問題として捉えるのだとすると，人の大多数の外部的行動はその「歴史観ないし世界観に由来する」とたやすく説明可能だから，そうした有象無象の諸問題を一旦は内心の自由の問題として扱い，その都度の利益較量によって事案解決を図ることになる。そうすると，内心の自由の全般的な保障水準が下がる──憲法上の権利でない一般的行為の自由の保障水準にまで！──成り行きになるのは必至である。

(2) 内心の「心理的葛藤」

ところでⅢ判決のみは，本件職務命令が上告人らの内心の自由に対する間接的制約になる理由を，それにより「個人の歴史観ないし世界観に由来する行動（敬意の表明の拒否）と異なる外部的行動（敬意の表明の要素を含む行為）を求められることとなり，それが心理的葛藤を生じさせ，ひいては個人の歴史観ないし世界観に影響を及ぼす」，と「心理的葛藤」に言及する説明を行っている（既に4年前の「君が代」ピアノ伴奏事件判決〔関連判例2。後述〕の補足意見の中で「心理的な矛盾・葛藤」に言及した那須弘平裁判官の影響だろう）。

本解説1(2)では，従来の学説の多くが，内心の自由に関する制約類型を3つ挙げていることを述べたが，最近の学説はこれらに加えて4つ目の制約類型として，内心に反する外部的行為の強制という制約類型を挙げるようになっている。これは，良心的兵役拒否制度や信仰の自由の保障に関するアメリカ・(旧西)ドイツの憲法学から輸入したものである。そして本来そこで追求されるのは，前記強制が特定の人の内心にもたらす「心理的葛藤」の深刻さに鑑み特別にその人をその強制から免除することでその人の内心を保護することであって，内心に基づく行動を保護することは付随的な事柄である。この「外面的行為の規制」型の解釈論は，次のような規範である。〈一般的な法的規制が諸個人に対して行う外面的行為の強制・禁止が，ある個人の保持する深いレベルの内心と衝突するとき（「衝突」審査），同規制からその個人を免除することが憲法上の要請である。但し，免除しないことを正当化する非常に強い公共目的が存在する場合には（「公益」審査），免除が要請されない。また，免除が要請される場合には可能な限り，被免除者に対して当該規制に代替する負担が課されるべきである〉。ここでの「深いレベルの内心」の原型は宗教的信仰にあり，ゆえに世俗的次元でも内心Aがこれに当たる。この判断枠組みの特徴は，「深いレベルの内心と衝突する」というふうに間口を絞り，「衝突」審査においてその〈狭き門〉を潜り抜けたものにだけ，原則として「同規制からその個人を免除する」という強力な保護を与える点にある。「公益」審査において例外的に免除要請が否定されることは，現実にはまずない，と理論上想定されている。このように，ここでは文字通り「絶対」的な保護は要請されないが，それでも非常に強力な保護が要請される。また，〈狭き門〉に間口を絞ることで，「当該思想等の保有者の主観的判断……に基づいて，社会的に必要とされる多くの行為が思想及び良心の自由を侵害するものとして制限を受け……ることになりかねない」（Ⅱ判決の金築誠志裁判官補足意見），との危惧に対処している。

この「外面的行為の規制」型の解釈論に沿った考え方を，神戸高専事件に関する最二小判平8・3・8（本書7事件）は，20条の内面的な信仰の自由が関わる事案において，行政裁量統制論の中で展開した。また，Ⅱ判決の宮川光治裁判官反対意見は，基本的にこの解釈論に基づく議論を展開している。だが，Ⅲ判決法廷意見と，Ⅰ判決の竹内行夫・須藤正彦，Ⅲ判決の那須・大谷剛彦の各裁判官による4つの補足意見は，「心理的葛藤」・「精神的な痛み」等々の内心上の事象に言及するにもかかわらず，強制される外部的行為の性格等の「一般的，客観的」な把握に終始して，各訴訟当事者の個別具体的な内心の「衝突」審査へと進む気配を全く見せない。

まして本判決等のその他の法廷意見と個別意見においては言うまでもない。つまり本判決等は，内心に反する外部的行為の強制という制約類型を論じるようでいて，一向に「外面的行為の規制」型の解釈論には向かわないのである。本判決等による内心の自由に対する間接的制約論は，内心の自由論の名にふさわしい解釈論になりえていない。

　　⑶　「式典における慣例上の儀礼的な所作」
　　　と「敬意の表明の要素を含む行為」

　起立斉唱行為がどんな行為であるかを一般的，客観的に把握することから，本当に本判決等が言うように，内心の自由にとっての脅威を見出すことができないだろうか。

　起立斉唱行為について本判決は，「3⑴」第2段落の，内心の自由に対する直接的制約を論じる箇所では，一般的，客観的に見て，「式典における慣例上の儀礼的な所作」であるとしたが，「3⑵」第1段落の，内心の自由に対する間接的制約を論じる箇所では，一般的，客観的に見て，「国旗及び国歌に対する敬意の表明の要素を含む行為」であるとした。起立斉唱行為を2つの別々の内容において把握したわけだが，ではこの2つの内容相互の関係はどうなっているのだろうか。この点について本判決等は，前者を主に据えて後者を従に添えるような文章の全体構成であることは否定しがたいものの，残念ながら何も説明していない（なお参照，本判決「3⑶」第1段落第2文）。

　そこで考えるに，様々な式典においてその式次第の一つとされている国歌斉唱の際の起立斉唱行為が，「式典における慣例上の儀礼的な所作」であることは間違いない。だがそれは，慣例上そうすることになっているだけで特段の意味を持たない所作なのではなく，正に「国旗及び国歌に対する敬意の表明」という意味を持つ所作である。そして，そういう意味を持つことは，「式典における慣例上の儀礼的な所作」としての起立斉唱行為の，本質的性格を構成している。ゆえに，起立斉唱行為がどんな行為であるかを規定するときに，ただ「式典における慣例上の儀礼的な所作」とだけ述べて済ますのは

不適切であり，「国旗及び国歌に対する敬意の表明」の意味を内在させた「式典における慣例上の儀礼的な所作」である，と把握しなければならない。そこで内心の自由の観点から焦点を当てるべきは，「敬意」という内心作用である。

　ところで19条の保障対象となるべき「思想及び良心」には，静態的に人の内心を捉えて深いものから浅いものまで拾い上げた内心A〜Cだけでなく，人の内面における自主性・自発性という動態的な精神作用も含まれる。つまり19条は，実体的な内心A〜Cとは別に，過程的な内心であるところの自主性・自発性という精神作用をも，保護する。そのための「自発的行為の強制」型の解釈論は，次のような規範内容のものである。〈公権力が強制的に個人に自発的行為を行わせることは絶対に許されない〉。人の外部的行動一般の大部分は，前記の「外面的行為の規制」型で取り上げた「外面的行為」であるが，ごく少数は「自発的行為」である。自発的行為とは，行為者の自発性・自主性に基づいてはじめて，意味があると社会的・文化的にみなされる行為である。それに対して外面的行為とは，当人の自発性に基づいていなくてもその行為が現実に行われること自体に意味があるという性格の行為である。何が自発的行為に当たるかは，その定義にあるように最終的には社会的意味づけの次元で決せられ，当人がそうだと主張すればそうなるのではない。自発的行為に当たる行為類型はごく限られており，こうしてこの解釈論の発動場面が〈狭き門〉で限られるが，これを潜り抜ければ，強制が文字通り絶対的に禁止されるという強力な保護が与えられる。本判決等より前に最高裁判例で問題とされた行為で自発的行為に当たると考えられるのは，当人の内心の反省に基づいてはじめて意味がある謝罪行為（謝る・詫びる行為），当人の内心の志に基づいてはじめて意味がある献金行為（寄付を行う行為），のわずか2類型にすぎない。そして，当人の内心の敬意に基づいてはじめて意味がある，「敬意の表明」としての「儀礼的な所作」も，この自発的行為に当たると考えられる。強制は人の内心の自発性を毀損するから，

強制された「敬意の表明」としての「儀礼的な所作」は，内心に敬意を持たない人のみならず持つ人にとっても，その人の内心の敬意に基づかない所作となる。ゆえに本件職務命令は，強制により起立斉唱行為から「敬意の表明」としての本質的意味を剥奪するのだが，それにもかかわらず強制された起立斉唱行為は，依然として「敬意の表明」としての意味を持つかのごとく現に社会的に通用してしまっている。このように，実は誰の内心の敬意にも基づかない偽物の敬意がその場の表面を支配する事態を，内心の自由を保障する憲法はけっして許さないはずである。

4　先例および後続判例

謝罪広告事件に関する最大判昭31・7・4（関連判例1）は，裁判所の判決が命ずる「謝罪広告」について，①「その内容」によっては「これを強制することが……良心の自由を不当に制限する」場合がありうるが，②「単に事態の真相を告白し陳謝の意を表明するに止まる程度のもの」は強制してよい，とした上で，本件広告は後者に当たる，とした（13対2による合憲判断）。①②で鍵となるのは広告の表現内容であり，それが穏当なものである限り，謝罪広告命令判決の強制は憲法上許される。すると，ここでは内心の自由の問題が，強制される表現内容が穏当なものかどうかという，表現内容上の「程度」問題に還元されている。①は，一定内容の謝罪広告を強制することが内心の自由を侵害する可能性を認めている。これは，一定の表現内容を持つ表現行為の強制が，内心の自由の侵害に当たる，という考え方である。これは正に本判決等が立脚する考え方である。最高裁は既にこの時点で，内心の自由に対する制約を，表現行為の強制として捉えていた。

「君が代」ピアノ伴奏事件に関する最三小判平19・2・27（関連判例2）では，市立小学校の音楽専科の教諭が，入学式の国歌斉唱の際に「君が代」のピアノ伴奏を行うよう命じる校長の職務命令に従わなかったことを理由に都教委から戒告処分を受けたため，本件職務命令の

19条違反を理由に本件戒告処分の取消しを求めた。最高裁は4対1で合憲と判断した。この判決は，本判決等による内心の自由に対する直接的制約論とほぼ同じ憲法論により，ピアノ伴奏命令が内心の自由に対する制約に当たらないとした。この判決は，本判決等と違って，内心の自由に対する間接的制約論を論じなかった。同じ第三小法廷によるⅢ判決はその理由が，ピアノ伴奏行為が「敬意の表明としての要素の希薄な行為」である点にあったことを示唆している（なお参照，Ⅲ判決の那須弘平・大谷剛彦各裁判官の補足意見，田原睦夫裁判官の反対意見，Ⅰ判決の千葉勝美裁判官の補足意見）。

本判決等のおよそ半年後の，Ⅱ判決と同じ第一小法廷による，不起立懲戒処分事件に関する同日の2つの判決（最一小判平24・1・16集民239号1頁，同号253頁〔関連判例3〕）では，多数の公立学校の教職員が，起立斉唱行為または国歌のピアノ伴奏行為を命じる職務命令に従わなかったことを理由にされた懲戒処分の取消しと国賠法1条に基づく損害賠償を求めた。最高裁は，職務命令については本判決等を先例に引いて簡単に合憲とした上で（4対1），懲戒処分について行政法上の違法性を検討し，後者の判決が，戒告処分167つ全てを適法，減給処分1つを違法とし，前者の判決が，2つの停職処分のうち1つを適法，もう1つを違法と判断した（反対意見1つは全処分を違法と判断）。両判決が，「懲戒において戒告を超えてより重い減給以上の処分を選択することについては，本件事案の性質等を踏まえた慎重な考慮が必要となる」と述べて，「減給以上の処分」について「慎重な考慮」審査を行う判断枠組みを示したことは，その限りで積極的評価に値する。そして，その判断枠組みを導く重要な要因の一つは，起立斉唱行為を命じる職務命令が内心の自由に対する間接的制約に当たるとの憲法判断にある，という趣旨の判例批評が少なくないのだが，この両判決を子細に読むと，残念ながらそうは言えない（別稿で論じたので指摘にとどめる）。

50　内心の自由

■ ■ ■ ■ 関連判例 ■ ■ ■ ■

1　謝罪広告事件判決（最大判昭31・7・4民集10巻7号785頁）

2　「君が代」ピアノ伴奏事件判決（最三小判平19・2・27民集61巻1号291頁）

3　不起立懲戒処分事件判決（最一小判平24・1・16集民239号1頁，同号253頁）

■ ■ ■ ■ 演習問題 ■ ■ ■ ■

1　キリスト教の教派Aは，聖書に固く従うことを教義とする。聖書には次の一節がある。「あなたはいかなる像も造ってはならない。上は天にあり，下は地にあり，また地の下の水の中にある，いかなるものの形も造ってはならない。あなたはそれらに向かってひれ伏したり，それらに仕えたりしてはならない」（出エジプト記20章4節・5節）。この教派は，国旗がこの戒め中の「像」に当たるとしており，そのためその信者は，国旗に向かって起立し国歌斉唱を行うことを拒否してきた。

都立高等学校の教員Xは，教派Aの信者であるが，入学式における国歌斉唱の際に国旗に向かって起立し国歌斉唱を行うよう命ずる旨の校長の職務命令に従わず，前記国歌斉唱の際に起立しなかったため，都教委により戒告処分を受けた。そこでXは，東京都Yを相手取って，前記職務命令の違憲を主張して，戒告処分の取消しと国賠法1条に基づく損害賠償を求める訴えを提起した。

2011（平成23）年のⅠ～Ⅲの諸判決と，神戸高専事件に関する1996（平成8）年判決を踏まえながら，両当事者のありうる憲法上の主張について述べよ。

＊考え方
Xは，20条に基づく主張を行う。その際に，内面的な信仰の自由の主張を行うのか，そうでなく外面的な宗教的行為の自由の主張を行いうるのか。また，内面的信仰の自由の主張において，20条であれば「外面的行為の規制」型の主張を行いうるのか，1996年判決を踏まえて考える。Yは，2011年の諸判決における起立斉唱行為の性質論から断固離れない主張を行う。いずれにせよ違憲論を通すには先例の批判的組替えを要する。

2　都教委は教職員に対して起立斉唱行為を命じる職務命令違反に対する懲戒処分の量定として，「1回目は戒告処分……，2回目で減給1か月，3回目で減給6か月，4回目以降は停職処分にする方針」（不起立懲戒処分事件に関する2012〔平成24〕年判決の櫻井龍子裁判官補足意見）を採っていた。この事実を重視することで，Ⅰ事件における本件職務命令の19条違反を主張できないか，検討せよ。

＊考え方
過酷にすぎる制裁のありようは，Ⅰ判決「3(3)」第2段落が認定したような本件職務命令の目的が表向きのもので，その真の目的が内心に基づく不利益取扱いにあることを明るみに出しうる（なお参照，Ⅱ判決の宮川反対意見による，いわゆる10.23通達の評価）。

〔参考文献〕
岩井伸晃＝菊池章・最判解民事篇平成23年度(下)465頁以下，493頁以下，525頁以下
佐々木弘通「憲法上の『内心の自発性』論と『自己決定権』論」角松生史・山本顯治・小田中直樹編『現代国家と市民社会の構造転換と法』（日本評論社，2016年）179頁以下
渡辺康行「『日の丸・君が代訴訟』を振り返る」論究憲法279頁以下
渡辺康行「『君が代』訴訟の現段階」憲法研究1号（2017年）89頁以下

（佐々木弘通）

団体構成員の人権

6 南九州税理士会事件

■ 最高裁平成 8 年 3 月 19 日第三小法廷判決
■ 平成 4 年（オ）第 1796 号
　選挙権被選挙権停止処分無効確認等請求事件
■ 民集 50 巻 3 号 615 頁，判時 1571 号 16 頁

〈事実の概要〉

　Y（南九州税理士会。被告・控訴人・被上告人）は，昭和 53 年の定期総会において，税理士法改正運動に要する特別資金とするため，会員から特別会費 5000 円（本件特別会費）を徴収し，その使途は政治資金規正法上の政治団体（南九各県税政）に寄付するという内容の決議（本件決議）を行った。

　X（原告・被控訴人・上告人）は，Y の会員である税理士であるが，本件決議に反対の立場であり，本件特別会費を納入しなかった。Y の役員選任規則には，役員の選挙権および被選挙権の欠格事由として「選挙の年の 3 月 31 日現在において本部の会費を滞納している者」との規定があり，Y は，同規定に基づき，本件特別会費の滞納を理由として，翌年以降の役員選挙において，X を選挙人名簿に登載しないまま役員選挙を実施した。そこで X は，公的性格をもつ強制加入団体である Y が政治団体に金員を寄付するのは税理士会の目的の範囲外の行為であって，そのために会員から本件特別会費を徴収する旨の本件決議は，反対の意思を有している X の思想・信条の自由を侵害するもので無効である，本件特別会費の滞納を理由として役員選挙における X の選挙権および被選挙権を停止した措置は不法行為であるなどと主張し，①Y との間で本件特別会費 5000 円の納入義務を負わないことの確認，②Y に対して損害賠償として慰謝料 500 万円の支払などを求めた。

　第 1 審（熊本地判昭 61・2・13 判時 1181 号 37 頁）は，本件決議は無効であるとして，X の請求を概ね認容した。これに対し，控訴審（福岡高判平 4・4・24 判時 1421 号 3 頁）は，税理士法改正運動として政治団体に寄付することは税理士会の目的の範囲内の行為であること，またそのための特別会費を徴収する旨の本件決議は X の思想・信条の自由を侵害するものではなく無効であるとはいえないとして，X の請求をすべて棄却した。X から上告。

〈上告審〉

　要　点

　① 税理士会は，設立が義務付けられている，目的が法定されている，所管大臣の監督に服する，強制加入団体であるという点で，会社とは法的性格を異にする法人であり，その目的の範囲については会社のように広範ではない。

　② 税理士会は強制加入団体であって，会員には実質的には脱退の自由が保障されていないため，その目的の範囲を判断するにあたっては，会員の思想・信条の自由との関係を考慮する必要がある。

　③ 強制加入団体である税理士会には，様々な思想・信条および主義・主張を有する会員が存在することが当然に予定されており，多数決原理で決定した意思に基づく活動にも，そのために会員に要請される協力義務にも限界がある。

　④ 政治団体に対して金員を寄付するかどうかは，選挙における投票の自由と表裏を成すものとして，会員各人が個人的な政治的思想などに基づいて自主的に決定すべき事柄である。

　⑤ 税理士会は，政治団体に金員を寄付することを多数決原理によって団体の意思とし

て決定し，構成員にその協力を義務付けることはできない。

⑥　税理士会が政治団体に金員を寄付することは，税理士法で定められた税理士会の目的の範囲外の行為であり，その寄付をするために会員から特別会費を徴収する旨の決議は無効である。

■判　旨■

一部破棄自判・一部破棄差戻。

五1　「〔判決の要旨〕　税理士会が政党など規正法〔政治資金規正法。以下同〕上の政治団体に金員の寄付をすることは，たとい税理士に係る法令の制定改廃に関する政治的要求を実現するためのものであっても，法49条2項で定められた税理士会の目的の範囲外の行為であり，右寄付をするために会員から特別会費を徴収する旨の決議は無効であると解すべきである 要点⑥ 。すなわち，

㈠　〔会社の目的の範囲〕　民法上の法人は，法令の規定に従い定款又は寄付行為で定められた目的の範囲内において権利を有し，義務を負う（民法43条〔現34条〕）。この理は，会社についても基本的に妥当するが，会社における目的の範囲内の行為とは，定款に明示された目的自体に限局されるものではなく，その目的を遂行する上に直接又は間接に必要な行為であればすべてこれに包含され（最高裁昭和24年(オ)第64号同27年2月15日第二小法廷判決・民集6巻2号77頁，同27年(オ)第1075号同30年11月29日第三小法廷判決・民集9巻12号1886頁参照），さらには，会社が政党に政治資金を寄付することも，客観的，抽象的に観察して，会社の社会的役割を果たすためにされたものと認められる限りにおいては，会社の定款所定の目的の範囲内の行為とするに妨げないとされる（最高裁昭和41年(オ)第444号同45年6月24日大法廷判決・民集24巻6号625頁参照）。

㈡　〔税理士会の法的性格〕　しかしながら，税理士会は，会社とはその法的性格を異にする

法人であって，その目的の範囲については会社と同一に論ずることはできない。

〔設立の義務付け〕　税理士は，国税局の管轄区域ごとに一つの税理士会を設立すべきことが義務付けられ（法〔税理士法。昭55法26による改正前のもの。以下同〕49条1項），税理士会は法人とされる（同条3項）。また，全国の税理士会は，日税連を設立しなければならず，日税連は法人とされ，各税理士会は，当然に日税連の会員となる（法49条の14第1，第3，4項）。

〔目的の法定〕　税理士会の目的は，会則の定めをまたず，あらかじめ，法において直接具体的に定められている。すなわち，法49条2項において，税理士会は，税理士の使命及び職責にかんがみ，税理士の義務の遵守及び税理士業務の改善進歩に資するため，会員の指導，連絡及び監督に関する事務を行うことを目的とするとされ（法49条の2第2項では税理士会の目的は会則の必要的記載事項ともされていない。），法49条の12第1項においては，税理士会は，税務行政その他国税若しくは地方税又は税理士に関する制度について，権限のある官公署に建議し，又はその諮問に答申することができるとされている。

〔所管大臣の監督〕　また，税理士会は，総会の決議並びに役員の就任及び退任を大蔵大臣に報告しなければならず（法49条の11），大蔵大臣は，税理士会の総会の決議又は役員の行為が法令又はその税理士会の会則に違反し，その他公益を害するときは，総会の決議についてはこれを取り消すべきことを命じ，役員についてはこれを解任すべきことを命ずることができ（法49条の18），税理士会の適正な運営を確保するため必要があるときは，税理士会から報告を徴し，その行う業務について勧告し，又は当該職員をして税理士会の業務の状況若しくは帳簿書類その他の物件を検査させることができる（法49条の19第1項）とされている。

〔強制加入団体性〕　さらに，税理士会は，税理士の入会が間接的に強制されるいわゆる強制加入団体であり，法に別段の定めがある場合を除く外，税理士であって，かつ，税理士会に入会し

ている者でなければ税理士業務を行ってはならないとされている（法52条）。

（三）〔税理士会の強制加入団体性〕 以上のとおり、税理士会は、税理士の使命及び職責にかんがみ、税理士の義務の遵守及び税理士業務の改善進歩に資するため、会員の指導、連絡及び監督に関する事務を行うことを目的として、法が、あらかじめ、税理士にその設立を義務付け、その結果設立されたもので、その決議や役員の行為が法令や会則に反したりすることがないように、大蔵大臣の前記のような監督に服する法人である。また、税理士会は、**強制加入団体であって、その会員には、実質的には脱退の自由が保障されていない**（なお、前記昭和55年法律第26号による改正により、税理士は税理士名簿への登録を受けた時に、当然、税理士事務所の所在地を含む区域に設立されている税理士会の会員になるとされ、税理士でない者は、この法律に別段の定めがある場合を除くほか、税理士業務を行ってはならないとされたが、前記の諸点に関する法の内容には基本的に変更がない。）。

税理士会は、以上のように、会社とはその法的性格を異にする法人であり、その目的の範囲についても、これを会社のように広範なものと解するならば、法の要請する公的な目的の達成を阻害して法の趣旨を没却する結果となることが明らかである **要点①**。

（四）〔税理士会の目的の範囲の判断と会員の思想・信条の自由〕 そして、税理士会が前記のとおり**強制加入の団体**であり、その会員である税理士に実質的には**脱退の自由**が保障されていないことからすると、その目的の範囲を判断するに当たっては、会員の思想・信条の自由との関係で、次のような考慮が必要である **要点②**。

税理士会は、法人として、法及び会則所定の方式による**多数決原理**により決定された団体の意思に基づいて活動し、その構成員である会員は、これに従い協力する義務を負い、その一つとして会則に従って税理士会の経済的基礎を成す会費を納入する義務を負う。しかし、法が税理士会を**強制加入の法人**としている以上、その構成員である会員には、様々な思想・信条及び

主義・主張を有する者が存在することが当然に予定されている。したがって、税理士会が右の方式により決定した意思に基づいてする活動にも、そのために会員に要請される協力義務にも、おのずから限界がある **要点③**。

特に、政党など規正法上の政治団体に対して金員の寄付をするかどうかは、選挙における投票の自由と表裏を成すものとして、会員各人が市民としての個人的な政治的思想、見解、判断等に基づいて自主的に決定すべき事柄であるというべきである **要点④**。なぜなら、政党など規正法上の政治団体は、政治上の主義若しくは施策の推進、特定の公職の候補者の推薦等のため、金員の寄付を含む広範囲な政治活動をすることが当然に予定された政治団体であり（規正法3条等）、これらの団体に金員の寄付をすることは、選挙においてどの政党又はどの候補者を支持するかに密接につながる問題だからである。

法は、49条の12第1項の規定において、税理士会が、税務行政や税理士の制度等について権限のある官公署に建議し、又はその諮問に答申することができるとしているが、政党など規正法上の政治団体への金員の寄付を権限のある官公署に対する建議や答申と同視することはできない。

（五）〔構成員の協力義務〕 そうすると、前記のような公的な性格を有する税理士会が、このような事柄を**多数決原理**によって団体の意思として決定し、構成員にその協力を義務付けることはできないというべきであり **要点⑤**（最高裁昭和48年（オ）第499号同50年11月28日第三小法廷判決・民集29巻10号1698頁参照）、税理士会がそのような活動をすることは、法の全く予定していないところである。税理士会が政党など規正法上の政治団体に対して金員の寄付をすることは、たとい税理士に係る法令の制定改廃に関する要求を実現するためであっても、法49条2項所定の税理士会の目的の範囲外の行為といわざるを得ない。

2 〔結論〕 以上の判断に照らして本件をみると、本件決議は、Yが規正法上の政治団体で

ある南九各県税政へ金員を寄付するために，X を含む会員から特別会費として 5000 円を徴収する旨の決議であり，Y の目的の範囲外の行為を目的とするものとして無効であると解するほかはない 要点⑥ 。

〔原審の問題点〕　原審は，南九各県税政は税理士会に許容された活動を推進することを存立の本来的目的とする団体であり，その活動が税理士会の目的に沿った活動の範囲に限定されていることを理由に，南九各県税政へ金員を寄付することも Y の目的の範囲内の行為であると判断しているが，規正法上の政治団体である以上，前判示のように広範囲な政治活動をすることが当然に予定されており，南九各県税政の活動の範囲が法所定の税理士会の目的に沿った活動の範囲に限られるものとはいえない。因みに，南九各県税政が，政治家の後援会等への政治資金，及び政治団体である南九税政への負担金等として相当額の金員を支出したことは，原審も認定しているとおりである。

六　したがって，原審の判断には法令の解釈適用を誤った違法があり，右の違法は判決に影響を及ぼすことが明らかであるから，論旨は理由があり，その余の論旨について検討するまでもなく，原判決は破棄を免れない。そして，以上判示したところによれば，X の本件請求のうち，X が本件特別会費の納入義務を負わないことの確認を求める請求は理由があり，これを認容した第 1 審判決は正当であるから，この部分に関する Y の控訴は棄却すべきである。また，X の損害賠償請求については更に審理を尽くさせる必要があるから，本件のうち右部分を原審に差し戻すこととする。」

■ ■ ■ ■ 確認問題 ■ ■ ■ ■

1　会社の目的の範囲に包含される行為は何か。会社が政党に政治資金を寄付することは，会社の目的の範囲内の行為であるか。（→解説 2(1)）

2　税理士会と会社で目的の範囲が異なるのは，税理士会にどのような法的性格があるからか。（→ 要点① ）

3　強制加入団体とは何か。税理士会が強制加入団体であることは，税理士会の構成にどのような影響をもたらすか。（→ 要点②③ ）

4　法人としての税理士会の意思決定はどのような方法で行われるか。構成員である会員は，一般にその意思決定に協力する義務があるか。（→解説 3(1)）

5　税理士会が政治団体に対して金員を寄付することについて，多数決原理によって団体の意思として決定し，構成員にその協力を義務づけることはできるか。できないとすれば，それはなぜか。（→ 要点④⑤ ）

6　税理士会が政治団体に対して金員を寄付することは，税理士会の目的の範囲内の行為であるか。（→ 要点⑥ ）

■ ■ ■ ■ 解　説 ■ ■ ■ ■

1　団体と構成員の紛争についての判断枠組み

(1)　「団体構成員の人権」という問題

南九州税理士会事件では，強制加入団体である税理士会の決定が，構成員の思想・信条の自由を侵害するのではないかが問題となった。本事件は，私法人である税理士会とその構成員との間の紛争であるから，公権力によって憲法上の権利が侵害される通常の憲法事件とは異なる。それゆえ，本事件のように，私的団体と構成員との法的紛争が問題となる場合には，構成員の人権をどのような判断枠組みで考慮するのかが重要なポイントになる。

本判決で争われたのは，政治団体に寄付をするために構成員から特別会費を徴収する旨の税理士会の決議の効力である。この決議が有効であれば，政治団体への寄付について構成員は協力を義務づけられることになり，当該政治団体を支持しない構成員の思想・信条の自由は侵害される。

(2)　2 つの審査

この場合，構成員が決議の効力を争うには，①決議の前提となる団体の活動が当該団体の目的の範囲外の行為である，あるいは，②団体の活動が目的の範囲内の行為であっても，構成員に協力を義務づけることはできない，という 2

つの主張があり得る。そこで，決議の効力を判断するにあたっては，これら2つの点を審査する必要がある。

このうち，前者は法人の活動がその目的の範囲内の行為であるか否か（目的の範囲の審査），後者はその活動を構成員に協力を義務づけることができるか否か（協力義務の限界の審査）を判断するものである。この2つの審査は，一方で，目的の範囲の審査が団体の事情を考慮するものであり，他方で，協力義務の限界の審査が構成員である個人の事情を考慮するものであるため，別個に行うことが可能であり，またそうすべきでもあろう。それは例えば，団体・法人の活動が目的の範囲内の行為であるとされても，当該活動に対する構成員の協力義務は否定されるという場合が考えられるからである（国労広島地本事件判決）。見方を変えれば，2つの審査を行うことは，ともに基本的人権の主体である団体と構成員の事情を個別に考慮できる点で，きめ細かな利益調整を可能にするとも考えられる。

(3) 本判決の位置づけ

本判決は，税理士会が政治団体に寄付をすることが，税理士会の目的の範囲外の行為であるとして，特別会費を徴収する旨の決議を無効と判断した。一方で，本判決は「目的の範囲を判断するに当たっては，会員の思想・信条の自由との関係」を考慮する必要があるとしており，目的の範囲の審査の中で，構成員の人権を考慮している。

しかし，本判決の方法は，先例として引用されている国労広島地本事件判決（最判昭50・11・28民集29巻10号1698頁＝関連判例2）とも，その後に出された群馬司法書士会事件判決（最判平14・4・25判時1785号31頁＝関連判例3）とも異なっている。両判決においては，目的の範囲の審査ではなく，協力義務の審査の中で，構成員の人権が考慮されているからである。それゆえ，本判決が判例としてどのような意味をもちうるのかどうかについては，慎重な検討が必要である。

2 税理士会の目的の範囲

(1) 強制加入団体の目的の範囲

目的の範囲の審査は，法人の行為が法的に許されるか否かを審査するものである。法人の活動が目的の範囲外の行為とされれば，当該活動はそもそも無効であるので（民法34条），構成員への協力は問題となり得ない。

法人の目的の範囲について，判例は，営利法人である会社の目的の範囲を相当広く解している。そして，八幡製鉄政治献金事件判決（最大判昭45・6・24民集24巻6号625頁＝関連判例1）では，会社が政党に政治献金をすることも「客観的，抽象的に観察して，会社の社会的役割を果たすためになされたものと認められるかぎりにおいては，会社の定款所定の目的の範囲内の行為であるとするに妨げない」と判断している。

しかし，本判決では，税理士会は会社とは「法的性格」が異なるため，同一に論じられないとしている。税理士会を特徴づける法的性格として，本判決は，設立の強制，目的の法定，所管大臣の監督，強制加入団体性を挙げており，このような性格を有する税理士会の目的の範囲を会社のように広範なものと解するならば，法の趣旨を没却する結果となることが明らかであるとする。

上記の法的性格の中でも，特に重視されているのは強制加入団体性である。税理士会が「強制加入の団体であり，その会員である税理士に実質的には脱退の自由が保障されていない」ことが，目的の範囲の判断のあり方を規定しているからである。

もっとも，後述のように，国労広島地本事件判決では，任意組合である労働組合であっても脱退の自由が事実上制約されている，あるいは群馬司法書士会事件判決では税理士会が強制加入団体であるという事情が認められているが，それらは何れも目的の範囲の審査においてではなく，協力義務の限界の審査で考慮されていることに注意が必要である。

(2) 三好補足意見（大阪合同税理士会事件）

本判決の考え方は，調査官解説（八木・後掲）が示唆するように，同じく税理士会による政治

団体への金員の拠出が問題とされた大阪合同税理士会事件最高裁判決（最判平5・5・27判時1490号83頁）における三好達裁判官の補足意見の影響を受けたものであろう。三好補足意見では、営利・非営利の目的を問わず、任意加入団体である限りは、目的の範囲を広く解してもよいが、他方で、税理士会のような設立強制、加入強制がとられている法人においては、その理はあてはまらないとする。

三好補足意見では、「加入強制により、職業選択の自由が制限され、ひいては結社に関する消極的自由が制限されることとなるものの、税理士会の行う活動が法所定の目的の範囲内のものである限りにおいては、公共の福祉の要請による規制として、許容されるものというべき」とされている。これは、加入強制が許容されるのは、税理士会が法所定の目的の活動を行う限りにおいてである、という考え方であろう。それゆえ、税理士会が法所定の目的の範囲を超えて活動することはもちろん、その活動が個人の思想・信条など本来個人の自由にゆだねられている事柄に関わるときには、目的の範囲を逸脱するという帰結が導かれる。

　（3）　本判決の特徴

本判決でも、前記のように、税理士会の強制加入団体であるという法的性格が目的の範囲を限定する意味をもたされているが、その理由は三好補足意見とは多少異なっているように見える。

本判決では、構成員が、多数決原理により決定された団体の活動について一般的には協力する義務を負うことがひとまず前提とされている。しかし、強制加入団体である税理士会では、「構成員である会員には、様々の思想・信条及び主義・主張を有する者が存在することが当然に予定されている」ために、「会員に要請される協力義務にも、おのずから限界がある」という。

ここに見られる特徴は、第1に、団体の法所定の目的との関係ではなく、強制加入団体であることに基づく「構成員の多様性」に重きが置かれていることである。このことは、本判決が、三好補足意見とは異なり、「多数決原理」との関係で、個人の「自主的に決定すべき事柄」を考慮していることに関係している。

第2の特徴は、目的の範囲の判断において、構成員の協力義務の限界の判断が行われていることである。三好補足意見では、税理士会の活動そのものが法所定の目的の範囲内であるかどうかが決め手となっており、それに対する構成員の協力義務の限界が取り立てて審査されていたわけではなかった。しかし、本判決では、目的の範囲を判断するに際して、構成員の協力義務が考慮されている。むしろ、構成員に協力を義務付けられないことが、税理士会の目的の範囲外の行為であることの理由となっている。

このことは、本判決の射程を考える上でも重要であろう。三好補足意見では、構成員への金銭的な協力が直接的または間接的に求められる政治団体への寄付だけでなく、構成員への具体的な協力を伴わない政治活動一般についても、構成員の自由を侵害するものとして、目的の範囲を逸脱するとされていた。しかし、本判決では、政治団体への寄付に限った判断がなされており、その他の政治活動については触れていない。

もちろん、それは本判決の解決に必要な限りでの判断であると考えられるだろう。だが調査官解説によれば、「本判決は……政党や政治団体に対する金員の寄付以外の税理士会が行う政治活動については何ら判示していない」が、法の規定や本判決の判示からは、少なくとも「税理士法改正案につき国税当局や国会議員に税理士の立場を説明し、意見を述べたり、税理士会として意見表明の決議をしたりすることは、それが政治性を帯びるものであっても、税理士会の目的の範囲内の行動として許容されることになると考えられる」とされている。さらに、同解説では、本件決議は使途を明示した特別会費の徴収の決議であったが、「税理士会が政治献金を一般会費による財源から支出した場合はどうであろうか」という問いを投げかけているが、これは、構成員に具体的な協力を義務付けない場合には、本判決の考え方は及ばないもの

と見る余地がある。

このように考えると，本判決が，目的の範囲の審査において実質的に構成員の協力義務の限界の審査を行ったのは，「強制加入団体」である税理士会が「政治団体に寄付」を行ったことに加えて，それについて「特別会費の徴収」という方法で構成員に具体的な協力義務を求める事案だったから，と言えるであろう。

3 構成員の協力義務

(1) 構成員の一般的義務

団体・法人の活動が目的の範囲内の行為に含まれるとしても，そのことだけで，構成員がその協力義務を直ちに負うわけではない。協力義務の限界の審査では，構成員である個人の事情が考慮される。

ただ，団体の構成員である以上，団体の活動に協力する一般的な義務は当然に認められる。本判決も，「多数決原理により決定された団体の意思に基づいて活動し，その構成員である会員は，これに従い協力する義務を負い，その一つとして会則に従って税理士会の経済的基礎を成す会費を納入する義務を負う」と述べているが，これはどの団体にもあてはまる事柄である。

(2) 先例としての国労広島地本事件判決

もっとも，団体のすべての活動について，構成員の協力義務が無条件で肯定されるわけではない。この点についての先例的な判断を示したのは，国労広島地本事件判決である。労働組合の事案である同事件では，労働組合は労働者の労働条件の維持改善や経済的地位の向上を図ることを「主たる目的」とする団体であると認定しながらも，その活動範囲は，政治的活動，社会的活動，文化的活動など広く組合員の生活利益の擁護と向上に「直接間接に関係する事項」にまで及ぶとしている。

しかし，同判決は，組合脱退の自由が事実上大きな制約を受けていることを考慮して，労働組合の活動として許されたものであるというだけで，そのことから直ちに組合員の協力義務を無条件で肯定することは相当でないとする。

そこで，構成員の協力義務の限界をどのよう

に判断するかである。この点について同判決は，「問題とされている具体的な組合活動の内容・性質，これについて組合員に求められる協力の内容・程度・態様等を比較考量し，多数決原理に基づく組合活動の実効性と組合員個人の基本的利益の調和という観点から，組合の統制力とその反面としての組合員の協力義務の範囲に合理的な限定を加えることが必要である」という判断枠組みを設定している。

問題は，上記の比較考量をどのような方針で行うかであろう。これについて調査官解説（佐藤・後掲）は，「比較考量にあたっては，組合の目的と関連する活動については，できるだけ組合の自主的判断に基づく政策決定を尊重し，それが組合員個人の基本的な権利利益を著しく不当に侵害するものでない限り，多数決原理を優先させていく考え方」を示している。ここでは，多数決原理で決められる事柄と，そうではない構成員の権利利益に属する事柄とが区分されているが，その基準として「団体の目的との関連性」が挙げられていることは重要である。これは，個人が団体に加入するときに，どの範囲までを団体の決定にゆだねたのかと問題であろう。すなわち，本来の目的との関連性が強い活動は，団体の存在意義にかかわるため，原則として多数決原理によって団体の意思が決定される一方で，団体に加入してもなお個人の自主的な決定に留保された事柄については，団体の多数決で決定されてはならない。

実際の判断を見ると，国労広島地本事件では，他組合の闘争支援（炭労資金）や被処分者への救援（安保資金）については，労働組合の本来の目的との関連性から，組合員への協力義務が肯定された。他方で，特定政党または候補者のための選挙運動資金（政治意識昂揚資金）に関しては，「選挙においてどの政党又はどの候補者を支持するかは，投票の自由と表裏をなす」ものとして，組合員各人が一人の市民として自主的に決定すべき事柄であるとして，協力義務が否定された。

ただ，同判決が，「労働組合が組織として支持政党又はいわゆる統一候補を決定し，その選

挙運動を推進すること自体は自由である」と述べている点には注意が必要である。これは，当該活動が労働組合の目的の範囲内の行為であることを意味している。ここでも，先に見た本判決の調査官解説が示唆するように，構成員に具体的な協力義務を求めるものでない限り，労働組合が行う政治活動それ自体は，目的の範囲内の行為として許容されている。

(3) 群馬司法書士事件判決

本判決との関係で重要な意味をもつのは，同じく強制加入団体である司法書士会の事案である群馬司法書士事件判決である。しかし，同判決は本判決とは異なり，目的の範囲の審査と協力義務の限界の審査を別々に行っている。

同判決ではまず，司法書士会が被災した他の司法書士または司法書士会のために復興支援拠出金を寄付することが，司法書士会の「目的を遂行する上で直接又は間接に必要な範囲」に含まれるとされた。

次いで，構成員の協力義務については，「公序良俗に反するなど会員の協力義務を否定すべき特段の事情がある場合を除き，多数決原理に基づき自ら決定することができる」という枠組みを示した。ここには，目的の範囲に含まれる司法書士会の活動については，原則として多数決原理に基づく団体の決定が妥当するが，「特段の事情」がある場合に限り，構成員の協力義務が否定されるという考え方が示されている。

そして，「特段の事情」に該当するか否かの判断において，2つの事情が考慮されている。第1は，会員に対する負担金の徴収が「会員の政治的又は宗教的立場や思想信条の自由を害するもの」であるか否かである。そして，司法書士会が強制加入団体であることは，この場面で考慮されている。

第2は，会員に社会通念上過大な負担を課すものか否かである。負担の程度も，構成員の協力義務を認める上で重要な要素であろう（同判決には，額が過大であって，会員に協力を認め得る限界を超えているとする反対意見が付されている）。

(4) 本判決の場合

本判決は，目的の範囲の審査の中で協力義務の限界の審査が行われているが，その判断方法は，国労広島地本事件判決と変わらない。政治団体に対して寄付をするかどうかは，「選挙における投票の自由と表裏を成すもの」として，会員個人の自主的に決定すべき事柄であり，多数決原理によって団体の意思として決定し，構成員にその協力を義務づけることはできないとしている。

一つ留意すべきは，本件での政治団体（南九各県税政）への寄付が，「たとい税理士に係る法令の制定改廃に関する政治的要求を実現するためのものであっても」目的の範囲外の行為とされていることである。その理由として本判決は，同団体の活動が法所定の税理士会の目的に沿った活動の範囲に限られず，「広範囲な政治活動」をすることが当然に予定されていることを挙げている。この目的を超える部分の政治活動があることから，同団体への寄付は，選挙においてどの政党や候補者を支持するかに「密接につながる問題」であるとされ，会員が自主的に決定すべき事柄であるとされた。

■ ■ ■ ■ 関連判例 ■ ■ ■ ■

1　八幡製鉄政治献金事件（最大判昭 45・6・24 民集 24 巻 6 号 625 頁）
2　国労広島地本事件（最判昭 50・11・28 民集 29 巻 10 号 1698 頁）
3　群馬司法書士会事件（最判平 14・4・25 判時 1785 号 31 頁）

■ ■ ■ ■ 演習問題 ■ ■ ■ ■

1　Y県弁護士会は総会決議で，死刑制度が基本的人権の核をなす生命に対する権利を国が剥奪する制度であること，また，国際社会が死刑の廃止に向かっている状況に照らして，会として「20XX 年までに死刑を廃止すべき」とする宣言を採択した。さらに，当該宣言を受けて，死刑制度廃止の考え方の普及を目指すシンポジウムや集会などの活動を行うために，500 万円を支出する予算が決議された。

犯罪被害者支援に取り組む弁護士Xは，弁護士会が会として死刑制度廃止を宣言すれば，弁護士が全員死刑廃止の考えをもっていると市民に思われるのは納得がいかないこと，また，死刑に関する考え方は弁護士個人の正義感や死生観など内面に深く関わる問題であり，強制加入団体である弁護士会の会費を死刑廃止活動に用いることは，それとは異なる考えをもつXの思想・良心の自由を侵害すると考えている。Xはどのような憲法上の主張を行うか。それに対して，Yはどのような反論を行うか。

（参照法令）
弁護士法
第1条　弁護士は，基本的人権を擁護し，社会正義を実現することを使命とする。
2　弁護士は，前項の使命に基き，誠実にその職務を行い，社会秩序の維持及び法律制度の改善に努力しなければならない。

　＊考え方
　　弁護士会が，弁護士の使命を達成するために，法律制度の改善について会として意見を表明し，それに沿った活動を行うことはできるか。日弁連スパイ防止法案反対決議事件（最判平10・3・13自正49巻5号213頁）を参考にして考えてみよ。また，特別会費の徴収ではなく，一般会費からの支出であることをどう評価するか。

2　次の【事例】を読み，下記の【設問】に答えなさい。
【事　例】
　Y自治会は，A市内の区域に住所を有する者の「地縁による団体」として認可を受けて法人格を取得した団体である（地自法260条の2）。Yは，対象区域内の約90パーセントに当たる世帯で構成されており，その活動も市等の公共機関からの配布物の配布，災害時等の協力，清掃，防犯，文化等の各種行事，集会所の提供等極めて広範囲に及んでいるため，地域住民が日常生活を送る上において欠かせない存在である。他方で，Yは自治会未加入者に対しては，配布物を配布しない，災害や不幸があった場合に協力しない，ごみステーションを利用させないという対応をとることを決定していた。
　Yでは，赤い羽根共同募金会，緑化推進委員会，社会福祉協議会，日本赤十字社など（本件

各会）からの募金または寄付金（本件募金）の協力要請を受けて，毎年，丁目単位を基準として設けられた班の班長が各会員の世帯を訪問して集金し，それらを本件各会に対して支出していた。もっとも，集金に応じていたのは募金先ごとに全世帯の約2割から5割にとどまっていた。集金の際に協力を断る会員もあったり，留守の会員も多かったりしたため，集金に当たる班長は負担に感じており，班長への就任を避けるためYを休会する会員もいた。
　そこでYの執行部は集金の負担を解消するため，定期総会において自治会費を6000円から8000円に増額する旨の決議（本件決議）を行い，増額分の会費2000円については，他の自治会費6000円とは別に管理し，その全額を本件各会への募金や寄付金にあて，翌年度には繰り越さないこととした。さらに，Yの役員総会では本件決議を受けて，年会費8000円を4期に分けて各期に2000円集金すること，会費増額に反対して支払を拒否する会員には，自治会離脱届の提出を求めることが確認された。
　Yの会員であるXは，会費の集金の際，会費のうち募金および寄付金に相当する年2000円の増額分を支払いたくないとして，これを除いた会費分だけを支払おうとしたが，一部のみでは受け取れないとして受取りを拒否された。そこでXは，本件決議がXの思想良心の自由を侵害し公序良俗（民90条）に反するとして，その無効の確認を求めて提訴しようと考えている。

【設　問】
1　Xはどのような憲法上の主張を行うか。
2　Yにおいて，町内の神社で開かれる祭りを支援するために，氏子費などの神社関係費を自治会費から支出したという場合，Xはどのような憲法上の主張を行うか。

　＊考え方
　　認可地縁団体である自治会はどのような性格をもつ団体か。また，募金対象である団体は特定の政治的思想や宗教にかかわるものであるか。大阪高判平19・8・24（判時1992号72頁）を参考にして考えてみよ。
　　〔設問2〕については，佐賀地判平14・4・12

60 団体構成員の人権

（判時 1789 号 113 頁）を参考にして考えてみよ。

〔参考文献〕

蟻川恒正「思想の自由と団体紀律」ジュリ 1089 号 199
〜 204 頁

岡田順太「強制加入団体と構成員の権利」射程 27 〜 38
頁

佐藤繁・最判解民事扁昭和 50 年度 566 〜 581 頁

初宿正典・毛利透「結社の活動と構成員の『思想・信
条の自由』の衝突」法教 272 号 20 〜 28 頁

西原博史「公益法人による政治献金と思想の自由」ジ
ュリ 1099 号 99 〜 104 頁

渡辺康行「団体の活動と構成員の自由」戸波江二編『企
業の憲法的基礎』（日本評論社，2010 年）79 〜 101
頁

八木良一・最判解民事篇平成 8 年度(上)215 〜 232 頁

（井上武史）

信教の自由

7 神戸高専事件判決

■ 最高裁平成 8 年 3 月 8 日第二小法廷判決
■ 平成 7 年(行ツ)第 74 号
　進級拒否処分取消，退学命令処分等取消請求事件
■ 民集 50 巻 3 号 469 頁，判時 1564 号 3 頁

〈事実の概要〉─────

　X（原告・控訴人・被上告人）は，平成 2 年 4 月に神戸市立工業高等専門学校に入学した。神戸高専では学年制が採られており，学生は各学年の修了の認定があって初めて上級学年に進級することができる。進級の認定を受けるためには，修得しなければならない科目全部について不認定のないことが必要である。また，進級等規程によれば，休学による場合のほか，学生は連続して 2 回原級にとどまることはできず，神戸市立工業高等専門学校学則および退学に関する内規では，Y（校長。被告・被控訴人・上告人）は，連続して 2 回進級することができなかった学生に対し，退学を命ずることができることとされている。

　X は，格技である剣道の実技に参加することは自己の宗教的信条と根本的に相いれないとの信念の下に，神戸高専入学直後から体育担当教員らに対し，宗教上の理由で剣道実技に参加することができないことを説明し，レポート提出等の代替措置を認めて欲しい旨申し入れていたが，神戸高専は，体育担当教員らと協議のうえ，これらの学生に対して剣道実技に代替する措置をとらないことを決めた。X は，剣道の授業では，服装を替え，サーキットトレーニング，講義，準備体操には参加したが，剣道実技には参加せず，その間，道場の隅で正座をし，レポートを作成するために授業の内容を記録していた。X は，授業の後，その記録に基づきレポートを作成して，次の授業が行われるより前の日に体育担当教員に提出しようとしたが，その受領を

拒否された。X は剣道実技への不参加者に対する特別救済措置としての剣道実技の補講にも参加しなかったため，結局，体育の成績が認定されず，第二学年に進級させない旨の原級留置処分を受けた。平成 3 年度においても，X の態度は前年度と同様であり，学校の対応も同様であったため，X は進級不認定とされ，学則に定める退学事由である「学力劣等で成業の見込みがないと認められる者」に該当するとして退学処分を受けた。

　X は，平成 3 年 3 月 25 日付けでした進級拒否処分の取消しを求めて出訴した。1 審（神戸地判平 5・2・22 判タ 813 号 134 頁）は，「X に対しレポートその他の代替措置を講ずることなく行った一連の Y の措置ないし行為が，X らの信教の自由をある程度制約したことは否定できないものの，信教の自由全体，特に公教育の宗教的中立の要請から見ると，決して許容できない措置であったということまではいえない」として，X の請求を棄却した。控訴審（大阪高判平 6・12・22 行集 45 巻 12 号 2069 頁）は，①「神戸高専の教育施設としての公共的な利益と X が失う利益とを比較考慮すると，本件の場合には，Y は，信仰上の理由で剣道実技の授業に参加しない X に対し，代替措置をとることについて法的，実際的障害がない限り，その教育的配慮に基づき，剣道実技の授業に代わる代替措置をとるべきであった」とし，②代替措置について法的な障害，実際的障害の存在は認められないため，処分は違法であるとした。Y が上告。

62　信教の自由

〈上告審〉

要　点

①　学生に対する退学等の処分は学校長の合理的な教育的裁量に委ねられているが，退学処分は学生の身分をはく奪する重大な措置であるため，当該学生を学外に排除することが教育上やむを得ないと認められる場合に限って退学処分を選択すべきであり，その要件の認定につき特に慎重な配慮を要する。

②　高等専門学校においては，剣道実技の履修が必須のものとまではいい難く，他の体育種目の履修などの代替的方法によって教育目的を達成することが可能である。

③　履修拒否が真しな信仰上の理由によるものであるときは，裁量権の行使に当たり，そのことに相応の考慮を払わなければならない。

④　本件各処分の性質にかんがみれば，本件各処分に至るまでに何らかの代替措置をとることの是非，その方法，態様等について十分に考慮するべきであったということができるが，本件においてそれがされていたとは到底いうことができない。神戸高専において代替措置をとることが実際上不可能であったということはできない。

⑤　信仰上の真しな理由から剣道実技に参加することができない学生に対し代替措置を認めることが，その方法，態様のいかんを問わず，憲法20条3項に違反するということはできない。また，学生が信仰を理由に剣道実技の履修を拒否する場合に，学校が，その理由の当否を判断するため，当事者の説明する宗教上の信条と履修拒否との合理的関連性が認められるかどうかを確認する程度の調査をすることは，公教育の宗教的中立性に反するとはいえない。

⑥　信仰上の理由に基づく剣道実技の履修拒否を正当な理由のない履修拒否と区別せず，代替措置について何らの検討をすることなく退学処分を下したことは，考慮すべき事項を考慮しておらず，または考慮された事実に対する評価が明白に合理性を欠き，社会観念上著しく妥当を欠く処分をしたものであるため，本件各処分は，裁量権の範囲を超える違法なものである。

■判　旨■

上告棄却。

二　〔**学校長の裁量と重大な措置としての退学処分，原級留置処分**〕　高等専門学校の校長が学生に対し原級留置処分又は**退学処分**を行うかどうかの判断は，校長の合理的な**教育的裁量**にゆだねられるべきものであり，裁判所がその処分の適否を審査するに当たっては，校長と同一の立場に立って当該処分をすべきであったかどうか等について判断し，その結果と当該処分とを比較してその適否，軽重等を論ずべきものではなく，校長の裁量権の行使としての処分が，全く事実の基礎を欠くか又は社会観念上著しく妥当を欠き，裁量権の範囲を超え又は裁量権を濫用してされたと認められる場合に限り，違法であると判断すべきものである……。しかし，退学処分は学生の身分をはく奪する重大な措置であり，学校教育法施行規則13条3項も4個の退学事由を限定的に定めていることからすると，当該学生を学外に排除することが教育上やむを得ないと認められる場合に限って退学処分を選択すべきであり，その要件の認定につき他の処分の選択に比較して**特に慎重な配慮**を要するものである……〔昭和女子大事件。最判昭49・7・19民集28巻5号790頁参照〕**要点①**。また，原級留置処分も，学生にその意に反して1年間にわたり既に履修した科目，種目を再履修することを余儀なくさせ，上級学年における授業を受ける時期を延期させ，卒業を遅らせる上，神戸高専においては，原級留置処分が2回連続してされることにより退学処分にもつながるものであるから，その学生に与える不利益の大きさに照らして，原級留置処分の決定に当たっても，同様に慎重な配慮が要求されるものというべきである。そして，前記事実関係の下においては，以下に説示するとおり，本件各処分は，社会観念上著しく妥当を欠き，裁量権の範囲を超えた違法なものといわざるを得ない。

1　〔**剣道実技の履修が必須ではないこと**〕　公教育の教育課程において，学年に応じた一定の重要な知識，能力等を学生に共通に修得させる

ことが必要であることは，教育水準の確保等の要請から，否定することができず，保健体育科目の履修もその例外ではない。しかし，高等専門学校においては，剣道実技の履修が必須のものとまではいい難く，体育科目による教育目的の達成は，他の体育種目の履修などの代替的方法によってこれを行うことも性質上可能というべきである 要点②。

2 〔真しな信仰上の理由による履修拒否〕 他方，前記事実関係によれば，Xが剣道実技への参加を拒否する理由は，Xの信仰の核心部分と密接に関連する真しなものであった。Xは，他の体育種目の履修は拒否しておらず，特に不熱心でもなかったが，剣道種目の点数として35点中のわずか2.5点しか与えられなかったため，他の種目の履修のみで体育科目の合格点を取ることは著しく困難であったと認められる。したがって，Xは，信仰上の理由による剣道実技の履修拒否の結果として，他の科目では成績優秀であったにもかかわらず，原級留置，退学という事態に追い込まれたものというべきであり，その不利益が極めて大きいことも明らかである。また，本件各処分は，その内容それ自体においてXに信仰上の教義に反する行動を命じたものではなく，その意味では，Xの信教の自由を直接的に制約するものとはいえないが，しかし，Xがそれらによる重大な不利益を避けるためには剣道実技の履修という自己の信仰上の教義に反する行動を採ることを余儀なくさせられるという性質を有するものであったことは明白である。

Yの採った措置が，信仰の自由や宗教的行為に対する制約を特に目的とするものではなく，教育内容の設定及びその履修に関する評価方法についての一般的な定めに従ったものであるとしても，本件各処分が右のとおりの性質を有するものであった以上，Yは，前記裁量権の行使に当たり，当然そのことに相応の考慮を払う必要があったというべきである 要点③。また，Xが，自らの自由意思により，必修である体育科目の種目として剣道の授業を採用している学校を選択したことを理由に，先にみたような著しい不利益をXに与えることが当然に許容されることになるものでもない。

3 〔代替措置の可能性〕 Xは，レポート提出等の代替措置を認めて欲しい旨繰り返し申し入れていたのであって，剣道実技を履修しないまま直ちに履修したと同様の評価を受けることを求めていたものではない。これに対し，神戸高専においては，Xら『エホバの証人』である学生が，信仰上の理由から格技の授業を拒否する旨の申出をするや否や，剣道実技の履修拒否は認めず，代替措置は採らないことを明言し，X及び保護者からの代替措置を採って欲しいとの要求も一切拒否し，剣道実技の補講を受けることのみを説得したというのである。本件各処分の前示の性質にかんがみれば，本件各処分に至るまでに何らかの代替措置を採ることの是非，その方法，態様等について十分に考慮するべきであったということができるが，本件においてそれがされていたとは到底いうことができない 要点④。

所論は，神戸高専においては代替措置を採るにつき実際的な障害があったという。しかし，信仰上の理由に基づく格技の履修拒否に対して代替措置を採っている学校も現にあるというのであり，他の学生に不公平感を生じさせないような適切な方法，態様による代替措置を採ることは可能であると考えられる。また，履修拒否が信仰上の理由に基づくものかどうかは外形的事情の調査によって容易に明らかになるであろうし，信仰上の理由に仮託して履修拒否をしようという者が多数に上るとも考え難いところである。さらに，代替措置を採ることによって，神戸高専における教育秩序を維持することができないとか，学校全体の運営に看過することができない重大な支障を生ずるおそれがあったとは認められないとした原審の認定判断も是認することができる。そうすると，代替措置を採ることが実際上不可能であったということはできない。

所論は，代替措置を採ることは憲法20条3項に違反するとも主張するが，信仰上の真しな理由から剣道実技に参加することができない学

生に対し，代替措置として，例えば，他の体育
実技の履修，レポートの提出等を求めた上で，
その成果に応じた評価をすることが，その目的
において宗教的意義を有し，特定の宗教を援助，
助長，促進する効果を有するものということは
できず，他の宗教者又は無宗教者に圧迫，干渉
を加える効果があるともいえないのであって，
およそ代替措置を採ることが，その方法，態様
のいかんを問わず，憲法20条3項に違反する
ということができないことは明らかである。ま
た，公立学校において，学生の信仰を調査せん
索し，宗教を序列化して別段の取扱いをするこ
とは許されないものであるが，学生が信仰を理
由に剣道実技の履修を拒否する場合に，学校が，
その理由の当否を判断するため，単なる怠学の
ための口実であるか，当事者の説明する宗教上
の信条と履修拒否との合理的関連性が認められ
るかどうかを確認する程度の調査をすることが
公教育の宗教的中立性に反するとはいえないも
のと解される **要点⑤**。これらのことは，最高
裁昭和46年(行ツ)第69号同52年7月13日
大法廷判決・民集31巻4号533頁〔津地鎮祭
事件判決〕の趣旨に徴して明らかである。
　4〔結論〕以上によれば，信仰上の理由に
よる剣道実技の履修拒否を，正当な理由のない
履修拒否と区別することなく，代替措置が不可
能というわけでもないのに，代替措置について
何ら検討することもなく，体育科目を不認定と
した担当教員らの評価を受けて，原級留置処分
をし，さらに，不認定の主たる理由及び全体成
績について勘案することなく，2年続けて原級
留置となったため進級等規程及び退学内規に従
って学則にいう『学力劣等で成業の見込みがな
いと認められる者』に当たるとし，退学処分を
したというYの措置は，**考慮すべき事項**を考慮
しておらず，又は考慮された事実に対する評価
が明白に合理性を欠き，その結果，社会観念上
著しく妥当を欠く処分をしたものと評するほか
はなく，本件各処分は，裁量権の範囲を超える
違法なものといわざるを得ない **要点⑥**。」

■■■■ **確認問題** ■■■■

1　本判決はどのような判断枠組みを用いて
いるか。(→ **要点①**)

2　本判決は，信教の自由に対する直接的制
約という構成はとっていない。受講拒否が真摯
な信仰上の理由であることは，いかなる文脈に
おいて言及されているか。(→ **要点③**)

3　本件退学処分は，「考慮すべき事項」を考
慮していないとされているが，それはどのよう
な事項であったか。(→ **要点④**)

4　本件退学処分は，「考慮された事実に対
する評価」が明白に合理性を欠いているとされ
たが，それはどのような評価であったか。
(→ **要点⑤**)

■■■■ **解　説** ■■■■

1　判断枠組み

(a)　本判決は，信教の自由に対する制約とそ
の正当化という構成をとらず，退学処分につい
て学校長の教育的裁量を認めたうえで，裁量の
逸脱・濫用を判断過程審査によって統制すると
いう構成をとっている。そのような構成をとる
べき理由としては，①学校における処分だから，
というものと，②特定の信仰ないしは信仰の自
由を狙い撃ちしたものではないという，2つを
考えうるが，後者の理由によるべきであろう。
本判決も，退学処分が「信仰の自由や宗教的行
為に対する制約を特に目的とするものではなく，
教育内容の設定及びその履修に関する評価方法
についての一般的な定めに従ったものである」
ことを指摘している。そのため，学校内におけ
る規制であっても，特定の宗教的シンボル(例
えば，イスラム教徒のスカーフ)のみを禁止する
場合には，信仰の自由と鋭く対立し，信仰の自
由に対する制約として厳格な審査が求められる
ことになろう。

なお，宗教を狙い撃ちしたのではない規制と
信仰の自由との間に緊張関係が生じた場合，そ
れを法的にどのように捉えるべきかについては，
直接的制約＝厳格審査論，受忍限度論，合理的
配慮論など，種々の理解がありうる[1]。君が代

起立斉唱命令事件（関連判例3）において「間接的な制約」という言葉が使われたことからすれば，今後の本件のような事例も間接的制約とみなされる可能性がある[2]。

(b)　本判決のように処分権者に裁量を認める場合であっても，裁判所の審査のあり方は，事案によって異なりうる。例えば，マクリーン事件判決（最大判昭53・10・4民集32巻7号1223頁）は，法務大臣の裁量をそのまま尊重したが，本判決は，退学処分に至った判断過程を審査することによって，実際には，学校長の裁量を相当程度，狭めている。そのような差異は，入国・在留が外国人の権利ではなく，むしろ国家の主権に属するのに対して，本件処分が学生の身分をはく奪する重大な措置であることから生じている。本判決は，原級留置処分・退学処分には「特に慎重な配慮」が必要であるとし，剣道実技の履修が「自己の信仰上の教義に反する行動を採ることを余儀なくさせられる」性質を有するものであったと指摘して，①信仰上の理由による履修拒否を正当な理由のない履修拒否と区別せず，②代替措置が不可能でないのに代替措置について検討せずにされており，③「考慮すべき事項を考慮しておらず，又は考慮された事実に対する評価が明白に合理性を欠き」，④「その結果，社会観念上著しく妥当を欠く」と判断している[3]。

2　信仰に基づく履修拒否と合理的配慮

(a)　「信仰の核心部分と密接に関連する真しな」理由に基づく受講拒否に対する不利益処分の判断に際しては，代替措置の有無，また，代替措置が実際に提供されたか否かが，極めて重要な意味を持つ。代替措置を検討せよということは，当該学生に対して合理的な配慮をせよということを意味する。これには，①当該科目が代替を認めうる科目かという問題と，②代替が実際上，また，法的に可能であるかという，2つの問題がある。

まず，①について，本判決は，高等専門学校においては，剣道実技の履修が必須のものとまではいい難く，他の方法により代替することも

「性質上可能」であるとしたが，仮に法学部において日本国憲法は押し付け憲法であるという信念のもと，日本国憲法の授業の履修を拒否するような事案であれば，そもそも他の科目によ

―――――――――――――――――――――

1)　アメリカ合衆国最高裁判所は，1963年のシャーバート判決では「実質的負担」を指標に信教の自由に対する制約があると認めていたが，1990年のスミス判決では，制約は存在しないとしている。シャーバート判決（374 U.S. 398, 1963）は，勤務条件が週5日勤務から6日勤務に変更された工場労働者が土曜の安息日に就業できなくなり，解雇されたうえ，州法の失業補償の支給も拒否されたという事案である。最高裁は，宗教を別段狙い撃ちしたのではない公的行為であっても，宗教に対して実質的負担を課すものであれば信教の自由に対する侵害に当たるとし，厳格審査（やむにやまれぬ利益の要求）を行った。同判決は，実質的中立性を重視した，自由保護的解釈に立脚するとされる。一方，スミス判決（494 U.S. 872, 1990）の事案は，宗教上の理由から幻覚作用のあるペイヨーテの木を食したところ，州法に違反するとされ，解雇されたうえで補償給付も拒否されたというものである。最高裁は，一般的に適用される中立的な法律であれば，たとえそれが個人の信仰に反することを命じたとしても，信教の自由を侵害するものではないとした。これは，形式的中立性を重視した，平等に重点を置く「非差別的解釈」をとるものであるとされる。安西・後掲358頁以下を参照。

一方，後述するドイツ連邦行政裁判所の判例は，イスラム教徒の女子生徒の水泳授業について，免除を求める請求権が原則として成立することを認めたうえで，請求権者に対し受忍を求めうるかどうかという観点から審査している。憲法に多文化主義条項を持つカナダでは，多様な文化的・宗教的価値観の調整ないし管理方法として合理的な配慮が中心的な法的道具と位置付けられている。例えば，公立学校においてシク教徒の少年が宗教的装飾物であるカーパンを持ち込むことの是非が争われたムルタニ判決において，連邦最高裁はカーパンの持ち込みを全面的に禁止することは信教の自由に反すると判断した（Multani v. Commission scolaire Marguerite-Bourgeoys [2006] 1 SCR 256）。その際，同判決は，学校の安全との調整に関して，学校には暴力に用いることのできるものが多数存在し，ハサミや鉛筆，バットなど，生徒が簡単に入手できるものもあること，学校でカーパンに関連した暴力事件がひとつも報告されていないことを指摘していた。さらに，同判決は，宗教的寛容がカナダ社会の極めて重要な価値であること強調し，教師にはカーパンの持ち込みに対して不満を持つ他の生徒にこのことを教える義務があると説いた。山本・後掲論文を参照。

2)　最判平23・5・30民集65巻4号1780頁（関連判例3）ほかを参照。

る代替は考ええないであろう[4]。また，②について，本判決は，政教分離ないし公立学校の宗教的中立性に反するものではなく，代替措置は実際上も法的にも可能であったとしている。

　(b)　信仰に対する配慮が必要であるとして，学校側は，どの程度の配慮をしなければならないのかが問題となる。

　(aa)　まず，履修拒否により生徒が受ける不利益の程度が軽微であれば，代替措置が要請されない場合もありうる（日曜参観事件〔関連判例1〕の事案と比較せよ）。

　(bb)　また，生徒に受忍を求めるかという観点から考えれば，信仰上の葛藤が相当程度軽減されたかどうかから，合理的配慮が果たされたかを判断すべきことになろう。ドイツの話であるが，共学の公立学校において当時12歳のイスラム教徒の少女が宗教上の服装規定に反することを理由に水泳授業を拒否した事案において，連邦行政裁判所は，良心の葛藤を認め，信仰の自由・良心の自由の基本権から，スポーツ授業の免除を求める請求権が生じるとした（BVerwGE 94, 82）。その際，同判決は，自己の信仰の尊重を求める原告の基本権と，国家の教育委託とを等価であるとし，両者の慎重な衡量を求めている。一方，同裁判所の最近の判例（BVerwG 6 C 25.12）は，当時11歳の少女に対し，イスラム教の服装規定に則った全身を覆う形状の水着（ブルキニ）を着用のうえ授業に参加するよう命じることも認められるとしている。兵役拒否者が兵役に代わる役務（代替役務）も拒否しうるかが争われた事案で，連邦憲法裁判所は，代替役務拒否権を否定している（BVerfGE 23, 127―エホバの証人）。

　(cc)　カナダにおいては，子どもを公立学校に通わせる敬虔なカトリック教徒の親の要求によって，客観的で中立的な方法で宗教について教えることを義務付ける教育プログラムからの免除を認めるべきかが争われた事例がある。連邦最高裁は，カナダのような「多文化社会において，成長過程の子供が認知的不協和（cognitive dissonance）に出会うこと」は避けがたいとした上で，自身の家族の環境とは異なる多様な宗教・倫理観・文化に触れることは，自身の価値観が絶対でないことを学び成長する機会の1つでもあるとし，当該教育プログラムを信教の自由に対する制約として認定することはできないと判断している[5]。

3　合理的配慮と政教分離／公立学校の宗教的中立性

　政教分離の判例で詳しく解説されるが（本書8事件参照），本件の事案が，なぜ政教分離に反しないのかを確認しておくべきであろう。この点，本判決は，津地鎮祭事件判決（関連判例2）を援用して，政教分離に反しないと簡単に結論付けている。確かに，目的効果基準という緩やかな基準を用いれば，本件において代替措置をとることが，憲法20条3項に反しないことは明らかである。一方，学説において一時，有力に主張されたレモン・テストを用いれば，違憲となる可能性も排除できない[6]。この問題については，①政教分離一般に対しては厳格分離≒不介入重視≒レモン・テストを用いる一方，政教分離がかえって少数者の信教の自由と衝突する場合には，主客の転倒を避ける意味で，審査基準を緩和すべきだと考えるか，②そもそも政教分離一般について，公平重視で考えることになる（エンドースメント・テストがその場合の代

---

3)　橋本・後掲522頁は，本判決の判断過程審査について，「要件裁量・効果裁量という分節を明確にしないまま，係争処分の性質や信仰上の理由の存在など審査密度向上の根拠を慎重にピックアップし，考慮要素に着目した考慮不尽・事実評価の合理性欠如という審査基準を持ち込んで審査密度を高めている。同判決は，考慮要素審査を社会観念審査の枠内として扱い，事実評価の合理性欠如に係る明白性，社会観念審査に係る著しさという，裁量審査基準の厳格性の要素を維持したまま，判断過程統制手法による審査密度向上を図ったことが注目される」としている。

4)　ドイツの判例に，生物学専攻の学生に対して動物を用いた実習を義務付けることは，等しく学習効果のある他の代替手段が存在しない場合には，合憲であるとするものがある（BVerwGE 105, 73 ― 制約根拠として学問の自由を援用）。

5)　SL判決（*S.L. v. Commission scolaire des Chênes* [2012] 1 SCR 235）。山本・後掲論文を参照。

6)　以下の点も含め，棟居・後掲論文を参照。

表的な審査基準となろう）。

　ちなみに，政教分離条項を持たないドイツでは，「中立性」という言葉で類似の問題が扱われる。ドイツ連邦行政裁判所は，宗教上の理由から土曜日の就学義務を免除する州政府の措置が国家の宗教的中立性に反しないか否かにつき，違憲ではないと判断している（BVerwGE 42, 128）。

■ ■ ■ ■ **関連判例** ■ ■ ■ ■

　1　日曜参観事件判決（東京地判昭 61・3・20 行集 37 巻 3 号 347 頁）
　2　津地鎮祭事件判決（最大判昭 52・7・13 民集 31 巻 4 号 533 頁）
　3　君が代起立斉唱命令事件判決（最判平 23・5・30 民集 65 巻 4 号 1780 頁，最判平 23・6・6 民集 65 巻 4 号 1855 頁，最判平 23・6・14 民集 65 巻 4 号 2148 頁，最判平 23・6・21 判時 2123 号 35 頁）

■ ■ ■ ■ **演習問題** ■ ■ ■ ■

　1　自動車産業が盛んな A 市には，多くの外国人労働者が居住しており，その子らが通う公立学校では，日本語力や生活習慣の違いから，様々な混乱が生じている。このため，A 市では，いくつかの国の教職員を臨時に雇用し，子どもの国籍の多様性に対応したきめ細かい支援をすることになった。ところが，この教育支援が軌道に乗り始めたころ，日本人の子女を通学させる父兄から，学校内でイスラム教徒の女性教職員がスカーフをかぶったまま授業等を行うのはおかしいのではないか，自分の子どもが感化されそうで怖い，といった苦情が数多く寄せられるようになった。そこで，教育委員会は，20xx 年 3 月，公立学校の宗教的中立性の確保と教育に必要な学校内の規律・秩序の維持を目的に，「学校における宗教的シンボルの着用に関する職務命令」を定め，神社のお守りや数珠などを除き，宗教的シンボルを外部から見える形で携行することを禁止し，違反した場合は服務上の責任を問うことにした。
　設問：B は A 市立中学校の女性教員であるが，真摯な信仰上の理由から，授業を含むすべての時間帯において顔を隠すスカーフを着用し

ていた。B の学校では，子どもや父兄から何件かの意見や苦情が寄せられているものの，特に大きな学校運営上・教育上の混乱は生じていない。B に対し，スカーフ着用を禁止した場合に生じる憲法上の問題点をあげて検討せよ。

　　＊考え方
　　　公立学校の宗教的中立性については，本判決（神戸高専事件）を参照。また，お守り，数珠は禁止の対象から除外されていることから，宗教的シンボル全般の禁止ではないことに注意（特定の宗教を狙い撃ちした制約であると見ることもできる）。

　2　共学の A 市立中学校では，水泳の授業を必修としているが，イスラム教徒の女子生徒 B が宗教上の服装規定に反することを理由に水泳授業を拒否したとする。学校は他の体育種目等による代替を認めなければならないか。また，A がブルキニ（イスラムの戒律に合うように手足の先と顔だけしか露出しない，体に密着しないデザインの水着）の着用を提案した場合，B はなお水泳の授業への参加を拒むことができるか。

　　＊考え方
　　　合理的配慮の限界ないしは B の受忍限度を問う問題。解説 2 を参照。

　3　A 公立幼稚園では，絵本の読み聞かせを行っており，その中には同性愛の両親からなる家族を描く絵本も存在した。宗教上の教義から同性愛を認めることができない B（父兄）は，この読み聞かせを止めるよう要請し，少なくとも自身の子供にはこのような絵本の読み聞かせを免除することを要求した。B からの要求を合理的な配慮として認めるべきか。

　　＊考え方
　　　読み聞かせを止めるよう要求することは，公立幼稚園にカリキュラムの変更を求めるものであり，単なる免除の要求とは次元が異なることに注意する必要がある。また，B に配慮する結果，配慮の方法によっては同性愛者への差別問題を惹起する可能性があることにも注意が必要である。

　4　運転免許証の取得には顔写真の提供が必要であるが，宗教上の理由で写真に写ることの出来ない A が，写真提供義務の免除を求めたと仮定する。A の要求は認められるべきか。

68 信教の自由

＊考え方

　顔写真の提出義務が，免許証の不正取得や身分
詐称を防ぐという目的にとって必須である一方，
Ａの受ける不利益は運転免許証を取得できなくな
るものの，自己の信仰に反する行為を強制される
わけではないとすれば，義務の免除を認めなくて
も憲法に反しない。考えうる代替案としては，例
えば，顔写真のない運転免許証を運転許可証とし
てのみ有効とし，身分証明証としての機能を持た
せないという案がありうる。

〔参考文献〕

蟻川恒正「論点解説　信教の自由と政教分離」法セ 755
　号 50 頁
神尾将紀「アメリカにおける『信教の自由』の展望」
　宗教法 21 号（2002 年）187 頁
宍戸常寿「裁量論と人権論」公法研究 71 号（2009 年）
　100 頁
高畑英一郎「宗教への配慮」宗教法 19 号（2000 年）
　209 頁
瀧澤信彦「〔判例研究〕エホバの証人剣道実技拒否事件
　控訴審判決」北九州大学法政論集 23 巻 1・2 号（1995
　年）409 頁
中島宏「フランスにおける『ブルカ禁止法』と『共和
　国』の課題」憲法問題 23 号（2012 年）24 頁
野坂泰司「公教育の宗教的中立性と信教の自由」立教
　法学 37 号（1992 年）1 頁
橋本博之「行政裁量と判断過程統制」法学研究 81 巻 12
　号（2008 年）507 頁
松井茂記「宗教的装飾物を身に付ける自由」同『LAW
　IN CONTEXT 憲法』（有斐閣，2010 年）267 頁
棟居快行「信教の自由と政教分離の『対抗関係』」同
　『憲法学再論』（信山社，2001 年）316 頁
山本健人「カナダにおける信教の自由と合理的配慮の
　法理」法学政治学論究 110 号（2016 年）209 頁
安西文雄「信教の自由の展開」安西ほか『憲法学の現
　代的論点〔第 2 版〕』（有斐閣，2009 年）355 頁
渡辺康行「イスラーム教徒の教師のスカーフ事件」事
　例研究〔第 2 版〕327 頁

（小山　剛）

政 教 分 離

8 空知太神社事件

■ 最高裁平成 22 年 1 月 20 日大法廷判決
■ 平成 19 年(行ツ)第 260 号
　　財産管理を怠る事実の違法確認請求事件
■ 民集 64 巻 1 号 1 頁，判時 2070 号 21 頁

〈事実の概要〉

　北海道砂川市はその所有する土地を，空知太連合町内会（以下，「町内会」）が所有し集会場として使用していた建物の敷地として無償で使用させていた（以下，これを「本件土地無償利用提供行為」という）。この建物の一角には神社の祠が設置され，建物の外壁には「神社」の表示が掲げられていた。また，町内会が無償で使用していた土地には鳥居および地神宮が設置されていた（以下，祠，神社の表示，鳥居，地神宮を併せて「本件神社物件」という）。本件神社物件は，町内会の所有であるが，近隣住民で構成される氏子集団によって管理・運営がなされ，定期的に祭事が行われている。

　砂川市の住民であるＸ（原告・被控訴人・被上告人）は，市が本件土地無償利用提供行為は政教分離原則違反であるのに，町内会との敷地の使用貸借契約を解除し，町内会に対し本件神社施設の撤去および土地明渡請求をしないのは違法に財産管理を怠るものであるとして，砂川市長Ｙ（被告・控訴人・上告人）に対して，地方自治法 242 条の 2 第 1 項 3 号に基づく違法確認を求めた。

　第 1 審（札幌地判平 18・3・3 民集 64 巻 1 号 89 頁参照）は，目的効果基準を前提として，憲法 20 条 3 項にいう宗教活動に当たり，89 条・20 条 1 項にも反するとし，本件神社施設の収去を本件町内会に請求しないことにつき財産の管理を怠る違法があるとした。そこでＹが控訴したが，原審（札幌高判平 19・6・26 民集 64 巻 1 号 119 頁参照）も第 1 審同様の判断をして控訴

を棄却したので，Ｙが上告。

〈上告審〉

要点

　①　国または地方公共団体が国公有地を無償で宗教的施設の敷地としての用に供する行為が憲法 89 条に反するかは，宗教的施設の性格，当該土地が無償で当該施設の敷地としての用に供されるに至った経緯，当該無償提供の態様，これらに対する一般人の評価等，諸般の事情を考慮し，社会通念に照らして総合的に判断する。

　②　本件利用提供行為は，市が，何らの対価を得ることなく本件各土地上に宗教的施設を設置させ，憲法 89 条にいう「宗教上の組織若しくは団体」に該当する本件氏子集団においてこれを利用して宗教的活動を行うことを容易にさせているものといわざるを得ず，一般人の目から見て，市が特定の宗教に対して特別の便益を提供し，これを援助していると評価されてもやむを得ない。

　③　もっとも，Ｙが財産管理上違法の評価を受けるのは，他の手段の存在を考慮しても，なおＹにおいて上記撤去および土地明渡請求をしないことがＹの財産管理上の裁量権を逸脱または濫用するものと評価される場合に限られる。

　④　本件においては，神社施設を撤去し土地を明け渡す以外の方法の有無について，審理が尽くされていないので原審に差し戻す。

■ 判　旨 ■

破棄差戻し。
〔本件利用提供行為の憲法 89 条適合性〕

「1 憲法判断の枠組み

　憲法89条は，公の財産を宗教上の組織又は団体の使用，便益若しくは維持のため，その利用に供してはならない旨を定めている。その趣旨は，国家が宗教的に中立であることを要求するいわゆる政教分離の原則を，公の財産の利用提供等の財政的な側面において徹底させるところにあり，これによって，憲法20条1項後段の規定する宗教団体に対する特権の付与の禁止を財政的側面からも確保し，信教の自由の保障を一層確実なものにしようとしたものである。しかし，国家と宗教とのかかわり合いには種々の形態があり，およそ国又は地方公共団体が宗教との一切の関係を持つことが許されないというものではなく，憲法89条も，公の財産の利用提供等における宗教とのかかわり合いが，我が国の社会的，文化的諸条件に照らし，信教の自由の保障の確保という制度の根本目的との関係で相当とされる限度を超えるものと認められる場合に，これを許さないとするものと解される。

　国又は地方公共団体が国公有地を無償で宗教的施設の敷地としての用に供する行為は，一般的には，当該宗教的施設を設置する宗教団体等に対する便宜の供与として，憲法89条との抵触が問題となる行為であるといわなければならない。もっとも，国公有地が無償で宗教的施設の敷地としての用に供されているといっても，当該施設の性格や来歴，無償提供に至る経緯，利用の態様等には様々なものがあり得ることが容易に想定されるところである。例えば，一般的には宗教的施設としての性格を有する施設であっても，同時に歴史的，文化財的な建造物として保護の対象となるものであったり，観光資源，国際親善，地域の親睦の場などといった他の意義を有していたりすることも少なくなく，それらの文化的あるいは社会的な価値や意義に着目して当該施設が国公有地に設置されている場合もあり得よう。また，我が国においては，明治初期以来，一定の社寺領を国等に上知（上地）させ，官有地に編入し，又は寄附により受け入れるなどの施策が広く採られたこともあって，国公有地が無償で社寺等の敷地として供される

事例が多数生じた。このような事例については，戦後，国有地につき「社寺等に無償で貸し付けてある国有財産の処分に関する法律」（昭和22年法律第53号）が公布され，公有地についても同法と同様に譲与等の処分をすべきものとする内務文部次官通牒が発出された上，これらによる譲与の申請期間が経過した後も，譲与，売払い，貸付け等の措置が講じられてきたが，それにもかかわらず，現在に至っても，なおそのような措置を講ずることができないまま社寺等の敷地となっている国公有地が相当数残存していることがうかがわれるところである。これらの事情のいかんは，当該利用提供行為が，一般人の目から見て特定の宗教に対する援助等と評価されるか否かに影響するものと考えられるから，政教分離原則との関係を考えるに当たっても，重要な考慮要素とされるべきものといえよう。

　そうすると，国公有地が無償で宗教的施設の敷地としての用に供されている状態が，前記の見地から，信教の自由の保障の確保という制度の根本目的との関係で相当とされる限度を超えて憲法89条に違反するか否かを判断するに当たっては，当該宗教的施設の性格，当該土地が無償で当該施設の敷地としての用に供されるに至った経緯，当該無償提供の態様，これらに対する一般人の評価等，諸般の事情を考慮し，社会通念に照らして総合的に判断すべきものと解するのが相当 要点① である。」

2　本件利用提供行為の憲法適合性

　(1)　前記事実関係等によれば，本件鳥居，地神宮，『神社』と表示された会館入口から祠に至る本件神社物件は，一体として神道の神社施設に当たるものと見るほかはない。

　また，本件神社において行われている諸行事は，地域の伝統的行事として親睦などの意義を有するとしても，神道の方式にのっとって行われているその態様にかんがみると，宗教的な意義の希薄な，単なる世俗的行事にすぎないということはできない。

　このように，本件神社物件は，神社神道のための施設であり，その行事も，このような施設の性格に沿って宗教的行事として行われている

ものということができる。

（2）　本件神社物件を管理し，上記のような祭事を行っているのは，本件利用提供行為の直接の相手方である本件町内会ではなく，本件**氏子集団**である。本件氏子集団は，前記のとおり，町内会に包摂される団体ではあるものの，町内会とは別に社会的に実在しているものと認められる。そして，この氏子集団は，宗教的行事等を行うことを主たる目的としている宗教団体であって，寄附を集めて本件神社の祭事を行っており，憲法89条にいう『**宗教上の組織若しくは団体**』に当たるものと解される。

しかし，本件氏子集団は，祭事に伴う建物使用の対価を町内会に支払うほかは，本件神社物件の設置に通常必要とされる対価を何ら支払うことなく，その設置に伴う便益を享受している。すなわち，本件利用提供行為は，その直接の効果として，氏子集団が神社を利用した宗教的活動を行うことを容易にしているものということができる。

（3）　そうすると，本件利用提供行為は，市が，何らの対価を得ることなく本件各土地上に宗教的施設を設置させ，本件氏子集団においてこれを利用して宗教的活動を行うことを容易にさせているものといわざるを得ず，一般人の目から見て，市が特定の宗教に対して特別の便益を提供し，これを援助していると評価されてもやむを得ない **要点②** ものである。前記事実関係等によれば，本件利用提供行為は，もともとは小学校敷地の拡張に協力した用地提供者に報いるという世俗的，公共的な目的から始まったもので，本件神社を特別に保護，援助するという目的によるものではなかったことが認められるものの，明らかな宗教的施設といわざるを得ない本件神社物件の性格，これに対し長期間にわたり継続的に便益を提供し続けていることなどの本件利用提供行為の具体的態様等にかんがみると，本件において，当初の動機，目的は上記評価を左右するものではない。

（4）　以上のような事情を考慮し，社会通念に照らして総合的に判断すると，本件利用提供行為は，市と本件神社ないし神道とのかかわり合いが，我が国の社会的，文化的諸条件に照らし，信教の自由の保障の確保という制度の根本目的との関係で相当とされる限度を超えるものとして，憲法89条の禁止する公の財産の利用提供に当たり，ひいては憲法20条1項後段の禁止する宗教団体に対する特権の付与にも該当すると解するのが相当である。」

〔違憲状態解消の方法〕

「2　本件利用提供行為の現状が違憲であることは既に述べたとおりである。しかしながら，これを違憲とする理由は，判示のような施設の下に一定の行事を行っている本件氏子集団に対し，長期にわたって無償で土地を提供していることによるものであって，このような違憲状態の解消には，神社施設を撤去し土地を明け渡す以外にも適切な手段があり得るというべきである。例えば，戦前に国公有に帰した多くの社寺境内地について戦後に行われた処分等と同様に，本件土地1及び2の全部又は一部を譲与し，有償で譲渡し，又は適正な時価で貸し付ける等の方法によっても上記の違憲性を解消することができる。そして，Yには，本件各土地，本件建物及び本件神社物件の現況，違憲性を解消するための措置が利用者に与える影響，関係者の意向，実行の難易等，諸般の事情を考慮に入れて，相当と認められる方法を選択する裁量権があると解される。本件利用提供行為に至った事情は，それが違憲であることを否定するような事情として評価することまではできないとしても，解消手段の選択においては十分に考慮されるべきであろう。本件利用提供行為が開始された経緯や本件氏子集団による本件神社物件を利用した祭事がごく平穏な態様で行われてきていること等を考慮すると，Yにおいて直接的な手段に訴えて直ちに本件神社物件を撤去させるべきものとすることは，神社敷地として使用することを前提に土地を借り受けている本件町内会の信頼を害するのみならず，地域住民らによって守り伝えられてきた宗教的活動を著しく困難なものにし，氏子集団の構成員の信教の自由に重大な不利益を及ぼすものとなることは自明であるといわざるを得ない。さらに，上記の他の手段の

72 政教分離

うちには，市議会の議決を要件とするものなども含まれているが，そのような議決が適法に得られる見込みの有無も考慮する必要がある。これらの事情に照らし，Yにおいて他に選択することのできる合理的で現実的な手段が存在する場合には，Yが本件神社物件の撤去及び土地明渡請求という手段を講じていないことは，財産管理上直ちに違法との評価を受けるものではない。すなわち，それが違法とされるのは，上記のような他の手段の存在を考慮しても，なお上告人において上記撤去及び土地明渡請求をしないことがYの財産管理上の裁量権を逸脱又は濫用するものと評価される場合に限られるものと解するのが相当 **要点③** である。

3　本件において，当事者は，上記のような観点から，本件利用提供行為の違憲性を解消するための他の手段が存在するか否かに関する主張をしておらず，原審も当事者に対してそのような手段の有無に関し **釈明権** を行使した形跡はうかがわれない。しかし，本件利用提供行為の違憲性を解消するための他の手段があり得ることは，当事者の主張の有無にかかわらず明らかというべきである。また，原審は，本件と併行して，本件と当事者がほぼ共通する市内の別の神社（T神社）をめぐる住民訴訟を審理しており，同訴訟においては，市有地上に神社施設が存在する状態を解消するため，市が，神社敷地として無償で使用させていた市有地を町内会に譲与したことの憲法適合性が争われていたところ，第1，2審とも，それを合憲と判断し，当裁判所もそれを合憲と判断するものである（最高裁平成19年（行ツ）第334号）。原審は，上記訴訟の審理を通じて，本件においてもそのような他の手段が存在する可能性があり，Yがこうした手段を講ずる場合があることを職務上知っていたものである。

そうすると，原審がYにおいて本件神社物件の撤去及び土地明渡請求をすることを怠る事実を違法と判断する以上は，原審において，本件利用提供行為の違憲性を解消するための他の合理的で現実的な手段が存在するか否かについて適切に審理判断するか，当事者に対して釈明

権を行使する必要があったというべきである。原審が，この点につき何ら審理判断せず，上記釈明権を行使することもないまま，上記の怠る事実を違法と判断したことには，怠る事実の適否に関する審理を尽くさなかった結果，法令の解釈適用を誤ったか，釈明権の行使を怠った違法があるものというほかない。」

■ ■ ■ ■ 確認問題 ■ ■ ■ ■

1　Xらは，どのような者で，どのような訴えを提起しているか。（→事実の概要）

2　市有地の無償利用提供を受けていたのは誰か。市有地が無償利用提供されるようになったのはどのような経緯か。

3　本件土地の上にはどのような施設があるか。その所有者は誰か。どのような管理がなされているか。（→事実の概要）

4　本件土地ではどのような行事が開催されているか。それを開催しているのは誰か。

5　多数意見が本件に適用している憲法の法条はなにか。（→ **要点①** ）

6　多数意見ではどのような判断枠組みが採用されたか。過去の判例と異なるところはどこか。多数意見のような判断枠組みが採用されたのはなぜか。（→ **要点①** ）

7　多数意見では宗教的施設の性格はどのように判断されているか。

8　多数意見において憲法89条にいう「宗教上の組織若しくは団体」とされたのはなにか。（→ **要点②** ）

9　多数意見は，本件土地利用提供行為やそれに対する一般人の評価についてどのように判断しているか。（→ **要点③** ）

10　多数意見が，原判決を破棄し，差し戻したのはなぜか。これに対して今井反対意見はどのような批判を加えているか。（→ **要点④** ）

■ ■ ■ ■ 解　説 ■ ■ ■ ■

1　多数意見の論理

多数意見は大きく分けて，2段階の議論で構成されている。

まず，争点となったのは，砂川市が本件土地

をＳ連合町内会およびＳ神社との間で使用貸借契約を締結し、神社建物、本件鳥居、本件地神宮等の宗教的施設等を設置させ、神社内外における神式の宗教行事の執行に対する便宜供与を続けていることが政教分離原則違反であるか、であった。多数意見は、とくに憲法89条および20条1項適合性の観点から審査を行い、違憲だと判断している。

次に争点となっていたのは、Ｙが、上記契約の解除や宗教的施設等の撤去請求をせず、これを放置し続けていることが、憲法20条1項、3項、89条に定める政教分離原則および地方財政法8条、地方自治法138条の2に反する違法な財産管理行為であるか、であった。この点に対して、多数意見は、本件使用貸借契約を解除したり、宗教的施設等の撤去を請求したりする以外にも、違憲性解消の方法がありうる可能性があり、原審がこの点の審理を尽くしていないとした。

このうち、後者の争点についても、氏子集団の信教の自由への配慮がなされるなど、重要な憲法上の論点を含んでいるが、ここでは、とくに前者の争点を中心に検討する。

2 本件に適用すべき憲法の法条は何か
(1) 適用条文の選択

多数意見は、本件土地無償利用提供行為が、憲法89条に違反し、かつ、憲法20条1項後段に違反するとする。これは、第1審や原審が、同行為を憲法20条3項に違反し、憲法20条1項後段および89条に反するとしたのと異なっている。つまり、多数意見では、本件土地無償利用提供行為について憲法89条を中心に検討したのに対して、原審等は、これを主として、憲法20条3項の問題であると理解しているのである。

本判決の調査官解説(清野・後掲24〜26頁)は、第1審および原審が憲法20条3項を中心に検討したのは、本件町内会の宗教団体性を否定したためではないかと指摘し、本件町内会の宗教団体性を否定しつつ、政教分離原則違反をいうためには20条1項、89条ではなく、20

条3項を適用する必要があったという。

(2) 憲法89条の適用可能性

そこでまず、多数意見が、本件土地無償利用提供行為に憲法89条を適用できたのはなぜか、という点を考えてみよう。

憲法20条1項にいう「宗教団体」および憲法89条にいう「宗教上の組織若しくは団体」について、箕面忠魂碑訴訟上告審判決(関連判例2)は、「特定の宗教の信仰、礼拝又は普及等の宗教的活動を行うことを本来の目的とする組織ないし団体を指す」としている。

本件で問題となった利用提供行為の相手方は、形式的には、町内会である。町内会は、当然のことながら、宗教活動を行うことを本来の目的とするものではなく、宗教団体に該当しない。そうすると、憲法89条の適用は難しいようにも思われる。

ところが、多数意見は、原審確定の事実から、「町内会に包摂される団体ではあるものの、町内会とは別に社会的に実在しているものと認められる」氏子集団に着目する。そして、このような氏子集団は、「宗教的行事等を行うことを主たる目的としている宗教団体であって、寄附を集めて本件神社の祭事を行って」いる団体だとして、憲法89条にいう「宗教上の組織若しくは団体」該当性を認める。このようにして、第1審、原審ができないと考えたのかもしれない、憲法89条の適用へ道を開いたのであった。

(3) 憲法20条3項の適用可能性

他方、多数意見は、憲法20条3項違反を検討していない。これは、本件では、憲法20条3項の適用ができないという趣旨なのだろうか。

憲法20条3項は、「宗教教育その他いかなる宗教的活動」を禁止する。この宗教的活動とは、宗教との「かかわり合いが……相当とされる限度を超えるもの」であり、「当該行為の目的が宗教的意義をもち、その効果が宗教に対する援助、助長、促進又は圧迫、干渉等になるような行為」とされ(津地鎮祭事件上告審判決〔関連判例1〕)、要するに目的効果基準によって判断されることになるが、いずれにせよ、問題となるのは国や地方公共団体などの何らかの「行

為」である。

この点，多数意見は，市が市有地を神社物件のために無償で提供し続けていることを利用提供「行為」と呼んでおり，本件で問題となっているのが，何らかの意味での「行為」であることは疑われていない[1]。そうだとすると，本件でも，憲法 20 条 3 項を適用する可能性があったと考えられる。

(4) 憲法 20 条 3 項を適用しなかったことの意味

このようにどちらもありうるとすると，適用条文の選択は，結局は，ただ事案に即しているかどうかという問題に過ぎないのだろうか。

本判決以前の最高裁判例でも，公金支出の憲法 89 条適合性が争点になっていたものは少なくない。しかしながら，それらの事件では，まず憲法 20 条 3 項適合性が検討され，憲法 89 条の問題は後回しにされているのであり，明らかに宗教団体への支出が問題となった愛媛玉串料訴訟（関連判例 3）でさえそうであった。つまり，本件第 1 審や原審の考え方のほうが，先例に整合的なのである。そうだとすると，なぜ憲法 89 条かという問いにはもう少しこだわらなくてはならないように思われる。

この点で参考になるのが，愛媛玉串料訴訟上告審判決における園部逸夫裁判官の意見である。園部意見は，愛媛玉串料事件で問題となった公金支出は，「宗教団体の主催する恒例の宗教行事のために，当該行事の一環としてその儀式にのっとった形式で奉納される金員は，当該宗教団体を直接の対象とする支出とみるべきである」から，「公金の支出の憲法上の制限を定める憲法 89 条の規定に違反するものであり，この一点において，違憲と判断すべき」だとし，「当該支出が憲法 89 条……に違反することが明らかである以上，憲法 20 条 3 項に違反するかどうかを判断する必要はない」と述べる。そして，このように考えるべき理由のひとつとして，目的効果基準の「客観性，正確性及び実効性について……疑問を抱いて」いることを挙げている。

このような園部意見の特徴は，問題となった公金支出について，目的効果基準を用いることなく違憲だと断定するところにある。

かりに，多数意見が同様の考え方に立っているのであれば，本件で憲法 20 条 3 項が検討されなかったのは，多数意見が目的効果基準の適用を回避しようと考えていたからなのかもしれない。そこまで言えなくとも，目的効果基準の適用を回避し，総合的判断枠組みを採用した本判決の射程が，憲法 20 条 3 項にいう「宗教的活動」が正面から争われるケースに及ぶことを避けようとしたとはいえるように思われる。

3 総合的判断枠組み

(1) 憲法 89 条と目的効果基準

多数意見の最大の特徴は，本件土地無償利用提供行為の憲法 89 条適合性判断に際して，目的効果基準ではなく，総合的判断枠組みを採用している点にある。そこで，多数意見に沿って，「総合的判断枠組み」とは何かを検討しよう。

いうまでもなく，津地鎮祭訴訟上告審判決以後，憲法 20 条 3 項にいう「宗教的活動」該当性を判断する基準として定着した目的効果基準は，以後，箕面忠魂碑訴訟上告審判決，愛媛玉串料訴訟上告審判決などを通じて，憲法 89 条適合性の判断枠組みとしても用いられることが明らかとなってきた。すなわち，憲法 89 条が禁じる公金支出等に該当するかどうかは，「政教分離原則の意義に照らして，公金支出行為等における国家と宗教とのかかわり合いが……相当とされる限度を超えるものをいうものと解すべきであり，これに該当するかどうかを検討するに当たっては」，憲法 20 条 3 項にいう宗教的活動該当性の判断基準と「同様の基準によって判断しなければならない」（愛媛玉串料訴訟上告審判決）[2]。

これに対して，多数意見は，憲法 89 条は，「公の財産の利用提供等における宗教とのかかわり合いが，我が国の社会的，文化的諸条件に

---

[1] 本判決の個別意見からは，この点について，裁判官の間でも理解に差があり，相当な議論がなされたことが窺える。例えば，堀籠幸男裁判官反対意見と田原睦夫裁判官補足意見を対照せよ。

照らし，信教の自由の保障の確保という制度の根本目的との関係で相当とされる限度を超えるものと認められる場合に，これを許さないとするものと解される」としており，憲法20条3項と同様の基準，つまり目的効果基準によらなければならないとの説示が落とされている。

(2) 原則と例外

ところで，目的効果基準については，分離が原則であり，かかわり合いが許容されるのは例外に過ぎないはずなのに，それを逆転しているとの強い批判がある。この点で有名なのが，愛媛玉串料訴訟上告審における高橋久子裁判官意見と尾崎行信裁判官意見である。藤田宙靖補足意見がこれらに触れているところからしても，多数意見もこのような批判を意識していたことが窺われる。

これが多数意見に現れるのが，「国又は地方公共団体が国公有地を無償で宗教的施設の敷地としての用に供する行為は，一般的には，当該宗教的施設を設置する宗教団体等に対する便宜の供与として，憲法89条との抵触が問題となる行為である」という説示である。すなわち，多数意見では，国公有地を無償で宗教的施設の敷地としての用に供する行為は，原則として違憲となるとの理解が示されている。その意味で，多数意見も，藤田裁判官同様，「本件における憲法問題は，本来，目的効果基準の適用の可否が問われる以前の問題」であり，原則違憲となると考えていると見てよいのかもしれない。このような理解も，愛媛玉串料訴訟上告審における園部意見に通ずるものがあるだろう。

(3) 例外の許容条件としての総合的判断枠組

ただし，そうだからといって，「国公有地を無償で宗教的施設の敷地としての用に供する行為」を常に違憲にしてよいわけではない。というのも，「当該施設の性格や来歴，無償提供に至る経緯，利用の態様等には様々なものがあり得ることが容易に想定される」からである。したがって，「国公有地を無償で宗教的施設の敷地としての用に供する行為」が例外的に許容される場合があることになる。

この例外が許容されるか否かを判断するため

の枠組みとして提示されたのが，「当該宗教的施設の性格，当該土地が無償で当該施設の敷地としての用に供されるに至った経緯，当該無償提供の態様，これらに対する一般人の評価等，諸般の事情を考慮し，社会通念に照らして総合的に判断すべき」だとする総合的判断枠組みである。

このような枠組みの下で，多数意見は，本件神社施設が「神道の」施設であること，行われている諸行事も宗教的性格があること，氏子集団が宗教団体であること，本件土地無償利用提供行為によって，氏子集団が神社を利用した宗教的活動を行うことを容易にしていることをそれぞれ認定し，「一般人の目から見て，市が特定の宗教に対して特別の便益を提供し，これを援助していると評価されてもやむを得ない」とする一方で，本件土地利用提供行為がもともと世俗的目的からはじまったことは，このような評価を左右しないとした。

4 総合的判断枠組みと目的効果基準

(1) 「従来の基準」の深化？

3でみたように，多数意見では目的効果基準は用いられず，代わりに総合判断枠組みが用いられている。そこで，両者の関係をどのように解するかが問題となる。この点，学説も判例も未だ固まっていないが，本件の調査官解説は，本件は「従来の判断基準を深化させた」ものだと説明している。

調査官解説は，多数意見における「宗教とのかかわり合いが，我が国の社会的，文化的諸条件に照らし，信教の自由の保障の確保という制度の根本目的との関係で相当とされる限度を超えるものと認められる場合に，これを許さない」との説示は，従来の最高裁判例から変わらない，中核的・基底的な判断枠組みだと指摘したうえで，「これに則った判断をする上で，当該事案に即した多様な着眼点を抽出し，これらを総合的に検討して憲法適合性の判断をすると

---

2) もちろん，憲法89条適合性の審査においては，相手方の宗教団体該当性があわせて検討されるのであり，憲法20条3項適合性の場合とは完全に同じではない。

76 政教分離

いう，より柔軟かつ事案に即した判断基準へ」と判断基準を深化させたものだという。これによれば，①多数意見で示した判断枠組みは，当該事案に着目した判断枠組みなのであり，②事案によっては，別の着眼点から構成される枠組みとなりうること，③事案によっては，従来の目的効果に着目した判断枠組みが用いられることになろう。

この説明を前提とすれば，目的効果基準と総合的判断枠組みの使い分けは，結局のところ，事案の類型に拠ることになる。この点，調査官解説は行為の態様に注目し，一回限りの作為的行為の場合は最低限，目的効果に着目する必要があるだろうとの見通しを示すが，ほかにも，憲法の条文の文言から原則として違憲と言いきれる類型には，総合的判断枠組みを，そうではない場合には目的効果基準を用いるという整理もあるだろう。

(2) 目的効果基準における「着眼点」

なお，本件の「総合的判断枠組み」と対照されるべきは，津地鎮祭事件上告審判決等が示した「当該行為の目的が宗教的意義をもち，その効果が宗教に対する援助，助長，促進又は圧迫，干渉等になるような行為」という説示ではなく，「当該行為の外形的側面のみにとらわれることなく，当該行為の行われる場所，当該行為に対する一般人の宗教的評価，当該行為者が当該行為を行うについての意図，目的及び宗教的意識の有無，程度，当該行為の一般人に与える効果，影響等，諸般の事情」であると言われることがある。目的効果基準において，実質的な基準として機能しているのがこの部分であり，その限りではこの指摘は的を射ている。しかし，目的効果基準におけるこの枠組みは，あくまでもある行為の宗教的活動該当性を検証するものであるのに対し，総合的判断枠組みは，ある行為が政教分離原則違反であるとの評価を前提に，それが許容されるかを検証するものであるという点には常に留意する必要がある。

■ ■ ■ ■ ■ 関連判例 ■ ■ ■ ■

1 津地鎮祭訴訟上告審判決（最大判昭52・7・13民集31巻4号533頁）

2 箕面忠魂碑訴訟上告審判決（最判平5・2・16民集47巻3号1687頁）

3 愛媛玉串料訴訟上告審判決（最大判平9・4・2民集51巻4号1673頁）

4 富平神社判決（最大判平22・1・20民集64巻1号128頁）

■ ■ ■ ■ ■ 演習問題 ■ ■ ■ ■

1 C国立公園内に位置するY市M地区には，古くは修験道場として栄え，その後，廃仏毀釈により神社となったM神社が存在する。現在，M神社の境内地および関連施設はすべて宗教法人たるM神社が所有している。M神社には昭和初期から多くの参拝客が訪れるようになり，江戸時代まで，M神社の神領地であったM地区もそれに伴い発展してきた。昭和54年，M神社は，M地区に江戸時代から存在していた古民家の寄贈を受けたので，M神領民家として，これをM地区に隣接する境内地の一画に移築・復元して一般公開した。M神領民家は，昭和58年にY市によって文化財に指定されている。

他方，Y市は，M神社の参拝客が多く訪れ，また，登山の拠点となっているM地区に観光資源としての価値を認め，M地区観光基盤整備条例を制定し，自然園地，休憩所，駐車場，ビジターセンターなどの観光施設を設置するなどの施策を進めてきた。

平成X年，Y市は，M地区観光基盤整備条例に基づく事業の一環として，M神社が実施したM神領民家の茅葺屋根の葺き替え工事にかかわる代金の30％に当たる300万円余りを，補助金として支出した。

設問1 Dは，今回のY市によるM神社への助成が憲法に違反するのではないかと思い，あなたの在籍する法律事務所に相談に来た。

あなたがその相談を受けた弁護士である場合，どのような訴訟を提起するか（なお，当該訴訟を提起するために法律上求められている手続は尽くした上でのこととする）。そして，その訴訟において，あなたが訴訟代理人として行う憲法上の主張を述べなさい。

設問2 設問1における憲法上の主張に関す

るあなた自身の見解を，相手側の反論を想定しつつ，述べなさい。

＊考え方

　宗教団体が所有する施設等の整備にかかわる費用の助成の合憲性は，司法試験平成24年公法系第1問でも問われているが，本問自体は，さいたま地判平21・7・22（判例集未登載）を素材としている。設問1，2ともに鍵となるのは，本件補助金が宗教団体に対する公金の支出であることは疑いえないという事実をどのように考えるか，という点である。原告としては，愛媛玉串料訴訟上告審の園部意見のように端的に違憲だと主張することに加えて，例外としても許容されないことを論ずるという方向性が考えられる。対する被告としては，本件補助金がもっぱら観光目的だということを強調したいのだから，それに適した判断枠組みが選択されるべきだと思われる。私見では，総合判断枠組みと目的効果基準の関係を説得的に整理したうえで，本件の判断枠組みを設定し，検討できれば，答案としては十分であろう。

　2　A神社は，全国に多数存在する同じ名称の神社の総社としてH市内に所在する神社であり，宗教法人である。A神社は，古来からその存在が知られており，例年多数の初詣の参詣客が訪れるとともに，平素に訪れる参詣客等も相当多数に上っている。また，本件神社が所在する白山周辺地域については，その観光資源の保護開発および観光諸施設の整備を目的とする財団法人B協会が設けられている。

　A神社では，鎮座2100年を記念して，平成30年10月に5日間にわたり御鎮座二千百年式年大祭（以下「本件大祭」という）が行われることとなり，同27年，本件大祭に係る諸事業の奉賛を目的とする団体として同大祭奉賛会（以下「奉賛会」という）が発足した。奉賛会の規約では，上記の目的が掲げられたほか，事業内容として，本件大祭の斎行，本件神社の諸施設の工事等が挙げられていた。

　平成27年6月，H市内の一般の施設である「C」で開かれた奉賛会の発会式（以下「本件発会式」という）に，当時市長の職にあったDは来賓として招かれ，職員の運転する公用車を使って出席し，祝辞を述べた。本件発会式の式次第は，開会の辞，会長あいさつ，来賓祝辞，役員紹介，来賓紹介，事業計画説明，宮司御礼の言葉，乾杯およびあいさつならびに閉会の辞というものであり，関係者約120名が出席し，約40分ほどで終了した。H市の主務課長は，専決により，本件発会式への上記出席に伴う勤務に係る部分を含む上記運転職員の時間外勤務手当につき支出命令をし，当該手当の支出がされた。

　H市の住民であるXは，Dが本件発会式に出席して祝辞を述べたことが，憲法上の政教分離原則およびそれに基づく憲法の諸規定に違反する行為であり，その出席に伴う運転職員の手当等に係る違法な公金の支出により市が損害を受けたとして，地方自治法242条の2第1項4号に基づき，その支出当時市長の職にあった者に上記支出相当額の損害賠償の請求をしようと考えている。

　設問　Xの立場から本件支出が憲法違反であることを主張しなさい。

＊考え方

　本件では，Dが発会式に出席して祝辞を述べる行為の合憲性とその出席に伴う各種の公金支出の合憲性とが問題となっている。当然のことながら，前者に対しては，憲法89条違反の主張ができず，後者に対しては，憲法20条3項違反の主張はしにくい。このような場合に，適用条文をどのように選択し，事案との関係でどのような判断枠組みを設定するかを説得的に示すことが求められる。

〔参考文献〕

蟻川恒正「政教分離規定『違反』事案の起案(1)〜(3)〈起案講義憲法39〜41〉」法教434号108頁以下，同435号111頁以下，同436号90頁以下

大橋寛明・最判解民事篇平成9年度(中)561頁以下

越山安久・最判解民事篇昭和52年度212頁以下

清野正彦・最判解民事篇平成22年度(上)1頁以下，73頁以下

野坂泰司「いわゆる目的効果基準について」高橋和之先生古稀記念『現代立憲主義の諸相(下)』（有斐閣，2013年）319頁以下

田近肇「津地鎮祭事件最高裁判決の近時の判例への影響」法教388号23頁以下

田近肇「判例における政教分離原則」宗務時報120号（2015年）1頁以下

長谷部恭男・百選I〔第6版〕110頁以下

林知更『現代憲法学の位相』（岩波書店，2016年）395頁以下

西村裕一・射程90頁以下

（片桐直人）

表現の自由①

9 よど号ハイジャック記事抹消事件

■ 最高裁昭和 58 年 6 月 22 日大法廷判決
■ 昭和 52 年 (オ) 第 927 号
　損害賠償請求事件
■ 民集 37 巻 5 号 793 頁，判時 1082 号 3 頁

〈事実の概要〉

　監獄法 31 条は「在監者文書，図画ノ閲読ヲ請フトキハ之ヲ許ス」(1 項)，「文書，図画ノ閲読ニ関スル制限ハ法務省令ヲ以テ之ヲ定ム」(2 項) としており，それを受けて監獄法施行規則は「文書図画ノ閲読ハ拘禁ノ目的ニ反セズ且ツ刑事施設ノ紀律ニ害ナキモノニ限リ之ヲ許ス」と定めていた (86 条 1 項)。また，昭和 41 年 12 月 13 日法務大臣訓令は「未決拘禁者に閲読させる図書，新聞紙その他の文書，図画は，次の各号に該当するものでなければならない」として，「一　罪証隠滅に資するおそれのないもの」「二　身柄の確保を阻害するおそれのないもの」「三　規律を害するおそれのないもの」を掲げるとともに (3 条 1 項)，「前 4 項の規定により収容者に閲読させることのできない図書，新聞紙その他の文書，図画であっても，所長において適当であると認めるときは，支障となる部分を抹消し，又は切り取ったうえ，その閲読を許すことができる」と定めていた (同条 5 項)。そして昭和 41 年 12 月 20 日法務省矯正局長依命通達は，「未決拘禁者に対しては，たとえば，(1)当該施設に収容中の被疑者，被告人が罪証隠滅に利用するおそれがあるもの，(2)逃走，暴動等の刑務事故を取り扱ったもの，(3)所内の秩序びん乱をあおり，そそのかすおそれのあるもの，(4)風俗上問題となるようなことを露骨に描写したもの，(5)犯罪の手段，方法等を詳細に伝えたもの，(6)通信文又は削除し難い書き込みのあるものあるいは故意に工作を加えたもの」等を閲読禁止の対象としていた (二の 1)。

　X (原告・控訴人・上告人) 等は，1969 (昭和 44) 年 10 月の国際反戦デー闘争，同年 11 月の佐藤首相訪米阻止闘争において逮捕され，凶器準備集合・公務執行妨害等の罪で起訴され，東京拘置所に収容されていた未決拘禁者である。X 等は私費で読売新聞を定期購読していたところ，1970 (昭和 45) 年 3 月，日本赤軍の「よど号」ハイジャック事件が発生したため，同所長 A は上記法令，法務大臣訓令および法務省矯正局長通達により，同月 31 日の夕刊から 4 月 2 日の朝刊まで，同事件に関する記事一切を墨で塗りつぶして X 等に配布した。なお，この時期に東京拘置所には 1695 名が収容されており，このうち未決拘禁中の被告人は 1276 名であり，そのうち公安事件関係者は 318 名，日本赤軍関係者は 21 名であった。

　このため X 等は，上記法令等は知る権利を侵害し違法である等と主張して，各々 11 万円の国家賠償を求めたが，1 審 (東京地判昭 50・11・21 判時 806 号 26 頁)・2 審 (東京高判昭 52・5・30 訟月 23 巻 6 号 1051 頁) とも敗訴したため，上告した。

〈上告審〉

要　点

　①　未決勾留者の行動の自由に対する制限が必要かつ合理的なものとして是認されるかどうかは，逃亡または罪証隠滅の防止ならびに監獄の規律および秩序維持といった目的のために制限が必要とされる程度と，制限される自由の内容および性質，これに加えられる具体的制限の態様および程度等を較量して決せられる。

② 新聞紙，図書等の閲読の自由は，憲法19条・21条の派生原理として導かれるところであり，憲法13条の規定の趣旨にも沿うが，当該自由も公共の利益のための必要から一定の合理的制限を受けることもある。

③ 監獄内の規律および秩序の維持のために未決勾留者の新聞紙，図書等の閲読の自由を制限する場合には，具体的事情のもとにおいて当該閲読を許すことにより規律および秩序の維持上放置することのできない程度の障害が生ずる相当の蓋然性があると認められることが必要であり，その場合においても，その障害発生の防止のために必要かつ合理的な範囲にとどまるべきである。

④ 監獄法31条2項，監獄法施行規則86条1項等は，③の要件および範囲でのみ閲読の制限を許すものと解すべきであり，そのように解することも相当であるから，違憲ではない。

⑤ 障害発生の相当の蓋然性があるとした監獄の長の認定に合理的な根拠があり，その防止のために当該制限措置が必要であるとした判断に合理性が認められる限り，長の閲読制限措置は適法として是認される。

⑥ 本件事情のもとにおいては，よど号ハイジャック事件に関する新聞紙の記事の全部を抹消した拘置所長の措置は，違法ではない。

■ 判　旨 ■

上告棄却。

「〔**未決勾留者の基本的人権の制限**〕　未決勾留は，刑事訴訟法の規定に基づき，逃亡又は罪証隠滅の防止を目的として，被疑者又は被告人の居住を監獄内に限定するものであって，右の勾留により拘禁された者は，その限度で身体的行動の自由を制限されるのみならず，前記逃亡又は罪証隠滅の防止の目的のために必要かつ合理的な範囲において，それ以外の行為の自由をも制限されることを免れないのであり，このことは，未決勾留そのものの予定するところでもある。また，監獄は，多数の被拘禁者を外部から隔離して収容する施設であり，右施設内でこれらの者を集団として管理するにあたっては，**内部における規律及び秩序**を維持し，その正常な

状態を保持する必要があるから，この目的のために必要がある場合には，未決勾留によって拘禁された者についても，この面からその者の身体的自由及びその他の行為の自由に一定の制限が加えられることは，やむをえないところというべきである（その制限が防禦権との関係で制約されることもありうるのは，もとより別論である。）。そして，この場合において，これらの自由に対する制限が必要かつ合理的なものとして是認されるかどうかは，右の目的のために制限が必要とされる程度と，制限される自由の内容及び性質，これに加えられる具体的制限の態様及び程度等を較量して決せられるべきものである（最高裁昭和40年（オ）第1425号同45年9月16日大法廷判決・民集24巻10号1410頁）要点①。」

「〔**知る権利**〕　本件において問題とされているのは，東京拘置所長のした本件新聞記事抹消処分によるXらの新聞紙閲読の自由の制限が憲法に違反するかどうか，ということである。そこで検討するのに，およそ各人が，自由に，さまざまな意見，知識，情報に接し，これを摂取する機会をもつことは，その者が個人として自己の思想及び人格を形成・発展させ，社会生活の中にこれを反映させていくうえにおいて欠くことのできないものであり，また，民主主義社会における思想及び情報の自由な伝達，交流の確保という基本的原理を真に実効あるものたらしめるためにも，必要なところである。それゆえ，これらの意見，知識，情報の伝達の媒体である**新聞紙**，**図書等の閲読の自由**が憲法上保障されるべきことは，思想及び良心の自由の不可侵を定めた憲法19条の規定や，表現の自由を保障した憲法21条の規定の趣旨，目的から，いわばその派生原理として当然に導かれるところであり，また，すべて国民は個人として尊重される旨を定めた憲法13条の規定の趣旨に沿うゆえんでもあると考えられる。しかしながら，このような閲読の自由は，生活のさまざまな場面にわたり，極めて広い範囲に及ぶものであって，もとよりXらの主張するようにその制限が絶対に許されないものとすることはできず，

80　表現の自由①

それぞれの場面において，これに優越する公共の利益のための必要から，一定の合理的制限を受けることがあることもやむをえないものといわなければならない。そしてこのことは，閲読の対象が新聞紙である場合でも例外ではない 要点②。」

　「〔相当の蓋然性の基準〕　この見地に立って考えると，本件におけるように，未決勾留により監獄に拘禁されている者の新聞紙，図書等の閲読の自由についても，逃亡及び罪証隠滅の防止という勾留の目的のためのほか，前記のような監獄内の規律及び秩序の維持のために必要とされる場合にも，一定の制限を加えられることはやむをえないものとして承認しなければならない。しかしながら，未決勾留は，前記刑事司法上の目的のために必要やむをえない措置として一定の範囲で個人の自由を拘束するものであり，他方，これにより拘禁される者は，当該拘禁関係に伴う制約の範囲外においては，原則として一般市民としての自由を保障されるべき者であるから，監獄内の規律及び秩序の維持のためにこれら被拘禁者の新聞紙，図書等の閲読の自由を制限する場合においても，それは，右の目的を達するために真に必要と認められる限度にとどめられるべきものである。したがって，右の制限が許されるためには，当該閲読を許すことにより右の規律及び秩序が害される一般的，抽象的なおそれがあるというだけでは足りず，被拘禁者の性向，行状，監獄内の管理，保安の状況，当該新聞紙，図書等の内容その他の具体的事情のもとにおいて，その閲読を許すことにより監獄内の規律及び秩序の維持上放置することのできない程度の障害が生ずる**相当の蓋然性**があると認められることが必要であり，かつ，その場合においても，右の制限の程度は，右の障害発生の防止のために必要かつ合理的な範囲にとどまるべきものと解するのが相当である 要点③。」

　「〔関連法令の合憲解釈〕　ところで，監獄法31条2項は，在監者に対する文書，図画の閲読の自由を制限することができる旨を定めるとともに，制限の具体的内容を命令に委任し，これに

基づき監獄法施行規則86条1項はその制限の要件を定め，更に所論の法務大臣訓令及び法務省矯正局長依命通達は，制限の範囲，方法を定めている。これらの規定を通覧すると，その文言上はかなりゆるやかな要件のもとで制限を可能としているようにみられるけれども，上に述べた要件及び範囲内でのみ閲読の制限を許す旨を定めたものと解するのが相当であり，かつ，そう解することも可能であるから，右法令等は，憲法に違反するものではないとしてその効力を承認することができるというべきである 要点④。」

　「〔監獄の長の裁量と司法審査〕　具体的場合における前記法令等の適用にあたり，当該新聞紙，図書等の閲読を許すことによって監獄内における規律及び秩序の維持に放置することができない程度の障害が生ずる相当の蓋然性が存するかどうか，及びこれを防止するためにどのような内容，程度の制限措置が必要と認められるかについては，監獄内の実情に通暁し，直接その衝にあたる監獄の長による個個の場合の具体的状況のもとにおける裁量的判断にまつべき点が少なくないから，障害発生の相当の蓋然性があるとした長の認定に合理的な根拠があり，その防止のために当該制限措置が必要であるとした判断に合理性が認められる限り，長の右措置は適法として是認すべきものと解するのが相当である 要点⑤。」

　「〔あてはめ〕　これを本件についてみると，前記事実関係，殊に本件新聞記事抹消処分当時までの間においていわゆる公安事件関係の被拘禁者らによる東京拘置所内の規律及び秩序に対するかなり激しい侵害行為が相当頻繁に行われていた状況に加えて，本件抹消処分に係る各新聞記事がいずれもいわゆる赤軍派学生によって敢行された航空機乗っ取り事件に関するものであること等の事情に照らすと，東京拘置所長において，公安事件関係の被告人として拘禁されていたXらに対し本件各新聞記事の閲読を許した場合には，拘置所内の静穏が攪乱され，所内の規律及び秩序の維持に放置することのできない程度の障害が生ずる相当の蓋然性があるも

のとしたことには合理的な根拠があり，また，右の障害発生を防止するために必要であるとして右乗っ取り事件に関する各新聞記事の全部を原認定の期間抹消する措置をとったことについても，当時の状況のもとにおいては，必要とされる制限の内容及び程度についての同所長の判断に裁量権の逸脱又は濫用の違法があったとすることはできないものというべきである 要点⑥。」

■ ■ ■ ■ 確認問題 ■ ■ ■ ■

1 特別権力関係論とはどのような理論か。本判決は特別権力関係論に立ったものか。（→ 要点① ）

2 刑事施設被収容者一般の人権制限と比べて，未決拘禁者の人権制限において留意すべき点は何か。（→ 要点① ）

3 未決拘禁者の人権制限の合憲性はどのように判断すべきか。この点について本判決が昭和45年判決に依拠していることは適切か。（→ 要点① ）

4 本判決は，知る権利をどのような根拠で，またどの憲法条文から導いているか。（→ 要点② ）

5 未決拘禁者の新聞紙，図書等の閲読の自由の制限は，憲法の禁止する検閲に該当して違憲ではないか。（→ 要点③ ）

6 本判決が示した，監獄内の規律および秩序維持のために未決拘禁者の新聞紙，図書等の閲読の自由を制限することが許されるための基準はどのようなものか。それは「抽象的なおそれ」や「明白かつ現在の危険」とは，どのように異なるのか。（→ 要点③ ）

7 監獄法31条2項は，知る権利の制限を命令に白紙委任しており，違憲ではないか。監獄法31条2項や監獄法施行規則86条1項は過度に広汎に知る権利を制限しており，違憲ではないか。（→ 要点④ ）

8 相当の蓋然性の存否や閲読制限措置の合理性・必要性について，監獄の長に裁量が認められるのはなぜか。本判決は，監獄の長が取った措置に対して，どのような司法審査を行うべきものとしているか。（→ 要点⑤ ）

9 本判決のあてはめは適切か。（→ 要点⑥ ）

■ ■ ■ ■ 解 説 ■ ■ ■ ■

1 刑事収容施設被収容関係における基本的人権

(1) 無視された特別権力関係論

本判決は，刑事収容施設被収容関係（かつては在監関係と呼ばれた）の人権保障に関する重要な判例である。かつて唱えられた特別権力関係論は，①公権力は，公務員や在監者等，特別の権力関係にある者に対して包括的な支配権を有する，②公権力は，特別権力関係にある者の人権を法律の根拠なく制限できる，③特別権力関係にある公権力の行為は原則として司法審査が及ばない，ということを内容とするものであった。

これに対して監獄法施行規則による被拘禁者の喫煙の制限の合憲性が争われた事例である昭和45年判決（最大判昭45・9・16民集24巻10号1410頁＝関連判例2）は，特別権力関係論に触れることなく，未決勾留の特質を強調し，喫煙の自由の合憲性を比較較量によって判断した。本判決も特別権力関係論を無視しており（→ 要点① ），少なくとも刑事収容施設被収容関係においては，もはや特別権力関係論は通用する余地はないとみてよいだろう。

(2) 法律の留保と合憲解釈

もっとも監獄法31条2項が知る権利の制限のあり方を大幅に命令に委ねているという状況を是認した点では，「特別権力関係論的なるもの」を本判決はなお引きずっていたようにも見える。この点，未成年者接見禁止規則訴訟（最判平3・7・9民集45巻6号1049頁＝関連判例3）は，昭和45年判決および本判決を参照しながら，未決拘禁者の接見の自由を制限する監獄法施行規則120条・124条を，監獄法50条の委任の範囲を超えており，違法であると判断した。このように，刑事収容施設における人権保障を考える上での主戦場が，人権と公益の比較較量ではなく，まずは法律の留保原則の貫徹にあったことは忘れてはならないポイントである。

しかし同時に本判決が，監獄法31条2項の内容を憲法解釈によって大幅に書き換えたうえ

で，その範囲内に監獄法施行規則81条も（これまた同じ内容の書き換えを施した上で）あるという解釈操作を行った点を，見落としてはならない（→ **要点④** ）。歴史的事情から法律の留保原則による統制が弱い箇所を憲法解釈により補って，実質的に人権保障を拡大するという手法を取った点で，本判決は堀越事件判決（最判平24・12・7刑集66巻12号1337頁＝本書11事件）の先駆として位置づけることができるものでもある。

(3) 刑事収容施設法へ

2006年に，監獄法に代わるものとして成立した刑事収容施設法は，刑事収容施設の適正な管理運営を図るとともに，被収容者等の人権を尊重しつつ，状況に応じた適切な処遇を行うことを目的として，刑事施設被収容者の処遇について詳しく規定を置くようになった。このため，法律の留保に関する問題点は，現在では相当程度改善されているということができる（3(3)参照）。

2 知る権利

(1) 防御権としての知る権利

本判決は，知る権利についての重要な判例でもある（→ **要点②** ）。かつて博多駅事件決定（最大決昭44・11・26刑集23巻11号1490頁＝関連判例1）は，報道の自由・取材の自由を導く前提として国民の「知る権利」に言及していた。これに対して，国家権力に対する個人の防御権としての知る権利（知る自由）を認めた点に，本判決の意義がある。

(2) 自己実現の側面の強調

知る権利に関する本判決の説示には，2つの特徴がある。第1は，知る権利を自己実現の価値（「個人として自己の思想及び人格を形成・発展させ，社会生活の中にこれを反映させていくうえにおいて欠くことのできない」）と自己統治の価値（「民主主義社会における思想及び情報の自由な伝達，交流の確保という基本的原理を真に実効あるものたらしめる」）の両面から説明する点である。第2は，知る権利を憲法21条だけではなく，19条や13条からも基礎づけている点であ

る。

この2つの特徴は，事案に即したものであると同時に，相互に関係するものでもある。新聞という媒体を読むことで，自己の思想・人格を形成・発展させるという側面を，本判決は自覚的に強調している。博多駅事件決定以降のマスメディアの自由を基礎づける文脈で，知る権利の自己統治に関する側面が重視されるのとは，好対照をなしている。

(3) 法廷メモ事件との異同

もっとも，法廷メモ事件判決（最大判平元・3・8民集43巻2号89頁＝関連判例4）は，本判決を引用しつつも，「このような情報等に接し，これを摂取する自由」はもっぱら憲法21条を根拠に導かれるものとしている。しかし，知る権利が自己実現の価値にも自己統治の価値にも奉仕するという認識では本判決との違いはない。そうしてみると，本判決における自己実現の側面を憲法13・19条によらずとも憲法21条に読み込むことが可能なものとして，換言すれば憲法21条の守備範囲を広く思想・人格のライフサイクル全体に及ぶものとして捉え直すことで，法廷メモ事件判決は本判決を発展させたものとみるべきだろう。

3 相当の蓋然性基準

(1) 昭和45年判決との異同

もっとも，本判決が知る権利を憲法21条あるいは憲法19条・13条に基礎づけたということは，同時にこの権利が当然に厳格な審査基準の下で制約から守られることを意味しなかった。本判決は昭和45年判決を参照して，未決拘禁者の新聞閲読の自由の制限の合憲性も，比較較量により判断する枠組みに載せている（→ **要点①** ）。

しかし，昭和45年判決では喫煙という一般的自由が問題であったにすぎない上，その制限は逃走・罪証隠滅防止といった未決勾留の目的に直結するものであった。喫煙から火事になって刑事収容施設から被収容者が逃走するという事態と比較して，新聞を読ませたから逃亡されるとか罪証が隠滅されるとかいった因果関係は

想定しがたいし，新聞紙の閲読は人権保障の体系において喫煙よりも重視されるべきものではないか。

また，新聞の閲読は発表行為ではなく，税関検査事件判決（最大判昭59・12・12民集38巻12号1308頁）のいう「事前規制そのもの」でないことは確かだが，しかしまさに未決拘禁者の知る権利の観点から見れば，「事前規制たる側面」をもつことも確かである。このように，権利の内容・性質や権利制限の態様から考えれば，昭和45年判決の比較較量よりも厳格な審査な判断枠組みが立てられるべきではなかっただろうか，という疑問は残る。

(2)　未決勾留の性格

しかしこのような疑問から本判決の論旨を批判するのも一面的であろう。本判決は，権利論ではなくて，比較較量という大枠に未決勾留の性格の考察を流し込むことによって，具体的な事案解決の基準を導いたからである。つまり，未決拘禁者は刑事司法上の目的のために必要やむをえない措置として自由を拘束されるにすぎず，その範囲外では「原則として一般市民としての自由を保障されるべき」である，というのが本判決のポイントである。だからこそ，監獄内の規律および秩序の維持のための新聞閲読の自由の制限は，目的達成のために「真に必要と認められる限度」にとどめられるべきなのである（→ 要点③）。

このような本判決の立場からすれば，同じ新聞閲読の自由の制限であっても，未決拘禁者と受刑者・死刑確定者とでは，制限の目的も許される制限の限度も異なりうるはずである。他方で監獄内の規律および秩序維持のための未決拘禁者の人権制限は一般に（知る権利だけ，ではなく）必要な限度にとどまるべきことになる。

(3)　相当の蓋然性

このような未決勾留の性格論から，本判決は具体的な事案解決の基準として，いわゆる「相当の蓋然性」の基準を導いた（→ 要点③）。この基準は，害悪発生について「明白かつ現在の危険」（泉佐野市民会館事件判決＝最判平7・3・7民集49巻3号687頁〔本書13事件〕）ほどでは

ないとしてもただの抽象的なおそれ以上のものを要求しており，加えて相当の蓋然性ありとして閲読制限措置が認められるとしても，その制限を「必要かつ合理的な範囲」にとどめるべきだとした点で，刑事収容施設の長にとってかなり厳しい行為規範を課すものといえよう。本判決の基準について LRA の基準と同趣旨のものとして評価する学説があるのも理由のないことではない[1]。

なお，刑事収容施設法は被収容者の図書等の閲読の制限ができる場合を「刑事施設の規律及び秩序を害する結果を生ずるおそれがあるとき」（70条1項1号）と定めているが，これは本判決の趣旨に配慮したものであろう。ここでいう「おそれ」とは，少なくとも未決拘禁者については，相当の蓋然性を要するものと解されよう。

(4)　表現の自由における比較較量

ついでに述べれば，本判決は後々，表現の自由の制限についての比較較量の先例として機能するようになっている。例えば第一次家永教科書訴訟判決（最判平5・3・16民集47巻5号3483頁）は，本判決を引用して，「表現の自由といえども無制限に保障されるものではなく，公共の福祉による合理的で必要やむを得ない限度の制限を受けることがあり，その制限が右のような限度のものとして容認されるかどうかは，制限が必要とされる程度と，制限される自由の内容及び性質，これに加えられる具体的制限の態様及び程度等を較量して決せられるべきものである」と述べ，それが堀越事件判決でも踏襲されている。

現在の判例法理は，猿払事件判決（最大判昭49・11・6刑集28巻9号393頁）の神通力を自ら否定する一方，学説の二重の基準論に頼ることも拒否して，本判決の比較較量の枠組みから表現の自由の制限の合憲性を判断している。しかし繰り返しになるが，本判決は比較較量論に未決勾留の性格を掛け合わせて「相当の蓋然性」の基準を導いたのであり，このような具体

---

1)　芦部・憲法学Ⅱ 276頁。

84　表現の自由①

的な事案解決の基準を導こうという姿勢を共有しないのであれば，真の意味で本判決を参照しているとは，いえないだろう。

4　閲読制限措置に対する司法審査

(1)　監獄の長の裁量

本判決は，「相当の蓋然性」の存否および制限措置の内容，程度については「監獄内の実情に通暁し，直接その衝にあたる監獄の長による個個の場合の具体的状況のもとにおける裁量的判断」を尊重する姿勢を示している（→ 要点⑤）。相当の蓋然性の基準は既に述べたとおり学説からは高く評価されているものの，監獄の長の裁量を認めた点で，本判決に対する批判が強い。

確かに，このような長の裁量を認めるべきかどうかは疑問がある。「相当の蓋然性」の基準は，もともと事後的に振り返ってみて害悪が発生しなかったのであれば閲読制限措置を違法とするまでの厳格な基準ではない。換言すれば，長が措置を執る時点での「相当の蓋然性」の有無を裁判所が判断代置的に審査することでもよいのではないだろうか。

にもかかわらず，裁判所が「相当の蓋然性」の存否等について長の裁量的判断を尊重する立場を取った理由の一つには，刑事収容施設の特殊性があるように思われる。「監獄は，多数の被拘禁者を外部から隔離して収容する施設であり，右施設内でこれらの者を集団として管理するにあたっては，内部における規律及び秩序を維持し，その正常な状態を保持する必要がある」（→ 要点①）。通常の行政とは異なり，監獄の長に一定の強い地位を認める必要がある，という政策的な判断が本判決にあったものと思われる。

(2)　本件の当てはめ

本判決が監獄の長の裁量を尊重したもう一つの理由は，本件事案の特殊性に求められよう。本件事案は，日本赤軍が旅客機をハイジャックするという空前の事件に関する記事に関するものであり，日本赤軍関係者を含む多数の未決拘禁者が収容された監獄内で，しばしば規律およ

び秩序の混乱が生じていた最中のものであった（→ 要点⑥）。

もっとも，日本赤軍関係者はそれほど多数ではないし，ハイジャック記事の閲覧が3日程度で解除されたことからも，閲覧制限措置を取らなかったからとしても看過しがたいほどの規律および秩序の混乱が起きたとはいえなかったようにも思われる。しかしそれもいわば後知恵であって，ハイジャック事件がどこまで続くのか，それによる混乱がどこまで広がる等，措置の時点での監獄の長のあるべき判断を直截に責任ある形で示すことは，最高裁にとっても難しい事例であったように思われる。そこでいわばワンクッション置いて，「相当の蓋然性」ありという長の判断は措置の時点では合理的であったというにとどめたのではないだろうか。

(3)　司法審査のあり方

仮にこのように理解するのが正しいとすれば，単に長の判断が合理的であったという点だけでなく，司法審査の範囲を長の判断の合理性に限定した点（その前提として長の裁量的判断を尊重した点）も，一種の事例判断であったと評価することもできる。

司法による行政裁量の統制の手法は様々なものがあるが，近時では判断過程統制の手法が用いられる裁判例も多い（神戸高専事件＝最判平8・3・8民集50巻3号469頁〔本書7事件参照〕）。閲読制限をはじめ刑事施設被収容者の自由の制限について，長の判断が考慮すべき事実を考慮せず考慮してはならない事実を考慮したものではないか，あるいは過大（過少）考慮によるものではないか等，具体的な事案に即した司法審査のあり方が追求されることを，本判決は排除するものではない，と解することもできるのではないか。

この点で，受刑者による信書の発信を制限した刑務所長の措置を違法と判断した最判平18・3・23（判時1929号37頁）が注目される。同判決は「監獄内の規律及び秩序の維持，受刑者の身柄の確保，受刑者の改善，更生の点において放置することのできない程度の障害が生ずる相当のがい然性があると認められる場合に限

って，これを制限することが許される」とした[2]。その上で同判決は，刑務所長が「相当のがい然性」の存否を考慮しておらず，しかも本件信書の内容から見て「相当のがい然性」があるといえないことも明らかである，と述べている。同判決は自らの認定で裁量権の逸脱濫用を認定したものといえよう。既に述べたところからすれば，本判決は，こうした審査のあり方を排除するものと解すべきではないように思われる。

■ ■ ■ ■ 関連判例 ■ ■ ■ ■

1　博多駅事件（最大決昭44・11・26刑集23巻11号1490頁）

2　被拘禁者の喫煙（最大判昭45・9・16民集24巻10号1410頁）

3　未成年者接見禁止規則訴訟（最判平3・7・9民集45巻6号1049頁）

4　法廷メモ訴訟（最大判平元・3・8民集43巻2号89頁）

■ ■ ■ ■ 演習問題 ■ ■ ■ ■

1　Xは死刑確定者としてA拘置所に拘置されている。XはB新聞に掲載された「死刑廃止論は被害者の人権を考えていない」という趣旨の社説を読んで，「死刑確定者から見て，死刑の廃止は被害者の人権を無視するという議論には，誤解がある」との趣旨の文書をB新聞に投稿しようとして，A拘置所長に発信の許可を申請した。これに対してA拘置署長は，刑事収容施設法139条の定める要件に該当しないとして，発信を不許可とする旨決定した。この事例に含まれる憲法上の問題点を論じなさい。
【参考】
刑事収容施設法
（発受を許す信書）
第139条　刑事施設の長は，死刑確定者（未決拘禁者としての地位を有するものを除く。以下この目において同じ。）に対し，この目，第148条第3項又は次節の規定により禁止される場合を除き，次に掲げる信書を発受することを許すものとする。
　　一　死刑確定者の親族との間で発受する信書
　　二　婚姻関係の調整，訴訟の遂行，事業の維

持その他の死刑確定者の身分上，法律上又は業務上の重大な利害に係る用務の処理のため発受する信書
　　三　発受により死刑確定者の心情の安定に資すると認められる信書
　2　刑事施設の長は，死刑確定者に対し，前項各号に掲げる信書以外の信書の発受について，その発受の相手方との交友関係の維持その他その発受を必要とする事情があり，かつ，その発受により刑事施設の規律及び秩序を害するおそれがないと認めるときは，これを許すことができる。

＊考え方
　本判決と比べて，①未決拘禁者ではなく死刑確定者の，②新聞紙の閲読制限ではなくて信書（それも新聞への投稿）の制限が問題になっている点に，注意したい。死刑確定者の人権を制限する根拠から考えるだけでなく，読者の知る権利の側からも考えてもらいたい。本問は最判平11・2・26（判時1682号12頁）を参考にした。

2　Xは政府に批判的な論調を取るB新聞の愛読者であるが，政府の政策に反対するビラを投函するために他人の管理する邸宅に立ち入ったとして，刑法130条違反で捜査の対象となり，未決拘禁者としてA拘置所に6か月間勾留されていた。A拘置所長は，刑事収容施設法71条，刑事施設及び被収容者の処遇に関する規則34条1項に基づき，未決拘禁者が定期購読できる新聞紙について，政府を支持する論調を取るC新聞およびD新聞の2紙を指定していたため，XはB新聞を閲読することができなかった。Xは，A拘置所による新聞紙の閲読の制限によって自らの知る権利が侵害されたとして，国家賠償を求めている。
　(1)　あなたがXの代理人だとして，どのような憲法上の主張をするか。
　(2)　(1)の主張に対する国の反論を想定しつつ，あなたの見解を述べなさい。
【参考】
刑事収容施設法

---

2)　ただし，同じ「相当の蓋然性」といっても，受刑者の信書の発受に関するものであり，発生の可能性がある害悪の内容も，本判決とは異なることに注意が必要である。

86 表現の自由①

（新聞紙に関する制限）

第71条 刑事収容施設法は，刑事施設の長は，法務省令で定めるところにより，被収容者が取得することができる新聞紙の範囲及び取得方法について，刑事施設の管理運営上必要な制限をすることができる。

刑事施設及び被収容者の処遇に関する規則

（新聞紙に関する制限）

第34条 法第71条の規定による被収容者が取得することができる新聞紙の範囲の制限は，時事に関する事項を総合して報道する日刊新聞紙について，刑事施設の長が指定する二紙以上の新聞紙のうち，被収容者が選択する一紙以上の新聞紙に制限することにより行うことができるものとする。〔以下略〕

*考え方

まずは本判決と本問の事案の違いを押さえること。Xの代理人としては，どのような理由で，何を攻撃するのか，戦略を考える必要がある（A所長がB新聞を指定していなかったことか，2紙しか指定していなかったことか，規則34条の規定か等々）。他方，新聞紙の範囲を制限することが管理運営上必要であるとすればその理由は何か，それがXの権利利益を制限するに足りるものかどうか（新聞という媒体の意義を含めて），本判決を参考にしつつ考えてみよう。本問は大阪高判平21・6・11（判時2056号65頁）を参考にした。

〔参考文献〕

阿部照哉「未決拘禁者の閲読の自由」ジュリ799号13頁

市川正人・基本判例〔第2版〕19頁

稲葉実香・百選Ⅰ〔第6版〕36頁

太田豊・最判解民事篇昭和58年度255頁

土井真一・メディア百選170頁

（宍戸常寿）

表現の自由②

10 北方ジャーナル事件

■ **最高裁昭和 61 年 6 月 11 日大法廷判決**
■ 昭和 56 年(オ)第 609 号
　損害賠償請求事件
■ 民集 40 巻 4 号 872 頁, 判時 1194 号 3 頁

〈事実の概要〉──────

　雑誌「北方ジャーナル」(以下, 本件雑誌)を発行する X 社の代表者は, 1979 (昭和 54) 年 2 月 23 日頃に発行される本件雑誌 4 月号 (予定発行部数 2 万 5000 部) に掲載する予定の記事 (以下, 本件記事) の原稿を作成した。「ある権力主義者の誘惑」と題する本件記事は, 旭川市長の経験があり, 同年 4 月の北海道知事選挙への立候補を予定していた Y1 について, 知事としての適格を備えていないと主張するものであった。具体的には, Y1 が「嘘と, ハッタリと, カンニングの巧みな」少年であったとか,「己れの利益, 己れの出世のためなら, 手段を選ばないオポチュニスト」などと人格を評し, 私生活について,「罪もない妻を卑劣な手段を用いて離別し, 自殺せしめた」などと記し, 行動様式についても,「常に保身を考え, 選挙を意識し, 極端な人気とり政策を無計画に進め, 市民に奉仕することより, 自己宣伝に力を強め, 利権漁りが巧みで, 特定の業者とゆ着して私腹を肥やし, 汚職を蔓延せしめ」「巧みに法網をくぐり逮捕はまぬかれ」ているなどといった記述がそこに含まれていた。本件記事の内容を事前に知った Y1 は, 同年 2 月 16 日, 札幌地裁に対し, 名誉権の侵害を予防するとの理由で本件雑誌の印刷, 製本および販売または頒布 (以下では, 頒布等) の禁止を命ずる仮処分申請をしたところ, 同地裁は, 同日, 無審尋でこれを相当と認め, 仮処分の決定をした (以下, 本件仮処分)。そこで X 社 (原告・控訴人・上告人) は, Y1 その他および Y2 (国) (被告・被控訴人・被上告人) に対して損害賠償を請求したが, 第 1 審 (札幌地判昭 55・7・16 民集 40 巻 4 号 908 頁参照)・第 2 審 (札幌高判昭 56・3・26 前掲民集 921 頁参照) とも敗訴したので上告した。

〈上告審〉──────

　要　点

　① 裁判所の仮処分による出版物の頒布等の事前差止めは, 検閲に該当しない。

　② 人格権としての名誉権に基づいて, 加害者に対し, 現に行われている侵害行為を排除し, または将来生ずべき侵害を予防するため, 侵害行為の差止めを求めることができる。

　③ 人格権としての個人の名誉の保護 (憲法 13 条) と表現の自由の保障 (憲法 21 条) を調整する際には, 憲法上慎重な考慮が必要である。

　④ 表現行為に対する事前抑制は, 表現の自由を保障し検閲を禁止する憲法 21 条の趣旨に照らし, 厳格かつ明確な要件のもとにおいてのみ許容されうる。

　⑤ 表現行為に対する事前抑制は, とりわけ, その対象が公務員または公職選挙の候補者に対する評価, 批判等の表現行為に関するものである場合には, そのこと自体から, 一般にそれが公共の利害に関する事項であるということができ, 当該表現行為に対する事前差止めは, 原則として許されない。ただし, このような場合でも, その表現内容が真実でなく, またはそれが専ら公益を図る目的のものではないことが明白であって, かつ, 被害者が重大にして著しく回復困難な損害を被るおそれがあるときは, 有効適切な救済方法として, 例外的に事前差止めが許される。

　⑥ 事前差止めを命ずる仮処分命令を発するについては, 口頭弁論または債務者の審尋

88　表現の自由②

を行い，表現内容の真実性等の主張立証の機会を与えることを原則とする。

5

■ 判　旨 ■

上告棄却。

〔1　仮処分による出版物の頒布等の事前差止めと検閲の禁止〕

10　「憲法21条2項前段にいう**検閲**とは，行政権が主体となって，思想内容等の表現物を対象とし，その全部又は一部の発表の禁止を目的として，対象とされる一定の表現物につき網羅的一般的に，発表前にその内容を審査したうえ，不

15　適当と認めるものの発表を禁止することを，その特質として備えるものを指す」。仮処分による出版物の頒布等の事前差止めは，「個別的な私人間の紛争について，司法裁判所により，当事者の申請に基づき差止請求権等の私法上の被

20　保全権利の存否，保全の必要性の有無を審理判断して発せられるものであって」，検閲には当たらない 要点①。

〔2　裁判所による差止めと表現の自由〕

〔⑴　実体法上の差止請求権の存否〕

25　「人の品性，徳行，名声，信用等の人格的価値について社会から受ける客観的評価である名誉を違法に侵害された者は，損害賠償（民法710条）又は名誉回復のための処分（同法723条）を求めることができるほか，人格権として

30　の**名誉権**に基づき，加害者に対し，現に行われている侵害行為を排除し，又は将来生ずべき侵害を予防するため，侵害行為の差止めを求めることができるものと解するのが相当である。けだし，名誉は生命，身体とともに極めて重大な

35　保護法益であり，人格権としての名誉権は，物権の場合と同様に排他性を有する権利というべきであるからである 要点②」。

〔⑵　名誉の保護と表現の自由〕

「言論，出版等の表現行為により名誉侵害を

40　来す場合には，人格権としての個人の名誉の保護（憲法13条）と**表現の自由**の保障（同21条）とが衝突し，その調整を要することとなるので，

いかなる場合に侵害行為としてその規制が許されるかについて憲法上慎重な考慮が必要である 要点③。

主権が国民に属する民主制国家は，その構成員である国民がおよそ一切の主義主張等を表明するとともにこれらの情報を相互に受領することができ，その中から自由な意思をもって自己が正当と信ずるものを採用することにより多数意見が形成され，かかる過程を通じて国政が決定されることをその存立の基礎としているのであるから，表現の自由，とりわけ，公共的事項に関する表現の自由は，特に重要な憲法上の権利として尊重されなければならないものであり，憲法21条1項の規定は，その核心においてかかる趣旨を含むものと解される。もとより，右の規定も，あらゆる表現の自由を無制限に保障しているものではなく，他人の名誉を害する表現は表現の自由の濫用であって，これを規制することを妨げないが，右の趣旨にかんがみ，刑事上及び民事上の名誉毀損に当たる行為についても，当該行為が公共の利害に関する事実にかかり，その目的が専ら公益を図るものである場合には，当該事実が真実であることの証明があれば，右行為には違法性がなく，また，真実であることの証明がなくても，行為者がそれを事実であると誤信したことについて相当の理由があるときは，右行為には故意又は過失がないと解すべく，これにより人格権としての個人の名誉の保護と表現の自由の保障との調和が図られている」。「このことは，侵害行為の事前規制の許否を考察するに当たっても考慮を要する」。

〔⑶　事前抑制としての合憲性〕

①　「表現行為に対する事前抑制は，新聞，雑誌その他の出版物や放送等の表現物がその自由市場に出る前に抑止してその内容を読者ないし聴視者の側に到達させる途を閉ざし又はその到達を遅らせてその意義を失わせ，公の批判の機会を減少させるものであり，また，事前抑制たることの性質上，予測に基づくものとならざるをえないこと等から事後制裁の場合よりも広汎にわたり易く，濫用の虞があるうえ，実際上の抑止的効果が事後制裁の場合より大きいと考

えられるのであって，表現行為に対する事前抑
制は，表現の自由を保障し検閲を禁止する憲法
21条の趣旨に照らし，厳格かつ明確な要件の
もとにおいてのみ許容されうる 要点④ 」。

「出版物の頒布等の事前差止めは，このよう
な事前抑制に該当するものであって，とりわけ，
その対象が公務員又は公職選挙の候補者に対す
る評価，批判等の表現行為に関するものである
場合には，そのこと自体から，一般にそれが公
共の利害に関する事項であるということができ，
……その表現が私人の名誉権に優先する社会的
価値を含み憲法上特に保護されるべきであるこ
とにかんがみると，当該表現行為に対する事前
差止めは，原則として許されないものといわな
ければならない。ただ，右のような場合におい
ても，その表現内容が真実でなく，又はそれが
専ら公益を図る目的のものでないことが明白で
あって，かつ，被害者が重大にして著しく回復
困難な損害を被る虞があるときは，当該表現行
為はその価値が被害者の名誉に劣後することが
明らかであるうえ，有効適切な救済方法として
の差止めの必要性も肯定されるから」，「例外的
に事前差止めが許される 要点⑤ 」。

②　「公共の利害に関する事項についての表
現行為に対し，その事前差止めを仮処分手続に
よって求める場合に，一般の仮処分命令手続の
ように，専ら迅速な処理を旨とし，口頭弁論な
いし債務者の審尋を必要的とせず，立証につい
ても疎明で足りるものとすることは，表現の自
由を確保するうえで，その手続的保障として十
分であるとはいえ」ない。しかもこの場合，表
現行為者側の主たる防禦方法は，その目的が専
ら公益を図るものであることと当該事実が真実
であることとの立証にあるから，「事前差止め
を命ずる仮処分命令を発するについては，口頭
弁論又は債務者の審尋を行い，表現内容の真実
性等の主張立証の機会を与えることを原則とす
べきものと解するのが相当である 要点⑥ 。た
だ，差止めの対象が公共の利害に関する事項に
ついての表現行為である場合においても，口頭
弁論を開き又は債務者の審尋を行うまでもなく，
債権者の提出した資料によって，その表現内容

が真実でなく，又はそれが専ら公益を図る目的
のものでないことが明白であり，かつ，債権者
が重大にして著しく回復困難な損害を被る虞が
あると認められるときは，口頭弁論又は債務者
の審尋を経ないで差止めの仮処分命令を発した
としても，憲法21条の前示の趣旨に反するも
のということはできない」。

〔3　あてはめ〕
　本件記事は，北海道知事選挙に立候補を予定
していたY1の評価という公共的事項に関する
もので，原則的には差止めを許容すべきでない
類型に属する。しかし，その内容・記述方法に
照らし，それがY1に対することさらに下品で
侮辱的な言辞による人身攻撃等を多分に含むも
ので，到底それが専ら公益を図る目的のために
作成されたものということはできず，かつ，真
実性に欠けるものであることが本件仮処分当時
においても明らかであった。本件雑誌の予定発
行部数が2万5000部であり，北海道知事選挙
を2か月足らず後に控えた立候補予定者である
Y1としては，本件記事を掲載する本件雑誌の
発行により事後的には回復しがたい重大な損失
を受けるおそれがあった。よって，本件雑誌の
頒布等の事前差止めを命じた本件仮処分は，実
体面において憲法上の要請をみたしていたもの
というべきであるとともに，口頭弁論ないし債
務者の審尋を経たものであることは原審の確定
しないところであるが，手続面においても憲法
上の要請に欠けるところはなかったということ
ができる。

　以上の多数意見に対し，伊藤正己・大橋進
（牧啓二裁判官が同調）・長島敦各裁判官の補足
意見，谷口正孝裁判官の意見が付された。伊藤
補足意見は，表現行為に対する事前規制が検閲
にあたらないとしても，それが許容されるか否
かについては厳格な要件が求められるとし，個
別的比較衡量の方法をとるべきではなく，多数
意見を支持するものの，類型的比較衡量の方法
についても問題点があると指摘する。これに対
し，大橋補足意見は，表現行為の事前差止めの
許否は，類型的比較衡量の方法によるべきだと
説く。長島補足意見は，名誉毀損の「相当の理

由」論（後述参照）に公正な論評（フェア・コメント）の法理を組み入れることができると説く。谷口意見は，表現行為の事前差止めについて，公益目的という不確定な要件を用いるべきではなく，表現行為をする側に現実の悪意のあることを要件とすべきであると説く。

■ ■ ■ ■ ■ 確認問題 ■ ■ ■ ■ ■

1　裁判所が仮処分により出版物の頒布等を事前に差し止めることは，憲法21条2項の検閲に該当するか。（→ 要点①）

2　人格権としての名誉権に基づいて，加害者に対し，現に行われている侵害行為を排除し，または将来生ずべき侵害を予防するため，侵害行為の差止めを求めることができるか。（→ 要点②）

3　公共的事項に関する表現の自由が，特に重要な憲法上の権利として尊重されなければならないのはなぜか。

4　刑事上および民事上の名誉毀損にあたる行為について，名誉権の保護（憲法13条）と表現の自由の保障（21条）の調整は，判例においてどのように行われているか。

5　表現行為に対する事前抑制は，事後制裁の場合と比べて表現行為に対してどのような抑止効果があるか。

6　表現行為に対する事前抑制が許容されるためには，どのように要件を定めるべきか。（→ 要点④）

7　出版物の頒布等の裁判所による事前差止めは，表現行為に対する事前抑制に該当するか。（→ 要点④）

8　表現行為に対する事前抑制の対象が公務員または公職選挙の候補者に対する評価，批判等の表現行為に関するものである場合，例外的に裁判所による事前差止めが許されるためには，実体面においてどのような要件を満たす必要があるか。（→ 要点⑤）

9　裁判所が事前差止めを命ずる仮処分命令を発するためには，手続面においてどのような要件を満たす必要があるか。（→ 要点⑥）

■ ■ ■ ■ ■ 解　説 ■ ■ ■ ■ ■

1　裁判所による事前差止めと「検閲の禁止」

表現行為を事前に抑制することは許されない。憲法21条2項の「検閲の禁止」は，明治憲法時代の経験を踏まえて，これを確認したものである。そこで，裁判所が名誉権やプライバシー権を保護するために，雑誌や単行本の出版，番組の放送，映画の上映などを事前に禁止することが検閲にあたるか否かが問題になる。

検閲の概念については，「公権力が外に発表されるべき思想の内容をあらかじめ審査し，不適当と認めるときは，その発表を禁止する行為」という定義を採用する立場（広義説）と，検閲の主体を行政権に限定する立場（狭義説）が対立している。判例は，税関検査の合憲性が争われた事件において，憲法21条2項は検閲を絶対的禁止を規定したものであるとし，その際，「『検閲』とは，行政権が主体となって，思想内容等の表現物を対象とし，その全部又は一部の発表の禁止を目的として，対象とされる一定の表現物につき網羅的一般的に，発表前にその内容を審査した上，不適当と認めるものの発表を禁止することを，その特質として備えるものを指すと解すべきである」との考え方を採用した（最大判昭59・12・12民集38巻12号1308頁＝関連判例2）。このため，本判決もこの先例に依拠して，仮処分[1]による事前差止めについて，「表現物の内容の網羅的一般的な審査に基づく事前規制が行政機関によりそれ自体を目的として行われる場合とは異なり，個別的な私人間の紛争について，司法裁判所により，当事者の申請に基づき差止請求権等の私法上の被保全権利の存否，保全の必要性の有無を審理判断して発せられるもの」であるから，検閲にはあたらないとした。

なお，広義説によれば，裁判所による表現行

---

1)　民事上の権利の実現が種々の原因で危機に瀕している場合，それを保全するために，その権利に関する紛争が訴訟的に解決するか又は強制執行が可能になるまでの間，暫定的・仮定的になされる裁判又はその執行のことを仮処分という。

為の事前差止めも検閲にあたる。ただし，広義説は，憲法21条2項の検閲の禁止を原則禁止であるとし，裁判所による事前差止めは，「その手続が公正な法の手続によるものであるから，行政権による検閲とは異なり，例外的な場合（たとえば，公表されると人の名誉・プライバシーに取返しがつかないような重大な損害が生ずる場合）には，厳格かつ明確な要件の下で許されることもある」と考えている（芦部・憲法198～199頁）。

本判決は，裁判所による事前差止めを，検閲にはあたらないが，表現行為に対する事前抑制ととらえ，それは，「憲法21条の趣旨に照らし，厳格かつ明確な要件のもとにおいてのみ許容されうる」とした。判例と広義説は，裁判所による表現行為の事前差止めが「例外的に許される」という同じ結論に行きつくが，そこに至る思考の過程が異なっている。

2 事前抑制の原則禁止と例外要件

(1) 本判決の考え方

表現行為に対する事前抑制は，事後制裁に比べて，表現の内容が受け手の側に届かないようにしたり，届くタイミングを遅らせてその意義を失わせるもので，予測に基づいて行われるため，その範囲が必要以上に広くなり，濫用されるおそれがある。本判決は，このような表現行為に対する事前抑制は，事後制裁よりも実際上の抑止効果が大きいと考えられると指摘している。それゆえ，本判決は，たとえ名誉権に基づいて近い将来に生ずるおそれのある侵害を予防するために請求された差止めであっても，それが許されるためには，厳格かつ明確な要件を定めることが必要になるとした。

実体面における要件を具体的に考えるにあたって本判決が参照したのは，刑事・民事の名誉毀損に対する事後制裁についての先例である。判例は，刑事上および民事上の名誉毀損に当たる行為について，①当該行為が公共の利害に関する事実にかかり，②その目的が専ら公益を図るものである場合には，③当該事実が真実であることの証明があれば，この行為には違法性が

なく，また，④真実であることの証明がなくても，行為者がそれを事実であると誤信したことについて相当の理由があるときは，この行為には故意または過失がないと解するべきだとしており，これによって人格権としての名誉権の保護と表現の自由の保障の間の調和を図っている（最大判昭44・6・25刑集23巻7号975頁〔「夕刊和歌山時事」事件判決＝関連判例3〕，最判昭41・6・23民集20巻5号1118頁）。④の要件は，「相当の理由」論とか真実相当性の要件などと呼ばれるもので，最高裁によって1960年代後半に示され，現在では確立された判例となっている。とりわけ刑事名誉毀損については，この要件が認められるまで，③の真実性の証明がない場合は有罪とされていたが，最高裁大法廷は，実際には困難な真実性の証明を名誉毀損の加害者に要求すれば，表現の自由に著しく不利になることに配慮して，1969（昭和44）年，明示的に判例を変更した。

本件の場合，本件記事の内容は，公職選挙の候補者に対する評価，批判等であったため，①の要件は満たしているが，もし②，③，④のいずれかひとつの要件を満たすことができなければ，事後制裁の場合，名誉権が表現の自由に対して優先されることになる。本判決は，それを前提として，表現行為の対象が，Ⅰ）公務員・公職選挙の候補者に対する評価，批判等の表現行為に関するものであるため，上記①の要件を充足している場合，表現行為に対する事前差止めは原則として許されないが，その表現内容が@真実でないか，または，⑥専ら公益を図る目的のものではないという2つのうちの要件のどちらか1つを充足しないことが明白であって，かつ，Ⅱ）被害者が重大にして著しく回復困難な損害を被るおそれがあるときは，例外的に事前差止めが許されるという要件を示した。ここで明白さの要求は，公益目的に出るものでないという⑥の要件についてだけでなく，摘示された事実が真実でないという@の要件にもかかっており，@または⑥の要件，どちらか一方を充足していないことが明白であることが要求されていることに注意する必要がある（渋谷秀樹

『憲法〔第3版〕』364頁注102参照）。本判決は，例外的に表現行為に対する事前差止めが認められるためには，Iの部分において名誉権の侵害が明白に認められること，さらに，IIの部分では，名誉権の侵害が特に重大で，損害の回復が事後的には著しく困難であることが必要だと考えたとまとめることができる。

本判決は，事前差止めの手続面における要件も明らかにした。それによると，「口頭弁論又は債務者の審尋を行い，表現内容の真実性等の主張立証の機会を与えることを原則とすべき」であるが，名誉毀損の被害者側から提出された資料によって，表現内容が前述した実体的要件を満たしていると認められるときは，口頭弁論または債務者の審尋を経ないで仮処分命令を発することができる。なお，本判決後，1989（平成元）年に民事保全法が制定された。同法23条4項は，仮の地位を定める仮処分について，債務者審尋の原則を明記した。債務者審尋の必要性が明文で定められた現行法の下では，債務者審尋を省略しうる例外的場合は，「審尋呼出しと審尋期日の間に表現行為を強行しようとする場合等に限られるべきであろう」と指摘されている（宍戸・後掲149頁）。

学説は，本判決が表現の自由の重要性に配慮した点を高く評価しているが，例えば，実体面における要件において，公益性の要件が独立の要件とされていることが問題視されている。公共の利害に関する表現行為が真実であっても，目的の公益性が認められない場合は事前差止めが認められることになるからである。このため，公益目的違反については，表現者の主観ではなく，「表現物の文面から一義的に確定できる場合にのみ」違反を認めるように運用されるべきだという指摘もある（宍戸・後掲149頁）。

(2) 実体面における要件をめぐる議論

名誉権・プライバシー権の保護を理由とする出版の差止めは，一刻を争うことも多いため，本案よりも暫定的処置である仮処分手続で争われる傾向がある。実務において裁判所は，本案訴訟において名誉毀損・プライバシー侵害を理由に表現行為による不法行為の成立を認めるこ

とはあるが，差止めについては慎重な態度をとっている。例えば，あるベストセラーとなった書籍に対する名誉毀損を理由とする仮処分による販売差止めの申立てについて，東京地裁は一部の記述（全36字）が「真実ではない可能性が高い」としていったん差止めを命じたが，出版社の保全異議の申立てを審理した結果，差止めは「真実ではないことなどが明白の場合に例外的に許される」との判断基準により，同記述が真実ではないことが明白であると認めるのは困難であるとして仮処分を取り消した（東京地決平29・1・6判例集未登載〔LEX/DB 25545218〕，東京地決平29・3・31判例集未登載）。

裁判所により仮処分が認められるためには，債権者が被保全権利の存在と保全の必要性を疎明しなければならない（民保13条）。本件のように仮の地位を定める仮処分の命令は，「争いがある権利関係について債権者に生ずる著しい損害又は窮迫の危険を避けるためこれを必要とする」場合に発せられることになっている（民保23条2項）。ただし，名誉権を保護するためとはいえ，表現行為に対する事前差止めを命じることがどのような場合に許されるかについては，従来から学説・判例で，①高度の違法性説，②個別的比較衡量説，③類型的比較衡量説，④現実の悪意説，⑤特別要件設定説等が議論されてきた（渋谷・後掲551頁以下）。

この問題が本格的に議論されるきっかけとなった「エロス＋虐殺」事件では，人格的利益に基づく映画の差止めが争われ，地裁が②高度の違法性説を採用したのに対し（東京地決昭45・3・14下民集21巻3・4号413頁），高裁は①個別的比較衡量説によりながら，差止めを認めなかった（東京高決昭45・4・13高民集23巻2号172頁）。学説では，表現の自由への配慮のためには，個別的比較衡量説よりも「もう少し絞りをかけた方がよいとの見解が支配的であった」（松井・後掲253頁）。

そうしたなかで本判決は，③類型的比較衡量説を採用したと理解されている（市川・後掲338頁，宍戸・後掲149頁）。大橋補足意見は，類型的比較衡量説に立ったうえで本判決の多数

意見に賛成した。その際，個別的比較衡量説については，「判断基準が明確であるとはいいがたく，これについて確実な予測をすることが困難となる虞があり，表現行為者に必要以上の自己規制を強いる結果ともなりかねない」という問題点を指摘した。ただし，伊藤補足意見は，表現行為に対する事前規制が許容されるためには厳格な要件が求められるとし，個別的比較衡量の方法をとるべきではないという立場から多数意見を支持するものの，類型的比較衡量の方法にも問題点があると指摘している。類型的比較衡量をしようとすれば，表現の類型をどのように分類するか，各類型にどのような判断基準を採用するかなどの複雑な問題が生じたり，類型別の基準が硬直化したりするおそれがある，と考えたからである。

なお，本判決では，谷口意見によって④現実の悪意説も唱えられた。谷口意見は，事前差止めの要件について，公的問題に関する場合，「表現行為がいわゆる現実の悪意をもってされた場合，換言すれば，表現にかかる事実が真実に反し虚偽であることを知りながらその行為に及んだとき又は虚偽であるか否かを無謀にも無視して表現行為に踏み切った場合には，表現の自由の優越的保障は後退し，その保護を主張しえない」とした。表現の自由は「活力ある民主政治の営為にとって必須の要素となるものである」から，憲法上「優越的保障」を主張できる法益であって，「この保障の趣旨・目的に合致する限り，表現の自由は人格権としての個人の名誉の保護に優先する」と考えられた。谷口意見は，公的問題に関する表現行為について，専ら公益を図る目的のものでないというような不確定な要件を理由として事前差止めを認めることは，「表現の自由の保障に対する歯止めとはならない」として，この点については多数意見に同調できないとした。なお，ここで谷口意見が採用した「現実の悪意」の基準は，アメリカ最高裁が 1964 年の New York Times Co. v. Sullivan 事件判決において採用した考え方である。この判決は，「公職者の職務上の行為の批判者に，事実上無制約の損害賠償のリスクを負

わせたうえで，その事実をすべて真実だと証明することを強いることは，自己検閲を招く」との考えに基づいて，公職者は，職務上の行為に対する名誉毀損的虚偽表現に対して，それが「現実の悪意」をもってなされたことを証明しない限り，損害賠償を得ることが禁じられるというルールが，憲法によって要求されると宣言した（松井・後掲 67 頁）。

この他に，⑤特別要件設定説として，名誉毀損による事前差止めの要件について，公共の利害に関する事実を含まないこと，摘示された事実が真実に反すること，侵害行為が現実的悪意によるものであることを挙げる説がある（竹田・後掲 232 頁以下，315 頁以下）。

なお，裁判では，名誉毀損だけでなく，プライバシー侵害を理由とする表現行為の事前差止めも争われている（例えば，「石に泳ぐ魚」事件：最判平 14・9・24 判時 1802 号 60 頁＝関連判例 1，「週刊文春」事件：東京高決平 16・3・31 判時 1865 号 12 頁）。プライバシー侵害の場合，どのような場合に事前差止めが認められるのかについても検討しておく必要がある。

■ ■ ■ ■ 関連判例 ■ ■ ■ ■

1 「石に泳ぐ魚」事件（最判平 14・9・24 判時 1802 号 60 頁）

2 税関検査事件（最大判昭 59・12・12 民集 38 巻 12 号 1308 頁）

3 「夕刊和歌山時事」事件（最大判昭 44・6・25 刑集 23 巻 7 号 975 頁）

■ ■ ■ ■ 演習問題 ■ ■ ■ ■

1 次の【事例】を読み，下記の【設問】に答えなさい。

【事 例】

X は，著名な衆議院議員で元財務大臣の父親をもち，また祖父も元内閣総理大臣であったという有力な政治家一族の長男である。X は，大学卒業後，アメリカに留学したが，帰国後，当時すでに衆議院議員となっていた父親の秘書となり，約 20 年の経験を積んだ後，約 1 年後に行われる予定の地元の県議会選挙に立候補を予定していた。出版社 Y は，X が東京都内の繁華

街で連日のように豪遊しており，ホステスらと違法な薬物を使用しているとの情報をつかみ，裏付け取材の後に週刊誌Bにそれについて全部で4頁の記事（以下，「本件記事」）を掲載する準備を進めていた。同誌は，毎週，約60万部発行されている。記者の取材をきっかけに，そのような記事が週刊誌Bに掲載されることを発行前に知ったXは，名誉毀損を理由に，本記事が掲載される予定の週刊誌Bの出版差止めを命じる仮処分を裁判所に求めた。Xは，本件記事のうち，ホステスらと違法薬物を使用しているという指摘は事実無根であり，名誉毀損になると主張している。これに対し，Yは，記者の取材により，Xが違法薬物を使用したことについて裏付けはとれていると反論している。

【設　問】

（1）　Xは，どのような憲法上の主張をすると考えられるか，簡潔に説明しなさい。

（2）　これに対し，Yはどのように反論すると考えられるか。

（3）　Xの主張とYの反論を踏まえ，あなた自身の見解を述べなさい。

（4）　本件で，事前差止めの対象が，週刊誌ではなく，Xの父親との関係や生い立ち，人柄，政治家としての資質などに焦点をあてた単行本として出版準備が進んでいた場合はどうか。

　　＊考え方
　　　この事例は，XもYも北方ジャーナル事件によって示された実体要件を用いて具体的なあてはめを争うことが考えられる。ただし，Yからは，批判を視野に入れて，別の実体要件によって反論することも可能である。

　2　次の【事例】を読み，下記の【設問】に答えなさい。

【事　例】

　Xは，著名な衆議院議員で元外務大臣の母親をもち，また祖父も元内閣総理大臣であったという有力な政治家一族の長女である。Xは，大学卒業後，一般企業に就職し，政治には関与してこなかった。Xは職場結婚して退職したが，それから1年ほどして離婚していた。出版社Yは，Xが両親の反対を押し切って会社の同僚と結婚したものの離婚したことを知って，「後継者と目されている長女が離婚」という見出しを付けた2頁の記事（以下，「本件記事」）を週刊誌Bに掲載する準備を進めていた。同誌は，毎週，約60万部発行されている。記者の取材をきっかけに，そのような記事が週刊誌Bに掲載されることを発行前に知ったXは，プライバシー侵害を理由に，本記事が掲載される予定の週刊誌Bの出版差止めを命じる仮処分を裁判所に求めた。その時点でXが離婚してから3週間ほどしかたっておらず，Xは家族や親しい友人以外に離婚の事実を伝えていなかった。

【設　問】

（1）　Xは，どのような憲法上の主張をすると考えられるか，簡潔に説明しなさい。

（2）　これに対し，Yはどのように反論すると考えられるか。

（3）　Xの主張とYの反論を踏まえ，あなた自身の見解を述べなさい。

　　＊考え方
　　　この事例は，「週刊文春」事件を素材としている。プライバシー侵害を理由とする週刊誌の事前差止めがいかなる場合に認められるか，名誉毀損の場合とどのような違いがあるか。

〔参考文献〕
加藤和夫・最判解民事篇昭和61年度278頁
渋谷秀樹「名誉毀損的表現行為の司法的事前抑制」小林直樹先生古稀祝賀『憲法学の展望』（有斐閣，1991年）541～559頁
竹田稔『プライバシー侵害と民事責任』（判例時報社，1998年）
市川正人『表現の自由の法理』（日本評論社，2003年）
宍戸常寿・メディア百選148～149頁
野坂泰司『憲法基本判例を読み直す』（有斐閣，2011年）167～187頁
松井茂記『表現の自由と名誉毀損』（有斐閣，2013年）
鈴木秀美「表現の自由と事前差止（名誉毀損）」論点探究〔第2版〕161～171頁
曽我部真裕・判プラ158～159頁

（鈴木秀美）

表現の自由③

11　堀 越 事 件

- **最高裁平成 24 年 12 月 7 日第二小法廷判決**
- 平成 22 年（あ）第 762 号
  国家公務員法違反被告事件
- 刑集 66 巻 12 号 1337 頁，判時 2174 号 21 頁

〈事実の概要〉

　社会保険庁東京社会保険事務局目黒社会保険事務所に年金審査官として勤務していた厚生労働事務官のY（被告人）は，衆議院議員総選挙に際し，日本共産党を支持する目的をもって，同党の機関紙等を複数回にわたり配布した（本件配布行為）。この行為が，国家公務員法（以下「本法」という）110 条 1 項 19 号（平成 19 年法律第 108 号による改正前のもの），102 条 1 項，人事院規則 14 - 7（政治的行為）（以下「本規則」という）6 項 7 号，13 号（5 項 3 号）（以下，これらの規定を合わせて「本件罰則規定」という）に当たるとして起訴された。

　第 1 審である東京地判平 18・6・29（刑集 66 巻 12 号 1627 頁参照）は，猿払事件最高裁判決（関連判例 2）に従い，本件罰則規定は憲法 21 条 1 項，31 条等に違反せず合憲であるとし，また本件配布行為は本件罰則規定の構成要件に該当するものであると判断し，Yを罰金 10 万円，執行猶予 2 年に処した。

　原審の東京高判平 22・3・29（前掲刑集 1687 頁参照）は，本件配布行為は，裁量の余地のない職務を担当する，地方出先機関の管理職でもないYが，休日に，勤務先やその職務と関わりなく，勤務先の所在地や管轄区域から離れた自己の居住地の周辺で，公務員であることを明らかにせず，無言で，他人の居宅や事務所等の郵便受けに政党の機関紙や政治的文書を配布したことにとどまるものであると認定した。そして本件配布行為が本件罰則規定の保護法益である国の行政の中立的運営およびこれに対する国民の信頼の確保を侵害すべき危険性は，抽象的なものを含めて，全く肯認できないから，本件配布行為に対して本件罰則規定を適用することは，国家公務員の政治活動の自由に対する必要やむを得ない限度を超えた制約を加え，これを処罰の対象とするものといわざるを得ず，憲法 21 条 1 項および 31 条に違反するとして，第 1 審判決を破棄し，Yを無罪とした。

〈上告審〉

　要　点

　①　公務員の職務の遂行の政治的中立性を保持することによって行政の中立的運営を確保し，これに対する国民の信頼を維持するという目的に基づく法令による公務員に対する政治的行為の禁止は，国民としての政治活動の自由に対する必要やむを得ない限度にその範囲が画されるべきものである。

　②　国家公務員法 102 条 1 項の文言，趣旨，目的や規制される政治活動の自由の重要性に加え，同項の規定が刑罰法規の構成要件となることを考慮すると，同項にいう「政治的行為」とは，公務員の職務の遂行の政治的中立性を損なうおそれが，観念的なものにとどまらず，現実的に起こり得るものとして実質的に認められるものを指し，同項はそのような行為の類型の具体的な定めを人事院規則に委任したものと解するのが相当である。

　③　公務員の職務の遂行の政治的中立性を損なうおそれが実質的に認められるかどうかは，当該公務員の地位，その職務の内容や権限等，当該公務員がした行為の性質，態様，目的，内容等の諸般の事情を総合して判断するのが相当である。具体的には，当該公務員につき，指揮命令や指導監督等を通じて他の

職員の職務の遂行に一定の影響を及ぼし得る地位（管理職的地位）の有無，職務の内容や権限における裁量の有無，当該行為につき，勤務時間の内外，国ないし職場の施設の利用の有無，公務員の地位の利用の有無，公務員により組織される団体の活動としての性格の有無，公務員による行為と直接認識され得る態様の有無，行政の中立的運営と直接相反する目的や内容の有無等が考慮の対象となるものと解される。

④　本件罰則規定は，上記の解釈の下では，目的達成のために必要かつ合理的な範囲のものである。

⑤　本件配布行為は，認定された事情を前提とすれば，公務員の職務遂行の政治的中立性を損なう実質的なおそれがあるとは言えず，本件罰則規定の構成要件には該当しない。

■判　旨■

上告棄却。

1　(4)「ア〔国家公務員法 102 条 1 項の目的〕そこで検討するに，本法〔国家公務員法〕102条 1 項は，『職員は，政党又は政治的目的のために，寄附金その他の利益を求め，若しくは受領し，又は何らの方法を以てするを問わず，これらの行為に関与し，あるいは選挙権の行使を除く外，人事院規則で定める政治的行為をしてはならない。』と規定しているところ，同項は，**行政の中立的運営を確保し，これに対する国民の信頼を維持すること**をその趣旨とするものと解される。すなわち，憲法 15 条 2 項は，『すべて公務員は，全体の奉仕者であって，一部の奉仕者ではない。』と定めており，国民の信託に基づく国政の運営のために行われる公務は，国民の一部でなく，その全体の利益のために行われるべきものであることが要請されている。その中で，国の行政機関における公務は，憲法の定める我が国の統治機構の仕組みの下で，議会制民主主義に基づく政治過程を経て決定された政策を忠実に遂行するため，国民全体に対する奉仕を旨として，政治的に中立に運営されるべきものといえる。そして，このような行政の中立的運営が確保されるためには，公務員が，政

治的に公正かつ中立的な立場に立って職務の遂行に当たることが必要となるものである。このように，本法 102 条 1 項は，**公務員の職務の遂行の政治的中立性**を保持することによって行政の中立的運営を確保し，これに対する国民の信頼を維持することを目的とするものと解される。

〔政治活動の自由の重要性〕　他方，国民は，憲法上，表現の自由（21 条 1 項）としての政治活動の自由を保障されており，この精神的自由は立憲民主政の政治過程にとって不可欠の基本的人権であって，民主主義社会を基礎付ける重要な権利であることに鑑みると，上記の目的に基づく法令による公務員に対する政治的行為の禁止は，国民としての政治活動の自由に対する必要やむを得ない限度にその範囲が画されるべきものである。要点①

〔「政治的行為」の限定解釈〕　このような本法 102 条 1 項の文言，趣旨，目的や規制される政治活動の自由の重要性に加え，同項の規定が刑罰法規の構成要件となることを考慮すると，同項にいう『政治的行為』とは，公務員の職務の遂行の政治的中立性を損なうおそれが，観念的なものにとどまらず，現実的に起こり得るものとして実質的に認められるものを指し，同項はそのような行為の類型の具体的な定めを人事院規則に委任したものと解するのが相当である。要点②　そして，その委任に基づいて定められた本規則も，このような同項の委任の範囲内において，公務員の職務の遂行の政治的中立性を損なうおそれが実質的に認められる行為の類型を規定したものと解すべきである。上記のような本法の委任の趣旨及び本規則の性格に照らすと，本件罰則規定に係る本規則 6 項 7 号，13号（5 項 3 号）については，それぞれが定める行為類型に文言上該当する行為であって，公務員の職務の遂行の政治的中立性を損なうおそれが実質的に認められるものを当該各号の禁止の対象となる政治的行為と規定したものと解するのが相当である。このような行為は，それが一公務員のものであっても，行政の組織的な運営の性質等に鑑みると，当該公務員の職務権限の行使ないし指揮命令や指導監督等を通じてその

属する行政組織の職務の遂行や組織の運営に影響が及び，行政の中立的運営に影響を及ぼすものというべきであり，また，こうした影響は，勤務外の行為であっても，事情によってはその政治的傾向が職務内容に現れる蓋然性が高まることなどによって生じ得るものというべきである。

〔公務員の職務遂行の政治的中立性を損なう実質的おそれの判断要素〕　そして，上記のような規制の目的やその対象となる政治的行為の内容等に鑑みると，公務員の職務の遂行の政治的中立性を損なうおそれが実質的に認められるかどうかは，当該公務員の地位，その職務の内容や権限等，当該公務員がした行為の性質，態様，目的，内容等の諸般の事情を総合して判断するのが相当である。具体的には，当該公務員につき，指揮命令や指導監督等を通じて他の職員の職務の遂行に一定の影響を及ぼし得る地位（管理職的地位）の有無，職務の内容や権限における裁量の有無，当該行為につき，勤務時間の内外，国ないし職場の施設の利用の有無，公務員の地位の利用の有無，公務員により組織される団体の活動としての性格の有無，公務員による行為と直接認識され得る態様の有無，行政の中立的運営と直接相反する目的や内容の有無等が考慮の対象となるものと解される。　要点③

イ　〔本件罰則規定の合憲性〕　そこで，進んで本件罰則規定が憲法21条1項，31条に違反するかを検討する。この点については，本件罰則規定による政治的行為に対する規制が必要かつ合理的なものとして是認されるかどうかによることになるが，これは，本件罰則規定の目的のために規制が必要とされる程度と，規制される自由の内容及び性質，具体的な規制の態様及び程度等を較量して決せられるべきものである（最高裁昭和52年（オ）第927号同58年6月22日大法廷判決・民集37巻5号793頁等）。そこで，まず，本件罰則規定の目的は，前記のとおり，公務員の職務の遂行の政治的中立性を保持することによって行政の中立的運営を確保し，これに対する国民の信頼を維持することにあるところ，これは，議会制民主主義に基づく統治

機構の仕組みを定める憲法の要請にかなう国民全体の重要な利益というべきであり，公務員の職務の遂行の政治的中立性を損なうおそれが実質的に認められる政治的行為を禁止することは，国民全体の上記利益の保護のためであって，その規制の目的は合理的であり正当なものといえる。他方，本件罰則規定により禁止されるのは，民主主義社会において重要な意義を有する表現の自由としての政治活動の自由ではあるものの，前記アのとおり，禁止の対象とされるものは，公務員の職務の遂行の政治的中立性を損なうおそれが実質的に認められる政治的行為に限られ，このようなおそれが認められない政治的行為や本規則が規定する行為類型以外の政治的行為が禁止されるものではないから，その制限は必要やむを得ない限度にとどまり，前記の目的を達成するために必要かつ合理的な範囲のものというべきである。そして，上記の解釈の下における本件罰則規定は，不明確なものとも，過度に広汎な規制であるともいえないと解される。なお，このような禁止行為に対しては，服務規律違反を理由とする懲戒処分のみではなく，刑罰を科すことをも制度として予定されているが，これは，国民全体の上記利益を損なう影響の重大性等に鑑みて禁止行為の内容，態様等が懲戒処分等では対応しきれない場合も想定されるためであり，あり得べき対応というべきであって，刑罰を含む規制であることをもって直ちに必要かつ合理的なものであることが否定されるものではない。　要点④

以上の諸点に鑑みれば，本件罰則規定は憲法21条1項，31条に違反するものではないというべきであり，このように解することができることは，当裁判所の判例〔猿払事件判決，よど号ハイジャック記事抹消事件判決，税関検査事件判決，成田新法事件判決，寺西判事補事件決定〕の趣旨に徴して明らかである。

ウ　〔本件配布行為は本件罰則規定の構成要件に該当するか〕　次に，本件配布行為が本件罰則規定の構成要件に該当するかを検討するに，本件配布行為が本規則6項7号，13号（5項3号）が定める行為類型に文言上該当する行為で

98　表現の自由③

あることは明らかであるが，公務員の職務の遂行の政治的中立性を損なうおそれが実質的に認められるものかどうかについて，前記諸般の事情を総合して判断する。

前記のとおり，Yは，社会保険事務所に年金審査官として勤務する事務官であり，管理職的地位にはなく，その職務の内容や権限も，来庁した利用者からの年金の受給の可否や年金の請求，年金の見込額等に関する相談を受け，これに対し，コンピューターに保管されている当該利用者の年金に関する記録を調査した上，その情報に基づいて回答し，必要な手続をとるよう促すという，裁量の余地のないものであった。そして，本件配布行為は，勤務時間外である休日に，国ないし職場の施設を利用せずに，公務員としての地位を利用することなく行われたものである上，公務員により組織される団体の活動としての性格もなく，公務員であることを明らかにすることなく，無言で郵便受けに文書を配布したにとどまるものであって，公務員による行為と認識し得る態様でもなかったものである。これらの事情によれば，本件配布行為は，管理職的地位になく，その職務の内容や権限に裁量の余地のない公務員によって，職務と全く無関係に，公務員により組織される団体の活動としての性格もなく行われたものであり，公務員による行為と認識し得る態様で行われたものでもないから，公務員の職務の遂行の政治的中立性を損なうおそれが実質的に認められるものとはいえない。そうすると，本件配布行為は本件罰則規定の構成要件に該当しないというべきである。　要点⑤

エ　以上のとおりであり，Yを無罪とした原判決は結論において相当である。なお，原判決は，本件罰則規定をYに適用することが憲法21条1項，31条に違反するとしているが，そもそも本件配布行為は本件罰則規定の解釈上その構成要件に該当しないためその適用がないと解すべきであって，上記憲法の各規定によってその適用が制限されるものではないと解されるから，原判決中その旨を説示する部分は相当ではないが，それが判決に影響を及ぼすものでな

いことは明らかである。論旨は採用することができない。

2　検察官の上告趣意のうち，判例違反をいう点について

〔猿払事件最高裁判決との事案の違い〕　所論引用の判例〔猿払事件判決〕……の事案は，特定の地区の労働組合協議会事務局長である郵便局職員が，同労働組合協議会の決定に従って選挙用ポスターの掲示や配布をしたというものであるところ，これは，上記労働組合協議会の構成員である職員団体の活動の一環として行われ，公務員により組織される団体の活動としての性格を有するものであり，勤務時間外の行為であっても，その行為の態様からみて当該地区において公務員が特定の政党の候補者を国政選挙において積極的に支援する行為であることが一般人に容易に認識され得るようなものであった。これらの事情によれば，当該公務員が管理職的地位になく，その職務の内容や権限に裁量の余地がなく，当該行為が勤務時間外に，国ないし職場の施設を利用せず，公務員の地位を利用することなく行われたことなどの事情を考慮しても，公務員の職務の遂行の政治的中立性を損なうおそれが実質的に認められるものであったということができ，行政の中立的運営の確保とこれに対する国民の信頼に影響を及ぼすものであった。

したがって，上記判例は，このような文書の掲示又は配布の事案についてのものであり，判例違反の主張は，事案を異にする判例を引用するものであって，本件に適切ではなく，所論は刑訴法405条の上告理由に当たらない。」

千葉勝美裁判官補足意見　猿払事件判決が示した法令解釈の理解は，あくまでも当該事案を前提とするものである。またその合憲性判断については，当該事案では，公務員組織が党派性を持つに至り，それにより公務員の職務遂行の政治的中立性が損なわれるおそれがあり，これを対象とする本件罰則規定による禁止は，あえて厳格な審査基準を持ち出すまでもなく，その政治的中立性の確保という目的との間に合理的関連性がある以上，必要かつ合理的なものであり

合憲であることは明らかであることから，当該事案における当該行為の性質・態様等に即して必要な限度での合憲の理由を説示したにとどめたものである。

　本件の多数意見の採る限定的な解釈は，司法の自己抑制の観点からではなく，憲法判断に先立ち，国家の基本法である国家公務員法の解釈を，その文理のみによることなく，国家公務員法の構造，理念および本件罰則規定の趣旨・目的等を総合考慮した上で行うという通常の法令解釈の手法によるものである。

須藤正彦裁判官意見　公務員の政治的行為によってその職務の遂行の政治的中立性が損なわれるおそれが生ずるのは，公務員の政治的行為と職務の遂行との間で一定の結び付き（牽連性）があるがゆえであり，しかもそのおそれが観念的なものにとどまらず，現実的に起こり得るものとして実質的に認められるものとなるのは，公務員の政治的行為からうかがわれるその政治的傾向がその職務の遂行に反映する機序あるいはその蓋然性について合理的に説明できる結び付きが認められるからである。

■ ■ ■ ■ ■ 確認問題 ■ ■ ■ ■

　1　本件判決は，国公法 102 条 1 項が禁止する「政治的行為」を，どのような点を顧慮したうえでどのように解しているか。（→ 要点②，解説 2）

　2　本件判決は，本件罰則規定の合憲性について，どのような枠組みを用いてどのように判断したか。（→解説 3）

　3　本件判決で示された「政治的行為」の限定解釈は合憲限定解釈か，それとも通常の法令解釈か。（→解説 4）

　4　本件と同じく国公法 102 条 1 項違反が問われた猿払事件最高裁判決について，本件とは「事案を異にする判例」であると本件判決は述べている。これはなぜか。（→ 要点⑤，解説 4）

■ ■ ■ ■ ■ 解　説 ■ ■ ■ ■

　1　はじめに
　本件判決は，猿払事件最高裁判決（関連判例

2）以後はじめて，国家公務員の政治的行為の禁止を定めた国公法の規定の合憲性について判断を示したものである。本件判決の意義は，猿払判決や本件判決と同日に下された世田谷事件判決（関連判例 3）などとの比較の中で明らかにされる必要がある。まず猿払判決をやや詳しく確認しておきたい。

⑴　猿払事件最高裁判決
　猿払判決は，①国家公務員の政治的行為の禁止の合憲性と②罰則規定の合憲性の問題に区別して議論を進める。

　そして政治的行為の禁止について，「公務員の政治的中立性を損うおそれのある公務員の政治的行為を禁止することは，それが合理的で必要やむをえない限度にとどまるものである限り，憲法の許容するところであるといわなければならない」と述べる。また，規定の合憲性について，「禁止の目的，この目的と禁止される政治的行為との関連性，政治的行為を禁止することにより得られる利益と禁止することにより失われる利益との均衡の三点から検討することが必要である」として，いわゆる猿払基準を定立する。

　その上で，目的について次のように述べる。公務員の政治的行為のすべてを自由に放任すると公務員の政治的中立性がおのずから損なわれ，職務の遂行・行政機関の公務運営に党派的偏向を招く。また行政の中立的運営に対する国民の信頼を失う。さらに政治的党派の行政への不当な介入を容易にし，行政組織の内部に深刻な政治的対立を醸成し，行政の能率的で安定した運営が阻害される。国の政策の忠実な遂行にも重大な支障をきたし，内部規律によってはその弊害を防止できない事態に陥る。このような弊害の発生を防止し，行政の中立的運営とこれに対する国民の信頼を確保するという目的は正当である。

　また，弊害発生防止のために，公務員の職種，職務権限，勤務時間の内外，国の施設の利用の有無等を区別することなく，公務員の政治的行為を禁止することは，目的と手段の間に合理的関連性が認められる。

公務員の政治的中立性を損なうおそれのある行動類型に属する政治的行為を，これに内包される意見表明そのものの制約を狙いとしてではなく，その行動のもたらす弊害の防止を狙いとして禁止するときは，意見表明の自由に対する行動の禁止に伴う限度での間接的，付随的制約にすぎず，また禁止される行動類型以外の行為により意見表明する自由までも制約するものではない。他方，得られる利益は公務員の政治的中立性を維持し，行政の中立的運営とこれに対する国民の信頼を確保するという国民全体の共同利益であり，失われる利益よりも重要である。利益の均衡を失していない。

(2) 本件判決の分析の視点

これに対し，本件判決は，国公法102条1項の解釈を明示したうえで本件罰則規定の合憲性を判断している。①政治的行為の厳格な解釈を明示的に行っている点，②政治的行為の禁止の合憲性と罰則規定の合憲性を区別せずに一括して論じている点などで，猿払事件判決と本件判決の判断構造には相違がみられる。本件判決の判断構造は，むしろ裁判官の政治的行為に関する寺西判事補事件決定（最大決平10・12・1民集52巻9号1761頁）を参照したものと考えられる。このほか，限定解釈の方式，本件配布行為の罰則規定の構成要件該当性の判断方法等についても検討が必要である。

2 国公法102条1項の目的と解釈

本件判決は，国公法102条1項の目的について，猿払事件判決と同様に，行政の中立的運営とこれに対する国民の信頼としている。もっとも，両判決には違いも認められる。猿払事件判決は，この目的が「公務員の政治的中立性」の維持という概念と結びつけられている。それに対し，本件判決は，「公務員の職務の遂行の政治的中立性」として「職務の遂行」という概念を導入することで，一定の限定を図ろうとしているとも考えられる。

本件判決は国公法の目的を語ったうえで公務員の「国民としての」政治活動の自由に言及する。猿払事件判決は本件規制が公務員に限定さ

れている点を強調していることと対照的である（駒村・後掲）。

両者の対抗関係を踏まえ，本件判決は政治的行為について次のような限定解釈を施す。「『政治的行為』とは，公務員の職務の遂行の政治的中立性を損なうおそれが，観念的なものにとどまらず，現実的に起こり得るものとして実質的に認められるもの」を指すとするのである。そして，公務員の職務の遂行の政治的中立性を損なうおそれが実質的に認められるかどうかにつき総合判断方式を採用し，当該公務員の性格と行為の性格に区別して考慮要素を挙げている（ 要点③ ）。

猿払事件判決においても「公務員の政治的中立性を損うおそれのある公務員の政治的行為を禁止することは」との判示が構成要件の解釈・限定であったと解する余地はあろう。もっとも，合理的関連性の有無で示されている様々な区別を否定しているところからすれば，本件において初めて「政治的行為」の解釈・限定を施したと見るのが自然であろう。

なお，本件判決が以上のような限定解釈を加えるにあたり，「同項の規定が刑罰法規の構成要件となることを考慮すると」としている点には注意が必要である。懲戒処分の場合には，その要件の範囲が拡張するとの理解もなお残されているからである。

3 本件罰則規定の合憲性

(1) 合憲性の判断枠組

本件判決は，以上の解釈を前提に，本件罰則規定の合憲性判断に移行する。国公法の解釈に関する判示では，政治活動の自由の重要性に鑑みて，公務員の政治的行為の禁止は「国民としての政治活動の自由に対する必要やむを得ない限度にその範囲が画されるべき」と述べていた。そして合憲性判断では，よど号ハイジャック記事抹消事件判決（本書9事件）に依拠して，「規制が必要かつ合理的なものとして是認されるかどうか」を「本件罰則規定の目的のために規制が必要とされる程度と，規制される自由の内容及び性質，具体的な規制の態様及び程度等を較

量して決せられるべき」としている。本件判決
は、「必要やむを得ない限度」と「必要かつ合
理的な範囲」という文言の違いを特に意識して
いないものと解される。

　本件判決と猿払判決を比較した場合、規制が
必要やむを得ない限度にとどまるべきことを
（表現は逆転しているが）要求している点は共通
している。しかし、本件判決の比較衡量（利益
衡量）論では、猿払基準を援用しておらず、ど
のように理解すべきかが問題となる。

　この点、千葉補足意見は、従来の最高裁判例
は利益衡量の枠組のなかで厳格な基準も含め柔
軟な検討をしてきたとしている点は、審査基準
論と利益衡量論の対立・調和を考えるうえで示
唆的である。千葉補足意見は猿払基準（さらに
は審査基準）を利益衡量の指標ととらえている
ようである。もっとも、猿払事件の事案では、
あえて厳格な審査基準を持ち出すまでもなく、
その政治的中立性の確保という目的との間に合
理的関連性がある以上、必要かつ合理的なもの
であり合憲であることは明らかであることから、
当該事案における当該行為の性質・態様等に即
して必要な限度での合憲の理由を説示したにと
どめたものであると述べている点には疑問があ
る。「厳しい基準→合憲」から「緩やかな基準
→合憲」を導くならともかく、千葉補足意見は
論証が逆転しているといえよう。

　(2)　本件罰則規定の合憲性判断

　本件判決は、前段で示された規制目的と政治
的行為の限定解釈に基づき、本件罰則規定を合
憲と判断している。

　この判断では、猿払判決で見られた「意見表
明そのものの制約」と「意見表明の自由に対す
る行動の禁止に伴う限度での間接的、付随的制
約」を区別し、政治的行為の禁止を後者とする
考え方は採用されていない。

　また、刑罰と懲戒処分の関係についても示唆
的なところがある。猿払判決では、「懲戒処分
と刑罰とは、その目的、性質、効果を異にする
別個の制裁なのであるから、前者と後者を同列
に置いて比較し、司法判断によって前者をもっ
てより制限的でない他の選びうる手段であると

軽々に断定することは、相当ではない」として
いた。これに対して本件判決は、「禁止行為の
内容、態様等が懲戒処分等では対応しきれない
場合も想定されるため……刑罰を含む規制であ
ることをもって直ちに必要かつ合理的なもので
あることが否定されるものではない」として、
むしろ猿払1審（関連判例1）に近い判断を示
している。猿払判決は刑罰と懲戒処分を別個独
立と解するのに対し、本件判決は懲戒処分の延
長に刑罰を理解していると解するようであり、
これは刑罰の範囲限定に寄与しているものとい
えよう。と同時に逆に、懲戒処分の範囲が広が
る可能性があることについては、上述したとこ
ろである。

4　本件判決の国公法解釈は合憲限定解釈か

　本件判決は、国公法上禁止の対象となる政治
的行為の範囲を限定的に解し、そのような解釈
の下では当該規定は表現の自由を侵害しないと
した。ここで、この国公法の解釈を合憲限定解
釈と解することができるかどうかは、講学上、
また解釈論上も関心のあるところである。本件
判決は、「本法102条1項の文言、趣旨、目的
や規制される政治活動の自由の重要性に加え、
同項の規定が刑罰法規の構成要件となることを
考慮すると」と述べ、限定解釈の視点として政
治活動の自由という憲法上の権利を挙げている。
しかし、この解釈が合憲限定解釈に該当するか
どうかは明言していない。

　この点、千葉勝美裁判官の補足意見は、「い
わゆる合憲限定解釈の手法、すなわち、規定の
文理のままでは規制範囲が広すぎ、合憲性審査
におけるいわゆる『厳格な基準』によれば必要
最小限度を超えており、利益較量の結果違憲の
疑いがあるため、その範囲を限定した上で結論
として合憲とする手法を採用したというもので
はない」として、合憲限定解釈であることを否
定している。その理由として、①合憲限定解釈
の立法作用的性格と②国家公務員法のような基
本法につき一部だけを取り出して限定解釈する
ことに対する謙抑性が挙げている。そしてまず
公務員制度の体系的理念や憲法の趣旨に沿った

国家公務員の服務の在り方等を踏まえた「国家公務員法自体の条文の丁寧な解釈」が試みられるべきであるとする。これはいわば，体系的解釈という法解釈の一般的な手法を用いているにすぎないと考えているものといえる。体系的解釈の中では，当然，上位規範も考慮されるからである。憲法を通常の体系的解釈の枠内で考慮する方途を，合憲限定解釈と区別して，「憲法適合的解釈」と呼ぶことがある（宍戸・後掲等参照）。このような理解は，〈規定の解釈→規定の合憲性〉という論述の流れにも適合的であるといえる。

　これに対し，本件判決は合憲限定解釈を採用したものである，とする理解も有力である（蟻川・後掲等参照）。たしかに，判決文では，規定の解釈と合憲性を区別して論じている。しかし，合憲性判断の実態は，規定の解釈の単なる追認である。前段で示されていた規定の目的は正当な目的であり，解釈により限定された範囲の政治的行為の制限は目的達成のために必要かつ合理的範囲のものであると述べるにとどまり，それを正当化する実質的な論拠が示されていないからである。

　以上の２つの理解は，いずれも成立可能であり，また憲法適合的解釈・合憲限定解釈の区別にも一定の有用性が認められる。もっとも，国公法102条１項の解釈にあたり，政治活動の自由の重要性を述べ，さらに公務員の政治的行為の禁止の限界に関する一般命題をあらかじめ述べている。法令解釈に前に憲法上の限界が示されている本件判決の論証構造に鑑みれば，実質的には合憲限定解釈であったとする理解にも相当性が認められよう。

　なお，控訴審判決が適用違憲の手法を用いたこともあり，その可能性を志向することも考えられ得た。猿払事件１審判決（関連判例１）もこの手法を採用していたところである。千葉補足意見は，「当該公務員の職務の遂行の政治的中立性に与える影響が小さいことを実質的な根拠としていると解され，その苦心は理解できる」として一定の位置づけは与えつつも，「適用違憲の手法を採用することは，個々の事案や

判断主体によって，違憲，合憲の結論が変わり得るものであるため，その規制範囲が曖昧となり，恣意的な適用のおそれも生じかねず，この手法では表現の自由に対する威嚇効果がなお大きく残る」として，その可能性に消極的である。

5　本件配布行為の構成要件該当性判断の特質

(1)　本件配布行為の構成要件該当性

　本件配布行為について，本件判決は，規則上の行為類型に文言上該当する行為としつつ，管理職的地位になく，その職務の内容や権限に裁量の余地のない公務員によって，（職務時間外に国ないし職場の施設を利用せずに）職務と全く無関係に，公務員により組織される団体の活動としての性格もなく行われたものであり，公務員による行為と認識し得る態様で行われたものでもないから，公務員の職務の遂行の政治的中立性を損なうおそれが実質的に認められるものとはいえないとして，構成要件該当性を否定した（ 要点⑤ ）。

(2)　世田谷事件判決との比較

　本件判決の構成要件該当性判断の特質を理解するうえで重要となるのが，同日に下された世田谷事件最高裁判決（関連判例３）である。同事件の場合，被告人の行為の性格は本件判決の事案と同様であったが，公務員の性格の側面に違いがある。

　世田谷事件の被告人は，厚生労働省大臣官房統計情報部社会統計課長補佐であり，筆頭課長補佐（総括課長補佐）として課内の総合調整等を行う立場にあり，国家公務員法108条の２第３項ただし書所定の管理職員等に当たり，一般の職員と同一の職員団体の構成員となることのない職員であった。そのため，「指揮命令や指導監督等を通じて他の多数の職員の職務の遂行に影響を及ぼすことのできる地位にあった」。「管理職的地位の公務員が殊更にこのような一定の政治的傾向を顕著に示す行動に出ているのであるから，当該公務員による裁量権を伴う職務権限の行使の過程の様々な場面でその政治的傾向が職務内容に現れる蓋然性が高まり，その指揮命令や指導監督を通じてその部下等の職務

の遂行や組織の運営にもその傾向に沿った影響を及ぼすことになりかねない。したがって，これらによって，当該公務員及びその属する行政組織の職務の遂行の政治的中立性が損なわれるおそれが実質的に生ずるものということができる」として，本件配布行為は本件罰則規定の構成要件に該当するとした。

ここで，当該公務員に加え，「行政組織」の職務遂行の政治的中立性にも言及がある点が注目される。管理職的地位にあり裁量権を持つ公務員の政治的行動が指揮命令・監督を通じて行政組織の運営に影響を及ぼす点を問題にしているといえる。管理職的地位にあることそのものから直ちに「政治的行為」であるとは結論付けていないが，猿払事件判決の目的の正当性判断に見られた波及的・累積的効果論の残滓が認められよう。このような理解が，本件と世田谷事件での結論の差をもたらしたものと考えられる。

同判決の須藤裁判官反対意見は，前述の本件判決の意見で示した理解に基づいて，世田谷事件も被告人の行為は本件刑罰規定の構成要件に該当しないとする。「公務員の政治的行為がその行為や付随事情を通じて勤務外で行われたと評価される場合，つまり，勤務時間外で，国ないし職場の施設を利用せず，公務員の地位から離れて行動しているといえるような場合で，公務員が，いわば一私人，一市民として行動しているとみられるような場合……は，そこからうかがわれる公務員の政治的傾向が職務の遂行に反映される機序あるいは蓋然性について合理的に説明できる結び付きは認められないというべき」であるとする。したがって，勤務外の行為であれば構成要件該当性は否定されるべきとするのである。須藤裁判官の立場は，本件判決と共通する「公務員の職務の遂行の政治的中立性」を損なう実質的なおそれがあるかどうかにつき，牽連性を要求することで，累積的・波及的効果論を排除しており，また規制目的のうちの「国民の信頼」のファクターをより抑制的に理解したものといえる。

(3) 猿払事件判決との比較

猿払事件もまた，管理職的地位にも裁量権も

ない公務員が勤務時間外に行ったポスター掲示や配布行為が問題となったものであるが，有罪判決を受けている。本件判決は，猿払事件が組織的な活動であったため，事例が異なるとする。この理解により，各所に示された猿払事件判決とは異なる判断が可能になっているといえよう。

世田谷事件，猿払事件両判決と比較した場合，本件判決で示された判断要素については，①行為態様はともかく，少なくとも管理職的地位にあり裁量権を持つ公務員の政治的行動は，累積的・波及的効果に照らして中立性を損なう実質的なおそれが認められる，②行為態様の諸要素は，いずれか一つでも該当すれば中立性を損なう実質的なおそれが認められる可能性が高い，と考えられる。この考え方からすれば，上級の公務員になればなるほどそれだけで政治的行為が禁止される可能性が高まるといえよう。

■ ■ ■ ■ ■ 関連判例 ■ ■ ■ ■ ■

1　猿払事件1審判決（旭川地判昭43・3・25下刑集10巻3号293頁）

2　猿払事件最高裁判決（最大判昭49・11・6刑集28巻9号393頁）

3　世田谷事件（最判平24・12・7刑集66巻12号1722頁）

■ ■ ■ ■ ■ 演習問題 ■ ■ ■ ■ ■

1　外務省の係員であるXは，以前赴任していた内戦状況が続くA国状況を見て，日本もA国からの難民等を積極的に受け入れるべきと考えた。そこで外務省職員であることは伏せて，勤務時間外に施設を利用せず許可を受けたうえで，複数回にわたり，広場などで難民受入れの署名運動に参加した。この行為が国公法110条1項19号，102条1項，人事院規則14－7（政治的行為）6項9号（5項5号）に当たるとして起訴された。Xは，どのような主張をすることができるか。

＊考え方
Xは，表現内容規制→厳格審査という流れからの規定の違憲主張のほか，単なる係員であり，身分等を伏せていること，特定の政党支持目的でもないことなどを挙げて，要件不該当を主張する。

104 表現の自由③

検察は，本件判決に基づく合憲主張とともに，外務省の職務内容が政治的影響を受けやすい点を指摘し，構成要件該当を主張する。

2　A裁判所の判事であるXは，自らの経験から裁判員制度は廃止すべきと考え，新聞にそのような投書を行うとともに，裁判員制度の廃止を考える市民集会に参加した。そこで身分を明かしたうえで発言した。裁判所長Yはこれらの行為が積極的な政治運動（裁判所法52条1項後段）に該当するとしてB高裁にXの懲戒の申立てを行った。Xは，どのように反論すると考えられるか。

　＊考え方
　　裁判官の政治的中立性の理解，積極的政治運動の定義をいかにするかが重要となる。寺西判事補事件決定が参考になる。

〔参考文献〕
蟻川恒正「国公法二事件最高裁判決を読む(1)〜(2)〈起案講義憲法3，5〉」法教393号84頁，395号90頁
岩崎邦生・最判解刑事篇平成24年度463頁
大河内美紀「公務員の政治的意見表明」論究憲法301頁
駒村圭吾『憲法訴訟の現代的転回』（日本評論社，2013年）
宍戸常寿『憲法　解釈論の応用と展開〔第2版〕』（日本評論社，2014年）
長谷部恭男・百選I〔第6版〕32頁
棟居快行「人権制約法理としての公共の福祉論の現在」レファレンス64巻5号（2014年）5頁

（土屋　武）

表現の自由④

12 船橋市西図書館事件

■ 最高裁平成 17 年 7 月 14 日第一小法廷判決
■ 平成 16 年(受)第 930 号
　損害賠償請求事件
■ 民集 59 巻 6 号 1569 頁，判時 1910 号 94 頁

〈事実の概要〉

　Y（船橋市。被告・被控訴人・被上告人）の設置する Y 西図書館に勤務していた司書 A は，平成 13 年 8 月 10 日から同月 26 日にかけて，Y の図書館資料除籍基準（以下，「本件除籍基準」）に定められた「除籍対象資料」に該当しないにもかかわらず，独断で，同図書館に所蔵されていた蔵書 107 冊を，コンピューターの蔵書リストから除籍する処理をして廃棄した（以下，「本件廃棄」）。

　廃棄された図書は，「新しい歴史・公民教科書およびその他の教科書の作成を企画・提案し，それらを児童・生徒の手に渡すことを目的とする」権利能力なき社団である「新しい歴史教科書を作る会」およびその役員または賛同者（以下，X らと記す。原告・控訴人・上告人）によって執筆されたものであり，A による本件廃棄は，X らとその著書に対する否定的評価と反感に基づいてなされたものであった。

　本件廃棄から約 8 か月後，平成 14 年 4 月 12 日付け産経新聞（全国版）の報道により本件廃棄が発覚した。当初 A は，Y 教育委員会による事情聴取に対して，自分が除籍したことを否定していたが，平成 14 年 5 月 10 日，Y 教育委員会委員長に宛てて本件廃棄は自分がした旨の上申書を提出した。同委員会は，同月 29 日，A に対し 6 か月間減給 10 分の 1 とする懲戒処分を行った。本件廃棄の対象となった図書については，そのうちの 103 冊は A らによる寄付という形で再び Y 西図書館に収蔵され，残り 4 冊は入手困難であったため，A らが，同一著者

の執筆した書籍を代替図書として寄付し，Y 西図書館に収蔵された。

　本件は，X らが，本件廃棄によって著作者としての人格的利益等を侵害されて精神的苦痛を受けた旨主張し，Y に対し（第 1 審，原審では A に対しても），国家賠償法 1 条 1 項または民法 715 条に基づき，慰謝料の支払を求めたものである。

　第 1 審（東京地判平 15・9・9 民集 59 巻 6 号 1579 頁参照）は，A によってなされた本件廃棄が，図書の著者である X らとの関係で違法となるためには，X らに法的権利ないし法的保護に値する利益が存在することが必要であるが，本件ではかかる法的権利ないし法的保護に値する利益の侵害が認められず，また名誉毀損が成立するということはできないなどと判断し，また，A の行為は個人的な行為であって，Y が関与してなされたものとは認められないから，Y の独自の法的責任が生じることはないなどと判断して，X らの請求をいずれも棄却した。

　原審（東京高判平 16・3・3 民集 59 巻 6 号 1604 頁参照）も第 1 審を支持し，Y 西図書館に収蔵され閲覧に供されている書籍の著作者は，Y に対し，その著作物が図書館に収蔵され閲覧に供されることにつき，何ら法的な権利利益を有するものではないため，本件廃棄によって X らの権利利益が侵害されたことを前提とする X らの主張は採用することができないとして控訴を退けた。

　そのため X らが上告した。

106　表現の自由④

〈上告審〉

■ 要 点 ■

　　①　公立図書館は，住民に対して思想，意
見その他の種々の情報を含む図書館資料を提
供してその教養を高めること等を目的とする
公的な場である。
　　②　公立図書館職員（司書）は，独断的な
評価や個人的な好みにとらわれることなく，
公正に図書館資料を取り扱うべき職務上の義
務を負い，この義務に違反して図書を廃棄す
ることは，図書館職員としての基本的な職務
上の義務に反する。
　　③　公立図書館において，その著作物が閲
覧に供されている著作者が，著作物によって
その思想，意見等を公衆に伝達する利益は，
著作者の思想の自由，表現の自由が憲法によ
り保障された基本的人権であることにもかん
がみると，法的保護に値する人格的利益であ
る。
　　④　公立図書館職員が閲覧に供されている
図書を著作者の思想や信条を理由とするなど
不公正な取扱いによって廃棄することは，当
該図書の著作者との関係において国家賠償法
上違法となる。

■ 判　旨 ■

破棄差戻し。
　4（1）「〔**公立図書館の位置づけ**〕　図書館は，
『図書，記録その他必要な資料を収集し，整理
し，保存して，一般公衆の利用に供し，その教
養，調査研究，レクリエーション等に資するこ
とを目的とする施設』であり（図書館法2条1
項），『社会教育のための機関』であって（社会
教育法9条1項），国及び地方公共団体が国民
の文化的教養を高め得るような環境を醸成する
ための施設として位置付けられている（同法3
条1項，教育基本法7条2項参照）。公立図書
館は，この目的を達成するために地方公共団体
が設置した公の施設である（図書館法2条2項，
地方自治法244条，地方教育行政の組織及び
運営に関する法律30条）。そして，図書館は，
図書館奉仕（図書館サービス）のため，①図書
館資料を収集して一般公衆の利用に供すること，

②図書館資料の分類排列を適切にし，その目録
を整備することなどに努めなければならないも
のとされ（図書館法3条），特に，公立図書館
については，その設置及び運営上の望ましい基
準が文部科学大臣によって定められ，教育委員
会に提示するとともに一般公衆に対して示すも
のとされており（同法18条），平成13年7月
18日に文部科学大臣によって告示された『公
立図書館の設置及び運営上の望ましい基準』
（文部科学省告示第132号）は，公立図書館の
設置者に対し，同基準に基づき，図書館奉仕
（図書館サービス）の実施に努めなければなら
ないものとしている。同基準によれば，公立図
書館は，図書館資料の収集，提供等につき，①
住民の学習活動等を適切に援助するため，住民
の高度化・多様化する要求に十分に配慮するこ
と，②広く住民の利用に供するため，情報処理
機能の向上を図り，有効かつ迅速なサービスを
行うことができる体制を整えるよう努めること，
③住民の要求に応えるため，新刊図書及び雑誌
の迅速な確保並びに他の図書館との連携・協力
により図書館の機能を十分発揮できる種類及び
量の資料の整備に努めることなどとされている。
　公立図書館の上記のような役割，機能等に照
らせば，公立図書館は，住民に対して思想，意
見その他の種々の情報を含む図書館資料を提供
してその教養を高めること等を目的とする**公的
な場**ということができる　要点①　。〔**公立図書館
職員の職務上の義務の内容**〕　そして，公立図書
館の図書館職員は，公立図書館が上記のような
役割を果たせるように，**独断的な評価や個人的
な好みにとらわれることなく，公正に図書館資
料を取り扱うべき職務上の義務**を負うものとい
うべきであり，閲覧に供されている図書につい
て，独断的な評価や個人的な好みによってこれ
を廃棄することは，図書館職員としての**基本的
な職務上の義務**に反するものといわなければな
らない　要点②　。
　（2）〔**公立図書館で閲覧に供されている著書の著
作者の利益**〕　他方，公立図書館が，上記のと
おり，住民に図書館資料を提供するための公的
な場であるということは，そこで閲覧に供され

た図書の著作者にとって，その思想，意見等を公衆に伝達する公的な場でもあるということができる。したがって，公立図書館の図書館職員が閲覧に供されている図書を著作者の思想や信条を理由とするなど不公正な取扱いによって廃棄することは，当該著作者が著作物によってその思想，意見等を公衆に伝達する利益を不当に損なうものといわなければならない。そして，著作者の思想の自由，表現の自由が憲法により保障された基本的人権であることにもかんがみると，公立図書館において，その著作物が閲覧に供されている著作者が有する上記利益は，法的保護に値する**人格的利益**であると解するのが相当であり 要点③ ，〔国家賠償法上の違法性〕公立図書館の図書館職員である公務員が，図書の廃棄について，基本的な職務上の義務に反し，著作者又は著作物に対する独断的な評価や個人的な好みによって不公正な取扱いをしたときは，当該図書の著作者の上記人格的利益を侵害するものとして国家賠償法上違法となるというべきである 要点④ 。

（3）　前記事実関係によれば，本件廃棄は，公立図書館であるＹ西図書館の本件司書が，Ｘつくる会やその賛同者等及びその著書に対する否定的評価と反感から行ったものというのであるから，Ｘらは，本件廃棄により，上記人格的利益を違法に侵害されたものというべきである。

5　したがって，これと異なる見解に立って，ＸらのＹに対する請求を棄却すべきものとした原審の判断には，判決に影響を及ぼすことが明らかな法令の違反がある。論旨は，上記の趣旨をいうものとして理由があり，原判決のうちＹに関する部分は破棄を免れない。そして，本件については，更に審理を尽くさせる必要があるから，上記部分につき本件を原審に差し戻すこととする。」

● ● ● ● ● 確認問題 ● ● ● ●

1　本判決は，いかなる理由で，「公立図書館は，住民に対して思想，意見その他の種々の情報を含む図書館資料を提供してその教養を高めること等を目的とする公的な場」であると位置

づけたか。（→ 要点① ）

2　本判決は，公立図書館は誰にとっての「公的な場」であるとしているか。（→ 要点①② ）

3　公立図書館の図書館職員は，いかなる職務上の義務を負い，いかなる場合にその職務上の義務に違反することになるか。（→ 要点② ）

4　公立図書館で閲覧に供されている図書の著作者に対して保障される，法的保護に値する人格的利益とはどのようなものか。（→ 要点③ ）

5　公立図書館の図書館職員が，どのような行為をしたときに，国家賠償法上の違法となるか。（→ 要点④ ）

● ● ● ● 解　説 ● ● ● ●

1　総　論

(1)　表現の自由の一般的理解

憲法21条1項が保障する表現の自由は，国家に対して，表現のための機会や場所の提供を義務づけるものではないと解されている。この点について明確に述べた最高裁判例は存在しないが，下級審では，富山県立美術館天皇コラージュ事件（関連判例3）において，「表現の自由の保障とは，情報収集─情報提供─情報受領という情報の流通過程のうち，情報提供の過程においては，情報提供に関わる国民の諸活動が公権力によって妨げられないことを意味し，公権力に対し，国民が自己の有する情報を提供するための作為を求めることができることまで意味しないものと解するのが相当である。これを芸術上の表現活動の自由についていえば，芸術家が作品を製作して発表することについて公権力がこれを妨げることは許されないが，公権力に対し，芸術家が自己の製作した作品を発表するための作為，たとえば，展覧会での展示，美術館による購入等を求める憲法上の権利を有するものではないといわなければならない。」とされたことがある。また，京都市タウンミーティング事件（関連判例5）でも，「憲法21条1項は，表現の自由，すなわち，人の内心における精神的作用を外部に公表する精神活動の自由を保障しているところ，右にいう表現の自由の保障とは，国民が内心における精神的作用を外部に公

表することを公権力により妨げられないことを意味し，国民が，公権力に対し，内心における精神的作用を外部に公表するための機会の提供など，表現の自由をより実効化するための一定の作為を求めることができることまで意味するものではない。」とされたことがある。

(2) 本判決の意義

著作権法2条1号は，著作物を「思想又は感情を創作的に表現したものであって，文芸，学術，美術又は音楽の範囲に属するものをいう」と定義し，同2号で著作者を「著作物を創作する者をいう」と定義しているとおり，Xらの著作物が表現の自由によって保障されることは言うまでもない。しかし，先にみた表現の自由についての一般的理解からすれば，本判決の第一審および原審が，①著書の著作者は，自らの著作物を図書館が購入することを法的に請求することができる地位にあるとは解されない，②その著作物が図書館に購入された場合でも，当該図書館に対し，これを閲覧に供する方法について，著作権または著作者人格権等の侵害を伴う場合は別として，それ以外には，法律上何らかの具体的な請求ができる地位に立つまでの関係には至らない，と判断したことには相応の理由があったといえる。

これに対して本判決は，「公立図書館の役割，機能に踏み込んだ上，公立図書館において閲覧に供されている図書の著作者の利益が法的保護に値するものであることを判示して，本件廃棄が著作者らとの関係でも違法となるとの結論を導いたもの」（調査官解説〔松並・後掲416頁〕）であり，「最高裁としての初めての判断」を示したという意義を有している。

それではどのようにして上記の判断を導いたのだろうか。

(3) 判決の論理構造の確認

本判決の論理構造は，大要，①関係法令に照らして，公立図書館の機能，役割を明らかにしたうえで，②そこから公立図書館職員が果たすべき「職務上の義務」を導き，③かかる義務に違反する行為のうち，一定のものについて，著作者に対する法的保護に値する人格的利益の侵

害として構成する，というものである。

以下，この論理構造を踏まえて，①から③それぞれにつき，その射程範囲を意識しながら検討していくことにしたい。

2 「公的な場」としての公立図書館 (①)

本判決は公立図書館を「公的な場」と位置付けている。その際，情報受領者にとっての「公的な場」としての性格と，情報発信者にとっての「公的な場」としての性格という，2つの性格が与えられている。すなわち，公立図書館は，情報受領者たる「住民に対して思想，意見その他の種々の情報を含む図書館資料を提供してその教養を高めること等を目的とする公的な場」であるとともに，情報発信者たる「そこで閲覧に供された図書の著作者にとって，その思想，意見等を公衆に伝達する公的な場でもある」とされているのである。

この点に関して，次の3点を指摘しておきたい。

(1) 憲法論の不在

第一に，本判決が公立図書館を「公的な場」と位置付ける際に憲法論が登場しないことである。あくまでも，文部科学大臣による告示を含む関連法令の解釈を通じて，公立図書館を「公的な場」としているのである[1]。このように本判決は，あくまでも法令の解釈を通じて「公立図書館」を「公的な場」と位置付けたに過ぎず，その他の図書館[2]についての判断は示していないことに注意が必要である。

そして本判決は，情報受領者にとっての「公的な場」であるという論証に際しては，判旨でみたように関連法令を網羅的に示している一方で，情報発信者にとっても「公的な場」であると位置づけた際には，そうした検討がほとんど行われていない。前者から直ちに後者の位置付けが導き出されるかのような説明になっており，そのためそこでも憲法論は登場していない。このような論証の仕方については批判もみられる

---

1) 木藤・後掲134頁は，これを「制定法準拠主義」的な従来からの思考の枠組と評しているが，言い得て妙である。

ところである（山中・後掲100〜101頁等）。

　もっとも本判決は，憲法上の権利規定を引き合いに出さずとも，関係法令の解釈を通じて公立図書館を「公的な場」と位置付けることが可能であったために憲法論を展開していないだけであるといえるかもしれない。住民の知る権利や，図書館が表現の自由に対して有する制度的意義などを踏まえた憲法論を展開することも可能であり，そのような作業を通じて，本判決を憲法論で補強ないし再構成したり，「公的な場」の射程範囲を公立図書館以外にも広げたりすることも不可能ではない[3]。

　⑵　「著作者」の限定

　第二に，本判決では，公立図書館は著作物によって自らの思想，意見等を公衆に伝達する著者一般にとっての「公的な場」であるとされているわけではないことである。本判決は注意深く，「そこで閲覧に供された図書の著作者」にとって公立図書館が「公的な場」であるとしている。したがって本判決は，図書の著作者が自らの思想，意見等を公衆に伝達するために自らの図書を購入するように公立図書館に求めること等が認められるといった含意を有していない。図書の著作者による公立図書館への介入が広く認められることになると，上述した意味での「公的な場」としての機能を果たすことが困難となることが予見される。そのような懸念に基づいて上記の限定が付されたのであろう。そのことの意味を見逃すべきではない。

　⑶　パブリック・フォーラム論との関係

　第三は，「公的な場」と，アメリカの判例・学説によって認められている「パブリック・フォーラム」論との関係についてである。

　パブリック・フォーラム（以下，PF）論とは，表現活動のため公共の場所を利用する権利を保障することを目的に，給付行政の領域における政府の広範な裁量を制約するために発展したアメリカの判例法理である[4]。アメリカの判例法理上，PFは，①伝統的PF，②指定的PF，③非PFの3つに大別されており，そのいずれに分類されるかにより，そこでの表現活動の「規制」の合憲性を審査する基準が決まることとな

る[5]。

　PF法理は，「表現や集会のための場所の提供」という，本来的に〔制限→正当化〕という防御権的構成になじまない給付・援助・助成の問題局面において，給付等を受けることのできる状態をベースラインとして設定し，それを拒否・撤回等することが表現の自由や集会の自由などの自由権の「制限」と構成するための論理操作であることを本質とする。

　日本の最高裁判例では，法廷意見や多数意見においてPF論への明示的な言及がなされたことはない。少数意見レベルでは，吉祥寺駅ビラ配布事件（関連判例1）の伊藤正己裁判官の補足意見がPFについて論じたことがあるが，そこで展開されたPF論は，アメリカの判例法理のようなカテゴリカルな類型論ではなく，利益衡量の際の一要素として表現が行われる場所の性質を加味すべきという内容のものであったことに注意が必要である[6]。

　もっとも，最高裁判例のなかには，アメリカ流のPF論を踏まえた判断だとされるものもある。それが泉佐野市民会館使用不許可処分事件（関連判例2）である[7]。この判決では，問題と

---

2)　図書館法2条2項は，「この法律において『図書館』とは，図書，記録その他必要な資料を収集し，整理し，保存して，一般公衆の利用に供し，その教養，調査研究，レクリエーション等に資することを目的とする施設で，地方公共団体，日本赤十字社又は一般社団法人若しくは一般財団法人が設置するもの（学校に附属する図書館又は図書室を除く。）をいう」と定め，2項で「前項の図書館のうち，地方公共団体の設置する図書館を公立図書館といい，日本赤十字社又は一般社団法人若しくは一般財団法人の設置する図書館を私立図書館という」と定め，「公立図書館」と「私立図書館」を区別している。その他，学校図書館法2条1項が定める小中高校に設けられる学校の設備としての「学校図書館」，国立国会図書館法による国立国会図書館，大学設置基準が規定する「（大学）図書館」などがある。

3)　その他の図書館についてもそれが可能であることを示唆するものとして，木藤・後掲136頁を参照。また，図書館法と博物館法の規定の類似性を手掛かりに，美術館等においても本判決の論理を応用する可能性を指摘するものとして，駒村圭吾「国家と文化」ジュリ1405号141頁を参照。

4)　文献は多いが，筆者によるものとして，横大道・後掲第2部を参照。また，本書13事件も参照。

なった場所の性質を法令上の位置づけや解釈から導き、そこから管理権者に認められる裁量の程度を決定するというアプローチが採られており[8]、この点に着目すれば、本判決との間に類似性が見られるものの、相違点も少なくない。

まず、本判決は、恣意的な図書の廃棄によって当該図書の著作者の表現の自由等が制約されるとは構成しておらず、人格的利益の侵害としている点で違いがみられる。また、PF論のもとでは、表現者の能動的行為（アクセス）が想定されているのに対して、本判決の「公的な場」では、図書の購入を求めるという意味での能動的側面が意図的に排除されており（上述）、「公的な場」である公立図書館に図書が収蔵されるかはどうかは受動的である。さらに、PF法理は、表現内容によって公的な場所の利用を拒否することを否定しようとする点で平等を重視するものである一方、公立図書館に収蔵する図書の選書については、有限な場所と財源に鑑み内容に基づいた判断を必要不可欠としており、図書の著作者の「平等」なアクセスを想定することは困難である。

2 職務上の義務の内実（②）

本判決の論理構造②では、「公的な場」としての公立図書館という位置付け（上記①）に鑑み、公立図書館がその「公的な場」としての役割を果たせるように、公立図書館職員には、「独断的な評価や個人的な好みにとらわれることなく、公正に図書館資料を取り扱うべき職務上の義務」が導き出されるとしている。

この点について次の3点について指摘しておきたい。

(1) 「職務上の義務」と「基本的な職務上の義務」

第一に、本判決が、上記の「職務上の義務」とは別に、「閲覧に供されている図書について、独断的な評価や個人的な好みによってこれを廃棄すること」について、公立「図書館職員としての基本的な職務上の義務に反するもの」と述べていることである。このような言い方には、「基本的な職務上の義務」と、基本的ではない

5) *See* Perry Education Ass'n v. Perry Local Educators' Ass'n 460 U.S. 37 (1983). この判決の法廷意見は、「公有財産へのアクセスの権利の存在と、その権利に対して課される制約の基準は、問題となる公有財産の特徴に依拠して、異なった基準により評価されなければならない」と述べ、次のようにPFを整理した。

①伝統的PFは、「長い伝統あるいは政府の決定により、集会や討論のために捧げられてきた場所」である。伝統的PFにおける内容に基づく規制を正当化するためには、やむにやまれぬ利益のために必要不可欠な規制であること、その目的を達成するために厳格に適合した規制であることを証明しなければならない。内容中立的な、時・所・方法に基づく規制の場合には、その規制が重要な政府利益に厳格に適合し、コミュニケーションのために十分な代替チャンネルが開かれている場合にのみ許される。

②指定的PFは、政府が公有地を表現活動のための場として公衆に開放した場所である。政府には指定的PFを創設する義務が課されているわけではないし、無期限にフォーラムを開放し続ける義務が課されているわけでもない。しかし、一般公衆に公有地を開放している限りにおいて、伝統的PFと同じ基準が適用される。なお、政府は特定のグループや特定の主題に対してのみ、すなわち、「限定的（limited）な目的」についてのみPFを設立することも可能である。この場合、指定的PFのサブカテゴリとして限定的PFと呼ばれる。

③非PFは、一般公衆のコミュニケーションのために開かれているという「伝統」や「指定」が存在しない場所である。非PFでは、観点に基づいて表現活動を抑圧することは許されないが、そうでない場合には、規制が「合理的（reasonable）」でありさえすれば許される。詳細については、横大道・後掲140～143頁を参照。

6) 具体的には、①「一般公衆が自由に出入りできる場所」が、②「表現のための場として役立つ」ことに鑑み、③そのような場所が「表現の場所として用いられるとき」には、④「所有権や、本来の利用目的のための管理権に基づく制約を受けざるをえない」が、⑤「その機能にかんがみ、表現の自由の保障を可能な限り配慮する必要がある」というものであった。なお、伊藤裁判官は、大分県屋外広告物条例違反被告事件（最判昭62・3・3刑集41巻2号15頁）の補足意見においてもPF論に言及している。

7) 同判決の調査官解説（近藤崇晴・最判解民事篇平成7年度(上)282頁以下）は、本判決が「パブリック・フォーラムの法理を念頭に置いていることは疑いがない」、「本件会館を含む地方自治法244条の『公の施設』は、右②の類型〔——指定的パブリック・フォーラムのこと〕に当たるであろう」などと述べている。

8) 呉市教研集会会場使用不許可事件でも、関係法令の解釈を経て、学校施設の目的外使用の事案であるとされている。

「職務上の義務」が存在することが示唆されている。

公立図書館職員には，蔵書の受入・購入，蔵書の管理，蔵書の閲覧提供・貸出し，蔵書の処分・廃棄といった様々な職務が想定される（山中・後掲94頁）。それらの業務一般に及ぶのが，「公正に図書館資料を取り扱うべき職務上の義務」であろう。そしてその職務上の義務のうち，廃棄段階での上記義務は，とりわけ「基本的」なものであると解される。そして，「基本的」な職務上の義務である以上，その違反の違法性は強度であるとする理解が含意されていると解することができるだろう。

(2) 憲法論の不在

第二に，この論理構造②の段階でも，憲法論が登場していないことである。それは本判決が，論理構造①で示された公立図書館の「公的な場」としての位置付けから，さしたる論証を経ずして，ダイレクトに，公立図書館職員に課される上記の職務上の義務を導き出しているからである。

そして本判決は，図書の廃棄段階における「基本的な職務上の義務」を導き出す際にも，憲法論を介在させていない。以上はいずれも，論理構造①の段階での法令解釈から演繹されるかたちで直接的に導出されているのである。

2(1)でも指摘した通り，論理構造①の段階で憲法論を展開したうえで，論理構造②につなげるような再構成も可能である。そのようなかたちで憲法論を介在させることで，本判決の論理を補強したり応用したりすることが可能となろう[9]。

(3) 誰に対して負う義務なのか

第三に，公立図書館職員が職務上の義務を負う直接的な相手方は，図書の著作者であるXらではなく，Yであるということである。この点は，第一審，原審が，公立図書館職員が独断や個人的な好みによって図書館の蔵書を廃棄することは，Y市の公有財産を不当に損壊する行為であって，公立図書館を設置した地方公共団体との関係で違法なものであることは明らかであると明言する一方で，「被告Aによって除籍

等がなされた図書は，すべて被告Yが購入して所有し管理していたものであって，Xらの所有・管理に属するものではなく，これらの蔵書をどのように取り扱うかは，原則として被告Yの自由裁量にまかされているところであり，仮に，これを除籍するなどしたとしても，それが直ちにその著者との関係で違法になることはないと考えられる」として，「被告Aによってなされた本件除籍等がXらに対する関係でも違法なものといえるか否かは，別問題」であり，著作者との関係では，「当該図書館がたまたまその書籍を購入して閲覧に供することを決定したことによって生じた事実上の利益にすぎない」として，著作者に法的保護に値する利益が存することを認めなかった点に示されている。

3 著作者の人格的利益と憲法論 (③)

本判決の最大のポイントは，公立図書館職員が地方自治体に対して負う「基本的な職務上の義務」（②）に違反する行為を，著作者に対する法的保護に値する人格的利益の侵害として構成したこと（③）である。

そもそも，国賠法1条1項による賠償が認められるためには，「国又は公共団体の公権力の行使に当たる公務員が個別の国民に対して負担する職務上の法的義務に違背して当該国民に損害を加えたとき」である（最判昭60・11・21民集39巻7号1512頁）。2(3)で見たように，第1審，原審ともに，論理構造②から③を導き出すことを否定したが，それは，XらのYに対す

---

9) 横大道・後掲212～216頁を参照。ここで，泉佐野市民会館使用不許可処分事件において，「地方自治法244条にいう普通地方公共団体の公の施設として，本件会館のように集会の用に供する施設が設けられている場合，住民は，その施設の設置目的に反しない限りその利用を原則的に認められることになるので，管理者が正当な理由なくその利用を拒否するときは，憲法の保障する集会の自由の不当な制限につながるおそれが生ずることになる。したがって，本件条例7条1号及び3号を解釈適用するに当たっては，本件会館の使用を拒否することによって憲法の保障する集会の自由を実質的に否定することにならないかどうかを検討すべきである」としたことなどが参考になろう。

112 表現の自由④

る国賠請求が認容されるためには，Aの本件廃
棄により，AのYに対する職務上の義務違反に
とどまらず，Xらの法律上保護される主観的な
利益が侵害されたことが必要であるところ，関
係法令からそのような主観的利益を導くことが
困難であると解したからであった（あくまで，
反射的利益ないし事実上の利益にとどまり，AはX
らに対して職務上の法定義務を負うものではない
とされている）。

したがって，いかなる論理に基づいて本判決
がこの点をクリアしたのかが本判決を理解する
上で重要となる。以下，この点についても3点
指摘したい。

(1) 憲法論の登場

まず，本判決が，公立図書館において，その
著作物が閲覧に供されている著作者が著作物に
よってその思想，意見等を公衆に伝達する利益
は，単なる事実上の利益ないし反射的利益にと
どまらず，「法的保護に値する人格的利益」で
あり，公務員たる公立図書館職員が，上記の
「基本的な職務上の義務」に反して，「著作者又
は著作物に対する独断的な評価や個人的な好み
によって不公正な取扱いをしたときは，当該図
書の著作者の上記人格的利益を侵害するものと
して国家賠償法上違法となる」と述べた際に，
この両言明の中間に，「著作者の思想の自由，
表現の自由が憲法により保障された基本的人権
であることにもかんがみると」というフレーズ
が挿入されていることである。この布置関係に
照らせば，当該フレーズが両言明を架橋させる
ために大きな意味を持っていることが推察され
るところ，本判決で直接的に憲法が登場するの
は，この場面である[10]。すなわち，〈AがYに
対して負う職務上の義務違反行為であっても，
それはXらの人格的利益の侵害にはならない〉
という一般的な理解を覆すにあたって，憲法論
が一定の威力を発揮していると解されるのであ
る。

(2) 何が侵害されたのか

もっとも，そこでの説明の仕方からすると，
本判決は，Aの本件廃棄によって，Xらの思想
の自由，表現の自由が侵害されたとは考えてい

ないことがわかる。これが第二点目である。

最高裁判所民事判例集（民集）の「判決要旨」
にまとめられているように，「公立図書館の職
員である公務員が，閲覧に供されている図書の
廃棄について，著作者又は著作物に対する独断
的な評価や個人的な好みによって不公正な取扱
いをすることは，当該図書の著作者の人格的利
益を侵害するものとして国家賠償法上違法とな
る」ことが示したのが本判決なのである。思想
の自由，表現の自由は，この人格的利益の内実
を充塡するものとして引き合いに出されている。
判決文中には登場しないにもかかわらず，民集
において参照条文として憲法13条が挙げられ
ている理由は，この点に存している。

(3) 利益侵害が認められる場面の限定

第三に，本判決が，「図書の廃棄」の場面に
ついて，公立図書館職員が，「基本的な職務上
の義務」に反し，「著作者又は著作物に対する
独断的な評価や個人的な好みによって不公正な
取扱いをしたとき」に，当該図書の著作者の人
格的利益を侵害するものとして国賠法上の違法
になるとしているということである。要するに，
「図書の廃棄」以外の場面あるいは「基本的な
職務上の義務」以外の場面，そして「不公正」
ではない取扱いの場面（中林・後掲159頁）は，
基本的に本判決の射程外に置かれている。この
点について調査官解説は，「本件のように思想
的な理由で図書を廃棄するような，図書の著作
者の思想，表現の自由に影響を及ぼすべき不公
正な取扱いによる場合に限って，著作者の利益

---

10) 差戻控訴審（東京高判平17・11・24判時1915号
29頁）では，「公立図書館において，その著作物が閲
覧に供されることにより，著作者は，その著作物に
ついて，合理的な理由なしに不公正な取扱いを受け
ないという上記の利益を取得するのであり，この利
益は，法的保護に値する人格的利益であると解する
のが相当であり，公立図書館の図書館職員である公
務員が，図書の廃棄について，基本的な職務上の義
務に反し，著作者又は著作物に対する独断的な評価
や個人的な好みによって不公正な取扱いをしたとき
は，当該図書の著作者の上記人格的利益を侵害する
ものとして国家賠償法上違法となるというべきであ
る」とパラフレーズされているが，そこでは憲法論
が展開されていない。

の侵害について救済を認めるべきものと考えられる」と述べ，射程が限定された判決であることに注意を喚起している[11]。

すでに述べたように，論理構造②と③を結びつける点に本判決の重要な意義が存しているが，両者が安易に結びつけられてしまうと，公立図書館職員の職務上の義務違反一般が，著作者との関係も違法と判断されることになり，それは事実上，図書の著作者が公立図書館業務に介入する余地が広がることを意味し，ひいてはそれが公立図書館の「公的な場」としての役割を阻害することが懸念されることになる。こうした視点から，本判決が行った射程範囲の限定は，概ね評価されている。

■ ■ ■ ■ 関連判例 ■ ■ ■ ■

1　吉祥寺駅ビラ配布事件（最判昭59・12・18刑集38巻12号3026頁）

2　泉佐野市民会館使用不許可処分事件（最判平7・3・7民集49巻3号687頁）

3　富山県立美術館天皇コラージュ事件（名古屋高金沢支判平12・2・16判時1726号111頁）

4　呉市教研集会会場使用不許可事件（最判平18・2・7民集60巻2号401頁）

5　京都市タウンミーティング事件（京都地判平20・12・8判時2032号104頁，大阪高判平21・9・17判時2068号65頁）

■ ■ ■ ■ 演習問題 ■ ■ ■ ■

次の【事例】を読み，【設問】に答えなさい。

【事　例】

公立図書館であるY市立図書館は，同図書館が収蔵し閲覧に供している書籍Bにつき，「反差別・反レイシズム」を主張する団体からの指摘をきっかけに，その内容が特定の社会的少数者に対する差別，偏見を助長し，排除することを意図した内容であると判断し，書籍Bを除籍・廃棄した。

Y市立図書館条例が規定する「資料収集等の基本的方針」では，「『図書館の自由に関する宣言』に基づいて，資料の収集等を行うこととする」とされており，『図書館の自由に関する宣言』では，「第2　図書館は資料提供の自由を

有する」において，次のように定められている。

1　国民の知る自由を保障するため，すべての図書館資料は，原則として国民の自由な利用に供されるべきである。

図書館は，正当な理由がないかぎり，ある種の資料を特別扱いしたり，資料の内容に手を加えたり，書架から撤去したり，廃棄したりはしない。

提供の自由は，次の場合にかぎって制限されることがある。これらの制限は，極力限定して適用し，時期を経て再検討されるべきものである。

⑴人権またはプライバシーを侵害するもの

⑵わいせつ出版物であるとの判決が確定したもの

⑶寄贈または寄託資料のうち，寄贈者または寄託者が公開を否とする非公刊資料

2　図書館は，将来にわたる利用に備えるため，資料を保存する責任を負う。図書館の保存する資料は，一時的な社会的要請，個人・組織・団体からの圧力や干渉によって廃棄されることはない。

〔以下略〕

本件廃棄は，「本邦外出身者に対する不当な差別的言動の解消に向けた取組の推進に関する法律」（平成28年法律第68号）（いわゆるヘイトスピーチ解消法）に照らして，書籍Bが上記第2の1⑴「人権またはプライバシーを侵害するもの」に該当するという館長の判断に基づくものであった。なお，書籍Bは，裁判または公的機関により，人権を侵害する書籍であると判断されたことはなかった。また本件廃棄に際して，特に書籍Bの出版社や書籍Bの著者Xに対する意見聴取等は行われなかった。

Xは，報道により，自身の著作が以上の理由により廃棄されたことを知った。Xは，著作者としての人格的利益等を侵害されて精神的苦痛を受けたとして，Y市に対して国家賠償法1条1項に基づき，慰謝料の支払を求めることにした。

【設　問】

1　Xは訴訟のなかでどのような憲法論を展開するべきかを論じなさい。

2　Xの主張に対して，Y側からのなされる

---

11)　この限定に際して論理の飛躍ないし不十分さがあるとして，保護法益を名誉感情等に求めて論理構成するものとして，窪田・後掲①②等を参照。

114 表現の自由④

であろう反論を踏まえつつ，あなた自身の見解
を述べなさい。

*考え方

　本事案と船橋市西図書館事件との異同を踏まえ
ることが求められる。本事案では，除籍の決定が，
司書の独断によってではなく，館長によって行わ
れており，かつ，条例を根拠に行われている。こ
れはY市側にとって有利な事情である。そこでX
側は，船橋市西図書館事件と同じく，「著作者又
は著作物に対する独断的な評価や個人的な好みに
よって不公正な取扱い」であったことを論証する
ためには，条例の解釈について議論する必要があ
る。具体的には，廃棄に関する原則・例外関係を
図書館に関係する法令から明らかにし，内容に基
づいて行う廃棄は極めて例外的な場面にのみ認め
られることを示した上で，本件廃棄が内規に基づ
くものではないことを示すことになろう。その際，
「ヘイトスピーチ解消法」がどのような意味を持
ってくるか，仮に内規に基づかないと判断する場
合であっても，それが職務上の「基本的な」義務
に違反し，著者との関係でも直ちに違法になると
まで言えるかなどが争点になってくるだろう。

　そして，本問では，「憲法上の主張」を展開す
ることが求められている。その際には，船橋市西
図書館事件のようなかたちで憲法論を介在させる
方法のほか，より直接的に，公立図書館を「公的
な場」と位置付ける際にも憲法論を展開すること
により，条例の憲法適合的解釈を試みることもで
きるだろう（松井・後掲第5章，第10章も参照）。

　なお，本問を考えるにあたり，市立図書館によ
る雑誌の閲覧禁止措置が問題となった東大和市雑
誌閲覧禁止処分取消事件（東京地判平13・9・12
判例集未登載，LEX/DB 28062353），国立国会図書
館による閲覧禁止措置が問題となった「真理が我
らを自由にする」事件（東京地判平23・8・25判
例集未登載）も参考にしてみてほしい。

〔参考文献〕

松並重雄・最判解民事篇平成17年度(下)394頁

山中倫太郎・法学論叢160巻1号（2006年）91頁

木藤茂・自治研究83巻12号（2007年）128頁

柴田憲司・法学新報113巻5・6号（2007年）171頁

窪田充見①・リマークス34号（2007年）50頁

中林暁生・百選I〔第6版〕158頁

横大道聡『現代国家における表現の自由』（弘文堂，
　2013年）

松井茂記『図書館と表現の自由』（岩波書店，2013年）

窪田充見②・著作権百選〔第5版〕104頁

（横大道聡）

集会の自由

13 泉佐野市民会館事件

■ 最高裁平成 7 年 3 月 7 日第三小法廷判決
■ 平成元年(オ)第 762 号
損害賠償請求事件
■ 民集 49 巻 3 号 687 頁，判時 1525 号 34 頁

〈事実の概要〉

　市立泉佐野市民会館（以下，本件会館とする）は，Ｙ市（被告・被控訴人・被上告人）が市民の文化，教養の向上をはかり，併せて集会等の用に供する目的で設置したものである。Ｘ（原告・控訴人・上告人）は，本件会館ホールで「関西新空港反対全国総決起集会」を開催することを企画し，同ホールの使用許可の申請を行ったところ，Ｙ市は，本件会館の使用を許可してはならない事由を定める泉佐野市民会館条例（以下，本件条例とする）7 条 1 号の「公の秩序をみだすおそれがある場合」および 3 号の「その他会館の管理上支障があると認められる場合」に該当するとして，申請を不許可とする処分を行った。Ｘは，本件条例の違憲・違法および不許可処分の違憲・違法を主張して，Ｙ市に対し，国家賠償請求訴訟を提起した。

　第 1 審（大阪地判昭 60・8・14 民集 49 巻 3 号 872 頁参照）および第 2 審（大阪高判平元・1・25 前掲民集 885 頁参照）は，いずれも本件不許可処分を適法とし請求を棄却した。ただし，第 1 審が「公の秩序をみだすおそれがある場合」には侵害行為を助長するおそれがある場合をも含むとしたのに対し，第 2 審はこれを公共の安全に対する「明白かつ現在の危険」が存在する場合に限ると解するのが相当としている。

〈上告審〉

― 要　点 ―

　① 地方自治法 244 条にいう公の施設として，本件会館のように集会の用に供する施設が設けられている場合は，条例の解釈適用にあたり，会館の使用を拒否することによって憲法の保障する集会の自由を実質的に否定することにならないかどうかを検討すべきである。

　② 集会の用に供される公共施設の管理者は，施設の種類，規模，構造，設備等の点からみて利用を不相当とする事由が認められないにもかかわらずその利用を拒否し得るのは，利用の希望が競合する場合のほかは，施設をその集会のために利用させることによって，他の基本的人権が侵害され，公共の福祉が損なわれる危険がある場合に限られる。

　③ ②のような場合には，その危険を回避し，防止するために，その施設における集会の開催が必要かつ合理的な範囲で制限を受けることがあり，その制限が必要かつ合理的なものとして肯認されるかどうかは，集会の自由の重要性と当該集会が開かれることによって侵害されることのある他の基本的人権の内容や侵害の発生の危険性の程度等を較量して決せられる。

　④ 条例 7 条 1 号は，本件会館における集会の自由を保障することの重要性よりも，集会が開かれることによって，人の生命，身体または財産が侵害され，公共の安全が損なわれる危険を回避し，防止することの必要性が優越する場合をいうものと限定して解すべきであり，その危険性の程度としては，明らかな差し迫った危険の発生が具体的に予見されることが必要であり，そう解する限り，このような規制は，憲法 21 条，地方自治法 244 条に違反しない。

　⑤ 本件不許可処分は，本件集会が本件会館で開かれたならば，本件会館内またはその附近の路上等において対立するグループ間での暴力の行使を伴う衝突が起こるなどの事態

が生じ，会館の職員，通行人，付近住民等の生命，身体または財産が侵害される事態を生ずることが具体的に明らかに予見されることを理由とするものであり，憲法21条および地方自治法244条に違反するということはできない。

■判　旨■

上告棄却。

〔集会の用に供する公の施設〕

三1　「本件会館は，地方自治法244条にいう**公の施設**に当たるから，Yは，正当な理由がない限り，住民がこれを利用することを拒んではならず（同条2項），また，住民の利用について不当な差別的取扱いをしてはならない（同条3項）。本件条例は，同法244条の2第1項に基づき，公の施設である本件会館の設置及び管理について定めるものであり，本件条例7条の各号は，その利用を拒否するために必要とされる右の正当な理由を具体化したものであると解される」。「地方自治法244条にいう普通地方公共団体の公の施設として，本件会館のように集会の用に供する施設が設けられている場合，住民は，**その施設の設置目的に反しない限りその利用を原則的に認められる**ことになるので，管理者が正当な理由なくその利用を拒否するときは，憲法の保障する集会の自由の不当な制限につながるおそれが生ずることになる。したがって，本件条例7条1号及び3号を解釈適用するに当たっては，本件会館の使用を拒否することによって憲法の保障する集会の自由を実質的に否定することにならないかどうかを検討すべきである 要点①」。

〔審査基準〕

2　「集会の用に供される公共施設の管理者は，当該公共施設の種類に応じ，また，その規模，構造，設備等を勘案し，公共施設としての使命を十分達成せしめるよう適正にその管理権を行使すべきであって，これらの点からみて利用を不相当とする事由が認められないにもかかわらずその利用を拒否し得るのは，利用の希望

が競合する場合のほかは，施設をその集会のために利用させることによって，他の基本的人権が侵害され，公共の福祉が損なわれる危険がある場合に限られるものというべきであり，このような場合には，その危険を回避し，防止するために，その施設における集会の開催が必要かつ合理的な範囲で制限を受けることがあるといわなければならない 要点②。そして，右の制限が必要かつ合理的なものとして肯認されるかどうかは，基本的には，基本的人権としての集会の自由の重要性と，当該集会が開かれることによって侵害されることのある他の基本的人権の内容や侵害の発生の危険性の程度等を**較量して決せられるべきものである** 要点③。本件条例7条による本件会館の使用の規制は，このような較量によって必要かつ合理的なものとして肯認される限りは，集会の自由を不当に侵害するものではなく，また，検閲に当たるものではなく，したがって，憲法21条に違反するものではない」。「このような較量をするに当たっては，集会の自由の制約は，基本的人権のうち精神的自由を制約するものであるから，経済的自由の制約における以上に厳格な基準の下にされなければならない」。

3　「本件条例7条1号は，『公の秩序をみだすおそれがある場合』を本件会館の使用を許可してはならない事由として規定しているが，同号は，広義の表現を採っているとはいえ，右のような趣旨からして，本件会館における集会の自由を保障することの重要性よりも，本件会館で集会が開かれることによって，人の生命，身体又は財産が侵害され，公共の安全が損なわれる危険を回避し，防止することの必要性が優越する場合をいうものと限定して解すべきであり，その危険性の程度としては，前記各大法廷判決の趣旨によれば，単に危険な事態を生ずる蓋然性があるというだけでは足りず，**明らかな差し迫った危険の発生が具体的に予見される**ことが必要であると解するのが相当である」。「そう解する限り，このような規制は，他の基本的人権に対する侵害を回避し，防止するために必要かつ合理的なものとして，憲法21条に違反するも

のではなく，また，地方自治法244条に違反するものでもないというべきである **要点④**」。「右事由の存在を肯認することができるのは，そのような事態の発生が許可権者の主観により予測されるだけではなく，**客観的な事実に照らして具体的に明らかに予測される場合**でなければならない」。

〔本件へのあてはめ〕

四1　「本件不許可処分のあった昭和59年4月23日の時点においては，本件集会の実質上の主催者と目されるG派は，関西新空港建設工事の着手を控えて，これを激しい実力行使によって阻止する闘争方針を採っており，現に同年3月，4月には……爆破事件を起こして負傷者を出すなどし……本件集会をこれらの事件に引き続く関西新空港建設反対運動の山場としていたものであって，さらに，対立する他のグループとの対立緊張も一層増大していた。……右時点において本件集会が本件会館で開かれたならば，対立する他のグループがこれを阻止し，妨害するために本件会館に押しかけ，本件集会の主催者側も自らこれに積極的に対抗することにより，本件会館内又はその付近の路上等においてグループ間で暴力の行使を伴う衝突が起こるなどの事態が生じ，その結果，グループの構成員だけでなく，本件会館の職員，通行人，付近住民等の生命，身体又は財産が侵害されるという事態を生ずることが，客観的事実によって具体的に明らかに予見されたということができる」。

2　「普通地方公共団体が公の施設の使用の許否を決するに当たり，集会の目的や集会を主催する団体の性格そのものを理由として，使用を許可せず，あるいは不当に差別的に取り扱うことは許されない」。しかし「本件不許可処分が本件会館の利用についてXらを不当に差別的に取り扱ったものであるということはできない」。

3　「主催者が集会を平穏に行おうとしているのに，その集会の目的や主催者の思想，信条に反対する他のグループ等がこれを実力で阻止し，妨害しようとして紛争を起こすおそれがあ

ることを理由に公の施設の利用を拒むことは，憲法21条の趣旨に反するところである」。しかし，本件は「平穏な集会を行おうとしている者に対して一方的に実力による妨害がされる場合と同一に論ずることはできない」。

4　「本件不許可処分は，本件集会の目的やその実質上の主催者と目される……団体の性格そのものを理由とするものではなく，また，Yの主観的な判断による蓋然的な危険発生のおそれを理由とするものでもなく，……客観的事実からみて，本件集会が本件会館で開かれたならば，本件会館内又はその付近の路上等においてグループ間で暴力の行使を伴う衝突が起こるなどの事態が生じ，その結果，グループの構成員だけでなく，本件会館の職員，通行人，付近住民等の生命，身体又は財産が侵害されるという事態を生ずることが，具体的に明らかに予見されることを理由とするものと認められる **要点⑤**」。「したがって，本件不許可処分が憲法21条，地方自治法244条に違反するということはできない。」

園部逸夫裁判官の補足意見　一　「公の施設は，地方公共団体の住民の公共用財産であるから，右財産の管理権者である地方公共団体の行政庁は，公の施設の使用について，住民・滞在者の利益（公益）を維持する必要があるか，あるいは，施設の保全上支障があると判断される場合には，公物管理の見地から，施設使用の条件につき十分な調整を図るとともに，最終的には，使用の不承認，承認の取消し，使用の停止を含む**施設管理権**の適正な行使に努めるべきである」。

二　「しかし，本件会館のような集会の用に供することを主な目的とする施設の管理規程については，その他の施設と異なり，単なる施設管理権の枠内では処理することができない問題が生ずる。」「本件条例は，……使用を不許可としなければならない要件……を定めている。右の要件の一つとして，7条1号……に『公の秩序をみだすおそれがある場合』という要件があるが，これは，いわゆる行政法上の不確定な法概念であるから，……右の要件の解釈適用につ

118　集会の自由

いてかなり広範な行政裁量を認めるものといわなければならない。しかも，右の要件を適用して会館の使用の不許可処分をすることが，会館における集会を事実上禁止することになる場合は，たとい施設管理権の行使に由来するものであっても，実質的には，**公の秩序維持を理由とする集会の禁止**（いわゆる**警察上の命令**）と同じ効果をもたらす可能性がある。」「会館の使用が，集会の自由ひいては表現の自由の保障に密接にかかわる可能性のある状況の下において，右要件により，広範な要件裁量の余地が認められ，かつ，本件条例のように右要件に当たると判断した場合は不許可処分をすることが義務付けられている場合は，条例の運用が，右の諸自由に対する公権力による恣意的な規制に至るおそれがないとはいえない。したがって，右要件の設定あるいは右要件の解釈については，憲法の定める集会の自由ひいては表現の自由の保障にかんがみ，特に周到な配慮が必要とされる」。公物管理条例であっても「地方公共の秩序の維持及び住民・滞在者の安全の保持のための規制に及ぶ場合は……，**公物警察権**行使のための組織・権限及び手続に関する法令（条例を含む。）に基づく適正な規制によるべきである。右の観点からすれば，本件条例7条1号は，……地方自治法244条2項の委任の範囲を超える疑いがないとはいえない」。

　　三　法廷意見は「本件規定について，極めて限定的な解釈を施している。私は右のような限定解釈により，本件規定を適用する局面が今後厳重に制限されることになるものと理解した上で，法廷意見の判断に与するものである」。

■ ■ ■ ■ 確認問題 ■ ■ ■ ■

　1　精神的自由の制約は，なぜ，経済的自由の制約における以上に厳格に審査されなければならないのか。また，そうした考え方を示した最高裁判例としては何が挙げられるか。（前提問題）

　2　本件多数意見において，集会の用に供される公共施設の管理者が，施設の利用を拒むことができる場合として，「他の基本的人権が侵

害され，公共の福祉が損なわれる危険がある場合」以外にはどのような場合があるとされているか。（→ **要点②** ）

　3　ある人権の制限が必要かつ合理的なものか否かを判断するにあたって，当該人権の重要性と，その人権の行使によって侵害されることのある他の基本的人権の内容や侵害の発生の危険性の程度等を較量して決する方法を何と呼ぶか。（→ **要点③** ）

　4　本件多数意見は，本件規制が憲法21条に違反するか否かは基本的には3の較量によって決すべきとしつつ，その較量に際してはさらに，危険性の程度に関する基準を設けている。それは具体的にはどのようなものか。また，これと同様の基準を示した最高裁判例として何が挙げられるか。（→ **要点④** ）

　5　本件多数意見は，どのような客観的事実の認定に基づいて，本件不許可処分を憲法21条に違反しないと結論するに至ったのか。（→解説3(1)）

　6　主催者が集会を平穏に行おうとしていたとしても，第三者によって会館の職員，通行人，付近住民等の生命，身体または財産が侵害される事態が生ぜしめられることも考えられるが，本件多数意見はそうした場合についてどう考えるべきとしているか。（→解説3(2)）

■ ■ ■ ■ 解　説 ■ ■ ■ ■

1　「公の施設」と集会の自由

⑴　集会の自由の法的性格

　集会の自由は，その保障の歴史や複数の人々が特定の場所に集まるといった性格上，伝統的な言論・出版の自由とは区別されるが，それと密接に関連し，同様の機能を果たす権利である。日本国憲法はこうした集会の自由を21条で保障しており，判例も「自己の思想や人格を形成，発展させ，また，相互に意見や情報等を伝達，交流する場として必要であり，さらに，対外的に意見を表明するための有効な手段」であり「民主主義社会における重要な基本的人権の一つ」（最大判平4・7・1民集46巻5号437頁）だとする。本判決は，それを踏まえた上で，「集

会の用に供される公の施設」である市民会館の利用申請を不許可とすることができるのはいかなる場合かを示したものである。

集会の自由が公権力により集会への参加・不参加を強制されないという古典的自由権としての側面を持つことに異論はないが，本件のように特定の施設の利用を求めることは，そこから直ちに導かれるわけではない。一般に，土地・建物の管理・所有者がその場における集会を容認しなければならない義務はなく，その出発点は「公の場所」であっても異ならない。政府による「公の場所」の給付を受けることによって，人々はそこで集会をすることが可能になる（蟻川・後掲②87頁）。

(2) パブリック・フォーラム

とはいえ，道路や公園あるいは本件会館のような集会の用に供される施設の利用の如何を管理権者である政府の自由裁量に委ねてしまえば，人々は集会の場を失い，集会の自由の行使を実質的に否定されることになりかねない。アメリカ合衆国の判例法理であるパブリック・フォーラム論はそうした観点から形成されてきたものであり，政府が所有する一定の財産上において，無制約ではないにしろ市民が表現活動を行うことができるようにすることを目指している（中林・後掲941頁）。それによれば，道路や公園など伝統的に集会や議論のために用いられてきた公的財産は「伝統的パブリック・フォーラム」，公立劇場など表現の場所として人々に利用させるために政府が開設した公的財産は「指定的パブリック・フォーラム」と位置づけられ，そこにおける表現の規制は厳格審査の対象とされる一方で，表現のための場ではない公的財産（非パブリック・フォーラム）においては，観点による差別は許されないものの，その他の合理的な規制は許容されることになる。

日本の最高裁は，合衆国の判例法理たるパブリック・フォーラム論をそのまま受容しているわけではないが，表現の場を保障するために政府の管理権を統御しようという考え方は，複数の判決（吉祥寺駅構内ビラ配布事件＝最判昭59・12・18刑集38巻12号3026頁，大分県屋外広告

条例事件＝最判昭62・3・3刑集41巻2号15頁）の少数意見に登場する。そして，その影響は本判決にも看て取れる。

(3) 集会の用に供される「公の施設」

地方自治法244条は，「住民の福祉を増進する目的をもってその利用に供するための施設」である「公の施設」について，「正当な理由がない限り」利用を拒んではならず（2項），その利用について「不当な差別的取扱い」を禁止する（3項）。後者については，本判決は端的に，本件不許可処分は差別的取扱いにあたらないとしている。問題は前者である。

本判決は，地方自治法上の「公の施設」として集会の用に供する施設が設けられている場合，住民は「その施設の設置目的に反しない限りその利用を原則的に認められ」，「管理者が正当な理由なくその利用を拒否するときは，憲法の保障する集会の自由の不当な制限につながるおそれが生ずる」とする。これは，集会の用に供する公の施設については，特に，集会の自由との関係で施設管理権を枠づける必要を示したものと言える。本判決はさらに，利用を拒否し得るのは，①施設の規模・構造・設備等を勘案して利用を不相当とする事由が認められる場合および②利用が競合する場合の他は，③施設をその集会のために利用させることによって，他の基本的人権が侵害され，公共の福祉が損なわれる危険がある場合に限られるとして，その線引きを試みている。このうち，裁量の幅が最も広くなりうるのは③であり，本件ではまさにそこが焦点となった。

(4) 管理権と警察権

行政法学上，当該物の本来の効用の維持・増進にかかわる公物管理作用と社会公共の安全と秩序を維持するための公物警察作用とは概念上区別されるが，規定上どちらを・どこまで授権しているか不明確な場合がある。上記の①および②は公物管理権で説明できるが，③を公物管理権固有の制約と捉えるのは難しい。

本件条例7条1項のように「公の秩序」を理由とする規制は，第一には公物警察権に関わるが，多数意見は1号に該当する事由がある場

120　集会の自由

合は当然に管理権にかかる3号にも該当すると
しており，管理権と警察権の行使を一体的に解
釈しているとも見える（小高・後掲103頁）。こ
れに対し，園部補足意見は公物管理権と公物警
察権との区別を重んじ，本件条例7条1号を
「明らかに警察許可に類する規制」であるとし
た上で，本件条例の本来の目的が公物管理権に
ついて定めるものであることを理由に，それが
地方自治法244条2項の委任の範囲を超える
可能性があることを示唆している。

　なお，後述する上尾市福祉会館事件（最判平
8・3・15民集50巻3号549頁＝関連判例2）の
場合は，専ら管理権を授権したと読める規定に
なっている。

　(5)　関連する諸判決

　集会の自由にかかわる判決としては，本判決
以前に，メーデーのため皇居外苑の使用許可を
申請したところ拒否された事件（皇居前広場事
件＝最大判昭28・12・23民集7巻13号1561頁）
やデモ行進の規制のあり方を巡る一連の判決
（新潟県公安条例事件＝最大判昭29・11・24刑集
8巻11号1866頁〔関連判例4〕，東京都公安条例
事件＝最大判昭35・7・20刑集14巻9号1243頁
〔関連判例5〕）があった。これらは本件と同様，
集会・示威行為のためにしばしば利用される場
における表現活動の事前規制を争点とする事案
であるが，その「場」の性格には違いがある。

　本件の「場」は「集会の用に供する公の施
設」であり，合衆国のパブリック・フォーラム
論で言うところの指定的パブリック・フォーラ
ムにあたる。これに対して前記の諸判決は，伝
統的パブリック・フォーラムの問題に相当する。
しかし，公園を表現の「場」として保障するこ
とに日本の最高裁は消極的だった。皇居前広場
事件において，最高裁は，国有財産法の解釈と
して皇居外苑を集会に利用することは「一応同
公園が公共の用に供せられている目的に副う使
用の範囲内のこと」としつつも，「皇居外苑の
特性と公園本来の趣旨」に照らし，不許可処分
を行うことは適正な管理権の行使だとした。2
つの公安条例事件では「場」の性質に関する特
段の言及はないものの，これらは道路で行うこ

とが通常想定されているデモ行進に関する事案
であり，「一般人の交通その他の自由な行動に
多大の影響を及ぼす虞の多い」（新潟県公安条例
事件・井上登ほか補足意見）ものだとして公共の
秩序との調整の必要性が強く意識されている。

2　違憲審査基準

(1)　違憲審査の枠組み

　1(3)で述べたように，本判決は「施設をその
集会のために利用させることによって，他の基
本的人権が侵害され，公共の福祉が損なわれる
危険がある場合」には，集会は必要かつ合理的
な範囲で制限を受けることがあるとする。そし
て，その制限が必要かつ合理的なものとして肯
認されるかどうかを二段階で審査する。すなわ
ち，「基本的には，基本的人権としての集会の
自由の重要性と，当該集会が開かれることによ
って侵害されることのある他の基本的人権の内
容や侵害の発生の危険性の程度等を較量して決
せられるべき」として成田新法事件（最大判平
4・7・1民集46巻5号437頁）等で用いられた
利益較量論をとった上で，「このような較量を
するに当たっては，集会の自由の制約は，基本
的人権のうち精神的自由を制約するものである
から，経済的自由の制約における以上に厳格な
基準の下にされなければならない」として薬事
法薬局距離制限事件（最大判昭50・4・30民集
29巻4号572頁＝本書14事件）を引用して「二
重の基準」論を確認する。そして，二段階目の
基準として「明らかな差し迫った危険」の基準
を掲げる。多数意見は，条例7条1号の「公
の秩序をみだすおそれがある場合」を「本件会
館における集会の自由を保障することの重要性
よりも，本件会館で集会が開かれることによっ
て，人の生命，身体又は財産が侵害され，公共
の安全が損なわれる危険を回避し，防止するこ
との必要性が優越する場合をいうものと限定し
て解すべき」とし，その危険の程度としては，
新潟公安条例事件を引用して「単に危険な事態
を生ずる蓋然性があるというだけでは足りず，
明らかな差し迫った危険の発生が具体的に予見
されることが必要」だとした。

利益較量論に対しては，較量の対象が明確でなく，特に公益との衝突が問題となる場面でこれを安易に用いることの危険性が指摘されてきた。本判決は，侵害発生の危険の程度につき「明らかな差し迫った危険」であることを要するという，次の段階の判断基準を設けることで審査を厳格化しようとしたものと解される。とはいえ，こうした2つの基準をつなぎあわせる考え方の妥当性については，この手法の射程が明確でないこととも相俟って，批判が残る（芦部・後掲492頁）。

(2) 「明らかな差し迫った危険」

本判決の用いた「明らかな差し迫った危険」[1]の基準は，調査官解説によれば，集会の自由の重要性を考慮しても制限が必要かつ合理性と認められるほど「危険性が高度である場合」を切り出す基準である。では，「危険性が高度である場合」とはいかなる場合か。

この点，最高裁の趣旨は必ずしも明確ではない。本判決の叙述を緻密に追えば，「表現の自由を保障することの重要性」に優越するだけの「人の生命，身体又は財産が侵害され，公共の安全が損なわれる危険」と絞りをかけた上で，その危険が「明らかに差し迫っている」ことを求めており，危険の程度（蓋然性および切迫性）のみならずその危険の内容（いかなる利益が侵害されることについての危険であるのか）をも考慮すべきとしているように読める。他方で，多数意見が引用する新潟公安条例事件は，危険の程度の判断は要求しているものの，危険の内容については「公共の安全」という利益をそれ以上具体化していない。新潟公安条例事件のように解した場合，この「明らかに差し迫った危険」の基準はそれほど厳格な基準とは言えない（蟻川・後掲①116頁を参照）。

さらに，多数意見は，「明らかな差し迫った危険」が認められた場合の規制手段について，必要不可欠な規制に限定することなく，「必要かつ合理的」であれば足りるとしている。この点でも，合衆国において1940年代に定式化された「明白かつ現在の危険」の基準と比べて緩やかなものとなっている。

(3) 合憲限定解釈

本件条例7条1号の文言それ自体は，「公の秩序をみだすおそれ」という広義の表現を採っている。多数意見はそれに(2)のような限定解釈を行うことにより，憲法21条に違反するものではないとした。こうした合憲限定解釈の手法は，新潟公安条例事件のほか，広島市暴走族追放条例事件（最判平19・9・18刑集61巻6号601頁＝本書16事件）などにも見られる。

しかし，園部補足意見が指摘するように，この規定は解釈適用について広範な行政裁量の余地を残すものであり，恣意的な規制に至るおそれがないとは言えない。また，公の施設管理に関するモデル条例が本件規定のような明らかに警察許可に関する規制を認めていないことは，立法技術によって問題を回避できた可能性を示唆する。そのため，不明確性の故に，あるいは，過度の公汎性の故に文面上違憲とすることも可能だったとの指摘もある（川岸・後掲183頁，藤井・後掲17頁など）。

3 不許可処分

(1) 本件不許可処分の理由

こうして法令違憲の主張を退けた上で，本判決は，本件不許可処分の違憲・違法の主張をも退ける。その際，本件集会の実質上の主催者と目されるグループが，申請当時，空港建設を実力行使により阻止する方針を取り空港関係機関に対して爆破事件を起こして負傷者を出すなどしていたこと，本件集会がそれに引き続く空港建設反対運動の山場と位置づけられていたこと，対立する他のグループとの対立緊張も一層増大していたことなどが特に重くみられたものと考

---

1) 調査官解説はこれを「明白かつ現在の危険」の原則と呼ぶ。しかし，アメリカ合衆国の判例法理としての「明白かつ現在の危険」の法理は，煽動罪による処罰対象となる表現を限定するために考案されたものであり，事前規制の問題である本件や新潟公安条例事件とは事案を異にする（日本では煽動罪の違憲審査にこの基準は用いられていない）。さらに，基準それ自体の内容も異なる。よって，本稿では両者を区別するために，敢えて「明らかな差し迫った危険」と記している。

えられる。

　本件と同じく集会の用に供する公共施設の利用が問題となった上尾市福祉会館事件では，労働組合幹部の合同葬儀のための会館使用申請の不許可処分が違法と判断された。問題となった条例は「会館の管理上支障があると認められるとき」を不許可事由と規定していたが，最高裁は，危険の蓋然性にかかる限定解釈によりこれを「会館の管理上支障が生ずるとの事態が，許可権者の主観により予測されるだけでなく，客観的な事実に照らして具体的に明らかに予測される場合に初めて，本件会館の使用を許可しないことができることを定めたもの」とした上で，同幹部は対立するセクトによるいわゆる内ゲバ事件によって殺害されたのではないかとのマスコミ報道があったにせよ，対立者らが合同葬儀を妨害するなどして混乱が生ずるおそれがあるとは考え難い状況にあったとした。上尾市福祉会館事件と本件とでは焦点となった条例の規定が異なっていることには留意が必要であるが，この事件と本件とが結論を異にした要因として，主催者と目される団体の性質，集会の内容，他のグループによる妨害行為の危険性の程度等の事実関係の影響は少なくない。

　本判決は「明らかな差し迫った危険」という相対的に厳格な基準を立てつつも合憲の帰結に至っているため，その射程を危ぶむ声もあったが，間を置かず上尾市福祉会館事件判決が下されたことで，結果として，本件は事案に由来する例外であったとの見立てもなされる（米沢・後掲26頁）。

　(2)　敵対的聴衆
　本件多数意見は，主催者と目されるグループが自ら危険を引き起こすというよりは，対立するグループが妨害のために会館に押しかけ主催者側もそれに積極的に対応することで衝突が起こる事態を想定しているが，第三者による妨害活動のみを理由に不許可処分を行うことを認めたわけではない。多数意見は，主催者が集会を平穏に行おうとしているのに他のグループがこれを妨害しようとして紛争を起こすおそれのあることを理由に公の施設の利用を拒むことは憲法21条の趣旨に反するとした上で，本件はそれとは異なるとしている。上尾市福祉会館事件では，より具体的に「主催者が集会を平穏に行おうとしているのに，その集会の目的や主催者の思想，信条等に反対する者らが，これを実力で阻止し，妨害しようとして紛争を起こすおそれがあることを理由に公の施設の利用を拒むことができるのは，……警察の警備等によってもなお混乱を防止することができないなど特別な事情がある場合に限られる」と述べる。これは合衆国で「敵対的聴衆」として論じられるものと問題意識を共にする。

　「敵対的聴衆」とは，デモ行進や集会でなされた表現が敵対的聴衆を刺激して物理的な衝突の危険が生じた場合，そのデモ・集会の解散を命じ，それに従わなければ処罰するなど，表現者の側を規制することが許されるかという問題である。過去に合衆国連邦最高裁は治安維持のためにこれを容認する判決（Feiner v. New York, 340 U.S. 315 (1951)）を下したが，敵対的聴衆を理由に表現制約を認めることは反対者に表現拒否権を許すに等しく，不人気な見解を事実上排斥する結果となりうる（松井・後掲249頁）。そのため，連邦最高裁は敵対的聴衆を理由とした表現行為規制には抑制的であり，また，判例・学説をつうじて，仮に規制を認めるとしても「明白かつ現在の危険」法理を適用すべきとの主張がなされている。すなわち，深刻な実質的害悪という「明白かつ現在の危険」を生み出す蓋然性が立証されない限り，表現者の側を規制することはできない。

　なお，敵対的聴衆が関わる事案において，本件判決以前の下級審の多く（東京高判平4・12・2判時1449号95頁など）は，まず警察に警備を要請するなどの措置を講ずべきであるとし，ほとんどの場合それで対処しえるとしている（米沢・後掲24頁）。その意味で本件判示は確認的なものとも言えるが，実際に妨害行為をおそれるあまり使用許可に消極的になりがちな自治体が少なくない（藤井・後掲17頁）ことを思えば，その意義は大きい。

13 泉佐野市民会館事件　123

■ ■ ■ ■ ■ 関連判例 ■ ■ ■ ■

1　広島県教職員組合事件（最判平 18・2・7 民集 60 巻 2 号 401 頁）

2　上尾市福祉会館事件（最判平 8・3・15 民集 50 巻 3 号 549 頁）

3　広島市暴走族追放条例事件（最判平 19・9・18 刑集 61 巻 6 号 601 頁）

4　新潟県公安条例事件（最大判昭 29・11・24 刑集 8 巻 11 号 1866 頁）

5　東京都公安条例事件（最大判昭 35・7・20 刑集 14 巻 9 号 1243 頁）

■ ■ ■ ■ ■ 演習問題 ■ ■ ■ ■

1　古くは捕鯨の町として栄えた Y 市には，伝統的な鯨漁を模した「鯨祭り」があり，この祭に愛着を覚える Y 市立 A 中学校の生徒および卒業生の有志（代表者を X とする）が自主的に集まり，捕鯨の歴史を学習したり，A 中学校長の同意のもとに授業時間外に A 中学校の体育館を借りて祭で演奏するお囃子の練習を行ったりしていた。その成果を披露しようと，X は A 中学校体育館でお囃子を上演することを企画し，A 中学校長の同意のもとに，Y 市教育委員会に対し A 中学校体育館の使用許可申請を行った。Y 市立学校施設使用規則は，学校施設を使用しようとする者は，使用日の 10 日前までに学校施設使用許可申請書を当該校長に提出し，市教育委員会の許可を受けなければならないとする（2 条）。また，同使用規則は，学校施設は，市教育委員会が必要やむを得ないと認めるときその他所定の場合に限り，その用途又は目的を妨げない限度において使用を許可することができる（4 条）とした上で，5 条において，施設管理上支障があるときは施設の使用を許可しない旨を定めている。

Y 市には捕鯨に反対する B 会があり，駅前で定期的にビラを配布しているほか，毎年祭の際には大規模な街宣活動を行っており，祭の参加者と小競り合いになることもあった。そのため，A 中学校の近隣住民の一部からは，A 中学校体育館でお囃子の上演が行われた場合には同様の事態が生じるかもしれないとの懸念の声が上が

っていた。X の使用許可申請を受けた Y 市教育委員会は，Y 市立学校施設使用規則 5 条に該当するとして，申請を不許可とする決定を行った。

X は Y の不許可処分は違法であるとして，Y に対して国家賠償を求める訴えを提起した。X はどのような憲法上の主張をすると考えられるか。また，それに対して Y 市はどのように反論すると考えられるか。

　＊考え方
　市民会館も学校施設も，表現・集会の場としてしばしば利用されてきたという共通点があるが，両者の性質は異なる。公立学校施設は地方自治法 238 条にいう公有財産にあたり，その目的外使用は同法 238 条の 4 第 7 項により「その用途又は目的を妨げない限度において」許可することができるとされている。また，学校教育法 137 条は「学校教育上支障のない限り」「社会教育その他公共のために，利用されることができる」としている。そのため，施設管理者の判断に裁量性が認められ，具体的事実との関係で裁量権の逸脱・濫用の有無が問題とされる。その上で，「表現の場」としてしばしば利用されてきたという「場」の性格をどう評価し，それを裁量統制の理論としてどう用いるかが論点となる。また，主催者による危険の有無にも留意する必要がある。参考事例として，広島県教組教研集会事件（最判平 18・2・7 民集 60 巻 2 号 401 頁）。

2　A 中学校体育館を利用できないことになった X は，Y 市内の C ホテルのホールを使用することを考え，C ホテルとの間でホールの使用契約を締結した。しかし，B 会が駅前で配布したビラに「C ホテルでお囃子の上演が行われるときには，みんなでホテル前に集まろう」と記載されていることを知った C ホテルは，同ホテルの会場利用規約の「他のお客様にご迷惑になる言動」の条項を根拠とし，「お囃子上演に反対する団体の街宣活動等による他の顧客および近隣等への迷惑等」を理由として，ホールの使用を拒否した。X は C ホテルに対し，使用契約の債務不履行または不法行為に基づく損害賠償の訴えを提起した。

X はどのような憲法上の主張をすると考えられるか。また，それに対して C ホテルはどのように反論すると考えられるか。

　＊考え方
　私的な管理権に服する場所がパブリック・フォ

ーラムあるいはそれに準じる場としての性質を帯びうるのか，帯びるとすればそれはどのような場合かを検討する。また，1の事例との危険性の違いにも目配りが必要である。参照事例として，吉祥寺駅構内ビラ配布事件・伊藤正己裁判官補足意見，プリンスホテル日教組会場使用拒否事件（東京高判平22・11・25判時2107号116頁）。

〔参考文献〕

芦部・憲法学Ⅲ

蟻川恒正①「2013年司法試験公法系第1問〈起案講義憲法4〉」法教394号112頁

蟻川恒正②「表現『不助成』事案の起案(1)〈起案講義憲法22〉」法教417号85頁

川岸令和・百選Ⅰ〔第6版〕182頁

小林直樹「敵対的聴衆（Hostile audience）の法理と集会の自由」獨協ロー・ジャーナル2号（2007年）80頁

小高剛「公共施設使用不許可処分に対する損害賠償請求訴訟」法教180号102頁

近藤崇晴・最判解民事篇平成7年度(上)282頁

中林暁生「伝統的パブリック・フォーラム」法学73巻6号（2010年）188頁

藤井俊夫・平成7年度重判解16頁

松井茂記『アメリカ憲法入門〔第7版〕』（有斐閣，2012年）

米沢広一「集会の自由」法教247号24頁

（大河内美紀）

職業の自由

14 薬事法違憲判決

■ 最高裁昭和 50 年 4 月 30 日大法廷判決
■ 昭和 43 年（行ツ）第 120 号
　行政処分取消請求事件
■ 民集 29 巻 4 号 572 頁，判時 777 号 8 頁

〈事実の概要〉

　昭和 38 年 7 月に改正された薬事法 6 条 2 項は，配置の適正を欠く場合には薬局開設の許可を与えないことができるとし，同 4 項は適正配置基準を都道府県の条例によって定めるとした。X（原告・被控訴人・上告人）は，同年 6 月に医薬品販売業の許可申請を行ったが，広島県知事 Y（被告・控訴人・被上告人）は，翌年 1 月に，「薬事法第 26 条において準用する同法第 6 条第 2 項および薬局等の配置の基準を定める条例第 3 条の薬局等の配置の基準に適合しない」との理由で不許可の処分をした。そこで X は，①薬局開設の距離制限を定める薬事法および県条例は憲法 22 条に違反し，また，②申請受理後の新基準に基づく本件不許可処分は違法であると主張し，処分の取消しを求めて出訴した。

　第 1 審（広島地判昭 42・4・17 行集 18 巻 4 号 501 頁）は，処分は申請時の許可条件によるべきであるとして，憲法判断に立ち入らずに本件不許可処分を取り消したが，第 2 審（広島高判昭 43・7・30 行集 19 巻 7 号 1346 頁）は，許可基準を処分時の基準とし，さらに薬事法 6 条 2 項等は憲法 22 条に違反するものではないとして第 1 審判決を破棄したため，X が上告した。

〈上告審〉

要　点

　① 　職業は個人の人格的価値と不可分に関連した活動であり，憲法 22 条 1 項の職業の自由は狭義の職業選択に加え，職業活動の自由を含む。

　② 　職業はその性質上，社会的相互関連性が大きいため，職業の自由は公権力による規制の要請が強い。その際，職業の自由に対しては種々の目的から種々の態様の規制が加えられるため，規制の必要性，手段の選択についての判断は立法府の合理的裁量にゆだねられるが，裁量の範囲の広狭は事の性質により違いうる。

　③ 　許可制は，職業の自由に対する強力な制限であるから，重要な公共の利益のために必要かつ合理的な措置であることを要する。それが消極的，警察的措置である場合には，許可制および個々の許可条件が，職業の自由に対するよりゆるやかな制限である職業活動の内容および態様に対する規制によってはその目的を十分に達成することができないと認められることを要する。

　④ 　国民の生命・健康の保持の必需品である医薬品の供給業務について，許可制を採用したことは，公共の福祉に適合する目的のための必要かつ合理的措置として肯認される。

　⑤ 　適正配置規制は消極的，警察的目的のための規制措置であり，小売市場事件判決の事案とは異なる。

　⑥ 　適正配置の目的は重要な公共の利益ということができる。

　⑦ 　競争の激化―経営の不安定―法規違反という因果関係に立つ不良医薬品の供給の危険が，薬局等の段階において，相当程度の規模で発生する可能性があるとすることは，単なる観念上の想定にすぎず，確実な根拠に基づく合理的な判断とは認めがたい。

■判　旨■

破棄自判。

〔一　憲法 22 条 1 項の職業選択の自由と許可制〕

（一）「憲法 22 条 1 項は，何人も，公共の福祉に反しないかぎり，職業選択の自由を有すると規定している。職業は，人が自己の生計を維持するためにする継続的活動であるとともに，分業社会においては，これを通じて社会の存続と発展に寄与する社会的機能分担の活動たる性質を有し，各人が自己のもつ個性を全うすべき場として，**個人の人格的価値**とも不可分の関連を有するものである。……そして，このような職業の性格と意義に照らすときは，職業は，ひとりその選択，すなわち職業の開始，継続，廃止において自由であるばかりでなく，選択した職業の遂行自体，すなわちその職業活動の内容，態様においても，原則として自由であることが要請されるのであり，したがって，右規定は，**狭義における職業選択の自由**のみならず，**職業活動の自由**の保障をも包含しているものと解すべきである 要点① 。」

（二）　もっとも，職業は，その性質上，**社会的相互関連性**が大きいため，「職業の自由は，それ以外の憲法の保障する自由，殊にいわゆる精神的自由に比較して，**公権力による規制の要請**がつよ」い。「このように，職業は，それ自身のうちになんらかの制約の必要性が内在する社会的活動であるが，その種類，性質，内容，社会的意義及び影響がきわめて多種多様であるため，その規制を要求する社会的理由ないし目的も，国民経済の円満な発展や社会公共の便宜の促進，経済的弱者の保護等の社会政策及び経済政策上の**積極的**なものから，社会生活における安全の保障や秩序の維持等の**消極的**なものに至るまで千差万別で，その重要性も区々にわたる」。これに対応して，現実に職業の自由に対して加えられる制限も，国家または公共団体の専業から職業の遂行の方法または態様についての規制にいたるまで，それぞれの事情に応じて各種各様の形をとる。「それ故，これらの規制措置が憲法 22 条 1 項にいう公共の福祉のために要求されるものとして是認されるかどうかは，これを一律に論ずることができず，具体的な規制措置について，規制の目的，必要性，内容，

これによって制限される職業の自由の性質，内容及び制限の程度を検討し，これらを比較考量したうえで慎重に決定されなければならない。この場合，右のような検討と考量をするのは，第一次的には立法府の権限と責務であり，裁判所としては，規制の目的が公共の福祉に合致するものと認められる以上，そのための規制措置の具体的内容及びその必要性と合理性については，立法府の判断がその**合理的裁量**の範囲にとどまるかぎり，立法政策上の問題としてその判断を尊重すべきものである。しかし，右の合理的裁量の範囲については，**事の性質上**おのずから広狭がありうるのであって，裁判所は，具体的な規制の目的，対象，方法等の性質と内容に照らして，これを決すべきものといわなければならない 要点② 。」

（三）　職業の許可制が設けられる理由は多種多様で，それが憲法上是認されるかどうかも一律の基準をもって論じることはできないが，「**一般に許可制**は，単なる職業活動の内容及び態様に対する規制を超えて，狭義における職業の選択の自由そのものに制約を課するもので，職業の自由に対する強力な制限であるから，その合憲性を肯定しうるためには，原則として，重要な公共の利益のために必要かつ合理的な措置であることを要し，また，それが社会政策ないしは経済政策上の積極的な目的のための措置ではなく，自由な職業活動が社会公共に対してもたらす弊害を防止するための**消極的，警察的措置**である場合には，許可制に比べて職業の自由に対するよりゆるやかな制限である職業活動の内容及び態様に対する規制によっては右の目的を十分に達成することができないと認められることを要する……。そして，この要件は，許可制そのものについてのみならず，その内容についても要求されるのであって，許可制の採用自体が是認される場合であっても，個々の許可条件については，更に個別的に右の要件に照らしてその適否を判断しなければならない 要点③ 」。

〔二　薬事法における許可制について〕

（一）　薬事法は，医薬品等の供給業務に関して広く許可制を採用している。「医薬品は，国民

の生命及び健康の保持上の必需品であるととも
に，これと至大の関係を有するものであるから，
不良医薬品の供給（不良調剤を含む。以下同
じ。）から国民の健康と安全とをまもるために，
業務の内容の規制のみならず，供給業者を一定
の資格要件を具備する者に限定し，それ以外の
者による開業を禁止する許可制を採用したこと
は，それ自体としては公共の福祉に適合する目
的のための必要かつ合理的措置として肯認する
ことができる 要点④ 」。

〔二〕……

〔三　薬局及び医薬品の一般販売業（以下「薬局等」
という）の適正配置規制の立法目的および理由に
ついて〕

　㈠　薬事法6条2項，4項の適正配置規制に
関する規定の提案理由は，「一部地域における
薬局等の乱設による過当競争のために一部業者
に経営の不安定を生じ，その結果として施設の
欠陥等による不良医薬品の供給の危険が生じる
のを防止すること，及び薬局等の一部地域への
偏在の阻止によって無薬局地域又は過少薬局地
域への薬局の開設等を間接的に促進することの
2点を挙げ」ている。「その中でも前者がその
主たる目的をなし，後者は副次的，補充的目的
であるにとどまると考えられる」。

　これによると，適正配置規制は，「主として
国民の生命及び健康に対する危険の防止という
消極的，警察的目的のための規制措置であり，
そこで考えられている薬局等の過当競争及びそ
の経営の不安定化の防止も，それ自体が目的で
はなく，あくまでも不良医薬品の供給の防止の
ための手段であるにすぎないものと認められる。
すなわち，小企業の多い薬局等の経営の保護と
いうような社会政策的ないしは経済政策的目的
は右の適正配置規制の意図するところではな
〔い〕（この点において，最高裁昭和45年（あ）
第23号同47年11月22日大法廷判決・刑集
26巻9号586頁で取り扱われた小売商業調整
特別措置法における規制とは趣きを異にし，し
たがって，右判決において示された法理は，必
ずしも本件の場合に適切ではない。）要点⑤ 」。

〔二〕……

〔四　適正配置規制の合憲性について〕

　㈠　地域的な配置基準を定めた目的はいずれ
も公共の福祉に合致するものであり，かつ，そ
れ自体としては重要な公共の利益ということが
できるから，「右の配置規制がこれらの目的の
ために必要かつ合理的であり，薬局等の業務執
行に対する規制によるだけでは右の目的を達す
ることができないとすれば，許可条件の一つと
して地域的な適正配置基準を定めることは，憲
法22条1項に違反するものとはいえない」。

　㈡　薬局等の設置場所について地域的制限が
設けられない場合，薬局等が都会地に偏在し，
これに伴ってその一部において業者間に過当競
争が生じ，その結果として一部業者の経営が不
安定となるような状態を招来する可能性がある
ことは容易に推察しうる。「しかし，このこと
から，医薬品の供給上の著しい弊害が，薬局の
開設等の許可につき地域的規制を施すことによ
って防止しなければならない必要性と合理性を
肯定させるほどに，生じているものと合理的に
認められるかどうかについては，更に検討を必
要とする。」

　⑴　「薬局の開設等の許可における適正配置
規制は，設置場所の制限にとどまり，開業その
ものが許されないこととなるものではない。し
かしながら，薬局等を自己の職業として選択し，
これを開業するにあたっては，経営上の採算の
ほか，諸般の生活上の条件を考慮し，自己の希
望する開業場所を選択するのが通常であり，特
定場所における開業の不能は開業そのものの断
念にもつながりうるものであるから，前記のよ
うな開業場所の地域的制限は，実質的には職業
選択の自由に対する大きな制約的効果を有す
る」。

　⑵　Yの主張を検討するに，

　㈡　現行法上国民の保健上有害な医薬品の供
給を防止するために，薬事法および薬剤師法は，
薬事関係各種業者の業務活動に対する規制を定
めており，「刑罰及び行政上の制裁と行政的監
督のもとでそれが励行，遵守されるかぎり，不
良医薬品の供給の危険の防止という警察上の目
的を十分に達成することができるはずである」。

もっとも，これによって違反そのものを根絶することは困難であるから，さらに進んで違反の原因となる可能性のある事由をできるかぎり除去する予防的措置を講じる必要性が全くないとはいえない。「しかし，このような予防的措置として職業の自由に対する大きな制約である薬局の開設等の地域的制限が憲法上是認されるためには，単に右のような意味において国民の保健上の必要性がないとはいえないというだけでは足りず，このような制限を施さなければ右措置による職業の自由の制約と**均衡を失しない程度**において国民の保健に対する危険を生じさせるおそれのあることが，合理的に認められることを必要とするというべきである 要点⑥。」

（ロ）……「不良医薬品の販売の現象を直ちに一部薬局等の経営不安定，特にその結果としての医薬品の貯蔵その他の管理上の不備等に直結させることは，決して合理的な判断とはいえない」。「競争の激化―経営の不安定―法規違反という因果関係に立つ不良医薬品の供給の危険が，薬局等の段階において，相当程度の規模で発生する可能性があるとすることは，単なる観念上の想定にすぎず，確実な根拠に基づく合理的な判断とは認めがたいといわなければならない 要点⑦」。

（ハ）（ニ）（ホ）……省略

（ヘ）「以上（ロ）から（ホ）までに述べたとおり，薬局等の設置場所の地域的制限の必要性と合理性を裏づける理由としてYの指摘する薬局等の偏在―競争激化― 一部薬局等の経営の不安定―不良医薬品の供給の危険又は医薬品乱用の助長の弊害という事由は，いずれもいまだそれによって右の必要性と合理性を肯定するに足りず，また，これらの事由を総合しても右の結論を動かすものではない。」

（3）Yが主張する，設置場所の制限による無薬局地域または過少薬局地域への進出の促進についても，「無薬局地域等の解消を促進する目的のために設置場所の地域的制限のような強力な職業の自由の制限措置をとることは，目的と手段の均衡を著しく失するものであって，とうていその合理性を認めることができない」。

■ ■ ■ ■ ■ 確認問題 ■ ■ ■ ■ ■

1　講学上の「許可」観念について説明せよ。（前提問題）

2　本判決は，職業の自由の意義・性格および保障の対象についてどのように説示しているか。（→ 要点①）

3　表現の自由と比べて，職業の自由およびこれに対する規制には，どのような特色があるとされているか。（→ 要点②）

4　「許可制」には，「職業活動の内容及び態様に対する規制」と比べて，どのような特徴があるとされているか。（→ 要点③）

5　積極目的・消極目的は，それぞれどのように定義されているか。（→ 要点②）

6　三㈠では「この点において，……小売商業調整特別措置法における規制とは趣きを異にし，したがって，右判決において示された法理は，必ずしも本件の場合に適切ではない。」と説示されている。（→ 要点⑤）
　　i　「右判決において示された法理」とは何か。ii　「右判決において示された法理」が適切ではないとされた理由は何か。iii　それでは，どのような「法理」が適切とされたのか。（→ 要点⑥）

■ ■ ■ ■ 解　説 ■ ■ ■ ■

1　職業の自由の意義，性質および保護領域

　本判決は，職業の自由の意義を「人が自己の生計を維持するためにする継続的活動であるとともに，……これを通じて社会の存続と発展に寄与する社会的機能分担の活動たる性質を有し，各人が自己のもつ個性を全うすべき場として，個人の人格的価値とも不可分の関連を有する」ものであり，その一方で，職業は，「その性質上，社会的相互関連性が大きい」と説示している。ここから，最高裁は，個人の人格的価値と社会的相互連関性の調整のなかに，職業の自由に対する規制の根拠と限度を求めている。

　（a）明治憲法やワイマール憲法は，職業の自由を独立の基本権として保障しておらず，職業活動・営業は，封建制・身分制の否定の中で，

一種の公序として保障された[1]。これに対し，本判決は，個人の人格的価値との関連を強調することにより，自由な職業活動を個人の憲法上の自由として定位した[2]。憲法22条1項の「職業選択」という文言にもかかわらず，「選択した職業の遂行自体，すなわちその職業活動の内容，態様においても，原則として自由である」と解されるのも，職業活動のこのような意義から帰結されている。

　(b)　社会的相互関連性は，職業の自由の「性質」として，職業の自由に対する規制を考えるうえでのキーワードとなる。大きな社会的相互関連性ゆえに，職業の自由は，表現の自由等の精神的自由とは異なり「公権力による規制の要請がつよ」い。

　もとより，内心における信仰や思想の自由を除けば，精神的自由についても，他者に対する作用が発生する。しかし，表現の与える外部的作用の調整が法的規制ではなく，原則として思想の自由市場にゆだねられ，また，例外的に認められる制約も——厳格な要件のもとに許容される事前差止めを除けば——事後的規制でなければならないのとは異なり，自由な職業活動が他者に与える害悪は，事前規制を含む法的規制によってしか対処できないものが含まれている。本判決では医薬品の販売が問題となったが，人の生命・健康に直結し，不可逆的な害悪を与えうる医薬品の製造・販売や医療行為など，明らかに事後的規制で足りるものではない。加えて，職業活動に関しては，表現の自由論（対抗言論）が前提とするような立場の互換性は存在しない。また，職業の自由に対しては，社会政策的・経済政策的目的からの制約も加えられる。

　(c)　いわゆる二重の基準論について，最高裁も一般論としてはこれを受け入れていると思われる。ただし，二重の基準の論拠は自明ではない。学説では，実体論，機能論，経験論など，種々の論拠が主張されているが，本判決を素直に読めば，最高裁にとって最も重要な論拠は，職業は社会的相互関連性が大きく，「それ自身のうちになんらかの制約の必要性が内在する社会的活動」であるということであろう。

2　制限の強度

　職業の自由に対する規制には種々のものがあるが，許可制は，職業選択そのものに制限を加える点で，強力な制限である[3]。立法者の合理的裁量の範囲は，規制の強度に応じて，狭いものとなりうる。この点で本判決は，1958年のドイツ連邦憲法裁判所の薬局法違憲判決（BVerfGE 7, 198）との類似性が認められる。

　(a)　職業の自由は，ドイツ薬局判決においても，自己が生活を行う基盤であることに加え，第一次的に人格と結びついた，人格発展の自由であると説かれていた。同判決で違憲とされたのは，薬局の新規開設はその地域に十分な需要が見込まれる場合にのみ許可するというバイエルン薬事法の競争制限的規定である（覚道・後掲，野中・後掲などを参照）。そこでは，職業の自由に対する制限を，①職業遂行（職業活動）に対する制限，②許可の主観的条件による参入制限，③許可の客観的条件による競争制限的な参入制限に分け，それぞれの規制の態様に応じて，異なる違憲審査が妥当すると説示した[4]。

　(b)　本判決（薬事法違憲判決）もまた，職業の自由が「各人が自己のもつ個性を全うすべき

---

1)　営業の自由が「公序（public policy）」として追求されたものであり，（人権としての）職業選択の自由とは区別されるべきであるとする考え方は，経済史学者である岡田与好によって唱えられ，憲法学者との間で「営業の自由」論争が繰り広げられた。岡田与好『独占と営業の自由——ひとつの論争的研究』（木鐸社，1975年）31頁以下を参照。「営業の自由」論争の経過については，同書23頁以下が詳しい。

2)　職業の自由の意義を個人の人格的価値との関連に求めた場合，法人の職業（営業）活動をどのように評価するかが問題となる。八幡製鉄事件判決との関係を含め，石川健治「30年越しの問い——判例に整合的なドグマーティクとは」法教332号62頁（脚注13）参照。

3)　制限の態様には，書店の経営やWebサイトの作成など，ある職業への参入が，一切の規制を受けずに自由に行える場合がある。その対極が，当該職業の禁止（売春業など）であり，その中間には，届出制（旅行業，理容業など），許可制（医師，弁護士等の資格制，また，業種としての薬局，古物商，貸金業など），特許制（電気・ガス・上水道事業，鉄道事業，電気通信事業，放送事業など），国家独占（かつての電気通信事業，郵便事業，たばこ・塩の専売など）という種々の規制類型がある。

130 職業の自由

場として，個人の人格的価値とも不可分の関連を有する」ことを冒頭で説示し，許可制について，「単なる職業活動の内容及び態様に対する規制を超えて，狭義における職業の選択の自由そのものに制約を課するもので，職業の自由に対する強力な制限である」としている。許可の主観的条件と客観的条件の明示的な区別は行われていないが，本判決は，「開業場所の地域的制限は，実質的には職業選択の自由に対する大きな制約的効果を有する」とし，一方，主観的条件である薬局の構造設備，薬剤師の数等については「いずれも不良医薬品の供給の防止の目的に直結する事項であり，比較的容易にその必要性と合理性を肯定しうる」が，適正配置については「このような直接の関連性をもって」いないとしている。

(c) なお，規制の強度は，実質的に判断されなければならない。形式的には許可制ではないが実質的には強力な制約となりうる場合がありうる。後述の新薬事法事件1審判決（関連判例3）は，「本件規制は，その法的性質としては，営業活動の態様に対する規制であると解するのが相当である」が，「各種商品のインターネット販売を主要な事業内容とする業者が，医薬品のインターネット販売を目的として店舗販売業の許可を受け，医薬品の販売方法として，実際には通常の店舗における販売を行わず，専ら郵便等販売の一態様としてのインターネット販売を行っている場合に，当該業者としては，事実上，医薬品の販売に係る営業活動そのものを制限される結果となることを考慮すると，上記のとおり本件規制はその法的性質としては営業活動の態様に対する規制ではあるものの，上記の業態の業者に関する限り，当該規制の事実上の効果としては，規制の強度において比較的強いものということができる」としている。

3　審査密度の緩和

(a) 小売市場事件判決（関連判例1）は，「社会経済の分野において，法的規制措置を講ずる必要があるかどうか，その必要があるとしても，どのような対象について，どのような手段・態様の規制措置が適切妥当であるかは，主として立法政策の問題として，立法府の裁量的判断にまつほかない」としていた。立法裁量を尊重すべき理由として，同判決は，「法的規制措置の必要の有無や法的規制措置の対象・手段・態様などを判断するにあたっては，その対象となる社会経済の実態についての正確な基礎資料が必要であり，具体的な法的規制措置が現実の社会経済にどのような影響を及ぼすか，その利害得失を洞察するとともに，広く社会経済政策全体との調和を考慮する等，相互に関連する諸条件についての適正な評価と判断が必要であって，このような評価と判断の機能は，まさに立法府の使命とするところであり，立法府こそがその機能を果たす適格を具えた国家機関である」と説いている。

(b) 規制目的二分論は，規制目的の差異に応じて異なる違憲審査基準が妥当する，という解釈論であるが，その問題点として，①積極目的の範囲が不明確であること（棟居＝小山・後掲119頁以下〔棟居発言〕），②立法目的の分類が困難な場合や，一つの立法が積極・消極の両方の目的を追求する場合のあること（野中ほか・後掲476頁〔高見勝利〕）が指摘されてきた。さらに，判例においても，③酒類販売免許制事件判決のように，営業許可にかかわる事例であったのに規制目的二分論が用いられなかった判例や，④財産権について規制二分論を用いなかった森林法判決が登場するに至り，現在では，規制二分論の射程にはおのずから限度がある。

すべての経済的規制を二つの規制類型に分

---

4) 具体的には，①職業遂行の自由については，「過剰な負担となったり，要求しえない法律上の義務のように，それ自体が憲法に違反した法律上の義務」でなければ合憲である。職業選択については，②職業開始に対して特定の資格等を要求する許可の主観的条件による制限については，「所定の主観的前提条件が，職業活動の秩序ある実現という目的に対して均衡を失してはならない」。③最後に，当人の資格・能力とかかわりのない客観的条件による制限については，「一般に，きわめて重要な共同体法益に対する，証明可能ないしは高度に蓋然的な重大な危険の防禦のみが，自由な職業選択に対するそのような侵害を正当化できる」。

類・還元するのは，もとより不可能である。重要なのは，「当該規制立法が，どこまで立法事実に踏込んだ司法判断がされるべき分野に属するのか」の判断（綿引・後掲583頁）であるとすれば，「社会政策ないしは経済政策上の積極的な目的」は，社会政策的・経済政策的裁量が尊重されるべき事案であることを推定させる機能を持ちうるとともに，それ以上の決定的な意義はない。類型的に処理できる場合を除き，立法裁量が尊重されるべき事情の有無は，具体的に判断されなければならない。

（c）　そのうえで，複合目的等の従来の問題については，基本的には次のように考えることができよう。

（aa）　ある法律中の複数の規制がそれぞれ別の目的を追求する場合は，それぞれ個別に手段の必要性・合理性を審査すればよい。

また，一つの規制が複数の目的を追求する場合であっても，主目的と副次的目的を区別できる場合には，主目的に着目して審査密度を考えればよい（薬事法判決の事案でも，適正配置には，「施設の欠陥等による不良医薬品の供給の危険が生じるのを防止すること」，「薬局等の一部地域への偏在の阻止によって無薬局地域又は過少薬局地域への薬局の開設等を間接的に促進すること」の2つの目的があった。本判決は，「その中でも前者がその主たる目的をなし，後者は副次的，補充的目的であるにとどまる」としている）。

（bb）　税収確保のように，規制目的が積極・消極のどちらにも該当しない（と思われる）事案では，酒類販売免許制判決が，規制目的ではなく，租税の機能と租税法の専門技術性に着目して，立法府の裁量を認め，審査基準を緩和している[5]ことが注目される。

また，公衆浴場の距離制限についても，規制目的を分類しがたいが，最判平元・3・7（判時1308号111頁）では，「適正配置規制の目的は，国民保健及び環境衛生の確保にあるとともに，公衆浴場が自家風呂を持たない国民にとって日常生活上必要不可欠な厚生施設であり，入浴料金が物価統制令により低額に統制されていること，利用者の範囲が地域的に限定されているた

め企業としての弾力性に乏しいこと，自家風呂の普及に伴い公衆浴場業の経営が困難になっていることなどにかんがみ，既存公衆浴場業者の経営の安定を図ることにより，自家風呂を持たない国民にとって必要不可欠な厚生施設である公衆浴場自体を確保しようとすることも，その目的としている」として，積極目的・消極目的を併有するものであると認定している。大上段の二分論ではなく，弾力性の乏しさ，料金の統制など具体的な特徴から審査密度を判断することが重要であろう。

（d）　それ以外の理由による審査密度の緩和の可能性について補足しておく。

まず，保護法益（規制目的）の重要性を理由に，審査密度を緩和できるか。下級審の裁判例には，これを行ったものがある[6]。しかし，保護法益の重要性を理由とした審査密度の緩和には，慎重であるべきであろう。保護法益が重要であることは，（比較的）厳格な審査の下でも合憲となる可能性が相対的に高いというだけの

---

5)　酒類販売免許制事件判決（関連判例2）は，「租税は，今日では，国家の財政需要を充足するという本来の機能に加え，所得の再分配，資源の適正配分，景気の調整等の諸機能をも有しており，国民の租税負担を定めるについて，財政・経済・社会政策等の国政全般からの総合的な政策判断を必要とするばかりでなく，課税要件等を定めるについて，極めて専門技術的な判断を必要とすることも明らかである。したがって，租税法の定立については，国家財政，社会経済，国民所得，国民生活等の実態についての正確な資料を基礎とする立法府の政策的，技術的な判断にゆだねるほかはな」いとしている。

6)　新薬事法事件1審判決（関連判例3）は，「本件規制の憲法適合性の判断においては，……本件規制を規制手段とした……立法機関の判断がその合理的裁量の範囲を超えるものであるか否かを検討する必要があるところ，その検討に際して代替的な規制手段との対比を考慮するに当たっては，本件規制の規制内容が……一般用医薬品の副作用による健康被害（薬害）の防止という国民の生命・身体の安全に直結する事柄であり，一般用医薬品の適切な選択及び適正な使用が確保されない結果としてひとたび副作用による健康被害（薬害）が発生すればその被害者に償うことのできない重大な損害が発生する危険性が高いことを踏まえて検討すべきものと解するのが相当である」と説示し，審査密度の緩和を行っている（その結果，結論は合憲）。

ことであり，審査密度緩和の理由とはならない。
なお，保護法益の重要性ではなく，特性を理由
とした審査密度の緩和は，考えることができる
（未成年者保護のための規制など）。

これとは別に，規制を受ける職業の特殊性を
理由とした審査密度の緩和を考えることができ
るか。日本には，これを明示的に行った最高裁
判例は存在しないが，ドイツ連邦憲法裁判所は，
カジノの国家独占について，職業の特殊性を理
由とした審査密度の緩和を行っている（BVerfGE
102, 197 [215]—カジノ決定）[7]。

■ ■ ■ ■ ■ 関連判例 ■ ■ ■ ■ ■

1　小売市場事件判決（最大判昭 47・11・22 刑
集 26 巻 9 号 586 頁）

2　酒類販売免許制事件判決（最判平 4・12・15
民集 46 巻 9 号 2829 頁）

3　新薬事法事件 1 審判決（東京地判平 22・3・
30 判時 2096 号 9 頁）

4　農作物共済当然加入制事件判決（最判平 17・
4・26 判時 1898 号 54 頁）

5　入墨施術事件判決（大阪地判平 29・9・
27LEX/DB 25548925）

6　司法書士法違反事件判決（最判平 12・2・8
刑集 54 巻 2 号 1 頁）

■ ■ ■ ■ ■ 演習問題 ■ ■ ■ ■ ■

1　レジャー白書によると，パチンコにおけ
る 1 人当たりの平均消費金額は 1989 年が年間
50 万円ほどだったのに対し，2014 年は年間
300 万円ほどと約 6 倍に跳ね上がっている。ギ
ャンブル性の高いパチンコ台に多額の金銭を注
ぎ込んでいる例が多く，家族らを巻き込んだ多
重債務問題につながっているとの指摘が出てい
る。

このような事態を受けて，国会では，超党派
の議員によるパチンコ規制法が成立した。その
際，次の点が考慮された。

①賭博は，刑法 185 条によって禁じられて
いる。パチンコについては，現金や有価証券で
はなく賞品を景品として出すことが風俗営業法
で認められているため，刑法第 35 条の「法令
又は正当な業務による行為」として刑事罰の対

象とならないにすぎない。

②パチンコの大当たり時には脳から大量のβ
-エンドルフィン，ドーパミンなどの神経伝達
物質（脳内麻薬）が分泌される。このため一種
の薬物依存に近い状態に陥り，パチンコに依存
する恐れがある。

③依存の結果，勉学や勤労への意欲を喪失し
た例や，さらに借金をしてまでパチンコにのめ
り込み多重債務や自殺といった悪循環に陥る例
が生じた。また，乳幼児を駐車場の自動車内に
放置し，そのまま熱中症や脱水症状などで死亡
させる事故や，親がパチンコに興じていた隙に
乳幼児が誘拐される事件も発生した。

④パチンコが娯楽として相当程度に普及して
いることにかんがみ，パチンコの全面禁止は行
わない。

同法の要点は次のとおりである。

①本法の目的は，パチンコがもたらす害悪を
防止ないし軽減するとともに，健全な娯楽とし
てパチンコを再生させることである。

②手段として，次のような規制を行う。

a 貸玉料金は，現在，玉 1 個につき 4 円以
下であるが，1 円以下とする。

b 玉の射出頻度は，現在 0.6 秒に 1 発である
が，1 秒に 1 発にする。

c 都道府県公安委員会に立ち入り調査権を与
える。上記 a b に対する違反，または，「釘曲
げ」が発見された場合には，公安委員会は，1
か月以下の営業停止を命じることができる。

---

7)　連邦憲法裁判所は，基本権審査に影響を及ぼすよ
うなカジノ経営の特殊性として，①カジノの営業は
それ自体が望ましくない活動であるが，それにもか
かわらず，違法なギャンブルを阻止し，自然の賭博
熱を処罰されるべき搾取から保護するために国家が
これを許容したものであること，②許可されたカジ
ノの数は，これまで，憲法上の疑義なしに，著しく
限られていたこと，の 2 点を指摘し，立法者の広い
規律・形成の余地を認めた（BVerfGE 102, 197
[215]）。以上につき，ドイツ憲法判例研究会編『ド
イツの憲法判例Ⅲ』（信山社，2008 年）304 頁〔井上
典之〕，小山剛「『憲法上の権利』各論 13　職業の自由・
移動の自由（2・完）」法セ 720 号 81 頁を参照。

この法律が憲法22条1項に反しないか，検討しなさい。

＊考え方
　本問では，①規制強度をどう判断するか，②複合的な規制目的をどのように処理するかで，XとYが対立する。①については，規制強度を形式的に見るか実質的に見るかが問題になり，②については，薬事法判決をよく理解していれば，おのずと答えが得られよう。なお，③パチンコが一種の賭博であることを理由にした審査密度の緩和も考えることができる。関連判例3も参照。

　2　農業災害補償法（平成11年の改正前のもの）は，農業者が不慮の事故によって受けることのある損失を補てんして農業経営の安定を図り，農業生産力の発展に資することを目的として，農業共済組合等の行う共済事業，農業共済組合連合会の行う保険事業および政府の行う再保険事業から成る農業災害補償を行うものとしているが，農業共済組合の区域内に住所を有する水稲等の耕作の業務を営む者で，その耕作面積が一定の規模以上のものは，当該組合の組合員たる資格を有し，その組合員とされ，組合員たる資格の喪失や死亡などの事由がない限り，任意に組合から脱退することができないとされていた（当然加入制）。

　Xは，Y農業共済組合の組合員の資格を有し，当然にYの組合員とされ，Yとの間で農作物共済の共済関係が成立したが，Xが平成9年〜11年度の水稲に係る共済掛金および事務費賦課金を支払わなかった。このため，Yは，Xの共済掛金等に係る滞納処分として，Xの有する金融機関に対する預金払戻請求権について差押えをした。これに対しXは，差押処分の無効確認等を求めて出訴した。

　X，Yの憲法上の主張について述べなさい。

＊考え方
　本問の事案では，Xは（消極的）結社の自由を，Yは職業の自由を規準とすることが考えられる。それぞれの権利の保護領域（およびそれぞれの権利に対する制限）を見極めて判断することが求められる。関連判例4も参照。

　3　医師法17条は，「医師でなければ，医業をなしてはならない」と規定する。タトゥーや入墨の施術に医師免許を要求することは，憲法22条1項に反しないか。

＊考え方
　許可制をとる場合，許可制という強力な制限を用いることの必要性・合理性に加え，個々の許可条件の必要性・合理性も検討されなければならない。最高裁薬事法違憲判決で問題となったのは，距離制限という許可の客観条件であるが，本問で問われているのは，医師免許という許可の主観的条件である。関連判例5，6も参照。

〔参考文献〕
石川健治・争点148頁
覚道豊治「薬事法6条2項，4項（これらを準用する同法26条2項）と憲法22条1項」民商法雑誌74巻2号（1976年）301頁
石川健治・百選Ｉ〔第6版〕205頁
野中俊彦「薬事法距離制限条項の合憲性」ドイツ憲法判例研究会編『ドイツの憲法判例〔第2版〕』（信山社，2003年）272頁
棟居快行＝小山剛「経済的自由権と規制二分論」井上典之＝小山剛＝山元一編『憲法学説に聞く』（日本評論社，2004年）113頁
野中俊彦ほか『憲法Ｉ〔第5版〕』（有斐閣，2012年）
綿引万里子・最判解民事篇平成4年度569頁

（小山　剛）

財　産　権

15 証券取引法インサイダー取引規制事件

- 最高裁平成 14 年 2 月 13 日大法廷判決
- 平成 12 年(オ)第 1965 号，同年(受)第 1703 号
  短期売買利益返還請求事件
- 民集 56 巻 2 号 331 頁，判時 1777 号 36 頁

〈事実の概要〉

　証券取引法（当時。以下単に「法」とする）164 条 1 項は，「上場会社等の役員又は主要株主がその職務又は地位により取得した秘密を不当に利用することを防止するため，その者が当該上場会社等の特定有価証券等について，自己の計算においてそれに係る買付け等をした後 6 月以内に売付け等をし，又は売付け等をした後 6 月以内に買付け等をして利益を得た場合においては，当該上場会社等は，その利益を上場会社等に提供すべきことを請求することができる」と規定し，8 項は，第 1 項について，「役員又は主要株主の行う買付け等又は売付け等の態様その他の事情を勘案して内閣府令で定める場合においては，適用しない」と規定している。

　Y（被告・控訴人・上告人）は，自己の計算において，平成 11 年中に数回にわたり X（原告・被控訴人・被上告人。東京証券取引所第 2 部に株式が上場されている会社）発行の株式の買付けをし，それぞれ 6 か月以内にその売付けをし，合計 2018 万 3691 円の短期売買利益を得た。そこで，X は，Y に対し，同項に基づき，上記利益を X に提供すべきことを請求した。第 1 審（東京地判平 12・5・24 金判 1141 号 8 頁）は X の請求を認容し，控訴審（東京高判平 12・9・28 同前）も Y の控訴を棄却したので，Y が上告し，同項は，上場会社等の役員または主要株主がその職務または地位により取得した秘密を不当に利用していわゆるインサイダー取引を行うことを規制し，もって一般投資家の利益を保護する趣旨の規定であるところ，上記株式の売付けの

相手方と Y とは代表者および株主が同一であり，上記秘密の不当利用または一般投資家の損害の発生という事実はないから，この売付けについて同項は適用されないと解すべきであり，そのように解さなければ，同項は憲法 29 条に違反すると主張した。

〈上告審〉

要　点

①　財産権規制立法の合憲性は，規制の目的，必要性，内容，その規制によって制限される財産権の種類，性質および制限の程度等を比較考量して判断すべきものである。

②　証券取引市場の公平性，公正性を維持するとともに，これに対する一般投資家の信頼を確保するという経済政策に基づく目的は正当である。

③　個々の具体的な取引における秘密の不当利用や一般投資家の損害発生という事実を積極要件または消極要件とすれば，その立証や認定は実際上極めて困難である。

④　類型的にみて取引の態様自体から秘密を不当に利用することが認められない場合には，法 164 条 1 項の規定は適用されない。

⑤　同項は，役員等に，利益の保持を制限するにすぎない。

⑥　③〜⑤から，規制手段が必要性または合理性に欠けることが明らかであるとはいえないのであるから，法 164 条 1 項は，憲法 29 条に違反するものではない。

■判　旨■

上告棄却。

〔法律解釈〕　……上場会社等の役員又は主要

株主は，一般に，当該上場会社等の内部情報を一般投資家より早く，よりよく知ることができる立場にあるところ，これらの者が一般投資家の知り得ない内部情報を不当に利用して当該上場会社等の特定有価証券等の売買取引をすることは，証券取引市場における公平性，公正性を著しく害し，一般投資家の利益と証券取引市場に対する信頼を著しく損なうものである。同項〔164条1項〕がこのような不当な行為を防止することを目的として設けられたものであることは，その文言から明らかである。なお，同条8項は，取引の態様等を勘案してこのような秘密の不当利用の余地がないものと観念される取引の類型を定めることを内閣府令に委任したものであるが，上記の目的を達成するために同条1項の規定を適用する必要のない取引は内閣府令で定められた場合に尽きるものではなく，類型的にみて取引の態様自体から上記秘密を不当に利用することが認められない場合には，同項の規定は適用されないと解するのが相当である。

……同項は，客観的な適用要件を定めて上場会社等の役員又は主要株主による秘密の不当利用を一般的に予防しようとする規定であって，上場会社等の役員又は主要株主が同項所定の有価証券等の短期売買取引をして利益を得た場合には，前記の除外例に該当しない限り，当該取引においてその者が秘密を不当に利用したか否か，その取引によって一般投資家の利益が現実に損なわれたか否かを問うことなく，当該上場会社等はその利益を提供すべきことを当該役員又は主要株主に対して請求することができるものとした規定であると解するのが相当である。」

〔財産権を規制する立法の合憲性の判断枠組み〕
(1) 財産権は，それ自体に内在する制約がある外，その性質上社会全体の利益を図るために立法府によって加えられる規制により制約を受けるものである。財産権の種類，性質等は多種多様であり，また，財産権に対する規制を必要とする社会的理由ないし目的も，社会公共の便宜の促進，経済的弱者の保護等の社会政策及び経済政策に基づくものから，社会生活における安全の保障や秩序の維持等を図るものまで多岐に

わたるため，財産権に対する規制は，種々の態様のものがあり得る。このことからすれば，財産権に対する規制が憲法29条2項にいう公共の福祉に適合するものとして是認されるべきものであるかどうかは，**規制の目的，必要性，内容，その規制によって制限される財産権の種類，性質及び制限の程度等を比較考量して判断すべきものである** 要点①。

〔**目的審査**〕 (2) そこでまず，法164条1項の規制の目的，必要性について検討するに，上場会社等の役員又は主要株主が一般投資家の知り得ない内部情報を不当に利用して当該上場会社等の特定有価証券等の売買取引をすることは，証券取引市場における公平性，公正性を著しく害し，一般投資家の利益と証券取引市場に対する信頼を損なうものであるから，これを防止する必要があるものといわなければならない。同項は，上場会社等の役員又は主要株主がその職務又は地位により取得した秘密を不当に利用することを防止することによって，一般投資家が不利益を受けることのないようにし，国民経済上重要な役割を果たしている**証券取引市場の公平性，公正性を維持するとともに，これに対する一般投資家の信頼を確保するという経済政策に基づく目的**を達成するためのものと解することができるところ，このような目的が正当性を有し，公共の福祉に適合するものであることは明らかである 要点②。

〔**手段審査**〕 次に，規制の内容等についてみると，同項は，外形的にみて上記秘密の不当利用のおそれのある取引による利益につき，個々の具体的な取引における秘密の不当利用や一般投資家の損害発生という事実の有無を問うことなく，その提供請求ができることとして，秘密を不当に利用する取引への誘因を排除しようとするものである。上記事実の有無を同項適用の積極要件又は消極要件とするとすれば，その立証や認定が実際上極めて困難である 要点③ ことから，同項の定める請求権の迅速かつ確実な行使を妨げ，結局その目的を損なう結果となり兼ねない。また，同項は，同条8項に基づく内閣府令で定める場合又は類型的にみて取引の態

136　財産権

様自体から秘密を不当に利用することが認められない場合には適用されない **要点④** と解すべきことは前記のとおりであるし，上場会社等の役員又は主要株主が行う当該上場会社等の特定有価証券等の売買取引を禁止するものではなく，その役員又は主要株主に対し，一定期間内に行われた取引から得た利益の提供請求を認めることによって当該利益の保持を制限するにすぎず，それ以上の財産上の不利益を課するものではない **要点⑤**。これらの事情を考慮すると，そのような規制手段を採ることは，前記のような立法目的達成のための手段として **必要性又は合理性** に欠けるものであるとはいえない。

〔結論〕（3）　以上のとおり，**法 164 条 1 項** は**証券取引市場の公平性，公正性を維持するとともにこれに対する一般投資家の信頼を確保するという目的** による規制を定めるものであるところ，その規制目的は **正当** であり，規制手段が **必要性又は合理性** に欠けることが明らかであるとはいえないのであるから，同項は，公共の福祉に適合する制限を定めたものであって，憲法 29 条に違反するものではない **要点⑥**。」

■ ■ ■ ■ ■ **確認問題** ■ ■ ■ ■

1　本判決は，財産権を規制する立法について，どのような合憲性の判断枠組を定立しているか。（→ **要点①**）

2　本判決は，法 164 条 1 項の目的をどのようなものと認定し，それをどう評価しているか。（→ **要点②**）

3　本判決は，法律の適用範囲を限定する解釈を行っている。その内容について説明しなさい。（→ **要点④**）

4　本判決は，法 164 条 1 項が採用した手段について，どのように評価しているか。（→ **要点③〜⑥**）

■ ■ ■ ■ ■ **解　説** ■ ■ ■ ■

1　「目的二分論」との関係

(1)　「目的二分論」

財産権規制立法について，本判決がなにを言っているのかということを理解するためには，

まず，本判決が何を言っていないかということを特定することが必要である。その際に問題となるのは，財産権規制に関する先行判例である森林法違憲判決と，職業選択の自由に関する小売市場判決と薬事法距離制限違憲判決である。

職業選択の自由について，小売市場判決と薬事法距離制限違憲判決は，規制立法の目的だけに着目しているわけではないものの，規制目的を 1 つの大きな考慮要素として，違憲審査基準を，とくに，積極目的規制の場合に緩和するという判例法理を形成した（→職業選択の自由の項参照）。しかしその後，財産権規制に関する森林法違憲判決の評価を巡って，このこととの関係が問われることとなった。

(2)　森林法判決と「目的二分論」

森林法 186 条は，共有森林につき持分価額 2 分の 1 以下の共有者（持分価額の合計が 2 分の 1 以下の複数の共有者を含む。以下同じ）に民法 256 条 1 項所定の分割請求権を否定していた。森林法判決は，薬事法違憲判決を引用しつつ，「裁判所としては，立法府がした右比較考量に基づく判断を尊重すべきものであるから，立法の規制目的が前示のような社会的理由ないし目的に出たとはいえないものとして公共の福祉に合致しないことが明らかであるか，又は規制目的が公共の福祉に合致するものであっても規制手段が右目的を達成するための手段として必要性若しくは合理性に欠けていることが明らかであって，そのため立法府の判断が合理的裁量の範囲を超えるものとなる場合に限り，当該規制立法が憲法 29 条 2 項に違背するものとして，その効力を否定することができるものと解するのが相当である」とした。その上で「森林の細分化を防止することによって森林経営の安定を図り，ひいては森林の保続培養と森林の生産力の増進を図り，もって国民経済の発展に資すること」を目的と捉え，共有森林の分割制限について，「森林が共有となることによって，当然に，その共有者間に森林経営のための目的的団体が形成されることになるわけではなく，また，共有者が当該森林の経営につき相互に協力すべき権利義務を負うに至るものではないから，森

林が共有であることと森林の共同経営とは直接関連するものとはいえない」ことなどから、「合理性と必要性のいずれをも肯定することのできないことが明らか」であるとして違憲とした。

このような森林法判決の判示については、それが違憲判決であったこともあって、消極目的の立法に比較的厳格な審査を及ぼしたものとみて、薬事法違憲判決に引き寄せて理解する向き（芦部235頁）もあったが、判文からしても、また、事案があえていえば積極目的類似の規制であることからしても、それはやや苦しい説明となろう。むしろ、森林法判決は、目的に着目する審査基準の使い分けを、財産権に関しては退けて、上述の審査基準（それが厳密にどのようなものかは後述の通り分析を要するが）を示したものと受け止めるほうが自然であろう。

本判決は、そのような理解を裏付けたところがある。判旨の引用の冒頭部分は、森林法判決とほぼ共通であるが、森林法判決にあった目的についての「消極」や「積極」の語（「社会公共の便宜の促進、経済的弱者の保護等の社会政策及び経済政策上の積極的なものから、社会生活における安全の保障や秩序の維持等の消極的なものに至るまで」）すら、意図的に削られているようにも見えるからである。

考えてみれば、経済的規制のうち積極目的のものについて審査基準が緩むとして、その理由が、例えば裁判所の能力論といったものであるとすれば、なぜそれが、職業選択の自由には妥当し、財産権には妥当しないのか説明するのは、難しい。「財産権と目すべき個別的権利があることを前提に、それに対する具体的規制が憲法上許されるかどうか……の判断は、『職業選択の自由』の規制の場合と異なるところがあることは否定し難い」（佐藤幸治『日本国憲法論』〔成文堂、2011年〕312頁）というような説明はあるものの、分かりやすいであろうか。しかし、職業選択の自由の積極目的規制の審査は緩すぎるという批判も強いところで、最高裁判所がその適用を財産権の分野で避けていることにあえて異をとなることもあるまいとも考えられると

ころではある。

2　森林法判決との関係

⑴　本判決は「判断代置」？

上に見たように、本判決は、基本的には森林法判決と同趣旨なのだとしても、さらに微妙なところで注意を要するところがある。

森林法判決では、上に見たように、本判決の判旨の⑴に相当する判示に続けて、1に引用した通りの立法裁量論が述べられているが、本判決ではこの部分は欠落している。加えて、森林法判決にはみられる「明らか」の語も、本判決では、判旨最後の結論の部分を除いては欠けているのである。

本判決の結論部分で述べられている手段審査の基準は、森林法判決中のものと同じであるのだから、この点では、森林法と本判決は異ならないとの理解も十分ありうるとは思う。しかし、学説からは、「額面通り読む限り、財産権制約の合憲性審査につき、財産権制約の合憲性審査につき最高裁は立法裁量逸脱濫用審査ではなく、判断代置型審査へ移行した」（大石和彦「財産権制約をめぐる近時の最高裁判例における違憲審査基準について」慶應法学13号〔2009年〕139頁）との「推測」（同141頁）もなされている。

⑵　本判決を先例とする小法廷判決群

この点で微妙なのが、さらに、本判決後の最高裁判例の展開である。①農地法による農地の転用等の許可制と無許可転用等の処罰を合憲とした最判平14・4・5（刑集56巻4号95頁）、②有効に成立した損失保証等を内容とする契約に基づく請求権の行使をも許されないこととした証券取引法42条の2第1項3号を合憲とした最判平15・4・18（民集57巻4号366頁）（関連判例2）、③旧会社更生法78条1項1号に該当する行為についてした否認の効果を、当該目的物が複数で可分であったとしても目的物すべてに及ぶものと解しても、同号は合憲であるとした最判平17・11・8（民集59巻9号2333頁）、④消費者契約を対象として損害賠償の予定等を定める条項の効力を制限する消費者契約法9条1号を合憲とした最判平18・11・27（判タ1232

号 82 頁），⑤ 1 つの団地内に存する数棟の建物の全部が，いずれも専有部分を有する建物であり，団地内全建物の敷地が，団地内の各建物の区分所有者の共有に属する場合において，当該団地内建物について所要の規約が定められているときは，団地内の各建物ごとに，区分所有者および議決権の各 3 分の 2 以上の賛成があれば，団地内区分所有者で構成される団地内の土地，建物等の管理を行う団体または団地管理組合法人の集会において，団地内区分所有者および議決権の各 5 分の 4 以上の多数で団地内全建物の一括建替えをする旨の建替え決議をすることができる旨定める建物の区分所有等に関する法律 70 条を合憲とした最判平 21・4・23（判時 2045 号 116 頁），⑥国土利用計画法に関する判示を含む最判平 21・7・17（集刑 297 号 209 頁），⑦消費者契約法 10 条に関する最判平 23・7・15（民集 65 巻 5 号 2269 頁），⑧府中市議会議員政治倫理条例事件に関する最判平 26・5・27（判時 2231 号 9 頁）の 8 つが知られている。

これらのいずれにおいても，森林法判決ではなく，本件判決が先例として引用されている。先例が森林法ではなく本判決だというのは確立しているといわざるを得ないのだが，以上の判例の中には簡単な判示のものもあるが，それらを含めて，「明らか」という表現は，該当の箇所（手段審査の規範部分）に一度も登場しない。上述⑤の判決の評釈の中に，近時，森林法判決ではなくて証取法判決が先例とされるのは，「立法裁量の考え方よりも……比較考量を重視する立場が適切と判断されたため」で，森林法判決も「後知恵的ではあるが，比較考量をベースとする合理性基準と考えるべき」（高橋正俊・セレクト 2009 年−Ⅰ 8 頁）とするものが現れる所以である。

　(3)　本判決の評価
　もっとも，森林法判決と本判決は大法廷判決で，以上の①〜⑧はすべて小法廷判決である。小法廷判決から逆に推し量って，大法廷判決の内容を決めるのも本来は妙な話である。また，本判決の調査官解説は，「結果的には規制目的

2 分論によった場合の積極目的規制についてと同様の審査を行うもの」（杉原則彦・最判解民事篇平成 14 年度 194 頁）との「説明」を与えている。たしかに，あくまで「結果的には」である。また，要点④にあるように，本判決で相当立ち入った合憲限定解釈（適用除外規定の拡張解釈）がなされていることには留意が必要である。さらに，一般的にいって，調査官解説を重視しすぎることは問題であろう（滝井繁男『最高裁判所は変わったか──一裁判官の自己検証』（岩波書店，2009 年）36 頁は，調査官解説を過度に重視することを戒めるとともに，調査官解説自体の「あり方を検討すべき時期に来ているように思える」とする）。しかし，本判決が，立法裁量論に拠っているかどうかを，担当調査官は誤解していたのであろうか（たしかに，積極目的規制の審査で，これほどの大胆な合憲限定解釈は本来考えられない。おそらく，このような合憲限定解釈がなされた背景には，母法というべき合衆国 1934 年証券取引所法 16 条(b)項について，同旨の判例［Kern County Land Co. v. Occidental Petroleum Corp., 411 U.S. 582 (1973)］があることが影響していよう）。本稿担当者としては，最高裁が財産権については判断代置型審査するべきだということを否定する必要はないのであるが，判例法理の記述として，どのように述べるのが正確なのか躊躇を覚えるところで，どちらからみても種々疑問があることをさしあたり指摘するに止める。

なお，以上で合憲限定解釈と述べた（し，これまでそう他所でも書いてきた（松本哲治・百選Ⅰ〔第 6 版〕216 頁）が，堀越事件（→本書 11 事件参照）判決を経た目でみると，本判決の限定解釈はそれ自体としては，法律解釈として述べられているのであって，合憲限定解釈ではないとの理解も出てくるのかもしれない。もっとも，条文を普通に読めば，そのような限定解釈はでてこないのが通常と思われ，そして，そのように限定解釈できることが合憲の理由の一部になっているのではあるが（渡辺康行ほか『憲法Ⅰ基本権』（日本評論社，2016 年）343 頁［宍戸常寿］348 頁もこの解釈を合憲限定解釈として扱う）。

3 財産権に関する論点のうち本判決の射程に入るもの，それ以外のもの

(1) 「立法による内容形成とその限界」

これは，森林法事件判決をめぐってなされた，「民法の規定する自由な分割請求権を森林法において制限すること」（安念潤司「憲法が財産権を保護することの意味」長谷部恭男編著『リーディングズ現代の憲法』〔日本評論社，1995年〕149頁）がなぜ「憲法上，財産権の制限に該当」（同判決）するのかという指摘によって解明が進んだ点である。

元々，憲法は，29条1項で，「財産権は，これを侵してはならない」としつつ，2項で「財産権の内容」は法律で定めるものとする。憲法が，法律の成果を保障するに過ぎないものでないとすれば，「1項に独自の存在理由を認めなければならない」（佐藤・前掲310頁）とされてきた訳である。この点について，森林法判決は，「共有物分割請求権は，各共有者に近代市民社会における原則的所有形態である単独所有への移行を可能ならしめ，右のような公益的目的をも果たすものとして発展した権利であり，共有の本質的属性として，持分権の処分の自由とともに，民法において認められるに至ったものである」とした上で，「したがって，当該共有物がその性質上分割することのできないものでない限り，分割請求権を共有者に否定することは，憲法上，財産権の制限に該当」するとすることにより，1項の固有の意義を明らかにした。

法制度保障を説く論者によれば，森林法判決から「手探りで探り当てられた『原形テーゼ』──自由で排他的な所有権が財産権の原形（プロトタイプ）であり，この意味での原形こそが憲法上制度として保障されているという考え方──こそが，正調の『制度的保障』論（の1つ）たる『法制度保障』論にほかならない」（石川健治・プロセス306頁）のであって，「次回の憲法改正の手続によらなければ民法の一物一権主義を廃止できない」（同305頁）とまでいわれる。もっとも，森林法186条が，「一物一権主義（法制度としてのローマ法的所有権）の本質的内容の侵害に結びつくわけではない」ので「判決

の『法制度保障』論は……裁量統制基準の厳格化を論証するに足る『事の性質』の理解をもたらすために機能した」（同306頁）と説明がなされる。

ベースラインの観念を用いる論者は，森林法が積極目的の制限なのになぜ違憲になったかということに対する「一つの可能な応答」として，「通常の積極目的規制の場合と異なり，最高裁が共有に関する民法上の規定の政治的中立性を信頼しえた」可能性を指摘する。「民法典，中でも財産法に関する規定が政治的に公正中立な基準であり，ベースラインであるとの観念は，法律家に広く浸透している」（長谷部恭男『比較不能な価値の迷路──リベラル・デモクラシーの憲法理論』〔東京大学出版会，2000年〕110頁）からである。

いずれにせよ，これは，近時の教科書的な表現を借りれば，財産権の「立法による内容形成とその限界」（渡辺ほか・前掲343頁〔宍戸〕）の問題である。そして，この領域では，本判決が先例となることは，確立しているということになる。

(2) 「立法により形成された法律に基づき，私人が取得した既得の権利の保障」

これと区別して，29条の解釈論が問題になる二つ目の領域は，「立法により形成された法律に基づき，私人が取得した既得の権利の保障」（渡辺ほか・前掲343頁〔宍戸〕）である。「事後法」としての性格が問題にされて，事後法による財産権の内容変更・最大判昭53・7・12（民集32巻5号946頁）（関連判例3）が先例とされてきた領域である。財産権規制そのものではないが，租税法規の「遡及」性が問題になった場合には，関連判例3が先例となって判断がなされている（最判平23・9・22民集65巻6号2756頁等）。

なお，関連判例3は，改正前の農地法80条について，「国が買収によって取得し農林大臣が管理する農地について，自作農の創設等の目的に供しないことを相当とする事実が生じた場合には，当該農地の旧所有者は国に対して同条2項後段に定める買収の対価相当額をもってそ

140　財産権

の農地の売払いを求める権利を取得するもの」
と解した上で（これ自体は同判決にとっては先例
である最大判昭 46・1・20 民集 25 巻 1 号 1 頁に従
ったものである），売払いの対価を，買収の対価
相当額から当該土地の時価の 7 割（農地改革当
時の買収額に比べれば極めて高額である）に相当
する額に変更したことを合憲としたものもので，
そこで問題になった売り払い請求権が，真に既
得の権利であったのであれば，同判決の結論が
承認できるものか否か，本稿担当者には疑問に
思われる（同旨，渡辺ほか・前掲 357 頁［宍戸］）
ため，関連判例 3 を手放しで，ある領域の先例
であるべきだとすることには抵抗があるが，そ
の点はひとまずおくこととする。

　また，以上に関連して，最判平 15・4・18
（民集 57 巻 4 号 366 頁）（関連判例 2。上の②判決）
は，本判決を先例として判断されたものである
が，そこで問題となったのは，現在では公序良
俗に反し無効であるが，かつては違法ではあっ
ても公序良俗に違反するとはされなかった損失
保証等を内容とする契約である。「法律行為の
後の経緯によって公序の内容が変化した場合で
あっても，行為時に有効であった法律行為が無
効になったり，無効であった法律行為が有効に
なったりすることは相当でないから」，「法律行
為が公序に反することを目的とするものである
として無効になるかどうかは，法律行為がされ
た時点の公序に照らして判断すべき」であり，
この契約は有効に成立している。

　この保証契約の履行が，改正後の証券取引法
42 条の 2 第 1 項 3 号の禁ずる利益提供にあた
ることから，その請求は許容されないとされた
ことについて，同判決は，①改正前に締結され
た契約に基づく利益提供行為を認めることは投
資家の証券市場に対する信頼の喪失を防ぐとい
う目的を損なう結果となりかねないこと，②一
定の場合には顧客に不法行為法上の救済が認め
られる余地があること，③私法上有効であると
はいえ，損失保証等は，反社会性の強い行為で
あるといわなければならず，もともと証券取引
法上違法とされていた損失保証等を内容とする
契約によって発生した債権が，財産権として一

定の制約に服することはやむを得ないものであ
るといえることなどから，手段として必要性又
は合理性に欠けるものであるとはいえないとし
て合憲としたのである。

　このようにみると，関連判例 2 は，本判決を
先例としているが，既得の財産上の権利の制限
が問題になっていると言えなくはない（これも
同旨，渡辺ほか・前掲 358 頁［宍戸］）ところが
あるが，判例は正面からはそのような扱いはし
ていない。この辺り，正直言って違憲という結
論が出る可能性は直観的にほぼない分野で，論
点の事案の処理に当たり，判例がどこまで神経
質に切り分けを行っているのか，率直に言って
疑問無しとしない。

（3）「財産価値の補償」

　さらに，29 条が問題になる最後の領域は，
損失補償─「財産価値の補償」である。「2 項
に基づき法律により財産権に制限を加える場合
にあっても，その内容いかんによっては 3 項の
収用に準ずるとみるべき」（佐藤・前掲 316 頁）
と広く解されていることから，3 項の問題は上
述の問題と重なりうるが，元来は，別個の問題
である。

● ● ● ● **関連判例** ● ● ● ●

　1　森林法事件（最大判昭 62・4・22 民集 41 巻
3 号 408 頁）
　2　最判平 15・4・18 民集 57 巻 4 号 366 頁
　3　事後法による財産権の内容変更（最大判昭
53・7・12 民集 32 巻 5 号 946 頁）

● ● ● ● **演習問題** ● ● ● ●

　1　民事再生法では，「再生計画の決議が再生
債権者の一般の利益に反するとき」が，再生不
認可決定の要件となっている（174 条 2 項 4 号）。
これについては，清算価値保障原則（再生計画
によって配分される利益が再生債務者財産を解体
清算した場合の配分利益，すなわち破産配当を上
回ること〔伊藤眞『破産法・民事再生法』（有斐閣，
2007 年）790 頁〕）を規定したものとの理解があ
る。同法の下で，内部債権者等を劣後扱いし，
清算価値を下回るような弁済しか与えない計画

（例えば，1億円の内部者債権で，破産配当が5％の場合に，内部債権者の債権を完全に免除するなど500万円を下回る計画弁済しか与えないもの）を認可することは，憲法上どのように評価するべきか。

*考え方

　憲法29条1項が，憲法上の固有のものとして考えている財産権があるのだと考えずに，財産権の内容形成は，法律に全面的に委ねられていると考えるとすると，上のような事態も，「再生計画の決議が再生債権者の一般の利益に反するとき」と解されるとすれば，違憲の問題は生じないことになってしまう。ここでは，森林法違憲判決が，「分割請求権を共有者に否定することは，憲法上，財産権の制限に該当」するとしたことを参考に，同種の論理で，上のような事態を許容する法律解釈を否定するような，憲法上の財産権の内容を導出してくることが必要となる。この点，後掲参考文献には，「一般債権者の債権の内容としては，強制履行力がある（民414条1項）。強制履行力とは，債務者が債務を任意に履行しない場合であっても，国家権力の力を借りてその内容を強制的に実現できる効力である。換言すれば，債権者が債務者の協力を得ることなく，自己の一存でその権利内容を実現する権利であるが，これは債権の有すべき最小限の内容として，その範囲では憲法上の『財産権』（憲29条1項）の内容をなすものと考えられよう。したがって，債権の強制履行力を奪う立法は原則として憲法に反するおそれがあるが，それが例外的に『公共の福祉に適合する』内容であれば，憲法に反しないことになる（同条2項）」とするものがあり（山本・後掲61〜62頁）参考になろう（なお，民法414条1項は債権法改正の対象条文であるところ，本問に関する限りは大意に変更はないと思われるので各自確認されたい）。もっとも，そのように考えるとしても，信義則によって処理したり，出資として構成することによって内部者に負担を負わせることを超えて，清算価値を下回る弁済しか内部者に与えないことも，公共の福祉によって正当化される場合がありうるとの反論も成り立つかもしれない。本問の作成については，後掲の文献（今中編〔赫執筆〕）に示唆を得た。

2　民間公益活動を促進するための休眠預金等に係る資金の活用に関する法律（平成28法101号。平成30年1月全面施行）によれば，銀行等の金融機関は，最終異動日等から9年を経過した預金等があるときは，最終異動日から10年6月を経過する日までに，同法3条1項所定の事項を公告するとともに，その公告に先立ち，預金者等に対して，同条2項所定の事項

の通知を発しなければならない。そのうえで，公告をした日から2月を経過した休眠預金等があるときは，省令で定める期限までに当該預金等の債権額に相当する額を預金保険機構に納付しなければならない（同法4条）。納付がされれば債権は消滅し（同法7条1項），預金者等であった者は，預金保険機構に対して「休眠預金代替金」の支払の請求をできることとなる（同条2項）。これらの申出等は，原則として金融機関を通じて行われる（同法10条1項・2項参照）。上の納付額から経費等を控除した資金は，休眠預金等交付金に係る資金となり，人口の減少，高齢化の進展等の経済社会情勢の急速な変化が見込まれる中で国および地方公共団体が対応することが困難な社会の諸課題の解決を図ることを目的として民間の団体が行う公益に資する活動であって，これが成果を収めることにより国民一般の利益の一層の増進に資することとなるもの（以下「民間公益活動」という）に活用されるものとされ（同法16条1項），これが大都市その他特定の地域に集中することのないように配慮されなければならないとされる（同条2項。内閣総理大臣が定める基本指針について同法18条，基本計画について同法19条，「指定活用団体」について同法20〜34条参照）。

　銀行等がこの制度を違憲と考える場合，どのような憲法上の主張ができるだろうか。これに対する国側の反論はどうなるだろうか。

*考え方

　ここでは，そもそも財産権の制限がどこにあるのかを慎重に見極める必要がある。休眠預金は，銀行が，時効を援用しないことによって生じている（実績値で，毎年800億円を超えている）。もし，銀行が，民間公益活動を促進するための休眠預金等に係る資金の活用に関する法律のスキームで，休眠預金を預金保険機構に強制的に吸い上げられることを，単純に財産権の侵害だと主張すれば，それが嫌なら時効を援用すればよかったのだと反論されてしまうであろう。時効を援用しないことによって手元にある（したがって預金者からの請求があれば支払うことになる）資金ではあるが実際上は自由に運用可能なもの（ただし，一定の段階で利益金として処理することにはなろう）を，時効を援用しない限りは同法のスキームで吸い上げられてしまうことが，財産権の制限になっているということを説明する必要があろう（金融機関

としては，与信先が休眠預金代替金債権を取得すると，預金債権を受働債権とする相殺が行えなくなるという問題もある。預金債権を預金者等であった者は復活させることができる〔同法施行規則13条2項〕ので，金融機関としてはそれを促すことになるであろう。松尾・後掲15頁参照）。その上で，制約が正当化できるか否かが問題となるが，このような意味での薄い（？）財産権だと，その制約の正当化の負担は軽いということになろうか？　他方でしかし，通常の予算的統制とは別の回路で，預金保険機構を通じて行われる「公益」活動の「公益」性は，本当にきちんと担保されるものであろうか。また，銀行が資金を保持するのであれば，それは死蔵されるのではなく，銀行の判断で経済活動等への融資が行われることになるのであろうが，それでは，「公益」には役に立たず，資金は上のスキームを通じて活用されなければならないものであろうか。

〔参考文献〕
　本文中に掲記のもののほか，石川健治「財産権①②」論点探究〔第2版〕224頁，小山剛『基本権の内容形成』（尚学社，2004年），棟居快行「日本国憲法と経済的自由」『憲法学の可能性』（信山社，2012年）345頁。関連する文献・判例への参照指示という意味も含めて，松本哲治「森林法事件判決」論究ジュリ1号59頁，同「財産権」ジュリ1400号103頁。そこで指示できていない最新の研究書として平良小百合『財産権の憲法的保障』（尚学社，2017年）。演習問題について，山本和彦「清算価値保障原則について」同『倒産法制の現代的課題』（有斐閣，2014年）57頁（特に57～58頁，61～63頁，75頁），今中利昭編『倒産法実務大系』第1章Ⅶ2〔赫高規執筆〕（民事法研究会，2018年〔近刊〕），川村英二「休眠預金活用法と金融機関への影響」銀行法務21　810号（2017年）4頁，松尾博憲「休眠預金等活用法の概要と施行に向けた金融機関の実務対応等」金融法務事情2077号（2017年）6頁。

（松本哲治）

143

罪刑法定主義

16 広島市暴走族追放条例事件

■ 最高裁平成 19 年 9 月 18 日第三小法廷判決
■ 平成 17 年 (あ) 第 1819 号
　広島市暴走族追放条例違反被告事件
■ 刑集 61 巻 6 号 601 頁，判時 1987 号 150 頁

〈事実の概要〉

　広島市暴走族追放条例（以下，本条例という）は，「暴走族のい集，集会及び示威行為，暴走行為をあおる行為等を規制することにより，市民生活の安全と安心が確保される地域社会の実現を図ること」（1 条）などを目的とし，2 条 7 号では，暴走族を「暴走行為をすることを目的として結成された集団又は公共の場所において，公衆に不安若しくは恐怖を覚えさせるような特異な服装若しくは集団名を表示した服装で，い集，集会若しくは示威行為を行う集団」と定義する。

　以上を前提に，本条例は 16 条 1 項で，何人も「公共の場所において，当該場所の所有者又は管理者の承諾又は許可を得ないで，公衆に不安又は恐怖を覚えさせるようない集又は集会を行うこと」（1 号）などをしてはならないことを定め，17 条で，「前条第 1 項第 1 号の行為が，本市の管理する公共の場所において，特異な服装をし，顔面の全部若しくは一部を覆い隠し，円陣を組み，又は旗を立てる等威勢を示すことにより行われたときは，市長は，当該行為者に対し，当該行為の中止又は当該場所からの退去を命ずることができる。」とし，19 条は，この命令の違反者に対する罰則（6 月以下の懲役又は 10 万円以下の罰金）を定める。

　Y（被告人）は，暴走族構成員と共謀し，広島市が管理する公共広場で，広島市長の許可を得ないまま，暴走族名を刺しゅうした特攻服を着用し，顔面の全部もしくは一部を覆い隠し，円陣を組み，旗を立てる等威勢を示し，公衆に

不安または恐怖を覚えさせるような集会を行ったとして，本条例による広島市長の権限を代行する広島市職員が，上記集会の中止と広場からの退去に関する命令を行った。Y は，これに従わなかったので，警察官に現行犯逮捕された。

　Y は，本条例の 16 条 1 項 1 号，17 条，19 条の文言からすれば，その適用範囲が広汎に過ぎると指摘し，諸規定の文面上での違憲（憲法 21 条 1 項，31 条違反）を主張し，無罪判決を求めた（なお Y は，そもそも条文の不明確性も主張していた）。しかし，1 審（広島地判平 16・7・16 刑集 61 巻 6 号 645 頁参照），2 審（広島高判平 17・7・28 前掲刑集 662 頁参照）ともに，Y の主張を認めず，Y に対して有罪判決を言い渡した。これに対して，Y が上告した。

〈上告審〉

要　点

　①　本条例における「暴走族」の定義では，一般的に暴走族と考えられている以外の集団もまた含まれる可能性があったり，禁止・中止命令対象行為が暴走族以外の行為に及ぶ文言となる部分もあったりするなど，規定の仕方が適切であるとはいえない。

　②　しかし，本条例全体の規定や本条例施行規則の規定などを総合的に判断すれば，本来的意味における暴走族とそれと同視できる集団による集会だけに適用されるための限定解釈が可能である。

　③　以上のような限定解釈が可能であることを前提として考えると，公衆の平穏を害することを防止するという条例の目的には正当性があり，集会の実施をただちに犯罪とするのではなく中止命令等の対象とし，それに反

した場合に初めて処罰対象とするなど，弊害防止の手段としての合理性もある。

④　さらに規制により得られる利益と失われる利益との利益考量の観点から，本条例による規制が，憲法21条1項，31条に違反するとはいえない。

⑤　本条例の諸規定が不明確であるという主張は認められない。

■ 判　旨 ■

上告棄却。

〔1.　憲法上の権利の制約可能性〕

「本条例は，暴走族の定義において社会通念上の暴走族以外の集団が含まれる文言となっていること，禁止行為の対象及び市長の中止・退去命令の対象も社会通念上の暴走族以外の者の行為にも及ぶ文言となっていることなど，規定の仕方が適切ではなく，本条例がその文言どおりに適用されることになると，規制の対象が広範囲に及び，憲法21条1項及び31条との関係で問題がある 要点①」。

〔2.　条例の仕組みと解釈〕

「本条例19条が処罰の対象としているのは，同17条の市長の中止・退去命令に違反する行為に限られる。そして，本条例の目的規定である1条は，『暴走行為，い集，集会及び祭礼等における示威行為が，市民生活や少年の健全育成に多大な影響を及ぼしているのみならず，国際平和文化都市の印象を著しく傷つけている』存在としての『暴走族』を本条例が規定する諸対策の対象として想定するものと解され，本条例5条，6条も，少年が加入する対象としての『暴走族』を想定しているほか，本条例には，暴走行為自体の抑止を眼目としている規定も数多く含まれている。また，本条例の委任規則である本条例施行規則3条は，『暴走，騒音，暴走族名等暴走族であることを強調するような文言等を刺しゅう，印刷等をされた服装等』の着用者の存在（1号），『暴走族名等暴走族であることを強調するような文言等を刺しゅう，印刷等をされた旗等』の存在（4号），『暴走族であることを強調するような大声の掛合い等』（5

号）を本条例17条の中止命令等を発する際の判断基準として挙げている」。

〔3.　条文の合憲限定解釈─過度広汎性の治癒〕

「このような本条例の全体から読み取ることができる趣旨，さらには本条例施行規則の規定等を総合すれば，本条例が規制の対象としている『暴走族』は，本条例2条7号の定義にもかかわらず，暴走行為を目的として結成された集団である本来的な意味における暴走族の外には，服装，旗，言動などにおいてこのような暴走族に類似し社会通念上これと同視することができる集団に限られるものと解され，したがって，市長において本条例による中止・退去命令を発し得る対象も，Yに適用されている『集会』との関係では，本来的な意味における暴走族及び上記のようなその類似集団による集会が，本条例16条1項1号，17条所定の場所及び態様で行われている場合に限定される 要点②」。

〔4.　「暴走族による集会等」規制の合憲性〕

「このように限定的に解釈すれば，本条例16条1項1号，17条，19条の規定による規制は，広島市内の公共の場所における暴走族による集会等が公衆の平穏を害してきたこと，規制に係る集会であっても，これを行うことを直ちに犯罪として処罰するのではなく，市長による中止命令等の対象とするにとどめ，この命令に違反した場合に初めて処罰すべきものとするという事後的かつ段階的規制によっていること等にかんがみると，その弊害を防止しようとする規制目的の正当性，弊害防止手段としての合理性 要点③，この規制により得られる利益と失われる利益との均衡の観点に照らし，いまだ憲法21条1項，31条に違反するとまではいえない 要点④」。

〔5.　条文の不明確性〕

本条例16条1項1号，17条，19条の各規定の文言が不明確であるといえない 要点⑤。

堀籠幸男裁判官の補足意見　「Yの本件行為は，本条例が公共の平穏を維持するために規制しようとしていた典型的な行為であり，本条例についてどのような解釈を採ろうとも，本件行為が本条例に違反することは明らかであり，Yに保

障されている憲法上の正当な権利が侵害されることはない」。

「一般に条例については，法律と比較し，文言上の不明確性が見られることは稀ではないから，このような場合，条例の文面を前提にして，他の事案についての適用関係一般について論じ」，「合理的な限定解釈が可能であるかを吟味すべきである」。「条例の規定についてその表現ぶりを個々別々に切り離して評価するのではなく，条例全体の規定ぶり等を見た上で，その全体的な評価をすべきものであり，これまで最高裁判所も，このような観点から合憲性の判断をしてきているのである」から，本条例は，多数意見が述べるように，合理的限定解釈が可能である。

那須弘平裁判官の補足意見　限定解釈が許されるのか否かには，札幌税関検査事件最高裁判決（関連判例3）が示す二つの要件があり，うち「(2)一般国民の理解において，具体的場合に当該表現物が規制の対象となるかどうかの判断を可能ならしめるような基準をその規定から読みとることができるものであること」に関する「判断は，定義規定だけに着目するのではなく，広く本条例中に存在するその他の関連規定をも勘案して決すべきものであり，そのような広い視点から判断すれば，本条例における『暴走族』につき多数意見のように限定解釈をすることは大法廷判決の示す要件にも合致し，十分に合理性を持つ」。

「一般国民は限定解釈により本条例が違憲無効とされることなく存続することによって本来的暴走族ないしこれに準ずる集団でないにもかかわらず規制の対象とされたり，そうでなくても一般的に表現の自由の保障に無関心な社会が到来するのではないかという懸念による心理的な『萎縮』の被害を受ける可能性が考えられないではないが，他方で暴走族の被害を予防できるというより現実的な利益を受けることを期待できる。これらのことを考慮すれば，利益考量の点からも，限定解釈をすることが適切妥当である」。「私は，本件につき第1審及び原審の判断を維持しつつ，憲法上広範に過ぎると判断さ

れる部分については判決書の中でこれを指摘するにとどめ，後のことは広島市における早期かつ適切な改正等の自発的な措置にまつこととするのが至当であると考える」。

藤田宙靖裁判官の反対意見　「多数意見もまた『本条例がその文言どおりに適用されることになると，規制の対象が広範囲に及び，憲法21条1項及び31条との関係で問題があることは所論のとおりである』と指摘せざるを得なかったような本条例の粗雑な規定の仕方が，単純に立法技術が稚拙であることに由来するものであるとの認識に立った場合に，初めて首肯されるものであって，法文の規定そのものから多数意見のような解釈を導くことには，少なくとも相当の無理があるものと言わなければならない」。

「Yが処罰根拠規定の違憲無効を訴訟上主張するに当たって，主張し得る違憲事由の範囲に制約があるわけではなく，またその主張の当否（すなわち処罰根拠規定自体の合憲性の有無）を当審が判断するに際して，Yが行った具体的行為についての評価を先行せしむべきものでもない。そして，当審の判断の結果，仮に規律対象の過度の広範性の故に処罰根拠規定自体が違憲無効であるとされれば，Yは，違憲無効の法令によって処罰されることになるのであるから，この意味において，本条例につきどのような解釈を採ろうともYに保障されている憲法上の正当な権利が侵害されることはないということはできない」。

「本件の場合，広島市の立法意図が多数意見のいうようなところにあるのであるとするならば，『暴走族』概念の定義を始め問題となる諸規定をその趣旨に即した形で改正することは，技術的にさほど困難であるとは思われないのであって，本件は，当審が敢えて合憲限定解釈を行って条例の有効性を維持すべき事案ではなく，違憲無効と判断し，即刻の改正を強いるべき事案である」。

田原睦夫裁判官の反対意見　「本条例は，通常の判断能力を有する一般人の視点に立ったとき，その文言からして，多数意見が述べるような限定解釈に辿りつくことは極めて困難であって，

146 罪刑法定主義

その規定の広範性とともに，その規制によって達成しようとする利益と規制される自由との間の均衡を著しく欠く点において，憲法11条，13条，21条，31条に違反するものと言わざるを得ない」。

■ ■ ■ ■ ■ 確認問題 ■ ■ ■ ■

1 「合憲限定解釈」とは何か。その意義や問題点を踏まえつつ，説明せよ。（前提問題）

2 一般的には，どのようなことが合憲限定解釈をできる要件として挙げられるか。（前提問題）

3 本判決では，本条例の「暴走族」の定義や中止命令対象行為について，文字通りに読むことができるとは必ずしも評価していないが，どのような合憲限定解釈を行っているか。（→ 要点②）

4 本条例は，集会の自由を規制することになるが，その点について，いかなる合憲性の審査の基準が用いられているのか。泉佐野市民会館事件最高裁判決などと比較するとどのような違いがあるのか。（→ 要点③④）

5 本件のように「直ちに犯罪として処罰するのではなく，市長による中止命令等の対象とするにとどめ，この命令に違反した場合に初めて処罰すべきものとするという事後的かつ段階的規制によっていること」という手法は，いかなる意味から「弊害防止手段としての合理性」を担保するといえるのであろうか。（→ 要点③）

6 当該規定における典型的違反行為を行った場合に当該被告人は，自身の無罪主張を行うにあたり，本条文の文面上違憲を主張してよいかどうか。補足意見や反対意見も含め，この点についてはどのような評価を受けているのか。（→堀籠補足意見，藤田反対意見）

■ ■ ■ ■ ■ 解 説 ■ ■ ■ ■

1 本判決の特徴

本件は，特定の集団（暴走族）が行う集会を規制する条例に基づき起訴された暴走族の面倒見役が，同条例の関連諸規定は違憲であり，違憲である条文に基づく処罰はできないとして，

無罪を主張した事例である。この事例における憲法上の論点は，①条例の規制対象に関する過度広汎性（あるいは不明確性）をめぐる諸問題，②合憲限定解釈，③集会の自由規制，④裁判所と立法府の対話の在り方，など多岐にわたる。

2 条文の過度広汎性と不明確性

(1) 文面上違憲

違憲審査では一般的に，法文の内容的審査（目的や手段の正当性や合理性）を検討するまでもなく，文面上違憲とすべき場合が検討される。それが憲法31条や21条を根拠として「漠然不明確」や「過度広汎性」のゆえに無効とする手法である。

憲法31条は，罪刑法定主義を保障する規定であり，この規定のもとでは，刑罰には事前の告知機能がなければならず，刑罰の中身が予見できることが要請される。他方，憲法21条は，表現の自由を保障する規定であり，人々の表現行為に萎縮効果が生じてはならないとされ，刑事，民事に関わらず，表現規制を伴う法令は，そうした萎縮が生じないように明確に規制対象を定めておくことが要請される。また特に表現の自由規制立法については，規制が明確であっても規制の範囲が広汎でありすぎて，憲法で本来的に保障された表現行為までも規制対象にならないようにするために，過度広汎性が問題とされる。

このように憲法31条と理由とする場合と憲法21条を理由とする場合とでは区別して考える必要があるものの，本件は集会の自由規制を刑罰で担保しようとする条例であることから，両面の議論が展開されていると考えられる。

(2) 過度広汎性と不明確性との違い

本件においてYは，第1審から，本条例における文言の漠然不明確性につき，過度広汎性とともに主張していた。しかし本判決で最高裁は，文言の不明確性については，特段注目すべき理由もなく，「各規定の文言が不明確であるとはいえない」としてYの主張を退け，本件では，過度広汎性があるかどうかが問題となるとの認識を示している。この傾向は補足意見や

反対意見においても同じである。従来の判例である札幌税関検査事件最高裁判決（関連判例3）や，福岡県青少年保護育成条例事件最高裁判決（関連判例4）では，これらが一体的に扱われる場合が多かったことから，本件は，「不明確性」と「過度広汎性」とを判例として区分した最初の事例であるとの積極的評価がなされる場合もある（渡辺・後掲425頁）。

そもそも法文の不明確性と過度広汎性とはどのような関係にあるのか。これについて条文が不明確という場合は，告知の機能や予見可能性は果たしていない点に重きが置かれる。これに対して過度広汎性という場合は，告知機能や予見可能性は確保されるとしても，規制すべき範囲が広汎に及んでしまうことを問題とする（小山・後掲59頁）。一般的には，①法文が不明確であれば，規制が過度に広汎に及んでしまう可能性が高くなるが，他方で，②法文の意味が明確であっても，規制が過度に広汎に及ぶこともまた，当然考えられる。本件において最高裁は，②のように法文の意味が明確であることを前提として，なお過度な広汎性を持つ規制となるかどうかを検証し，一応，限定解釈の手法で，その問題を治癒しようとすることになる。

しかし，実際には明確性に関する審査も必要ではないかとする視点も無視できない。というのも，「広範性の瑕疵から救済するために無理に限定解釈を施すと，法令全体が不明確となってしまう」（長谷部・後掲47頁）事態が起きることを考えるならば，本条例の場合もまた，広汎性をなくそうとして無理な限定解釈を行った可能性があるからである（最高裁自身はそのように考えてはいないであろうが）。このように，文言自体の不明確性だけではなく，解釈を経た上での不明確性についてもあわせて考えていく必要は残る（曽根・後掲35～36頁）。

⑶　第三者の権利主張か？

この議論と関連して，法文の文面上の違憲主張を，本件のような事例の場合に行えるのかどうかが問題となる。すなわち，本件では，法文自体が不明確であろうが過度広汎であろうが，本件規制行為自体は，そもそもの法文が規制を予定している典型的行為であったのにすぎない（と評価される）。このことから，法律自体に疑問があったとしても，本件への適用は合憲となりうることからすれば，本件当事者が，本規定の不明確性や過度広汎性を理由とする憲法違反の主張ができるのか，という問題が生じる。

この点について，本件では，反対意見をも含め，本件のYの行為は条例がそもそも規制をしようとしていた典型的行為であったこと自体を否定していない。そこで，①堀籠補足意見は，そうした典型的行為に対する規制は，法文がどのように作られていようが，本来的に合憲となる規制なのであり，文面上違憲の主張ができるのはおかしいという立場を取る。他方，②藤田反対意見は，「Yが処罰根拠規定の違憲無効を訴訟上主張するに当たって，主張し得る違憲事由の範囲に制約があるわけではな」いこと，「その主張の当否（すなわち処罰根拠規定自体の合憲性の有無）を当審が判断するに際して，Yが行った具体的行為についての評価を先行せしむべきものでもない」こと，「当審の判断の結果，仮に規律対象の過度の広範性の故に処罰根拠規定自体が違憲無効であるとされれば，Yは，違憲無効の法令によって処罰されること」から，Yに保障される憲法上の正当な権利が侵害されることはないとは言えないとする。

この問題は，一見すると第三者の権利主張を認めるか認めないかの問題に帰着するようにも見える。特に①の立場のようなロジックは，本件のYが第三者の権利を主張しているように見えるからである。しかし，②の立場は，必ずしも第三者の権利主張の問題と捉えたものではないと考えることもできる。というのも，②の立場では，㋐規定自体が明確でありつつも過度広汎な規制を持つこと自体が違憲性を帯びるのであれば，違憲な法文に基づく処分（本件の場合には罰則）はなされないことになり，これはまさに被告人本人の権利の問題となるからである。また仮に，㋑規定自体が不明確であるとして，結果的に過度広汎な規制となってしまう場合を考えると，規制自体が一般市民にとって理解できないものとなれば，当然，被告人にとっ

148　罪刑法定主義

ても理解できない条文になるはずである。そこで，被告人自身の予見可能性を奪うことになるか，あるいは表現に対する萎縮になるからである。㋐，㋑どちらにしても，被告人自体が主張することに問題はないはずである（長谷部・後掲 47 頁）。

3　合憲限定解釈の手法

(1)　合憲限定解釈の意義と問題点

本件では，違憲の疑いのある法文に対する合憲限定解釈がなされた事例として認識されている。合憲限定解釈とは，そのままであれば違憲の疑いがぬぐいきれない法文について，合憲となるよう，解釈に一定の限定を課して理解する手法である。こうした手法は，司法審査の場面では憲法判断回避原則の一つとして用いられる。

こうした手法にはメリットもある。それは，限定解釈を施すことによって，ある法文が規制をしようとした典型的行為ではないものを法文の規制から外すことで，法文を違憲としないまま，一定の憲法上の権利保障を行う機能を持たせる点である。堀越事件最高裁判決（最判平 24・12・7 刑集 66 巻 12 号 1337 頁＝本書 11 事件）は，それを合憲限定解釈か，それとも憲法適合的解釈か，あるいは単なる通常の解釈なのか，という見立ての争いはあるものの，国家公務員法で刑罰をもって規制される国家公務員の政治的行為について，一定の幅での規制をしているものとして法文自体の読み方を事実上変更し，一定のカテゴリーに入るような場合の政治的行為を無罪としている。

もっとも，憲法限定解釈が常に実施されればよいというわけではない。一定の限界を超えた法文自体，違憲とされなければ，あらゆる法文が合憲とされ，すべて裁判官による解釈に委ねられてしまうことが，かえって法の安定性や予測性を否定することになりかねない。では，どのような場面で，合憲限定解釈が可能か。これについては，これまで示されてきたいくつかの判例の説示が参考になる。

(2)　それまでの判例

例えば表現の自由との関連で合憲限定解釈が実施された有名な判例として，札幌税関検査事件最高裁判決が挙げられる。同判決では，その要件として，㋐「その解釈により，規制の対象となるものとそうでないものとが明確に区別され，かつ，合憲的に規制し得るもののみが規制の対象となることが明らかにされる場合」で，㋑「一般国民の理解において，具体的場合に当該表現物が規制の対象となるかどうかの判断を可能ならしめるような基準をその規定から読みとることができるもの」ということをあげている（本判決の藤田反対意見は，この規範理解を示している）。

また福岡県青少年保護育成条例事件最高裁判決は，同条例 10 条 1 項の規定の「淫行」という文言について，「広く青少年に対する性行為一般をいうものと解すべきではな〔い〕」とし，もしそう解釈すると，「社会通念上およそ処罰の対象として考え難いものをも含むこととなって，その解釈は広きに失することが明らか」となり，また「単に反倫理的あるいは不純な性行為と解するのでは，犯罪の構成要件として不明確であるとの批判を免れない」とし，「規定の文理から合理的に導き出され得る解釈の範囲内で……限定して解するのを相当とする」としている。そして，そのような場合に「通常の判断能力を有する一般人の理解にも適う」かどうかが一つの基準とされている。

(3)　本判決の立場

もっとも本判決は，以上の諸判決を引用することなく，条例 2 条 7 号に（過度広汎な規制ではないかとの懸念が示されている）「暴走族」の定義が挙げられているものの，条例全体の趣旨や条例施行規則などを含めた総合的考慮から一定の限定解釈ができるとする。これに対して藤田反対意見は，上記の㋐と㋑の判断基準を挙げつつ，特に「暴走族」に関する定義規定を本条例が持っていて，そうであれば「一般人」としてはそれを定義として見ることが予想されるにも拘わらず，それをあえて限定解釈を施し，その他の規定による規制の広汎性までも治癒しようとすることを批判している。

法令の文言はそれぞれが一定の抽象性を持つ

場合がある。そこで，法令解釈において個別の語の意味だけを見るのではなく，同法令で定めるシステム全体を見て一定の解釈を行うこと自体，否定されることではないであろう。しかし，本条例のように定義規定を持ちながらも，それとは異なる解釈による定義を与えることになれば，「一般国民の理解において，具体的場合に当該表現物が規制の対象となるかどうかの判断を可能ならしめるような基準をその規定から読みとること」が極めて難しくなり，法規制に関する人々の予測機能が働かなくなる懸念は残る。

4　集会の自由規制

本判例では，合憲限定解釈を通じて，条文自体の過度広汎性をクリアしようとしたが，これがクリアされたとしても，本条例自体が集会の自由に対する不当な制約にならないかどうかという問題は残っている。そして，これについては，集会の自由という精神的自由に関わる憲法上の権利の制限にあたって，裁判所がいかなる審査基準を用いて判断していくのかという問題関心が示される。

この点に関して，学説では，泉佐野市民会館事件最高裁判決（関連判例6，本書13事件）で見られたように，規制をするとしても，それは規制しないことにより生じる実質的かつ具体的な害悪があることを示し，その防止のための最小限の規制となるかどうかを厳格に審査することを求める意見も有力である（門田・後掲3頁）。しかし，本件で最高裁は，以上のような厳格な審査ではなく，猿払事件（関連判例1），成田新法事件（関連判例5）の各最高裁判決を示しながら，①「公衆の平穏を害してきたこと」（規制目的の正当性），②間接罰により「事後的かつ段階的規制によっていること」（弊害防止手段の合理性），③「この規制により得られる利益と失われる利益との均衡」の観点からの審査を行っている。これはいわゆる利益衡量の基準である（前田・後掲430頁）。ここで成田新法事件が参照されているのは，本判決が，弊害防止手段に関して間接罰の方法を取っていることをあえて示し，規制手段の合理性を弁証しようとして

いるからであろう（宍戸常寿・判プラ406頁）。また，厳格審査をしたと一般的には評価されている泉佐野市民会館事件との比較で，同事件が事前規制事案であったことに比べ，本件暴走族追放条例が事後的でかつ段階的規制であった点から，最高裁は，本件において厳格審査をしなかったのではないかという指摘もある（渡辺・後掲450頁）。

なお，判例には直接書いていないものの，本件の「規制により失われる利益」の判断に関して，調査官解説では，「公衆に不安若しくは恐怖を覚えさせるような集会を行うことの自由に限られて」おり，「単に一定の行動の禁止を伴う限度での間接的，付随的な制約に過ぎず，暴走族等であっても，当該場所で平穏な態様で集会等を行うことはなんら禁止されていない」（前田・後掲406頁）といった説示が見られるように，「集会」規制ではなく「害悪」規制へとひきつけて理解する方法も念頭に置かれているのかもしれない。

しかし，それにしても，本件における規制の合理性審査は，あまりにも緩やかなものであるように感じられる。

5　裁判所と条例制定者との対話

裁判所は，条文の具体的改廃を行う部門ではない。しかし，裁判所による説示が立法者に対する一定のメッセージとなり，裁判所と立法者との間の対話により，よりよき法理解が生まれることもしばしば見られる。近年はそうした作用の積極的意義が語られることも多く（佐々木・後掲206頁），条例の場合にも同じことが成立しよう。そして本件は，各裁判官がこの点について積極的に説示する判例でもある。

まず藤田反対意見は，「問題となる諸規定をその趣旨に即した形で改正することは，技術的にさほど困難であるとは思われないのであって，本件は，当審が敢えて合憲限定解釈を行って条例の有効性を維持すべき事案ではなく，違憲無効と判断し，即刻の改正を強いるべき事案である」として，違憲とすることで改正を迫る。これに対して那須補足意見は，「憲法上広範に過

ぎると判断される部分については判決書の中で
これを指摘するにとどめ，後のことは広島市に
おける早期かつ適切な改正等の自発的な措置に
まつこととするのが至当である」とするなど，
こちらは合憲であるものの，自主的な改正を期
待する。もっとも，広島市において同条例の具
体的改正はその後も行われておらず，最高裁が
「合憲」判断をした以上に，各裁判官の個別意
見と広島市（議会）との対話は必ずしも成功し
ていない。

　この点，本判決が，形式面審査に留まらず，
「安易に実際判断に踏み込み，全面的な合憲判
決を出した」ことを問題視し「実質についての
検討を再び市議会に委ねることは，裁判所と市
議会との間の，憲法解釈をめぐる対話をもたら
したかもしれない」（青井・後掲99頁）との指
摘もある。もっとも，形式面での審査にとどめ
たからといって本件はあくまで「合憲」判断な
のであり，改正に伴う立法作業の負担，可決リ
スクを考えるならば，積極的に改正をするほう
に向かうとはあまり考えられない。そこで，
「最高裁が違憲とまではいえないとした条例の
自発的改正を地方公共団体に期待しうるかも，
規定自体を違憲無効とすべきか否かの判断要素
となる」（長谷部・後掲47頁）との指摘も興味
深い。ただし，これを判断要素とするとなると，
地方公共団体の能力を軽視し，自主法の制定権
への強い制約にもなる可能性も残る。

■ ■ ■ ■ 関連判例 ■ ■ ■ ■

1　猿払事件（最大判昭49・11・6刑集28巻9
号393頁）
2　徳島市公安条例事件（最大判昭50・9・10刑
集29巻8号489頁）
3　札幌税関検査事件判決（最大判昭59・12・
12民集38巻12号1308頁）
4　福岡県青少年保護育成条例事件（最大判昭
60・10・23刑集39巻6号413頁）
5　成田新法事件（最大判平4・7・1民集46巻
5号437頁）
6　泉佐野市民会館事件（最判平7・3・7民集
49巻3号687頁）

■ ■ ■ ■ 演習問題 ■ ■ ■ ■

1　次の【事例】を読み，下記の【設問】に
答えなさい。

【事例】
　風俗営業等の規制及び業務の適正化等に関す
る法律（風営法。以下，法という）2条11項は
「ナイトクラブその他設備を設けて客に遊興を
させ，かつ，客に飲食をさせる営業（客に酒類
を提供して営むものに限る。）で，午前六時後翌
日の午前零時前の時間においてのみ営むもの以
外のもの（風俗営業に該当するものを除く。）」を
「特定遊興飲食店営業」と定義する。もっとも，
ここでいう「遊興」とは何かの定義や種類につ
いては法で示されてはいない。

　この営業を行うには，許可が必要とされ（法
31条の22），無許可営業を行った場合には，罰
則が設けられている（法49条7号）。なお，都
道府県は条例によって，同営業が可能な「指定
地域」を定めるが，県によっては指定地域のな
いところもあり，同営業ができない県もある
（例えば現在のところ，滋賀県など）。

　Yは，上記の指定地域がないA県内において，
午前0時以降の深夜にお酒を客に振る舞いなが
ら，店内に設けたステージ上で，自分自身のけ
ん玉の技を見せたり，大型画面でけん玉大会の
映像を流したりしながら，客にも，ステージ上
でけん玉競技大会に参加させ，うまくできた人
には店から酒類を無料で振る舞う営業をしてい
る。これについて深夜酒類提供の届出はしてい
るものの，「特定遊興飲食店営業」については，
A県に指定地域がないため，無許可のまま営業
を続けている。ところがこれが法31条の22
に違反するとされ，逮捕された。

【設問】
①　Yは，㋐「客に遊興をさせ」ることが，
不明確であるか，あるいは，㋑適用範囲が過度
に広汎な規制となっているとし，法2条11項
は，罪刑法定主義を定めた憲法31条に違反す
ると主張したい。いかなる主張が考えられるか。
②　以上の①に対して検察側は，①㋐，㋑は
言えず，憲法違反とはならないと主張する場合

には，どのような議論を展開すべきか。

③　仮に法文が合憲であるとして，Yは，本法は自分自身には適用が及ばず，無罪であると主張する場合には，いかなる議論を展開すべきか。

④　仮に法文が合憲であるとして，検察側は，Yに対する本法の適用は妥当であると主張するには，いかなる議論を展開すべきか。

　＊考え方
　　風営法においては「遊興」の定義規定が設けられておらず，遊興が具体的に何を指すのかが明示されているわけでもない。こうしたなかで，この遊興に関する規定は，不明確なのかそれとも過度広汎性なのかといった点を考えつつ，法全体の趣旨から定義を与えることができるのかどうかを考えてみよう。また，同設問による規制は，許可制を採用する経済活動の自由に関する事例であることから，精神的自由を規制する本条例の事例の場合とどのような差があるのかを意識して検討する。

2　本判例は，条例の不明確性をめぐる問題ではなく，過度広汎性が争われたものとされている。また，条文自体は不明確ではないとされている。なぜそれらはどうしてなのか，また，そのような判断でよかったのかどうか。考えなさい。

　＊考え方
　　不明確性と過度広汎性とは，実際の諸判例では区別があまりされていない場合も多く，また区別が容易には可能ではないという見解もあるなかで，その違いが生じる理由を考えてみること。また本判例は，条文の不明確性の主張についてほとんど理由なく退けていることから，実際にはどうなのかを考えてみること。

〔参考文献〕
前田巌・最判解刑事篇平成19年度379頁
青井未帆「過度広汎性・明確性の理論と合憲限定解釈（広島市暴走族追放条例事件判決）」論ジュリ1号90頁
長谷部恭男・地方自治百選〔第4版〕46頁
西村裕一・百選Ⅰ〔第6版〕189頁
門田孝・法時79巻13号1頁
井上禎男・法セ637号112頁
曽我部真裕・セレクト2007年7頁
巻美矢紀・平成19年度重判解16頁
田中祥貴・速報判例解説Vol.2 15頁
曽根威彦・判評604号34頁
渡辺康行「集会の自由の制約と合憲限定解釈」法政研究75巻2号413頁

佐々木雅寿「最高裁判所と政治部門との対話──対話的違憲審査の理論」論ジュリ12号206頁
小山剛『「憲法上の権利」の作法〔第3版〕』（尚学社，2016年）

（新井　誠）

生 存 権

17 堀 木 訴 訟

■ 最高裁昭和 57 年 7 月 7 日大法廷判決
■ 昭和 51 年(行ツ)第 30 号
　行政処分取消等請求事件
■ 民集 36 巻 7 号 1235 頁，判時 1051 号 29 頁

〈事実の概要〉

　X（堀木文子氏。原告・被控訴人＝附帯控訴人・上告人）は，国民年金法別表記載の一種一級に該当する視力障害者として，同法に基づく障害福祉年金（現・障害基礎年金）を受給していた。X は夫と離別して以来，一人で次男 A（1955〔昭和 30〕年生まれ）を養育してきた。X は，児童扶養手当法所定の児童扶養手当の受給資格を有することを知るに至り，1970（昭和 45）年になり Y（兵庫県知事。被告・控訴人＝附帯被控訴人・被上告人）に対し手当の受給資格について認定の請求をしたところ，Y は請求を却下する旨の処分をした。そこで，X は Y に対し異議申立てをしたが，Y は棄却の裁決をした。その理由は，X が障害福祉年金を受給しているので，児童扶養手当法 4 条 3 項 3 号の「併給禁止条項」に該当するというものであった。そこで X は，却下処分の取消し等を求める訴えを提起した。
　第 1 審判決（神戸地判昭 47・9・20 行集 23 巻 8・9 号 711 頁）は，何ら合理的な理由がないにもかかわらず，障害福祉年金を受給し，児童を監護する母親である女性を，一方で同程度の視覚障害者である障害福祉年金受給の父たる男性と性別により差別し，他方で障害者でない母たる女性と社会的身分に類する地位により差別する結果をもたらし，その被差別感は極めて大であり，かかる事態を惹起させている上記併給禁止条項は憲法 14 条 1 項に違反し無効であるとして，却下処分を取り消した。1 審判決後，法改正により併給可能となった（昭和 48 年法律第 93 号）。原審（大阪高判昭 50・11・10 行集 26 巻

10・11 号 1268 頁）は，「〔25〕条第 2 項は国の事前の積極的防貧施策をなすべき努力義務のあることを，同第 1 項は第 2 項の防貧施策の実施にも拘らず，なお落ちこぼれた者に対し，国は事後的，補足的且つ個別的な救貧施策をなすべき責務のあることを各宣言したものであると解する」という立場をとり（1 項 2 項峻別論），児童扶養手当は国の防貧施策であるという理由で本件併給禁止条項は憲法 25 条に違反しない，さらに，憲法 14 条および憲法 13 条にも違反しないとして，1 審判決を取り消した。X が上告。

〈上告審〉

要　点

　①　25 条 1 項および 2 項は，それぞれの内容を国の責務として宣言したものである（高裁の 1 項 2 項峻別論を否定）。
　②　25 条 1 項の「健康で文化的な最低限度」は一義的には決まらず，立法者の広い裁量に委ねられる。
　③　児童扶養手当は受給者に対する所得保障である点において障害福祉年金と性質を同じくしており，また，稼得能力は原因が複数であってもそれに比例して喪失されるわけではないから，本件併給禁止規定は立法裁量の範囲内である。
　④　本件併給禁止規定は不合理な差別には当たらず，14 条違反ではない。

■ 判 旨 ■

上告棄却。
　二　「〔25 条 1 項 2 項の意味（峻別論否定）〕

憲法 25 条 1 項は……，この規定が，いわゆる福祉国家の理念に基づき，すべての国民が健康で文化的な最低限度の生活を営みうるよう国政を運営すべきことを国の責務として宣言したものであること，また，同条 2 項は……，この規定が，同じく福祉国家の理念に基づき，社会的立法及び社会的施設の創造拡充に努力すべきことを国の責務として宣言したものである……〔最大判昭 23・9・29 食糧管理法違反事件引用〕
要点①」

「〔「健康で文化的な最低限度」は一義的には決まらず，立法者の広い裁量に委ねられる〕　憲法 25 条の規定は，国権の作用に対し，……(a)積極的な発動を期待するという性質のものである。しかも，……『健康で文化的な最低限度の生活』なるものは，きわめて(b)抽象的・相対的な概念であって，その具体的内容は，その時々における(c)文化の発達の程度，経済的・社会的条件，一般的な国民生活の状況等との相関関係において判断決定されるべきものであるとともに，……(d)国の財政事情を無視することができず，また，多方面にわたる複雑多様な，しかも(e)高度の専門技術的な考察とそれに基づいた政策的判断を必要とするものである。したがって，……どのような立法措置を講ずるかの選択決定は，立法府の広い裁量にゆだねられており，それが著しく合理性を欠き明らかに裁量の逸脱・濫用と見ざるをえないような場合を除き，裁判所が審査判断するのに適しない事柄である〔(a)～(e)の記号は挿入〕　**要点②**」。

〔児童扶養手当は障害福祉年金と基本的に同一の性格を有し，複数事故による稼得能力の喪失は事故の数に比例することもないから，本件併給禁止は立法裁量の範囲内であり合憲である〕「児童扶養手当は，もともと国民年金法 61 条所定の母子福祉年金を補完する制度として設けられたものと見るのを相当とするのであり，児童の養育者に対する養育に伴う支出についての保障であることが明らかな児童手当法所定の児童手当とはその性格を異にし，受給者に対する所得保障である点において，前記母子福祉年金ひいては国民年金法所定の国民年金（公的年金）一般，

したがってその一種である障害福祉年金と基本的に同一の性格を有するもの，と見るのがむしろ自然である。そして，一般に，社会保障法制上，同一人に同一の性格を有する二以上の公的年金が支給されることとなるべき，いわゆる複数事故において，そのそれぞれの事故それ自体としては支給原因である稼得能力の喪失又は低下をもたらすものであっても，事故が二以上重なったからといって稼得能力の喪失又は低下の程度が必ずしも事故の数に比例して増加するといえないことは明らかである。このような場合について，社会保障給付の全般的公平を図るため公的年金相互間における併給調整を行うかどうかは，……立法府の裁量の範囲に属する事柄と見るべきである。……（なお，児童扶養手当法は，その後の改正により右障害福祉年金と老齢福祉年金の二種類の福祉年金について児童扶養手当との併給を認めるに至ったが，これは前記立法政策上の裁量の範囲における改定措置と見るべきであり，このことによって前記判断が左右されるわけのものではない〔なお，併給を認める法改正は，本判決を受けて元の併給禁止へと戻された〕。）」**要点③**。

三　〔14 条違反でない〕「母子に対する諸施策及び生活保護制度の存在などに照らして総合的に判断すると，右差別がなんら合理的理由のない不当なものであるとはいえない」。**要点④**

■　■　■　■　**確認問題**　■　■　■　■

1　最高裁は，25 条 1 項は救貧施策，同 2 項は防貧施策と区別して捉える大阪高裁の考え方を踏襲したか。（→**要点①**）

2　最高裁が「立法府の広い裁量」を肯定したのは，どのような理由に基づいているか。（→**要点②**）

3　障害福祉年金（ないし障害基礎年金）と児童扶養手当は直接には異なる目的の福祉施策であるにもかかわらず，併給禁止が許されることにつき，最高裁はどのように説明しているか。（→**要点③**）

4　14 条違反の主張につき，最高裁はどのように処理したか。（→**要点④**）

■■■■ 解 説 ■■■■

1 併給禁止規定をめぐる憲法上の論点の所在

生存権についての判例として重要な本判決は，福祉立法の合憲性をめぐる事案であり，判決はその結論だけをみると広い立法裁量を肯定し，児童扶養手当および障害福祉年金の併給禁止を当然に合憲としたように見える。しかし他方で，福祉施策は一般に，生活保護法9条が定める「必要即応の原則」，すなわち，「保護は，要保護者の年齢別，性別，健康状態等その個人又は世帯の実際の必要の相違を考慮して，有効且つ適切に行うものとする」という規定にも現れているように，相手の個別の「実際の必要」に応じて「有効かつ適切に」なされるべきものである。視覚障害者であり障害福祉年金を受け取っていたXは，当該年金で障害によるハンディキャップからは保護されていたとしても，健常者より有利な状況に達していたわけではない。そのようなXに，夫と離別し一人で子を養育するという事情が障害とは別に発生した。したがって，そのような新たな事情による困難を緩和するための児童扶養手当の受給権は，Xにも他の健常者の母親と同じように認められるべきであるように見える。ところが本件併給禁止規定は，障害福祉年金の受給者であることを理由として，児童扶養手当の支給を拒否していた。

このように本件では，ひとつずつを単独で捉えれば広い立法裁量が肯定される福祉施策において，複数の事情が同時に備わった当事者に対して立法裁量はどうあるべきかが問われた点に，事案の特徴がある。このような場合に，併給を当然には認めずむしろ併給禁止を明文で定めることもまた，広い立法裁量に委ねられるのか。それとも，施策ごとに立法裁量が認められるにすぎず，すでにAという施策で受給していることを理由としてBという施策での受給を認めない併給禁止は，Bの施策の受給資格に異質な要因を持ち込むものであり，Bの他の受給者との関係で14条違反であるとともに，Bの立法裁量に際して「考慮すべきでない事由を考慮」したという判断過程の瑕疵があり，25条

が立法者に与えた立法裁量権としても逸脱濫用にあたるのか。

そもそも福祉施策は，それが実効性を挙げなければおよそ意味をなさず，同じ困難を抱える者の間で給付の有無に不合理な差別が存在すると，14条の問題以外に，25条の要請を受けた福祉施策としての合理性自体が問われることになる。児童扶養手当と障害福祉年金という異質な事由を対象とする福祉施策が，それぞれの事由を同時にかかえる本件原告のような者に対して実効性を果たすためには，事由ごとの施策（児童扶養手当および障害福祉年金という2つの金銭給付）が同時になされなければならない（つまり併給禁止は当該福祉施策の目的からは正当化しえない）と考えるのが自然である。本判決は，児童扶養手当は「障害福祉年金と基本的に同一の性格を有するもの」であるから併給禁止には合理性があるとしたが，給付の必要はそれぞれの事故（マイナスの事情）ごとに発生している。Xは障害者であることのハンディを埋め合わせるために障害福祉年金を受給してきたのであり，他方で，離婚してシングルマザーが子を養育するというのは経済的困難を伴いがちであるから児童扶養手当が給付される。このように考えると，併給禁止規定はそもそも福祉施策の自己否定であるから，広い立法裁量を前提としても違憲という答えも導けそうである。

2 1審判決の考え方

1に述べた論点で参考になるのが，1審判決の論理である。同判決は，以下のように本件併給禁止規定を14条違反で違憲としたが，複数事故で稼得能力が大きく損なわれるものではない，という国側の理屈についても鋭い批判を加えた。同判決後，いったん本件併給禁止規定は廃止されたが，それも同判決の説得力のゆえであったろう。

① 本件併給禁止規定は母が障害者の場合のみであり，性差別かつ障害者差別に当たる。

「…障害福祉年金を受給している父と，健全な母と，児童との三人の世帯に対しては，障害福祉年金と手当とが支給され得るのに反し，障

害福祉年金を受給している母と，児童のみの二人の世帯に対しては，障害福祉年金が支給されるのみであって，手当は絶対に支給されないことになっているわけである。……憲法第14条第1項所定の差別事由に該当する事由による差別，即ち，性別による差別，並びに障害者であるとの社会的身分類似の地位による差別という二重の意味の差別が存する」。

② 複数事故により稼得能力の喪失は倍加するわけではないとのYの主張はあたらない。

「Yは『複数の保険事故が同一人について発生した場合であっても，年金或いは手当によって保障すべき稼得能力の喪失または減少の程度が倍加されるものではないから，各保険事故に対応する年金或いは手当の給付を併給しなければならないものではない』旨を主張する。しかしながら，Xのような全盲の女性の生活実態は，……統計事実からも明らかなとおり，最早，喪失または減少すべき如何程の生活上の余裕もない状況にあると認められるのであるから，年額年4万800円程度の少額の障害福祉年金が支給されているとの一事により，稼得能力の喪失または減少すべき程度云々を論じることは，本件条項の合理性を説明する根拠としては，薄弱であるのみならず，……右障害福祉年金と手当とは，その保険事故というべきものが全く別個独立であって，カバーする範囲が少しも重複しない」。

以上の1審判決については，形式上は25条論よりも14条論で原告を勝訴させたことになり，しかも①で引用した14条論は，そこだけを見たのではわかりやすいものではない。むしろ，障害者父―健常者母―子という3人家族（障害福祉年金と児童扶養手当がともに支給される）と，Xのように障害者母―子（障害福祉年金しか受けられない）という2人家族の比較という，条件の異なる集団間の比較を行っているようにも見えるからである。しかしながら，平等原則の要請自体が「等しいものを等しく扱うべし」と同時に，その裏返しとして「異なるものを異なるように扱うべし」という命題も含んでいる。要するに，事情の異なるグループ間で

は異なるように取扱いもまた異なるべきなのである（事情が異なるのに取扱いが同じなのも不平等であるし，事情の異なり方とバランスのとれないような異なる取扱いもまた不平等である）。この2家族を比較すると，前者のほうが母が健常者の分だけ稼得能力は高そうであるのに，前者の母子には児童扶養手当が支給され，後者には支給されないのはアンバランスではないかという意味において14条違反が成立するわけである。

この14条論は，むしろ25条論の一変形と見たほうが，より分かりやすい。福祉施策の立法者は，児童扶養手当で母子を支援しようとするとき，母子のおかれた定型的な経済的困窮のケースをいろいろ想定する。その際，(a)稼得能力は期待できないが障害福祉年金（障害基礎年金に適宜読み替えるものとする。以下同じ）を得ている障害者の夫ないし父がいる母子と，(b)Xのように母親自身が障害者であることにより障害福祉年金をすでに得ている母子，(c)それと母親が健常者である通例の母子といった類型が登場する。

立法者は，シングルマザー家庭の経済的困窮から子の成育環境を守るために，その名のとおり児童扶養手当を支給する制度構築の決定をするわけであるが，その際，(a)と(c)には支給しながら(b)に対しては「二重支給」だとして支給を拒否することが許されるのか。14条の問題として許されるのか，というだけでなく，そもそも25条の福祉施策の実現として，こうした立法テクニックが許されるのか，ということである。(c)が児童扶養手当が本来念頭に置く類型であることは疑いないが，(a)は父はいるものの障害者であることを理由に（障害福祉年金は受給していても稼得能力がないことから）いわばノーカウントとして(c)と同じ扱いをされている。これに対して，母本人が障害福祉年金を得ていても，それでもなお(c)よりも，さらには(a)よりも明らかに稼得能力が低い(b)のケース（つまりXの場合）だけが，児童扶養手当の対象から併給禁止により除外される。これは，限られた財源をいかに困窮者に公平に配分するか，という福祉立法のあるべき合理性そのものに相反する。

その意味で，制度構築自体は広い立法裁量が認
められるが，いったん形成された制度の内部に
制度本来の大原則が首尾一貫されていない瑕疵
がある場合には，立法者自身が樹立した大原則
を枝葉の矛盾する規定を押しのけてでも一貫さ
せるべきなのである（首尾一貫性原則＝国籍法違
憲判決〔本書１事件〕などにみられる近時の司法
審査の手法である）。14条はあくまで，このよ
うに制度構築的な立法において，原則に反する
細部の規定を原則に合わせて整除してゆくため
の道具として機能するのであり，本件１審判決
において実際に行われているのは，制度構築立
法の典型である福祉立法における首尾一貫性を
14条論の助けを借りて実現するというもので
あったと解しうる。その意味で，見かけの14
条論の内実は25条論に帰着するというべきで
ある。

3　2審による1項2項峻別論

障害福祉年金と児童扶養手当の併給禁止につ
き，１審の結論を大胆な25条解釈でひっくり
返したのが２審大阪高裁判決であった。

①　25条１項は救貧施策を，２項は防貧施
策を規定する（１項２項峻別論）。

「憲法第25条……第２項……は社会生活の
推移に伴う積極主義の政治である社会的施策の
拡充増強により，国民の社会生活水準の確保向
上に努力すべき国の責務を宣言したものである。
……本条第１項……による国民の具体的な最低
限度の生活保障請求権は同項の規定の趣旨を実
現するために制定された生活保護法によって，
はじめて与えられているというべきである……。
結局同条第２項により国の行う施策は，個々的
に取りあげてみた場合には，国民の生活水準の
相対的な向上に寄与するものであれば足り，特
定の施策がそれのみによって健康で文化的な最
低限度という絶対的な生活水準を確保するに足
りるものである必要はなく，要は，すべての施
策を一体としてみた場合に，健康で文化的な最
低限度の生活が保障される仕組みになっていれ
ば，憲法第25条の要請は満たされているとい
うべきである。」「すなわち，本条第２項は国の

事前の積極的防貧施策をなすべき努力義務のあ
ることを，同第１項は第２項の防貧施策の実
施にも拘らず，なお落ちこぼれた者に対し，国
は事後的，補足的且つ個別的な救貧施策をなす
べき責務のあることを各宣言したものである」。

②　児童扶養手当は防貧施策であり，併給禁
止で困窮する者には生活保護があるから合憲。

「児童扶養手当制度は憲法第25条第２項の
規定する理念に基づき……設けられた制度であ
るといえる。……生活保護法による公的扶助た
る生活保護制度がある以上，憲法第25条第１
項違反の問題を生ずるものではない。……当該
被保障者には生活保護法による生活保障の途が
残されているのであって，本件併給禁止条項は
憲法第25条第１項とかかわりがない」。

以上の２審判決は，社会福祉立法を救貧施策
と防貧施策に二分し，前者は25条１項，後者
は同２項によって規定されている，と考える。
１項（救貧施策）と２項（防貧施策）とは，いわ
ば時間軸でそのカバーするタイミングが異なり，
換言すれば，対象とする生活水準が異なってい
る。時間軸というのは，困窮しかかっているい
わば「イエローゾーン」の人の貧困化をそれ以
上悪くならないように諸施策を通じて食い止め
る防貧施策がまずあって，次にそれがうまくい
かずに「レッドゾーン」にまで落ち込んで困窮
してしまった人に，健康で文化的な最低限度の
生活水準を確保する，という時系列の意味であ
る。対象とする生活水準が異なるというのは，
防貧施策はあくまで「健康で文化的な最低限度
の生活」に近づいている相対的困窮者を対象と
するのに対して，救貧施策は実際に「健康で文
化的な最低限度の生活」以下にまで生活水準が
落ち込んでしまった人をそのレベルにまで引き
上げるための施策であるということである。

このように，１項と２項とで規範内容および
適用対象を区別すると，２項の防貧施策はさま
ざまの施策の組み合わせで防貧という結果を出
せばよく，また仮に防貧に失敗しても救貧施策
という最後のセーフティーネットが待機してい
るのだから，防貧施策にとどまるかぎり立法裁

量の余地は文字通り広いことになる。その代わりに，1項の救貧施策の出番になると，こちらは最終手段であり，とにかく「健康で文化的な最低限度」の生活水準を確保しなければならないから，その意味での立法裁量は相対的に限定されていることになる（手法はさまざまでありうるが，とにかく結果を出さないと立法裁量の逸脱となりうる）。

1項2項峻別論は，堀木訴訟との関係ではもちろんXに不利に作用した。なぜなら，本件で問題となっている児童扶養手当も障害福祉年金も，いずれも防貧施策であって救貧施策ではないと位置づけることにより，それらは2項の施策ということになり，こちらには福祉立法のなかでも文字通りの広い立法裁量が認められることに帰着するからである。しかし，それでは1審も指摘しているように，現実に厳しい困窮に置かれやすいXら障害を負うシングルマザーの母子に対する施策は，併給禁止のような過酷なものであっても許容されるのか。この点につき2審判決が用意している回答は，併給禁止規定により救貧のゾーンまでXのような母子が落ち込んできた場合には，救貧施策が最終的に「健康で文化的な最低限度」の生活水準を確保するから心配ない，というものである。つまり2審判決は，救貧施策をもっぱら生活保護法と同一視し，同法に25条1項の救貧施策の実現を独占的に委ねている。その反面として，Xらにとり深刻な不利益を生む本件併給禁止規定であっても，それ自体としては防貧施策の一環にすぎない以上，広い立法裁量論により簡単に合憲とされてしまうのである。このように，2審の1項2項峻別論は，福祉立法のなかで生活保護法に救貧という特別の役割を負わせ，その分，他の施策はおしなべて防貧施策と位置付けることにより，本件児童扶養手当や障害福祉年金などには，その併給禁止規定の有無を含めて，広大な立法裁量が保障されることになった。

たしかに，25条1項は困窮者に法的権利として「健康で文化的な最低限度」の生活水準に対する権利を付与している。同規定はプログラムなどではない。他方で，同2項は，国の施策

を責務として掲げるだけで，1項と表裏一体をなすものと解すべきではない。こう考えると，1項2項峻別論は文言にはうまく合致している。また，「健康で文化的な最低限度」とは，最終的には金銭的に一定額の幅で表示されるべき量的水準である。ところが，本件で問題となっている併給禁止は，かりに併給を認めるとした場合には，「健康で文化的な最低限度」の生活水準を超える額の給付を認めることにもなりうる。25条1項を根拠に併給禁止規定を違憲とするとすれば，1項の具体化として本来出てくる法的権利の金銭的な一定の幅を超える金額の給付が1項の法的権利の具体化として認められることとなりうる。これはある種の背理であろう。これに対して，救貧施策を生活保護法に一本化し，他の福祉施策における受給権は25条1項の「健康で文化的な最低限度」とは切り離しておくことにすれば，その時代や社会ごとにであれ，一定の幅の金額で確定可能であるはずの「健康で文化的な最低限度」の生活水準（生活保護法上の受給権として成立する額）が，既存の複数の施策の併給の合算額とは無関係に，1項の法的権利の具体化として導き出されることになる。1項の権利内容は法律による具体化に丸投げされたものではなく，一定の金額の幅に収まるべきであり，そうした観点からの立法裁量についての比較的厳格な裁量統制も志向しうることにもなりうる。このように，2審の峻別論は，理論的にも実際上もそれなりの説得力を有しているものと思われる。

4　本判決の広い立法裁量論

堀木訴訟最高裁判決は，これら下級審の理論的努力をことごとく否定した。すなわち，要点①で2審の峻別論をとらず，1項についても野放図に広い立法裁量の手に委ねてしまった。また広い立法裁量論について，理由を列挙して理論的に補強した（要点②）。最高裁は，生活保護法の厚生（労働）大臣の生活扶助基準をめぐる裁量論として朝日訴訟最高裁昭和42年5月24日大法廷判決（関連判例1）が述べた，「抽象的な相対的概念であり，その具体的内容

は，文化の発達，国民経済の進展に伴って向上するのはもとより，多数の不確定的要素を綜合考量してはじめて決定できるものである。したがって，何が健康で文化的な最低限度の生活であるかの認定判断は，いちおう，厚生大臣の合目的的な裁量に委され」ている，という判示に近い考えを，立法裁量に対して繰り返したともいいうる。しかしながら朝日訴訟判決のこの判示は，「ただ，現実の生活条件を無視して著しく低い基準を設定する等憲法および生活保護法の趣旨・目的に反し，法律によって与えられた裁量権の限界をこえた場合または裁量権を濫用した場合には，違法な行為として司法審査の対象となる」，とクギを刺している。本判決が「著しく合理性を欠き明らかに裁量の逸脱・濫用と見ざるをえないような場合を除き，裁判所が審査判断するのに適しない」というきわめて緩やかな立法裁量論を打ち出したのと比べて，朝日訴訟判決は「現実の生活条件を無視」することは違法になると明言している点で，「健康で文化的な最低限度の生活」を事実のレベルである程度確定しうる概念と捉え，裁量（大臣の行政基準定立における裁量であるが）の羈束をより強く打ち出していたようにも読みうる。

　また，本判決が打ち出した理由は以下のようなものであったが，いずれも見かけほど当然なものではない。本判決は，(a)25条が全体として国の積極的作為を必要とするものであること（作為請求的性格），(b)「健康で文化的な最低限度の生活」が抽象的相対的概念であること（法的権利としての抽象性・相対性），(c)その具体的内容はそのときどきの文化・経済・社会・一般的な国民生活との相関関係において決定されること（給付水準の時代ごとの相関関係性），(d)財政事情を無視しえないこと（財政依存性），(e)高度の専門性・政策性を要すること（専門的政策的性格）を，広い立法裁量の理由とする。

　この点については，(a)は権利の内実がある程度具体的であれば国の作為義務として一義性を有し得るし，26条による義務教育制度の創設などの国の作為はある程度内容が確定可能であるとすると，25条についても同様に解し得る

であろう。作為だから不確定というのではなく，規範内容の一義性の問題に帰着し，それは25条の解釈論の問題に還元される。(b)は，「個人の尊厳」のように最高裁においても規範的意味内容を与えられた憲法規範についても，抽象性相対性はいい得るのであるから，生存権だけその規範内容が不明確であるとして立法裁量の統制を緩める理由にはならない。(c)は，自由権であっても同様に社会状況や国民意識と相関関係に立つ相対的な規範内容なのであるから，生存権の緩やかな立法裁量の決め手にはならない。(d)財政は当然に生存権保障の前提になるが，単なる政策決定上重視されるべきプログラム（綱領）でなく法的権利性を認めるのであれば，限られた財政という制約のなかで優先的に配分されるべきであるから，単純に支出減を狙った制度設計は最優先に考慮すべきでない事項を最優先に考慮したものとして立法裁量統制の網の目にかかる（違憲となりうる）というべきである。

　列挙されたなかでは，(e)が最も説得的な理由づけと思われる。しかしながらこれも，生存権については要するに「健康で文化的な最低限度の生活」という到達目標は憲法によって与えられているわけである。すなわち，専門的政策的裁量の余地は目標に到達する手段のレベルでは存在するが，目標それ自体を縮減させることまでは，専門性や政策判断の名において正当化されるものではない。さまざまの可能な施策（例えば金銭給付か現物給付か，在宅ケアかホームかなど）の選択や組み合わせについては，立法（およびその委任を受けた行政）による専門的政策的判断によるしかないとしても，その結果として「健康で文化的な最低限度の生活」が達成されていないのであれば，専門的政策的判断のどこにどういう瑕疵があるのかの具体的な指摘は逆に不要であり，兎にも角にも専門的政策的判断に過誤があったことが結果（健康で文化的な最低限度の生活が確保されないこと）から明らかとなるのである。要するに，立法者は手段については広い立法裁量を有するが，結果についてはそうではない。

5 本判決による併給禁止規定の根拠づけ

本判決はさらに，1審の併給禁止違憲論に対しては，単に立法裁量として安易に合憲とするのではなく（そうした処理も可能であったはずであるが），より踏み込んで本件で併給禁止が立法裁量権行使としても合理性を有することを論証している（**要点③**）。それは，併給禁止によりXのような障害のあるシングルマザーがどれだけ困窮に追いやられるか，という一審が取り上げた事実のレベルの論証ではない。「稼得能力の喪失又は低下の程度が必ずしも事故の数に比例して増加するといえないことは明らか」と最高裁は述べているが，これは一審に対する事実認識のレベルの反論でもあるが，それとは異質の反論の面もある。

むしろ最高裁は，児童扶養手当が母子福祉年金を「補完する制度」として成立したことを指摘し，したがって児童扶養手当が国民年金法61条（当時。現在は「遺族基礎年金」に移行）の「母子福祉年金」（年金保険料を払ってきた者が受ける拠出制の母子年金とは異なり，母子年金の支給要件に該当しない場合に受け取る無拠出制の年金）と同じ目的を実現しようとする制度であることを論証の中心にすえる。これは，児童扶養手当と障害福祉年金とが同一の性格を有する福祉施策に属するという，法の類型論に立ち戻った大所高所からの解釈論的な論証を行うためである。いわく，児童扶養手当は「受給者に対する所得保障である点において，……国民年金（公的年金）一般，したがってその一種である障害福祉年金と基本的に同一の性格を有する」。これを敷衍すればつまり，国民年金制度という社会連帯のなかで弱者の所得保障である「福祉年金」のジャンルに，母子福祉年金も障害福祉年金もともに属する。したがって，広い意味では両者は同じ一つの福祉施策（「福祉年金制度」と仮に呼ぶ）に含まれるものとして一体である。同じ一つの福祉年金制度のなかに，いろいろな支給制度が含まれているが，いずれも目指すところは同じなのだから，同時に複数の支給制度の適用を受けるのはおかしい。そこで，併給禁止規定によって調整しているのだ。最高裁はこのような理屈で，単に併給禁止規定を立法裁量として憲法上許容されるとしたのみならず，むしろ併給禁止のほうが福祉年金制度全体の制度構築の立法裁量としては合理的であることまで論証して見せようとするもののように思われる（もちろん最高裁判決時には併給が認められる制度に改定されていたが，それはそれで立法裁量の範囲内であることは認めている）。

この点については，シングルマザー家庭という経済的困難が想定される類型に与えられる児童扶養手当は，たしかに最高裁が指摘するように，経済的困難の緩和という点では障害福祉年金と共通する性格を有している。しかしながら，困窮する原因が相互に独立である場合には，それぞれの原因がもたらす結果を緩和するように，複数の施策が同時的に発動されることは当然であり，同じ目標のひとくくりの福祉施策内での併給が原則として認められないなどということにはならない。要するに，複数事故（2つ以上のハンディキャップ）によっても単独のハンディキャップの2倍の額の給付が必要になるほど困窮が激化するわけではない，という事実認識が，経験則上そういいうるのかという客観的な問題である。2倍までは激化しないがハンディキャップが1つの場合と同じというわけではない（例えば5割増）というのであれば，そのためのきめ細かい調整のルールが併給禁止の違憲判決後の立法者に託されるだけであり，そもそも併給しないというのではハンディキャップを丸々ひとつ無視することと同じであり，切り捨て分が大きくなりすぎる。なお本件判決後，併給禁止規定が復活した。

■ ■ ■ ■ ■ 関連判例 ■ ■ ■ ■ ■

1　朝日訴訟（最大判昭42・5・24民集21巻5号1043頁）

2　生活保護老齢加算廃止違憲訴訟（最判平24・2・28民集66巻3号1240頁）

■ ■ ■ ■ ■ 演習問題 ■ ■ ■ ■ ■

1　Y県では，県内の貧困家庭の子の学習環境を補助することが，貧困の連鎖を防ぎ，将来

160 生 存 権

的には県の財政の健全化や県民所得の向上につながるという考えのもと，Y県教育環境改善条例を制定した。そこには，県民である一定の所得以下の家庭を対象として，子が中学生もしくは高校生である場合，塾や家庭教師の費用を月5万円，年60万円までの範囲で補助するという「学習補助手当」の制度が盛り込まれている。

ところが同条例には，地元のベンチャー企業Aが設けている，Y県民の中学生高校生で数学オリンピックなど国際的な学力コンテストに日本代表として出場し世界大会でメダルを獲得した秀才に対し，本人の才能をのばすために自由に用いることのできる賞金（金メダルに対しては500万円としている）などを念頭に，「他の教育支援金を国，地方公共団体や民間の団体から受け取った中学生ないし高校生の家庭に対しては，その金額の限度で学習補助手当を支給しないものとする。」という規定（同条例はこれを「併給禁止規定」と名付けている）が設けられている。

Xは低所得のシングルマザーであるが，高校一年の子Bが数学に特にすぐれ，数学オリンピック世界大会で見事金メダルを獲得した。母子はこれまで県の学習補助手当を毎月5万円受給し，Bが地元国立大学の大学院生を家庭教師として高度の数学を習う費用にあてていたが，企業Aが500万円の賞金を授与したところ，県からの手当が「併給禁止規定」を理由として打ち切られた。

(1) Xは，この打切り決定処分の取消しを求める訴訟を提起したいと考えている。どのように争えばよいか。

(2) Y県はどのように反論すればよいか。

＊考え方
貧困の連鎖を防ぐという条例の目的からすれば，Aからの賞金によりBは高度の教育を受け続けることが可能となったので，県の手当の打ち切りは合理性を有する。他方で，経済的に余裕のある家庭の子であれば手当を支給されなくても良い学習環境を享受でき，賞金でさらに高度の教育を受けることができる。この点に14条違反を見出せないか。

2 堀木訴訟と同種の事案で，障害者である

ことからすでに障害基礎年金を受け取っているZが，健常者のシングルマザー家庭が受け取っている児童扶養手当を自分が受け取れないのは不合理な差別であると主張し，これに対して被告行政庁Yが以下のように反論したとする。Z側はどのように再反論することが考えられるか。

「不合理な差別の存在を仮定しても，平等は取扱いの差異を問題としているにすぎないから，立法者には児童扶養手当そのものを廃止するといった別の方法による平等原則の回復の可能性も残されるべきである。にもかかわらず，裁判によってZが併給を勝ち取るとすれば，司法が立法作用を行ったに等しいことになる。したがって，Zの14条違反の主張はかりにその内容が妥当であるとしても，新たな立法作用に等しい支給拒否処分の取消判決を裁判所が下すことは，そもそも憲法上許されない。」

＊考え方
国籍法事件判決（本書1事件）参照。制度創設は，一般論としては立法者の専権事項であり，福祉立法においてはなおさらそのように考えられやすい。しかしながら，立法者の立てた基本原則として，児童扶養手当は堅持されるはずであるから，首尾一貫性の要請により，Yの反論は成り立たない。

〔参考文献〕
園部逸夫・最判解民事篇昭和57年度503頁以下
井上英夫ほか編著『社会保障レボリューション』（高菅出版，2017年）65頁以下
尾形健・判プラ293頁
堀勝洋・季刊社会保障研究 Vol.18 No.2（1982年）265頁以下

（棟居快行）

161

教 育 権

18 旭川学テ事件

■ **最高裁昭和 51 年 5 月 21 日大法廷判決**
■ 昭和 43 年（あ）第 1614 号
　建造物侵入，暴力行為等処罰に関する法律違反被告事件
■ 刑集 30 巻 5 号 615 頁，判時 814 号 33 頁

〈事実の概要〉────────

　昭和 31 年に地方教育行政の組織及び運営に関する法律（地教行法）が成立した頃から，文部省（当時）は教育再編に取り組むようになり，改訂学習指導要領の遵守を告示したり教科書検定基準を公示したりし，さらに文部省学力調査（学力テスト）を実施するようになった。こうした動きに対して，教職員組合は文部省による教育現場への不当な介入であるとして反対闘争を行うようになった。そのうち，学力調査の反対闘争を行って刑事事件となったのが本件である。

　昭和 36 年，旭川市永山中学校が学力調査を実施した際，Y ら（被告人。高校の教職員組合員や工場の労働組合員ら）は，70 人の仲間とともに学力調査の実施をやめるように学校関係者を説得するため，A 校長の制止があったにもかかわらず，永山中学校に立ち入った。その後，Y らは，見回りに出ようとした A 校長の胸部付近を突くなどし，さらに A 校長を囲んで自由に移動できないようにし，学力調査をやめるように説得した。そのため，Y らは建造物侵入，暴行，公務執行妨害等の罪で起訴された。

　下級審では，文部大臣において地方公共団体の教育委員会（地教委）が自主的に実施した調査につきその結果の提出を要求することができるとした地教行法 54 条 2 項に基づいて学力調査を行えるかどうか（手続的問題）に加え，学力調査を行うことが文部大臣の教科に関する権限を定める学校教育法（学教法）38 条や不当な支配の禁止を定める教育基本法（教基法）10 条（現 16 条）に違反しないかどうか（実質的問題）

が争点となった。

　第 1 審（旭川地判昭 41・5・25 判時 453 号 16 頁）は，手続的にも実体的にも学力調査が違法であるとして公務執行妨害罪の成立を認めなかったものの，Y らの行為は危険性をはらんでいて目的が正当ではなく手段も不相当であるとして住居侵入罪に当たるとし，A 校長に対する行為については共同暴行（暴力行為等処罰に関する法律違反）に当たるとした。第 2 審（札幌高判昭 43・6・26 下刑集 10 巻 6 号 598 頁）も第 1 審を認容したため，検察側および被告人側の双方が上告した。

〈上告審〉────────

　要 点

　①　学力調査も行政調査の一環として地教行法 54 条 2 項が定める調査に該当する。

　②　地教行法 54 条 2 項は文部大臣に学力調査の実施を要求する権限を与えたものではないが，それは地教委が当該要求に従う法的義務がないことを示すだけであり，地教委はその要求に任意で応じても手続上違法にはならない。

　③　子どもの教育は子どもが共同社会の一員として生きていく上で必要不可欠であると同時に共同社会にとっても重要なことであり，社会が発展するにつれて子どもの教育は公共の関心事となり公教育が発展したが，それはまた国家の介入の限界という問題を生じさせることとなった。

　④　子どもの教育権の所在をめぐっては，それが国民全体の共通関心事であることから法律が公教育における教育の内容および方法についても包括的にこれを定めることができ，

また教育行政機関も法律の授権に基づく限り広くこれらの事項について決定権限を有するとする見解（国家教育権説）と，子どもの教育は，子どもの教育を受ける権利に対する責務として，親を中心とする国民全体が担うべきであり，国の子どもの教育に対するかかわり合いは国民の教育義務の遂行を側面から助成するための諸条件の整備に限られ，その内容および方法についてはその実施にあたる教師が，その教育専門家としての立場からその内容および方法を決定，遂行すべきであるとする見解（国民教育権説）とが対立しているが，いずれも極端で採用できない。

⑤　子どもの教育は子どもの学習をする権利に対応するものであり，専ら子どもの利益のために，教育を与える者の責務として行われるべきものである。ただし，そこから教育権の所在に関する結論は出てこない。

⑥　学問の自由は普通教育にも及ぶが，児童生徒に批判能力がなく，教師が児童生徒に対して強い影響力・支配力を有すること，また子どもの側に学校や教師を選択する余地が乏しく，教育の機会均等をはかる上からも全国的に一定の水準を確保すべき強い要請があること等を考えると，教師に完全な教授の自由を認めることはできない。

⑦　親の教育の自由は学校外における教育や学校選択の自由にあり，私学教育における自由や教師の教授の自由も一定の範囲において認められるが，それ以外の領域においては国が必要かつ相当と認められる範囲において教育内容について決定する権限を持つ。

⑧　国が教育権を有するといっても，教育内容に政治的影響が及んだり，誤った知識や一方的な観念を子どもに植えつけたりするような内容の教育を強制するようなことは，憲法26条および13条の関係上許されない。

⑨　教基法は憲法に代わって教育の基本理念と基本原理を宣言することを目的として制定されたものであり，教育関係法令の解釈および運用についてはできるだけ教基法の規定および同法の趣旨，目的に沿うように考慮が払われなければならない。

⑩　教基法10条が禁止する不当な支配とは，教育が国民の信託にこたえて自主的に行われることをゆがめるようなことを指すので，教育行政機関の行為も適用対象となるが，許容される目的のために心要かつ合理的と認めら

れる場合には不当な支配に当たらない。

⑪　学力調査の目的は文部大臣の権限と合理的関連性があり，学力を正確にはかるためには学力調査を一斉に行う必要性もあり，さらに目的のための必要性をもってしては正当化することができないほどの教育に対する強い影響力や支配力をもつとはいえないので，不当な支配に当たるとはいえない。

⑫　地教委は文部大臣の学力調査の実施要求に応じるかどうかを自由に決められるので，それは教育における地方自治の原則に反しない。

■ 判　旨 ■

一部上告棄却，一部破棄自判。

〔一　本件学力調査の手続上の適法性〕
〔⑴　学力調査と行政調査〕

「本件学力調査においてとられた右の方法が，教師の行う教育活動と一部としての試験とその形態を同じくするものであることは確かであるとしても，学力調査としての試験は，あくまでも全国中学校の生徒の学力の程度が一般的にどのようなものであるかを調査するためにされるものであって，教育活動としての試験の場合のように，個々の生徒に対する教育の一環としての成績評価のためにされるものではなく，両者の間には，その趣旨と性格において明らかに区別があるのである。それ故，本件学力調査が生徒に対する試験という方法で行われたことの故をもって，これを行政調査というよりはむしろ固有の教育活動としての性格をもつものと解し，したがって地教行法54条2項にいう調査には含まれないとすることは，相当でない。 要点①」

〔⑵　地教行法54条2項の法的性格〕

「地教行法54条2項が，同法53条との対比上，文部大臣において本件学力調査のような調査の実施を要求する権限までをも認めたものと解し難いことは，原判決の説くとおりである。しかしながら，このことは，地教行法54条2項によって求めることができない文部大臣の調査要求に対しては，地教委においてこれに従う法的義務がないということを意味するだけであ

って，右要求に応じて地教委が行った調査行為がそのために当然に手続上違法となるわけのものではない。地教委は，前述のように，地教行法23条17号により当該地方公共団体の教育にかかる調査をする権限を有しており，各市町村教委による本件学力調査の実施も，当該市町村教委が文部大臣の要求に応じその所掌する中学校の教育にかかる調査として，右法条に基づいて行ったものであって，文部大臣の要求によってはじめて法律上根拠づけられる調査権限を行使したというのではないのである。その意味において，文部大臣の要求は，法手続上は，市町村教委による調査実施の動機をなすものであるにすぎず，その法的要件をなすものではない。それ故，本件において旭川市教委が旭川市立の各中学校につき実施した調査行為は，たとえそれが地教行法54条2項の規定上文部大臣又は北海道教委の要求に従う義務がないにもかかわらずその義務があるものと信じてされたものであっても，少なくとも手続法上は権限なくしてされた行為として違法であるということはできない。そして，市町村教委は，市町村立の学校を所管する行政機関として，その管理権に基づき，学校の教育課程の編成について基準を設定し，一般的な指示を与え，指導，助言を行うとともに，特に必要な場合には具体的な命令を発することもできると解するのが相当であるから，旭川市教委が，各中学校長に対し，授業計画を変更し，学校長をテスト責任者としてテストの実施を命じたことも，手続的には適法な権限に基づくものというべく，要するに，本件学力調査の実施には**手続上の違法性**はないというべきである。 要点②」

〔2 子どもの教育と教育権帰属の問題〕

〔(一) 子どもの教育の意味と公教育〕

「**子どもの教育**は，子どもが将来一人前の大人となり，共同社会の一員としてその中で生活し，自己の人格を完成，実現していく基礎となる能力を身につけるために必要不可欠な営みであり，それはまた，共同社会の存続と発展のためにも欠くことのできないものである。この子どもの教育は，その最も始源的かつ基本的な形

態としては，親が子との自然的関係に基づいて子に対して行う養育，監護の作用の一環としてあらわれるのであるが，しかしこのような私事としての親の教育及びその延長としての私的施設による教育をもってしては，近代社会における経済的，技術的，文化的発展と社会の複雑化に伴う教育要求の質的拡大及び量的増大に対応しきれなくなるに及んで，子どもの教育が社会における重要な共通の関心事となり，子どもの教育をいわば社会の公共的課題として公共の施設を通じて組織的かつ計画的に行ういわゆる**公教育制度**の発展をみるに至り，現代国家においては，子どもの教育は，主としてこのような公共施設としての国公立の学校を中心として営まれるという状態になっている。

ところで，右のような公教育制度の発展に伴って，教育全般に対する国家の関心が高まり，教育に対する国家の支配ないし介入が増大するに至った一方，教育の本質ないしはそのあり方に対する反省も深化し，その結果，**子どもの教育は誰が支配し，決定すべきか**という問題との関連において，上記のような子どもの教育に対する国家の支配ないし介入の当否及びその限界が極めて重要な問題として浮かびあがるようになった。……本件における教基法10条の解釈に関する前記の問題の背景には右のような事情があり，したがって，この問題を考察するにあたっては，広く，わが国において憲法以下の教育関係法制が右の基本的問題に対していかなる態度をとっているかという全体的な観察の下で，これを行わなければならない。 要点③」

〔(二) 教育権の所在〕

「ところで，わが国の法制上子どもの教育の内容を決定する権能が誰に帰属するとされているかについては，二つの極端に対立する見解があり，そのそれぞれが検察官及び弁護人の主張の基底をなしているようにみうけられる。すなわち，**一の見解**は，子どもの教育は，親を含む**国民全体の共通関心事**であり，公教育制度は，このような国民の期待と要求に応じて形成，実施されるものであって，そこにおいて支配し，実現されるべきものは国民全体の教育意思であ

164　教　育　権

るが、この**国民全体の教育意思**は、憲法の採用
する議会制民主主義の下においては、国民全体
の意思の決定の唯一のルートである国会の法律
制定を通じて具体化されるべきものであるから、
5　法律は、当然に、公教育における教育の内容及
び方法についても包括的にこれを定めることが
でき、また、教育行政機関も、法律の授権に基
づく限り、広くこれらの事項について決定権限
を有する、と主張する。これに対し、**他の見解**
10　は、子どもの教育は、憲法 26 条の保障する子
どもの教育を受ける権利に対する責務として行
われるべきもので、このような責務をになう者
は、親を中心とする国民全体であり、公教育と
しての子どもの教育は、いわば親の教育義務の
15　共同化ともいうべき性格をもつのであって、そ
れ故にまた、教基法 10 条 1 項も、教育は、国
民全体の信託の下に、これに対して直接に責任
を負うように行われなければならないとしてい
る、したがって、権力主体としての国の子ども
20　の教育に対するかかわり合いは、右のような国
民の教育義務の遂行を側面から助成するための
諸条件の整備に限られ、子どもの教育の内容及
び方法については、国は原則として介入権能を
もたず、教育は、その実施にあたる教師が、そ
25　の教育専門家としての立場から、国民全体に対
して教育的、文化的責任を負うような形で、そ
の内容及び方法を決定、遂行すべきものであり、
このことはまた、憲法 23 条における学問の自
由の保障が、学問研究の自由ばかりでなく、教
30　授の自由をも含み、教授の自由は、教育の本質
上、高等教育のみならず、普通教育におけるそ
れにも及ぶと解すべきことによっても裏付けら
れる、と主張するのである。
　　当裁判所は、右の二つの見解はいずれも極端
35　かつ一方的であり、そのいずれをも全面的に採
用することはできないと考える。以下に、その
理由と当裁判所の見解を述べる。要点④」
〔3　憲法と子どもに対する教育権能〕
〔(1)　子どもの学習権と教育権の所在〕
40　「(一)　憲法中教育そのものについて直接の定
めをしている規定は憲法 26 条であるが、……
この規定は、福祉国家の理念に基づき、国が積

極的に教育に関する諸施設を設けて国民の利用
に供する責務を負うことを明らかにするととも
に、子どもに対する基礎的教育である普通教育
の絶対的必要性にかんがみ、親に対し、その子
女に普通教育を受けさせる義務を課し、かつ、
その費用を国において負担すべきことを宣言し
たものであるが、この規定の背後には、国民各
自が、一個の人間として、また、一市民として、
成長、発達し、自己の人格を完成、実現するた
めに必要な学習をする固有の権利を有すること、
特に、みずから学習することのできない子ども
は、その学習要求を充足するための教育を自己
に施すことを大人一般に対して要求する権利を
有するとの観念が存在していると考えられる。
換言すれば、子どもの教育は、教育を施す者の
支配的権能ではなく、何よりもまず、**子どもの
学習をする権利**に対応し、その充足をはかりう
る立場にある者の責務に属するものとしてとら
えられているのである。
　　しかしながら、このように、子どもの教育が、
専ら**子どもの利益**のために、教育を与える者の
責務として行われるべきものであるということ
からは、このような教育の内容及び方法を、誰
がいかにして決定すべく、また、決定すること
ができるかという問題に対する一定の結論は、
当然には導き出されない。すなわち、同条が、
子どもに与えるべき教育の内容は、国の一般的
な政治的意思決定手続によって決定されるべき
か、それともこのような政治的意思の支配、介
入から全く自由な社会的、文化的領域内の問題
として決定、処理されるべきかを、直接一義的
に決定していると解すべき根拠は、どこにもみ
あたらないのである。要点⑤」
〔(2)　学問の自由と教育権の所在〕
　　「(二)　次に、学問の自由を保障した憲法 23
条により、学校において現実に子どもの教育の
任にあたる教師は、**教授の自由**を有し、公権力
による支配、介入を受けないで自由に子どもの
教育内容を決定することができるとする見解も、
採用することができない。確かに、憲法の保障
する学問の自由は、単に学問研究の自由ばかり
でなく、その結果を教授する自由をも含むと解

されるし，更にまた，専ら自由な学問的探究と勉学を旨とする大学教育に比してむしろ知識の伝達と能力の開発を主とする普通教育の場においても，例えば教師が公権力によって特定の意見のみを教授することを強制されないという意味において，また，子どもの教育が教師と子どもとの間の直接の人格的接触を通じ，その個性に応じて行われなければならないという本質的要請に照らし，教授の具体的内容及び方法につきある程度自由な裁量が認められなければならないという意味においては，一定の範囲における教授の自由が保障されるべきことを肯定できないではない。しかし，**大学教育**の場合には，学生が一応教授内容を批判する能力を備えていると考えられるのに対し，**普通教育**においては，児童生徒にこのような能力がなく，教師が児童生徒に対して強い影響力，支配力を有することを考え，また，普通教育においては，子どもの側に学校や教師を選択する余地が乏しく，教育の機会均等をはかる上からも全国的に一定の水準を確保すべき強い要請があること等に思いをいたすときは，普通教育における教師に完全な教授の自由を認めることは，とうてい許されないところといわなければならない。 要点⑥ 」

〔(3)　教育に関するそれぞれの役割〕

「まず親は，子どもに対する自然的関係により，子どもの将来に対して最も深い関心をもち，かつ，配慮をすべき立場にある者として，子どもの教育に対する一定の支配権，すなわち子女の教育の自由を有すると認められるが，このような**親の教育の自由**は，主として家庭教育等学校外における教育や学校選択の自由にあらわれるものと考えられるし，また，私学教育における自由や前述した教師の教授の自由も，それぞれ限られた一定の範囲においてこれを肯定するのが相当であるけれども，それ以外の領域においては，一般に社会公共的な問題について国民全体の意思を組織的に決定，実現すべき立場にある国は，国政の一部として広く適切な教育政策を樹立，実施すべく，また，しうる者として，憲法上は，あるいは子ども自身の利益の擁護のため，あるいは子どもの成長に対する社会公共

の利益と関心にこたえるため，必要かつ相当と認められる範囲において，教育内容についてもこれを決定する権能を有するものと解さざるをえず，これを否定すべき理由ないし根拠は，どこにもみいだせないのである。 要点⑦ 」

〔(4)　国の教育権限の限界〕

「もとより，政党政治の下で多数決原理によってされる国政上の意思決定は，さまざまな政治的要因によって左右されるものであるから，本来人間の内面的価値に関する文化的な営みとして，党派的な政治的観念や利害によって支配されるべきでない教育にそのような政治的影響が深く入り込む危険があることを考えるときは，教育内容に対する右のごとき国家的介入についてはできるだけ抑制的であることが要請されるし，殊に個人の基本的自由を認め，その人格の独立を国政上尊重すべきものとしている憲法の下においては，子どもが自由かつ独立の人格として成長することを妨げるような国家的介入，例えば，誤った知識や一方的な観念を子どもに植えつけるような内容の教育を施すことを強制するようなことは，憲法26条，13条の規定上からも許されないと解することができるけれども，これらのことは，前述のような子どもの教育内容に対する国の正当な理由に基づく合理的な決定権能を否定する理由となるものではないといわなければならない。 要点⑧ 」

〔4　教基法10条の不当な支配〕

〔(1)　教基法の位置付け〕

「㈠　教基法は，憲法において教育のあり方の基本を定めることに代えて，わが国の教育及び教育制度全体を通じる基本理念と基本原理を宣明することを目的として制定されたものであって，戦後のわが国の政治，社会，文化の各方面における諸改革中最も重要な問題の一つとされていた教育の根本的改革を目途として制定された諸立法の中で中心的地位を占める法律であり，このことは，同法の前文の文言及び各規定の内容に徴しても，明らかである。それ故，同法における定めは，形式的には通常の法律規定として，これと矛盾する他の法律規定を無効にする効力をもつものではないけれども，一般に

166 教育権

教育関係法令の解釈及び運用については，法律自体に別段の規定がない限り，できるだけ教基法の規定及び同法の趣旨，目的に沿うように考慮が払われなければならないというべきである。

ところで，教基法は，その前文の示すように，憲法の精神にのっとり，民主的で文化的な国家を建設して世界の平和と人類の福祉に貢献するためには，教育が根本的重要性を有するとの認識の下に，個人の尊厳を重んじ，真理と平和を希求する人間の育成を期するとともに，普遍的で，しかも個性豊かな文化の創造をめざす教育が今後におけるわが国の教育の基本理念であるとしている。これは，戦前のわが国の教育が，国家による強い支配の下で形式的，画一的に流れ，時に軍国主義的又は極端な国家主義的傾向を帯びる面があったことに対する反省によるものであり，右の理念は，これを更に具体化した同法の各規定を解釈するにあたっても，強く念頭に置かれるべきものであることは，いうまでもない。要点⑨」

〔(2) 教基法 10 条の解釈〕

「教基法 10 条 1 項は，その文言からも明らかなように，教育が国民から信託されたものであり，したがって教育は，右の信託にこたえて国民全体に対して直接責任を負うように行われるべく，その間において**不当な支配**によってゆがめられることがあってはならないとして，教育が専ら教育本来の目的に従って行われるべきことを示したものと考えられる。これによってみれば，同条項が排斥しているのは，教育が国民の信託にこたえて右の意味において自主的に行われることをゆがめるような『不当な支配』であって，そのような支配と認められない限り，その主体のいかんは問うところでないと解しなければならない。それ故，論理的には，教育行政機関が行う行政でも，右にいう『不当な支配』にあたる場合がありうることを否定できず，問題は，教育行政機関が法令に基づいてする行為が『不当な支配』にあたる場合がありうるかということに帰着する。思うに，憲法に適合する有効な他の法律の命ずるところをそのまま執行する教育行政機関の行為がここにいう『不当

な支配』となりえないことは明らかであるが，上に述べたように，他の教育関係法律は教基法の規定及び同法の趣旨，目的に反しないように解釈されなければならないのであるから，教育行政機関がこれらの法律を運用する場合においても，当該法律規定が特定的に命じていることを執行する場合を除き，教基法 10 条 1 項にいう『不当な支配』とならないように配慮しなければならない拘束を受けているものと解されるのであり，その意味において，教基法 10 条 1 項は，いわゆる法令に基づく教育行政機関の行為にも適用があるものといわなければならない」。「教基法 10 条は，国の教育統制権能を前提としつつ，教育行政の目標を教育の目的の遂行に必要な諸条件の整備確立に置き，その整備確立のための措置を講ずるにあたっては，教育の自主性尊重の見地から，これに対する『不当な支配』となることのないようにすべき旨の限定を付したところにその意味があり，したがって，教育に対する行政権力の不当，不要の介入は排除されるべきであるとしても，許容される目的のために必要かつ合理的と認められるそれは，たとえ教育の内容及び方法に関するものであっても，必ずしも同条の禁止するところではないと解するのが，相当である 要点⑩」。

〔(3) 学力調査の不当な支配該当性〕

「その調査目的において文部大臣の所掌とされている事項と合理的関連性を有するか，右の目的のために本件のような調査を行う必要性を肯定することができるか，本件の調査方法に教育に対する不当な支配とみられる要素はないか等の問題を検討しなければならない。

㈠ まず，本件学力調査の目的についてみるのに，右調査の実施要綱には，前記二の 1 の(1)で述べたように，調査目的として四つの項目が挙げられている。このうち，文部大臣及び教育委員会において，調査の結果を，㈠の教育課程に関する諸施策の樹立及び学習指導の改善に役立たせる資料とすること，㈢の学習の改善に役立つ教育条件を整備する資料とすること，㈣の育英，特殊教育施設などの拡充強化に役立てる等今後の教育施策を行うための資料とすること

等は，文部大臣についていえば，文部大臣が学校教育等の振興及び普及を図ることを任務とし，これらの事項に関する国の行政事務を一体的に遂行する責任を負う行政機関（文部省設置法4条）として，全国中学校における教育の機会均等の確保，教育水準の維持，向上に努め，教育施設の整備，充実をはかる責務と権限を有することに照らし，これらの権限と合理的関連性を有するものと認めることができるし，右目的に附随して，地教委をしてそれぞれの所掌する事項に調査結果を利用させようとすることも，文部大臣の地教委に対する指導，助言的性格のものとして不当ということはできない。」

「まず，必要性の有無について考えるのに，全国の中学校における生徒の学力の程度がどの程度のものであり，そこにどのような不足ないしは欠陥があるかを知ることは，上記の(イ)，(ハ)，(ニ)に掲げる諸施策のための資料として必要かつ有用であることは明らかであり，また，このような学力調査の方法としては，結局試験によってその結果をみるよりほかにはないのであるから，文部大臣が全国の中学校の生徒の学力をできるだけ正確かつ客観的に把握するためには，全国の中学校の生徒に対し同一試験問題によって同一調査日に同一時間割で一せいに試験を行うことが必要であると考えたとしても，決して不合理とはいえない。それ故，本件学力調査は，その必要性の点において欠けるところはないというべきである。

(三)　問題となるのは，上記のような方法による調査が，その一面において文部大臣が直接教育そのものに介入するという要素を含み，また，右に述べたような調査の必要性によっては正当化することができないほどに教育に対して大きな影響力を及ぼし，これらの点において文部大臣の教育に対する『不当な支配』となるものではないか，ということである。」

「本件学力調査においても，試験の結果を生徒指導要録に記録させることとしている点からみれば，両者の間における一定の結びつきの存在を否定することはできないけれども，この点は，せっかく実施した試験の結果を生徒に対す

る学習指導にも利用させようとする指導，助言的性格のものにすぎないとみるべきであるから，以上の点をもって，文部省自身が教育活動を行ったものであるとすることができないのはもちろん，教師に対して一定の成績評価を強制し，教育に対する実質的な介入をしたものとすることも，相当ではない。また，試験実施のために試験当日限り各中学校における授業計画の変更を余儀なくされることになるとしても，右変更が年間の授業計画全体に与える影響についてみるとき，それは，実質上各学校の教育内容の一部を強制的に変更させる意味をもつほどのものではなく，前記のような本件学力調査の必要性によって正当化することができないものではないのである。」

「本件学力調査実施要綱によれば，同調査においては，試験問題の程度は全体として平易なものとし，特別の準備を要しないものとすることとされ，また，個々の学校，生徒，市町村，都道府県についての調査結果は公表しないこととされる等一応の配慮が加えられていたことや，原判決の指摘する危険性も，教師自身を含めた教育関係者，父母，その他社会一般の良識を前提とする限り，それが全国的に現実化し，教育の自由が阻害されることとなる可能性がそれほど強いとは考えられないこと（原判決の挙げている一部の県における事例は，むしろ例外的現象とみるべきである。）等を考慮するときは，法的見地からは，本件学力調査を目して，前記目的のための必要性をもってしては正当化することができないほどの教育に対する強い影響力，支配力をもち，教基法10条にいう教育に対する『不当な支配』にあたるものとすることは，相当ではなく，結局，本件学力調査は，その調査の方法において違法であるということはできない。 要点⑪ 」

〔5　学力調査と教育の地方自治〕

「文部大臣が地教行法54条2項によって地教委に対し本件学力調査の実施を要求することができるとの見解を示して，地教委にその義務の履行を求めたとしても，地教委は必ずしも文部大臣の右見解に拘束されるものではなく，文

168　教 育 権

部大臣の右要求に対し，これに従うべき法律上の義務があるかどうか，また，法律上の義務はないとしても，右要求を一種の協力要請と解し，これに応ずるのを妥当とするかどうかを，独自の立場で判断し，決定する自由を有するのである。それ故，地教委が文部大臣の要求に応じてその要求にかかる事項を実施した場合には，それは，地教委がその独自の判断に基づきこれに応ずべきものと決定して実行に踏み切ったことに帰着し，したがって，たとえ右要求が法律上の根拠をもたず，当該地教委においてこれに従う義務がない場合であったとしても，地教委が当該地方公共団体の内部において批判を受けることは格別，窮極的にはみずからの判断と意見に基づき，その有する権限の行使としてした実施行為がそのために実質上違法となるべき理はないというべきである。それ故，本件学力調査における調査の実施には，教育における地方自治の原則に反する違法があるとすることはできない。 要点⑫」

■ ■ ■ ■ ■ 確認問題 ■ ■ ■ ■ ■

1　講学上の「行政調査」とは何か。また本判決は，学力調査としての試験をどのような活動として位置づけたか。（→ 要点①）

2　本件学力調査における手続上の問題とは何か。（→ 要点②）

3　本判決では，教育権の所在の問題が生じるようになったのかについてどのように説明しているか。公教育制度の展開を踏まえて説明せよ。（→ 要点③）

4　本判決は国民教育権説と国家教育権説について言及している。

（ i ）両説はそれぞれどのようなものとして説明されているか。（→ 要点④）

（ ii ）そもそも，なぜ最高裁は本件において教育権の所在を検討する必要があったのか。

（ iii ）本判決は両説ともに極端であるとしてしりぞけているが，それはなぜか。両説の意義と課題を説明せよ。

5　本判決は，いわゆる「子どもの学習権」が憲法26条からどのように導かれるとしてい

るか。また，そこから教育権の所在は明らかになるといえるか。（→ 要点⑤）

6　憲法23条が保障する教授の自由は普通教育の場における教師にも認められるかどうかについて，本判決はどのように判断したか。また，認められるとしても，どの程度認められるのか。（→ 要点⑥）

7　本判決は，親，教師，国それぞれにどのような教育的役割が認められるとしているか。（→ 要点⑦）

8　国の教育内容決定にはどのような限界があるとされているか。（→ 要点⑧）

9　最高裁は教基法を特別な存在として位置づけているが，それはなぜか。教育関連法令の適用解釈にあたって，同法はいかなる役割を果たすかを踏まえて説明せよ。また，教基法自体を解釈するにあたって考慮すべき事項は何か。（→ 要点⑨）

10　本判決は，本件学力調査が教基法10条の不当な支配に当たるかどうかについて判断している。

（ i ）どのような行為が教基法10条の「不当な支配」に当たるとしているか。（→ 要点⑩）

（ ii ）「不当な支配」に当たるかどうかについてどのように判断するとしているか。また，本件ではその判断基準に基づき，具体的にどのような判断をしているか。（→ 要点⑪）

（ iii ）「不当な支配」は憲法上も禁止されるといえるか。

■ ■ ■ ■ ■ 解 説 ■ ■ ■ ■ ■

1　本判決と教育裁判

昭和30年代頃から，国家による教育への介入をめぐる紛争が起き，そのいくつかは裁判になっていた。とりわけ，そこで問題になったのが学力調査と教科書検定であった。学力調査は学習指導や教育編成に役立てるという意味で教育への積極的介入であり，教科書検定は教科書市場への参入阻止という点で教育への消極的介入といわれている。これらの裁判はいずれも最高裁の判断を仰ぐに至った。

もっとも，教科書検定では教科書の執筆者で

ある家永三郎が自ら訴訟を提起したのに対し，学力調査が問題となった本件では学力調査の実施に直接的には関係のない他の学校の教職員組合員や会社の労働組合員が事件の当事者となっている。そのため，本件は一見すると教育権の問題とは距離がある事件ではある。だが，公務執行妨害の成立の可否を判断する際に学力調査の違法性の判断が絡んだことにより，教育権をめぐる問題が争点になったという背景がある[1]。

もっとも，本判決は一読しただけではわかりにくい構造になっている。というのも，学力調査が教基法 10 条の不当な支配に該当するかを判断するにあたり，憲法が教育内容の決定についてどのような要請を行っているのかを考察するという判断構造になっていることから，個別の憲法上の論点を踏まえつつ，判決の判断構造を理解しなければならないからである。

本判決の判断構造をまとめると，学力調査が教基法 10 条に反するかどうかについてまず憲法がどのような要請を行っているかを考察し，憲法 26 条に基づいて子どもの学習する権利（学習権）や憲法 23 条に基づいて教師の教授の自由が認められるとしたものの，学習権は教育権の所在を導き出すことにならず，教授の自由は限定的であるとして，結果的には国が最も広い範囲で教育の責務を引き受ける形になっているとし，国の教育権の行使における限界を踏まえながら，学力調査が不当な支配に当たるかどうかを判断するという流れになっている。

2　子どもの学習権および教師の教授の自由

⑴　学習権および教授の自由

かつて憲法 26 条の教育を受ける権利は機会均等という制度を保障したものであるにすぎないと解されていた時期があった。実際，教科書無償事件（最大判昭 39・2・26 民集 18 巻 2 号 343 頁＝関連判例 3）は「憲法 26 条は，すべての国民に対して教育を受ける機会均等の権利を保障する」ものであると述べており，その射程は機会均等にとどまると解された。また，教育を受ける権利は社会権的性格を含有しており，具体的内容については立法府の裁量が広く認められ

ると理解されてきた。

こうした中，本判決が子どもの学習する権利を認めたことは，子どもの学習権そのものを考える上では重要な意味を持つ[2]。ただし，本判決は，子どもの教育は子どもの学習権に対応するものとし，専ら子どもの利益のためになされなければならないとしながらも，そこから教育内容の決定の問題に対する解答を導き出せないとし，教育権と子どもの利益との関係についてそれ以上の言及を行わなかった。そこで次に憲法 23 条からも教育権の問題を考えることになり，公権力によって特定の見解のみを教授することを強制されない点や子どもの個性に応じて教授の具体的内容を決めるという点で普通教育における教師の教授の自由が一定程度認められるとされた。東大ポポロ事件判決（関連判例 1）が普通教育における教授の自由について消極的ニュアンスを示していたことを踏まえると，普通教育における教授の自由を考える上ではきわめて重要な意味を持つ判示がなされたといえる。ただし，その自由は限定的であることから，23 条からも教育内容の決定の問題を解決することはできないとされた。

その結果，本判決は，「右の関係者らのそれぞれの主張のよって立つ憲法上の根拠に照らして各主張の妥当すべき範囲を画する」とし，公教育における役割分担につき，親は学校外教育や学校選択，教師は一定の範囲において教授の自由が認められるとし，国はそれ以外の分野における教育内容を決定する自由があるとした。この役割分担については何ら憲法上の根拠が示されていないものの，先に検討した 26 条や 23 条の要素を考慮したような記述になっている。

---

1)　なお，本件以外にも学力調査をめぐる事件が裁判になり，その合法性に関する判断が分かれていたが，本件以降の判決は本判決を引用して合法判断を下す傾向にある。また，高校の学力調査も合法とされている（最判昭 54・10・9 刑集 33 巻 6 号 503 頁＝関連判例 4）。

2)　もっとも，その後の判例では麹町中学事件判決など一部の判決で言及されることはあっても，学習権が憲法上の権利として機能しているとは言い難い状況にあると指摘されている（米沢・後掲参照）。

いずれにせよ，学力調査については国が主な役割を担うことになったが，教育内容に政治的影響が及んだり誤った知識や一方的な観念を子どもに植えつけたりするような内容の教育を強制するようなことは憲法26条および13条との関係で許されないとしており，ここで新たに憲法13条が登場している。したがって，教育に関する役割分担は個々の憲法上の条文との関係は必ずしも判然としないが，憲法26条，23条，13条を中心に考えたものといえよう。

(2)　教基法の位置付け

本判決がここまで憲法論に紙幅を割いたのは，教基法の位置付けに関係する。本判決は，「教基法は，憲法において教育のあり方の基本を定めることに代えて，わが国の教育及び教育制度全体を通じる基本理念と基本原理を宣明することを目的として制定されたもの」とした上で，教育関係法令の解釈および運用については，法律自体に別段の規定がない限り，できるだけ教基法の規定および同法の趣旨，目的に沿うように考慮が払われなければならないとしている。この点につき，かつては憲法と同等の効力を認める準憲法とみなす見解があったが，判決は「同法における定めは，形式的には通常の法律規定として，これと矛盾する他の法律規定を無効にする効力をもつものではない」と述べているため，そこまでの効力を認めているわけではない。

だが，憲法に代わって教育の基本を定めたものとされていることからすれば教基法には憲法価値が充填されているわけであり，しかも教育関連法令については教基法の趣旨に沿うように考慮しなければならないとしていることからすると，他の法令の解釈において教基法適合的解釈を行わなければならないとしているのも同然である。そうであるとすれば，教基法は少なくとも憲法附属法または憲法従属法のような位置づけがなされたといえる。

さらにいえば，他の法令が教基法に反しないかどうかをチェックするような形で教基法適合的解釈が実践される場合には，憲法と同じ効力を有し，ただちに他の法令の上位に坐するとい

う意味での準憲法ではないとしても，他の法令が憲法的価値を多分に含んだ教基法に合致させるという意味において，憲法に準じる位置づけとしての準憲法という地位をあてがわれたと解することもできるように思われる。

この点につき，本判決は，教基法自体の各規定の解釈を行うにあたり，教基法が憲法の精神に基づいて個人の尊厳を重んじ，真理と平和を希求する人間の育成を期するとともに，普遍的で，しかも個性豊かな文化の創造をめざす教育を基本理念としている以上，この理念を強く念頭に置かなければならないとしている。つまり，教基法の適用に際しては憲法的考慮を行いながら判断することが示されたのである。そのことは，教基法10条の不当な支配に該当するか否かの判断について違憲審査基準に類似の基準が設定されることにつながっていく。

3　審査基準

本判決は，教基法10条が不当な支配を禁止した趣旨について，教育の自由や国の教育統制機能など憲法上の考慮を行いながら，教育の自主性尊重の見地から不当な支配にならないことが要請されるとし，教育に対する行政権力の不当，不要な介入は排除されるべきであるとした上で，許容される目的のために必要かつ合理的と認められる場合には不当な支配には当たらないとした。つまり，許容される目的のために必要かつ合理的と認められるかどうかが判断枠組として設定されたのである。

問題は，許容される目的のために必要かつ合理的と認められるかどうかをどのように判断するかである。これについて本判決は，①目的の正当性，②手段の必要性，③手段の正当化を審査するとした。本件に即して具体的にいえば，①学力調査の目的は文部大臣の権限と合理的関連性があるかどうか，②学力を正確にはかるためには学力調査を一斉に行う必要があるかどうか，③目的のための必要性をもってしては正当化することができないほどの教育に対する強い影響力や支配力をもつといえるかどうかを審査したのである。

このような判断は違憲審査基準の形に近似している。本判決が教育権の所在をめぐる憲法論を展開したのは教基法の不当な支配の内容を明らかにするための前提作業にとどまらず，憲法附属法または準憲法に近い形で教基法を機能させるためのものであったといえるだろう。この手法は，行政行為の違法性を判断する際に，単に法律違反か否かだけでなく，憲法上の論点を浮き彫りにし，憲法的価値を実践することができるという点で憲法の存在意義を高める側面がある。ただし，教基法といえども単なる一法律にすぎず，そこまで特殊な地位を与えていいのかどうか，また不当な支配以外の規定にもそのような解釈手法が実践されうるのかなど，なお課題は残されている。

▩ ▩ ▩ ▩ 関連判例 ▩ ▩ ▩ ▩

1 東大ポポロ事件（最大判昭38・5・22刑集17巻4号370頁）

2 第一次教科書検定事件（最判平5・3・16民集47巻5号3483頁）

3 教科書無償事件（最大判昭39・2・26民集18巻2号343頁）

4 大阪学テ事件（最判昭54・10・9刑集33巻6号503頁）

▩ ▩ ▩ ▩ 演習問題 ▩ ▩ ▩ ▩

1 5年2組では全校の学習発表会で合唱とその歌についての研究発表をすることになり，歌う曲について生徒が自主的に選び，最終的には投票で決めることになった。ある生徒が「曲が短くていい」という理由で「君が代」を提案したところ，「卒業式などでなじみがあるし，歌詞の意味がよくわからないからこの機会に調べるのもいいと思う」という意見があり，多くの生徒がそれに賛同し，投票の結果「君が代」が選ばれた。しかし，担任のXは，「短いという理由で曲を選ぶのはいかがなものか。それにこの曲は物議をかもす側面があり，先生は別の曲を選び直した方がいいと思う」と述べて，あらためて別の曲を選ばせた。生徒の中にはXの対応に疑問を感じる者もいた。

この事案における憲法問題について論じなさ

い。

> ＊考え方
> 　国歌斉唱の問題は思想良心の自由の問題になることが多いが，この事案では生徒が選んだ曲を教師が覆していいのかどうかが問題となっている。このとき，担任には生徒が適切な選択ができるようにサポートする必要があるが，Xのような理由が適切かどうかを検討しなければならない。また，学習発表会では歌うだけでなく，研究したことを発表することにもなっているので，Xの対応が生徒の学習権を侵害しないかどうかも論点となる。

2 Y市立小学校は，「健やかに，快活に」を校訓としており，生徒全体の体力作りを重視していた。同小学校では午後に30分の放課時間を確保していたので，Y校長は同時間を利用して生徒の体力を強化しようと考えた。そこでY校長は，同放課時間は生徒を校庭（雨天時は体育館）に出して遊ばせるように各先生に要請した。しかし，6年1組のX教諭は中学受験する生徒は同放課時間も教室内で自習することを認めた。そのため，他のクラスの中学受験を控えた生徒の親から6年1組だけ勉強時間を確保させていてずるいとの苦情がY校長に届いた。Y校長は，Xに対して6年1組の生徒も全員校庭に出させるように命令したが，Xは，そもそも放課時間は生徒の自主性を尊重すべきであり，生徒には勉強する自由があるはずだと考えており，同職務命令は子どもの学習権を侵害し違憲・違法であるとして国家賠償請求訴訟を提起しようと考えている。

(1) 国民教育権説の立場からXの主張を論じなさい。

(2) 国家教育権説の立場からYの反論を考えなさい。

(3) XとYの主張を踏まえて私見を論じなさい。

> ＊考え方
> 　この事案では，Xが生徒の学習権を代弁できるかどうか，Yに放課時間の内容を決める権限があるかどうか，仮に放課時間に勉強をする自由が認められるとした場合，Yの行為はそれを侵害しているかどうかなどが問われる。その際，放課時間はそもそもどのような時間なのか，放課時間に勉強するのを妨げる行為は学習権を侵害することになるのかどうかを考えることになる。Xとしては，

172 教 育 権

生徒のために放課時間を有意義に使わせる決定権
があると主張したり，生徒の学習権を代弁したり
して，Yの行為が違憲・違法であると主張するこ
とが考えられる。これに対してYとしては，放課
時間に関する裁量があることを前提に，校訓の正
当性および校訓と放課時間に校庭に出させること
との関連性を述べる必要があろう。

〔参考文献〕
今井功・最判解刑事篇昭和51年度166頁
小島慎司・判プラ189頁
平原春好・昭和51年度重判解23頁
森田明・基本判例〔第2版〕142頁
米沢広一・百選II〔第6版〕300頁

（大林啓吾）

選挙権

19 在外国民選挙権訴訟

■ 最高裁平成 17 年 9 月 14 日大法廷判決
■ 平成 13 年（行ツ）第 82 号，第 83 号／同年（行ヒ）第 76 号，第 77 号
　在外日本人選挙権剥奪違法確認等請求事件
■ 民集 59 巻 7 号 2087 頁，判時 1908 号 36 頁

〈事実の概要〉

　1998（平成 10）年に改正される前の公職選挙
法は，選挙権の積極要件（選挙権を得るために
備えていなければならない要件）として，①国籍
（日本国民であること）と②年齢（年齢満 20 年以
上であること）の 2 つをあげる（同法 9 条 1 項）
とともに，「選挙人名簿に登録されていない者
は，投票をすることができない」（同法 42 条 1
項本文）と定めていた。選挙人名簿に登録され
るためには，当該市町村の区域内に引き続き 3
か月以上住所を有することが必要である（同法
21 条 1 項）。在外国民は，国内の市町村に住所
を有しないため，①②の要件を備えているにも
かかわらず，選挙人名簿に登録されず，その結
果，衆議院議員または参議院議員の選挙におい
て投票をすることができなかった。

　1998 年公選法改正により，新たに在外選挙
人名簿が調製されることとなり，公選法 42 条
1 項本文は「選挙人名簿又は在外選挙人名簿に
登録されていない者は，投票をすることができ
ない」と改められた。この改正によって在外選
挙制度の対象となる選挙は，衆議院議員の選挙
および参議院議員の選挙であるが，当分の間は，
衆議院比例代表選出議員の選挙および参議院比
例代表選出議員の選挙に限ることとされたため，
その間は，衆議院小選挙区選出議員の選挙およ
び参議院選挙区選出議員の選挙はその対象とな
らなかった（1998 年改正後の公職選挙法附則 8 項）。

　在外国民である X ら（原告・控訴人・上告人）
は，1996（平成 8）年の衆議院議員選挙で投票
できなかったため，在外国民であることを理由

として選挙権の行使の機会を保障しないことは，
憲法 14 条 1 項，15 条 1 項・3 項，43 条および
44 条ならびに市民的及び政治的権利に関する
国際規約 25 条に違反すると主張して，主位的
に，① 1998 年改正前の公職選挙法は，X らに
衆議院議員および参議院議員の選挙における選
挙権の行使を認めていない点において，違法
（違憲および条約違反）であることの確認と，②
改正後の公職選挙法は，X らに衆議院小選挙区
選出議員および参議院選挙区選出議員の選挙に
おける選挙権の行使を認めていない点において，
違法（違憲および条約違反）であることの確認
を求めるとともに，予備的に，③ X らが衆議
院小選挙区選出議員および参議院選挙区選出議
員の選挙において選挙権を行使する権利を有す
ることの確認を求めた。また，④ X らは，立
法府である国会が在外国民が国政選挙において
選挙権を行使することができるように公職選挙
法を改正することを怠ったために，X らは
1996 年に実施された衆議院議員の総選挙にお
いて投票をすることができず損害を被ったと主
張して，1 人当たり 5 万円の損害賠償の支払を
請求した（1996 年の訴訟提起段階では，請求は
①・④だけだったが，第 1 審係属中に公選法が改
正されたので②を加え，第 2 審段階で③を追加し
た）。

　第 1 審判決（東京地判平 11・10・28 民集 59 巻
7 号 2216 頁参照），第 2 審判決（東京高判平 12・
11・8 前掲民集 2231 頁参照）とも，確認請求に
係る訴え①〜③はいずれも法律上の争訟に当た
らず不適法であるとして却下し，また，国家賠
償請求④は棄却したため，X らは原判決の違法

174　選挙権

を主張して上告した。

〈上告審〉

要点

①　憲法は，国民主権の原理に基づき，両議院の議員の選挙において投票をすることによって国の政治に参加することができる権利を国民固有の権利として保障するとともに，投票をする機会を平等に保障している。

②　国民の選挙権またはその行使を制限することは原則として許されず，やむをえない事由なしに国民の選挙権の行使を制限することは，憲法15条1項・3項，43条1項，44条ただし書に違反する。やむを得ない事由がある場合とは，そのような制限なしには選挙の公正を確保しつつ選挙権の行使を認めることが事実上不能ないし著しく困難であると認められる場合をいう。国が国民の選挙権の行使を可能にするための所要の措置を執らないという不作為によって国民が選挙権を行使できない場合にも，やむを得ない事由がなければならないのは同様である。

③　在外国民も憲法によって選挙権を保障されているので，やむを得ない事由がない限り，国はその行使を可能にするために所要の措置を執るべき責務がある。

④　1998年改正前の公職選挙法が在外国民の投票を全く認めていなかったことは，1996年の衆議院議員総選挙当時，②の諸条項に違反するものであった。

⑤　1998年改正後の公職選挙法附則8項の規定のうち，在外選挙制度の対象となる選挙を当分の間両議院の比例代表選出議員の選挙に限定する部分は，遅くとも本判決言渡し後に初めて行われる衆議院または参議院の議員選挙時点においては，②の諸条項に違反する。

⑥　在外国民が，次回の衆議院小選挙区選出議員選挙または参議院選挙区選出議員選挙において，在外選挙人名簿に登録されていることに基づいて投票できる地位にあることの確認請求は，公法上の法律関係に関する確認の訴えとして確認の利益を肯定できるから適法な訴えであり，かつ，その請求は認容すべきである。

⑦　立法の内容または立法不作為が国民の憲法上の権利を違法に侵害することが明白な場合や，国民の憲法上の権利行使の機会を保障するために所要の立法措置を執ることが必要不可欠であり，それが明白であるにもかかわらず，国会が正当な理由なく長期にわたってこれを怠る場合などには，例外的に，国会議員の立法行為または立法不作為は，国家賠償法1条1項の適用上，違法の評価を受ける。

⑧　1996年の衆議院議員総選挙まで10年以上の長きにわたり在外選挙制度を設けるなどの立法措置が何ら執られなかったという著しい不作為は，⑦の例外的な場合に当たるから，国家賠償請求を認容し，各人に慰謝料5000円の支払を命ずる。

■判　旨■

一部破棄自判，一部上告棄却。

第2　1「〔選挙権制限の憲法適合性の判断基準〕国民の代表者である議員を選挙によって選定する国民の権利は，国民の国政への参加の機会を保障する基本的権利として，議会制民主主義の根幹を成すものであり，民主国家においては，一定の年齢に達した国民のすべてに平等に与えられるべきものである」。

前文，1条，43条1項，15条1項・3項，44条ただし書によれば，「憲法は，国民主権の原理に基づき，両議院の議員の選挙において投票をすることによって国の政治に参加することができる権利を国民に対して固有の権利として保障しており，その趣旨を確たるものとするため，国民に対して**投票をする機会**を平等に保障している 要点①　ものと解するのが相当である。

憲法の以上の趣旨にかんがみれば，自ら選挙の公正を害する行為をした者等の選挙権について一定の制限をすることは別として，国民の**選挙権又はその行使**を制限することは原則として許されず，国民の選挙権又はその行使を制限するためには，そのような制限をすることが**やむを得ないと認められる事由**がなければならないというべきである。そして，そのような制限をすることなしには選挙の公正を確保しつつ選挙権の行使を認めることが事実上不能ないし著しく困難であると認められる場合でない限り，上記の**やむを得ない事由**があるとはいえず，このような事由なしに国民の選挙権の行使を制限す

ることは，憲法 15 条 1 項及び 3 項，43 条 1 項並びに 44 条ただし書に違反するといわざるを得ない。また，このことは，国が国民の選挙権の行使を可能にするための所要の措置を執らないという**不作為**によって国民が選挙権を行使することができない場合についても，同様である 要点② 。

　在外国民は，選挙人名簿の登録について国内に居住する国民と同様の被登録資格を有しないために，そのままでは選挙権を行使することができないが，憲法によって選挙権を保障されていることに変わりはなく，国には，選挙の公正の確保に留意しつつ，その行使を現実的に可能にするために所要の措置を執るべき責務があるのであって，選挙の公正を確保しつつそのような措置を執ることが事実上不能ないし著しく困難であると認められる場合に限り，当該措置を執らないことについて上記のやむを得ない事由があるというべきである 要点③ 」。

　2　「〔1998 年改正前の公職選挙法の憲法適合性〕本件改正前の公職選挙法の下においては，在外国民は，選挙人名簿に登録されず，その結果，投票をすることができないものとされていた」。内閣は，1984（昭和 59）年，在外選挙制度の創設を内容とする法律案を提出したが，実質的審議が行われないまま結局廃案となった。「世界各地に散在する多数の在外国民に選挙権の行使を認めるに当たり，公正な選挙の実施や候補者に関する情報の適正な伝達等に関して解決されるべき問題があったとしても，既に昭和 59 年の時点で，選挙の執行について責任を負う内閣がその解決が可能であることを前提に上記の法律案を国会に提出していることを考慮すると，同法律案が廃案となった後，国会が，10 年以上の長きにわたって在外選挙制度を何ら創設しないまま放置し，本件〔1996 年衆議院議員〕選挙において在外国民が投票をすることを認めなかったことについては，やむを得ない事由があったとは到底いうことができない。そうすると，本件改正前の公職選挙法が，本件選挙当時，在外国民であった X らの投票を全く認めていなかったことは，憲法 15 条 1 項及び 3 項，43 条

1 項並びに 44 条ただし書に違反するものであった 要点④ というべきである」。

　3　「〔1998 年改正後の公職選挙法の憲法適合性〕本件改正は，在外国民に国政選挙で投票をすることを認める在外選挙制度を設けたものの，当分の間，衆議院比例代表選出議員の選挙及び参議院比例代表選出議員の選挙についてだけ投票をすることを認め，衆議院小選挙区選出議員の選挙及び参議院選挙区選出議員の選挙については投票をすることを認めないというものである」。「初めて在外選挙制度を設けるに当たり，まず問題の比較的少ない比例代表選出議員の選挙についてだけ在外国民の投票を認めることとしたことが，全く理由のないものであったとまでいうことはできない」。しかし，その後の通信手段の発展や参議院比例代表選出議員の選挙制度が非拘束名簿式に改められ，参議院名簿登載者の氏名を自書することが原則とされ，在外国民についてもこの制度に基づく選挙権の行使がされていることなども併せて考えると，「遅くとも，本判決言渡し後に初めて行われる衆議院議員の総選挙又は参議院議員の通常選挙の時点においては，衆議院小選挙区選出議員の選挙及び参議院選挙区選出議員の選挙について在外国民に投票をすることを認めないことについて，やむを得ない事由があるということはできず，公職選挙法附則 8 項の規定のうち，在外選挙制度の対象となる選挙を当分の間両議院の比例代表選出議員の選挙に限定する部分は，憲法 15 条 1 項及び 3 項，43 条 1 項並びに 44 条ただし書に違反する 要点⑤ ものといわざるを得ない」。

　第 3　〔確認の訴えの適法性〕　1・2　主位的確認請求に係る訴え①・②は不適法である。

　3　「予備的確認請求に係る訴え〔③〕は，公法上の当事者訴訟のうち**公法上の法律関係に関する確認の訴え**と解することができるところ，その内容をみると，公職選挙法附則 8 項につき所要の改正がされないと，在外国民である……X らが，今後直近に実施されることになる衆議院議員の総選挙における小選挙区選出議員の選挙及び参議院議員の通常選挙における選挙区選出議員の選挙において投票をすることができず，

176 選挙権

選挙権を行使する権利を侵害されることになるので，そのような事態になることを防止するために，Ｘらが，同項が違憲無効であるとして，当該各選挙につき選挙権を行使する権利を有することの確認をあらかじめ求める訴えであると解することができる。

選挙権は，これを行使することができなければ意味がないものといわざるを得ず，侵害を受けた後に争うことによっては権利行使の実質を回復することができない性質のものであるから，その権利の重要性にかんがみると，具体的な選挙につき選挙権を行使する権利の有無につき争いがある場合にこれを有することの確認を求める訴えについては，それが有効適切な手段であると認められる限り，確認の利益を肯定すべきものである。そして，本件の予備的確認請求に係る訴えは，公法上の法律関係に関する確認の訴えとして，上記の内容に照らし，確認の利益を肯定することができる 要点⑥ ものに当たるというべきである。なお，この訴えが法律上の争訟に当たることは論をまたない。

そうすると，本件の予備的確認請求に係る訴えについては，引き続き在外国民であるＸらが，次回の衆議院議員の総選挙における小選挙区選出議員の選挙及び参議院議員の通常選挙における選挙区選出議員の選挙において，在外選挙人名簿に登録されていることに基づいて投票をすることができる地位にあることの確認を請求する趣旨のものとして適法な訴えということができる 要点⑥ 」。

4 「そこで，本件の予備的確認請求の当否について検討するに，〔要点⑤〕のとおり，公職選挙法附則8項の規定のうち，在外選挙制度の対象となる選挙を当分の間両議院の比例代表選出議員の選挙に限定する部分は，憲法15条1項及び3項，43条1項並びに44条ただし書に違反するもので無効であって，……Ｘらは，次回の衆議院議員の総選挙における小選挙区選出議員の選挙及び参議院議員の通常選挙における選挙区選出議員の選挙において，在外選挙人名簿に登録されていることに基づいて投票をすることができる地位にあるというべきであるから，

本件の予備的確認請求は理由があり……認容すべきものである。 要点⑥ 」

第4 〔**国家賠償請求について**〕「国家賠償法1条1項は，国又は公共団体の公権力の行使に当たる公務員が個別の国民に対して負担する職務上の法的義務に違背して当該国民に損害を加えたときに，国又は公共団体がこれを賠償する責任を負うことを規定するものである。したがって，国会議員の立法行為又は立法不作為が同項の適用上違法となるかどうかは，国会議員の立法過程における行動が個別の国民に対して負う職務上の法的義務に違背したかどうかの問題であって，当該立法の内容又は立法不作為の違憲性の問題とは区別されるべきであり，仮に当該立法の内容又は立法不作為が憲法の規定に違反するものであるとしても，そのゆえに国会議員の立法行為又は立法不作為が直ちに違法の評価を受けるものではない。しかしながら，立法の内容又は立法不作為が国民に憲法上保障されている権利を違法に侵害するものであることが明白な場合や，国民に憲法上保障されている権利行使の機会を確保するために所要の立法措置を執ることが必要不可欠であり，それが明白であるにもかかわらず，国会が正当な理由なく長期にわたってこれを怠る場合などには，**例外的**に，国会議員の立法行為又は立法不作為は，国家賠償法1条1項の規定の適用上，違法の評価を受ける 要点⑦ ものというべきである。最高裁昭和53年(オ)第1240号同60年11月21日第一小法廷判決・民集39巻7号1512頁は，以上と異なる趣旨をいうものではない。

在外国民であったＸらも国政選挙において投票をする機会を与えられることを憲法上保障されていたのであり，この権利行使の機会を確保するためには，在外選挙制度を設けるなどの立法措置を執ることが必要不可欠であったにもかかわらず，……昭和59年に在外国民の投票を可能にするための法律案が閣議決定されて国会に提出されたものの，同法律案が廃案となった後本件選挙の実施に至るまで10年以上の長きにわたって何らの立法措置も執られなかったのであるから，このような著しい不作為は

〔要点⑦〕の例外的な場合に当たり，このような場合においては，過失の存在を否定することはできない〔要点⑧〕。このような立法不作為の結果，Xらは本件選挙において投票をすることができず，これによる精神的苦痛を被ったものというべきである。したがって，本件においては，上記の違法な立法不作為を理由とする国家賠償請求はこれを認容すべきである。」「損害賠償として各人に対し慰謝料5000円の支払を命ずるのが相当である〔要点⑧〕」。

　本判決には，在外国民にどのような選挙制度を用意するかは国会の裁量的判断にゆだねられているとする**横尾和子裁判官，上田豊三裁判官の共同反対意見**，判示4について，選挙権を行使できなかった精神的苦痛は金銭賠償になじまないとする**泉徳治裁判官の反対意見**，これらに反論する**福田博裁判官の補足意見**が付されている。

■ ■ ■ ■ ■ 確認問題 ■ ■ ■ ■ ■

　1　選挙権の保障は選挙権行使の機会の保障も含むか。（→〔要点①〕）

　2　選挙権の制限の合憲性はどのような基準で判断されるべきか。（→〔要点②〕）

　3　本件は，権利が法律によって制限されていることを争っているのか，権利の行使を可能とする制度の不存在を争っているのか。（→〔要点②〕）

　4　選挙権の保障は在外国民に及ぶか。（→〔要点③〕）

　5　1998年改正前と後の公職選挙法は憲法に適合するか。それぞれどの時点で違憲とされたのか。（→〔要点④⑤〕）当初（制定時または改正時）から違憲とされなかったのはなぜか。

　6　確認請求の訴え①〜③は適法か。その理由は何か。（→判旨第3，〔要点⑥〕）

　7　立法が違憲であれば当然に国賠法上も違法とされるのか。（→判旨第4）

　8　立法行為または立法不作為が国賠法上違法となるのはどのような場合か。（→〔要点⑦〕）

　9　本件はなぜ違法とされたのか。（→〔要点⑧〕）

⑲　在外国民選挙権訴訟　177

■ ■ ■ ■ 解　説 ■ ■ ■ ■

1　選挙権の保護領域

(1)　法的性格

　選挙権の法的性格をめぐって学説では長い論争があり，現在は公務性と権利性を併有するとする二元説と公務性を否定する権利（一元）説との争いとして描かれることが多いが，判例は，選挙権を「国民の最も重要な基本的権利の一」（関連判例1），「国民の国政への参加の機会を保障する基本的権利」（議員定数不均衡違憲判決：最大判昭51・4・14民集30巻3号223頁）と述べるだけで，公務性の有無には一切触れていない[1]。

(2)　内容的保護領域

　本件では，選挙権の保障内容（保護領域）に選挙権を行使する機会の保障も含まれるかが問題になる。判決は，憲法は国民が選挙において「投票をする機会を平等に保障している」（〔要点①〕）と明言し，国には「〔選挙権〕の行使を現実的に可能にするため所要の措置を執るべき責務がある」とした（〔要点②③〕）。選挙権は，形式的に資格があるだけでは十分ではなく，行使できなければ意味がない（〔要点⑥〕）からであるが，このことは，選挙権は選挙制度が構築されて初めて行使できる権利であることを意味する。

　これが最初に問題となったのが，在宅投票制度廃止訴訟である。第1審判決（札幌地小樽支判昭49・12・9判時762号8頁）は，「法律の規定上は選挙権が与えられていてもその行使すなわち投票を行なうことが不可能あるいは著しく困難となり，その投票の機会が奪われる結果となることは，これをやむを得ないとする合理的理由の存在しない限り許されない」とし，第2審判決（札幌高判昭53・5・24判時888号26頁）も，「憲法による選挙権の保障にはその行使の保障即ち投票の機会の保障が含まれる」から，国会は「合理的と認められる已むを得ない事由

---

[1]　本判決は後者の表現をとっている（判旨第2，1）が，泉裁判官反対意見ははっきりと二元説である。その言い回しは芦部説そのままである。

のない限りは，選挙権を有するすべての国民に対して等しく投票の機会を与えるように立法すべきことが憲法上義務付けられている」と述べて，ともに選挙権がその行使（投票の機会）の保障を含むとしたのである。しかし最高裁（関連判例2）は立法（不作為）の合憲性には触れず，「憲法には在宅投票制度の設置を積極的に命ずる明文の規定が存しない」として国賠法上の違法性を否定した。

確かに，本判決では選挙権の行使が法制度上認められていなかったのに対して，在宅投票制廃止訴訟では法制度上は投票が妨げられているわけではなく事実上不可能であった点で，事案に違いがある。しかし，本判決が，投票機会が開かれているだけでは足りず実際に投票できるようにするための積極的措置まで国に要求しているとするなら，関連判例2も見直されることになろう（→解説5）。

（3）人的保護領域

選挙権はすべての人に保障される権利ではない。公選法9条1項の定める国籍と年齢の2要件を備えていない人には，憲法上も選挙権は保障されない。選挙権は「国民固有の権利」（憲法15条1項）で，かつ「成年者」（同3項）に対してのみ保障されるからである。したがって，公選法9条1項は選挙権の人的保護領域を制限したのではなく，そのまま確認したものである。

これに対して，公選法11条1項の定める選挙権（および被選挙権）の消極要件は，憲法上の選挙権の制限である。したがって，その制限に正当な根拠がなければ違憲となる。実際，1号の成年被後見人の規定は下級審の違憲判決（関連判例4）を受けて削除された（2号の受刑者にも下級審の違憲判決が下された〔関連判例5〕が，いまだ改正されていない）。本判決が「自ら選挙の公正を害する行為をした者等の選挙権について一定の制限をすることは別として」と述べるのは，公選法11条1項4・5号，同2項が一般犯罪と選挙犯罪等を区別し，後者の処刑者は執行猶予期間中や実刑期間経過後も5年間は選挙権・被選挙権を有しないとされるが，こ

れらの制限は違憲ではないという意味である（関連判例1）。

では，在外国民は選挙権の権利主体か。判決は，「在外国民〔も〕憲法によって選挙権を保障されていることに変わりはな」い（ 要点③ ）とした。この点は裁判官全員一致である。横尾・上田反対意見も，在外国民も「国民である限り選挙権を有していることはいうまでもない」としている。

これが問題となるのは，日本国憲法の効力が及ぶ範囲は日本国内に限られるからである。憲法上の権利保障が及ぶ範囲も同様であるから，在外国民に日本国憲法の信教の自由（20条）や表現の自由（21条）が保障されるわけではない。これらの自由が現に保障されているとしたら，日本国憲法によってではなく，滞在国の憲法によって保障されているのである。また，憲法の生存権（25条）の保障は在外国民には及ばない。生活保護法では日本国内に居住地を有していない人は保護の対象とならない（同法19条1項）。教育を受ける権利（26条）も在外国民には保障されていない。とすると，選挙権も在外国民には保障されないのではないかとの疑問が生じる。けれども，国外で活動する日本の公権力が，憲法上の拘束を一切免れるとは考えにくい。例えば，海外に派遣された自衛隊の活動は憲法9条の拘束を受けるだろう。そうすると，憲法上の権利の中にも在外国民に保障が及ぶものがありうるのではないか。

本判決の特徴は，とくに理由を述べることなく，選挙権が在外国民にも保障されると断言したことである。その影響は大きい[2]。しかし，どうして選挙権だけその保障が国境を越えて在外国民にも及ぶのか。その解明は学説にゆだねられているということだろう。

2）在外国民が2016年10月1日現在で133万8477人であるのに対して，成年被後見人は2015年12月末日時点で15万2681人，入所受刑者数は平成以降2万から3万程度で推移している。在外国民の数は（子どもも含まれているが）桁違いに大きいことがわかる。

2　選挙権制限の憲法適合性の判断基準

選挙権またはその行使の制限は原則禁止であり，許されるとしたら「やむを得ない事由」がある場合に限られる（**要点②**）。そのような制限をすることなしには選挙の公正を確保しつつ選挙権の行使を認めることが事実上不可能ないし著しく困難な場合でない限り，やむを得ない事由があるとはいえないというのであるから，極めて厳格な基準ということができる（在宅投票制廃止訴訟の第1・2審判決も，やむを得ないとする合理的理由の存在しない限り許されないとしていたことはすでに見た。→解説1(2)）。

しかし，本判決のいう選挙権またはその行使の「制限」は，自由権の「制限」とは異なっている。自由権は法制度が存在する以前に行使可能であると観念される権利で，だからこそ法律でその行使を妨害すると，それが「制限」と判断されるのである。しかし，本件で問題になっている選挙権は，選挙制度が法律によって形成されて初めて行使できる権利である。したがって，公選法制定以前に行使できた権利が法律で剥奪されたわけではなく，1998年改正前は在外選挙制度が存在しないために権利の行使ができなかったこと，権利行使を可能とする立法措置が執られていなかったことが問題の核心なのである（杉原・後掲① 684頁）。つまり本件は，「国が……所要の措置を執らないという〔立法〕不作為」（**要点②**）の問題なのである。

そうすると，法律の合憲性審査の厳格度について，自由権のように権利の制限に対する排除を求める場合には厳格な基準で法律の合憲性を審査することができるのに対して，制度の形成が問題となる場合には，議員定数不均衡訴訟（本書20事件）がそうであるように，広範な立法裁量が前提となるため，緩やかな基準で審査せざるをえない，というのが一般の理解であった（小山・後掲参照）。

本判決の特徴は，制度の不存在（立法不作為）が問題であるにもかかわらず，（立法行為による）権利の制限ととらえたところにある。議員定数不均衡訴訟では，権利行使自体は認められており，権利の中身が不平等であることが問題

となっているのに対して，本件では権利の行使自体ができないため，その重大性から権利の制限と「匹敵する」（杉原・後掲① 685頁）ものと考えたのだろう。そうすることで厳格な審査を可能にしたのである[3]。

しかし，今後，選挙権以外の領域で制度の不存在と権利の制限が同一視される可能性は低い。例えば，生存権の場合，それを具体化する法律の不存在を生存権の制限ととらえることができれば，厳格な審査が可能になりそうであるが，最高裁のこれまでの生存権判例と整合的ではない。また，1998年改正後は，在外投票制度が創設されたので，すでにある権利（すべての国政選挙で投票する権利）を附則で「制限」したようにも見える。もしこう解することができるのであれば，堀木訴訟（本書17事件）では，本来併給できるはずのものを併給禁止規定によって制限されたととらえることができるはずだが，同判決ではそのようなとらえ方はされていない。やはり，不作為による権利「制限」は選挙権に特有のとらえ方だといえるだろう（ただし，給付の拒否が権利の制限につながるおそれがあるとの解釈は，泉佐野市民会館事件〔本書13事件〕にみられる）。

3　法律が違憲となった時点

判決は，1998年改正前の公選法が在外国民の投票を全く認めていなかったこと，改正後の公選法がその投票を比例代表選出議員選挙に限っていたことを違憲と判断した。

立法不作為が違憲と判断されるには，憲法上の立法義務を国会が相当な期間放置していたことが要件となる。改正前の公選法が在外選挙制度を設けていなかったことが直ちに違憲となるのではなく，同制度を創設することが必要であり可能であることを認識したにもかかわらず，不作為のまま一定期間経過した後で違憲と判断

---

3)　本判決が14条に触れていないことに注目する学説もある。野坂・後掲268頁。なお，泉元裁判官は，本判決と同様の厳しい基準を議員定数訴訟にも適用すべきとする。泉ほか『一歩前へ出る司法』（日本評論社，2017年）76頁。

されるのである。しかし，いつがこの期間の始期であり，どの程度の時間が経過すると違憲とされるのか，はっきりした基準は存在しない。本判決は，1984（昭和59）年に内閣が法律案を提出した時点を始期とし（これを始期としたことには批判もある），そこから10年以上経過した1996年の衆議院議員総選挙の時点では相当な期間を徒過し違憲であると判断したのである。

次に，改正法が在外国民の投票を比例代表選出議員の選挙に限定したことは「全く理由のないものであったとまでいうことはできない」から，1998年の改正時点ではまだ違憲ではない。しかし，その後の事情の変化により，「遅くとも，本判決言渡し後に初めて行われる」国政選挙時点では違憲である。参議院比例代表選出議員選挙の投票に自書式が導入された2000年が相当な期間の始期だとすると，判決まで5年である。問題は，違憲となる時点，すなわち，改正後の公選法は判決時点ではまだ合憲で，一定期間経過後に違憲になるという，いわば将来違憲判決なのか，それとも判決時点においてすでに違憲で，期限を区切って法改正を促したのか，という点である。具体的な選挙が実施されなければ権利侵害は発生しないと考えれば前者であり，違憲の法律によって現に権利行使を妨げられ続けていると考えれば後者だろう。

いずれも違憲の時点で，附則8項のうち在外投票の対象を比例代表選出議員選挙に限定した部分は無効となる。また，国会は違憲状態を解消し，または違憲状態に陥るのを回避するために，在外投票を可能とするような一定の立法措置が必要になるのである。

4　確認の訴えの適法性

(1)　立法不作為については，それをどのような訴えで争うのかが大きな問題であった。

本件の第1・2審は請求①〜③のいずれも法律上の争訟に当たらないとしたのに対して，判決は，請求①と②を不適法としたが，③の予備的請求を「公法上の法律関係に関する確認の訴え」（行政事件訴訟法4条）として適法とした。「この訴えが法律上の争訟に当たることは論をまたない」とする。この点は，裁判官全員一致である[4]。1998年公選法改正前，Xらは選挙権の行使を現実に妨げられていたし(a)，改正後も一定の選挙で選挙権を行使することを妨げられており(b)，法改正がなされない限り今後も選挙権の行使ができない事態が続く(c)ので争訟性が認められるというのである（杉原・後掲①698頁）。

逆に請求①・②が不適法とされた理由をみると，①は過去の法律関係の確認を求めるもので，現在の紛争を解決するために適切かつ必要であるとはいえない，②は他により適切な訴えによってその目的を達成できる場合には確認の利益を欠き不適法であるが，請求③のほうがより適切だ，というものであった（(a)・(b)・(c)はそれぞれ請求①・②・③に対応するといえよう）。

判決は，ある法律によって自分自身の権利が侵害されているという訴え（請求②）も，他に適切な訴えがなければ確認の利益を肯定し適法とする可能性を認めた[5]が，このような訴訟の適法性が認められたことによって，抽象的違憲審査に道が開けたようにも思われる。

(2)　本判決の特徴は，訴えの適法性の判断よりも法律の憲法適合性についての判断を先行させていることである。つまり，判決は，法令の合憲性審査だけを純粋に，具体的事件から独立して行ったということである。訴訟の適法性から論じると「合憲性の審査が純粋に行われないという弊害がみられる」ので，「当事者の主張や訴訟形態にとらわれずに純粋に法令の合憲性について審理判断することが好ましい」（戸波・後掲359頁）と強く支持する学説もあるが，ますます抽象的審査に接近することになる。そうすると，本判決は，法律によって抽象的審査制を導入しても憲法改正は不要であるとの立場をとっていることになるのではあるまいか。

---

4)　主任調査官が「いくつものハードルを越えて適法性を肯定した」と述べている（杉原・後掲②200頁）ように，ここには行政事件訴訟法上多くの問題があるが，ここでは省略する。

5)　山本・後掲495頁は，請求③だけでなく②も認められてよかったとする。

5　国家賠償請求：在宅投票制最高裁判決との相違

本判決は，国家賠償請求を認容した点でも画期的である（判旨第4）。

在宅投票制廃止訴訟判決（関連判例2，以下「昭和60年判決」という）は，(a)国会議員の立法行為・立法不作為の国賠法上の違法性の問題と立法内容・立法不作為の違憲性の問題とを峻別し，違憲な立法がなされたからといって直ちに国賠法上違法とされるわけではないとしたうえで，(b)「国会議員は，立法に関しては，原則として，国民全体に対する関係で政治的責任を負うにとどまり，個別の国民の権利に対応した関係での法的義務を負うものではないというべきであって」，(c)「国会議員の立法行為は，立法の内容が憲法の一義的な文言に違反しているにもかかわらず国会があえて当該立法を行うというごとき，容易に想定し難いような例外的な場合でない限り，国家賠償法1条1項の規定の適用上，違法の評価を受けない」としていた。

本判決は，(a)を踏襲したものの，(b)の部分が存在しない。ここは，国会議員が「全国民の代表」であるとは，法的な意味ではなく政治的意味（政治的代表）であり，選挙母体から法的拘束を受けない（自由委任の原則）から，国会議員に対する法的責任は原則として否定されるということで，学説の一般的理解（芦部293頁）とかけ離れているというわけではないが，あまりに表現が厳しく，(c)とつながると例外の余地がほとんどなくなってしまう。そこで本判決は，例外の余地を拡大するため[6]，(b)には触れず，(c)に対応する箇所で **要点⑦** のように述べたと思われる。本判決は昭和60年判決と「異なる趣旨をいうものではない」とするが，例外の範囲が実質的に拡張されたと解する学説が多い（関連判例3〔本書1事件演習問題1の考え方参照〕は，在宅投票制度に関する事件であるにもかかわらず，昭和60年判決ではなく，本判決の表現を採用している）。

要点⑦ の例外要件は前段と後段に分かれている。素直に読むと，前段の「国民に憲法上保障されている権利を違法に侵害するものであることが明白な場合」は立法の内容（立法行為）の要件であり，後段の「国民に憲法上保障されている権利行使の機会を確保するために所要の立法措置を執ることが必要不可欠であり，それが明白であるにもかかわらず，国会が正当な理由なく長期にわたってこれを怠る場合」が立法不作為の要件であると解することができる（毛利・後掲88〜89頁）。本件事案が後段に関するものであることは明らかである。しかし，本判決が立法不作為を権利の制限ととらえたところからみて（→解説2），前段の要件が立法不作為と無関係と断言することも難しい。

なお，例外要件の表現は，その後の再婚禁止期間判決（最大判平27・12・16民集69巻8号2427頁）でも微妙に変化している。同判決は，先の(a)の部分を維持した上で，「法律の規定が憲法上保障され又は保護されている権利利益を合理的な理由なく制約するものとして憲法の規定に違反するものであることが明白であるにもかかわらず，国会が正当な理由なく長期にわたってその改廃等の立法措置を怠る場合などにおいては，国会議員の立法過程における行動が上記職務上の法的義務に違反したものとして，例外的に，その立法不作為は，国家賠償法1条1項の規定の適用上違法の評価を受けることがあるというべきである」として昭和60年判決と本判決を引用した。立法の内容（立法行為）の違憲性が明白である（前段の要件）にもかかわらず，それを改廃しない立法不作為（後段の要件）が国賠法上違法とされるのである。これでは違憲な法律が存在すれば必ず立法不作為の問題になりそうである。ただし，最高裁はこの要件を厳格に適用するのではなく，「総合衡量」というべき判断手法をとっている（毛利・後掲89頁）とすると，さほど表現の変化にこだわる必要もないのかもしれない[7]。

---

6)　「昭和60年判決を維持しつつも，その射程を実質的に限定し，国会の立法又は立法不作為について国家賠償責任を認める余地を拡大した」とされる（杉原・後掲①713頁）。昭和60年判決を引用する本件の第1・2審判決は，国家賠償請求を棄却している。

7)　これら三判決の整合的理解について，千葉勝美『違憲審査』（有斐閣，2017年）111頁以下。

182 選挙権

■ ■ ■ ■ 関連判例 ■ ■ ■ ■

　1　公職選挙法違反被告事件（最大判昭30・2・9刑集9巻2号217頁）

　2　在宅投票制度廃止訴訟（最判昭60・11・21民集39巻7号1512頁）

　3　在宅投票制度神経症訴訟（最判平18・7・13判時1946号41頁）

　4　成年被後見人選挙権（東京地判平25・3・14判時2178号3頁）

　5　受刑者選挙権（大阪高判平25・9・27判時2234号29頁）

■ ■ ■ ■ 演習問題 ■ ■ ■ ■

　次の【AとBの会話】を読んで，下の【設問】に答えなさい。

【AとBの会話】

　Aは市議会議員選挙に初当選を果たした。Aが議員控え室で今後の議員活動に思いをはせていると，そこに市の職員Bがやってきた。

B：先生，当選おめでとうございます。早速ですが，お願いがあって参上いたしました。

A：これからはお世話になるよ。ところで，お願いとは何かな？

B：市の広報に載せる市議会議員のプロフィールですが，先生からいただいたお原稿の中に一点修正していただきたいところがありまして。この「職業」欄に「市議会議員」と記載しておられますが，この点を修正していただきたいのです。

A：何が変なのかな。他の先生方はどんな風に記入しているの？

B：C議員は「会社経営」，D議員は「農業」，E議員は「団体職員」，F議員は「文筆業」……。

A：わかった，わかった。今あげた先生方は，別に本来の仕事があって，市議会議員をいわば副業としてやっているわけだ。それに対して私は，会社勤めをやめて立候補し，当選したので，他に仕事はないんだ。専業の市議会議員，プロの市議会議員だ。だから，私の場合は，「職業」が「市議会議員」ということになるのさ。

B：先生，市議会議員は「職業」ではありませ

ん。

A：えっ？　議員として働いて給料をもらい，それで生活を維持するんだから職業だろう。

B：いえいえ，市の職員でさえ「職業」であるか異論があるくらいです。選挙によって選ばれて就任する議員を「職業」とはいいません。

A：仮に君のいうとおりだとすると，私は「職業」欄に何と書いたらいいのかな？　議員以外に仕事はないわけだし。

B：「無職」，と書いてください。

A：それじゃまるで「住所不定無職」みたいじゃないか。絶対いやだね。

B：わかりました。先生がそこまでおっしゃるなら，私も譲歩することにいたしましょう。では，「職業」欄を空白のままにしておくことでご納得いただけませんか。

A：頑固なやつだな，君は。全然わかっていないじゃないか。

【設　問】

　地方公共団体の長（都道府県知事や市町村長）は，住民による直接選挙という強い民主的正統性を背景に，多数の公務員で構成されるピラミッド型組織の頂点に立つ存在であるから，そこに様々な権限が集中し，強大な権力を握ることが可能になる。そのような長の地位に一人の人物が長期在職すると，地方政治や自治体行政の独裁化，私物化，腐敗化，側近政治化などの弊害を生じやすく，地方自治の沈滞を招き，地方自治の発展を阻害するという議論が以前から繰り返されてきた。対立候補を立てて争うにも，地方公共団体の長の日常的な行政執行は事実上選挙運動的な効果（広く住民に名前が知られる）を持ち，選挙においても現職が圧倒的に有利なため，選挙の競争性が実質的に損なわれているとも指摘されている。

　そこで，国は，公職選挙法や地方自治法を改正し，「引き続き三期にわたって一の地方公共団体の長（都道府県知事または市町村長）の職にあった者は，当該地方公共団体の次期の長の選挙における候補者となることができない」という趣旨の規定を設けることを検討している，と仮定する。この法改正は憲法の保障する基本的

人権を侵害し違憲ではないか。次の問に答えなさい。

問1　Ａ・Ｂの立場では，それぞれ，この問題はどの権利の問題だとされることになるか。どちらが正しいか。簡潔に説明しなさい。

問2　この法改正は合憲か，違憲か。あなた自身の見解を述べなさい。

＊考え方
1　地方公共団体の長（とくに知事）の多選制限は，1960年代から繰り返し議論されてきたテーマである。現在この問題を憲法の観点から考えるに当たっては，2007年5月30日に総務省の「首長の多選問題に関する調査研究会」（座長：高橋和之教授）が取りまとめた報告書が出発点となる（「特集：首長多選制限をめぐって」ジュリ1340号に収録）。その報告書は，憲法の基本原理と諸規定との関係を検討し，四選を法律（その委任を受けた条例）で禁止しても違憲とはいえないという見解を述べている。
2　問1について
Ａはとの会話で市議会議員も「職業」だとしているのだから，憲法22条1項の「職業選択の自由」を主張するのは明らかである（その際の論文構成は本書14事件・薬事法違憲判決を参照）。これに対して，Ｂは，選挙で選ばれて就任するポストは「職業」ではないといっている。それでは何の権利が制限されているのか。選挙によって選ばれる権利だから「被選挙権」，選挙で選ばれるために立候補する権利だとすれば「立候補の自由」である（両者は厳密には異なるが，ここでは同じものとして扱う）。どちらも憲法上明文規定がないが，三井美唄労組事件判決（最大判昭43・12・4刑集22巻13号1425頁）は，立候補の自由は選挙権の自由な行使と表裏の関係にあるので，被選挙権者の立候補の自由も15条1項の保障する重要な人権だとする。通説もこれに賛成している。
多選制限はどちらの権利の問題か。先の報告書は，地方公共団体の長は「職業」ではないとする。地方公共団体の長のように，選挙で選ばれる地位を「職業」であるとすると，国会議員や地方議会議員も「職業」であり，そのような職業に就くための被選挙権や立候補の自由も，憲法15条1項ではなく，憲法22条1項によって保障されていると考えるべきことになろう。これは判例・通説と矛盾する。さらに，22条1項は自由権で，権利の性質上外国人にもその保障が及ぶから，外国人にも国会議員その他の被選挙権（および立候補の自由）を認めなければならないことになる。判例・通説はこんな議論を認めていない（本書21事件参照）。
3　問2について
多選制限の合憲性をどのように判断すべきか。

報告書が多選制限は憲法15条に違反しないという見解をとっていることはすでに述べた。被選挙権や立候補の自由も合理的理由があれば法律で制限することができることは，現行法上，選挙犯罪者等の被選挙権の制限，選挙事務関係者や公務員の立候補制限がすでに定められていることから明らかで，制限の合憲性は緩やかに審査してよいということであろう。

ところが，本判決によれば，国民の選挙権またはその行使を制限するには「やむを得ないと認められる事由」がなければならない。選挙権と被選挙権・立候補の自由が表裏一体の関係にあるとすれば，この審査は被選挙権・立候補の自由にも当てはまることになろう。そうすると，多選の弊害を防止する目的を達成する手段は他にもあり得るから，違憲と判断される可能性が高い。ただし，被選挙権の憲法上の権利性を否定する学説があることにも注意。

〔参考文献〕
杉原則彦①・曹時58巻2号279頁
杉原則彦②「活性化する憲法・行政訴訟の現状」公法研究71号（2009年）196頁
井上典之「立法の不作為とその争い方」笹田栄司ほか『ケースで考える憲法入門』（有斐閣，2006年）299～316頁
野坂泰司「在外日本国民の選挙権」同『憲法基本判例を読み直す』（有斐閣，2011年）257～281頁
山本隆司「当事者訴訟における訴えの利益」同『判例から探究する行政法』（有斐閣，2012年）484～504頁
畑尻剛「行政訴訟・国賠訴訟における憲法訴訟」プロセス598～616頁
戸波江二「在外邦人選挙権制限事件」石村修ほか『時代を刻んだ憲法判例』（尚学社，2012年）350～368頁
毛利透「選挙権制約の合憲性審査と立法行為の国家賠償法上の違法性判断」論ジュリ1号81～89頁
小山剛『「憲法上の権利」の作法〔第3版〕』（尚学社，2016年）162～170頁

（工藤達朗）

平等選挙

20 議員定数不均衡訴訟

■ 最高裁平成 25 年 11 月 20 日大法廷判決
■ 平成 25 年(行ツ)第 209 号，第 210 号，第 211 号
　選挙無効請求事件
■ 民集 67 巻 8 号 1503 頁，判時 2205 号 3 頁

〈事実の概要〉

　平成 6 年の公職選挙法（以下「公選法」という）改正により，衆議院議員の選挙制度は，従来の中選挙区単記投票制から，現行の小選挙区比例代表並立制に改められた。現行選挙制度のうち，小選挙区選挙については，全国に 300 の選挙区を設け，各選挙区から 1 人の議員を選出するものとされ（公選法 13 条 1 項，別表第 1。以下「区割規定」という），選挙区の改定については，平成 6 年に成立した衆議院議員選挙区画定審議会設置法（以下「区画審設置法」という）により，衆議院議員選挙区画定審議会（以下「区画審」という）がその改定案を作成して内閣総理大臣に勧告するものとされた。平成 24 年改正前の区画審設置法 3 条（以下「旧区画審設置法 3 条」という）は，選挙区の区割りの基準（以下「区割基準」という）につき，1 項は選挙区間の人口の最大較差が 2 倍未満になるように区割りをすることを基本とする旨定め，2 項は，各都道府県内の選挙区の数は，各都道府県にあらかじめ 1 を配当し（以下「1 人別枠方式」という），この 1 に小選挙区選出議員の定数から都道府県の数を控除した数を人口に比例して各都道府県に配当した数を加えた数とする旨定めた（以下「本件旧区割基準」という）。

　平成 21 年 8 月 30 日施行の衆議院議員総選挙（以下「平成 21 年選挙」という）の小選挙区選挙は，平成 14 年に改正された選挙区割り（以下「本件選挙区割り」といい，平成 24 年改正前の区割規定を「本件区割規定」という）の下で施行され，選挙当日における選挙区間の選挙人数の最大較差（以下「選挙人比最大較差」という）は 1 対 2.304 であり，較差が 2 倍以上の選挙区は 45 選挙区であった。平成 23 年判決（最大判平 23・3・23 民集 65 巻 2 号 755 頁）は，平成 21 年選挙について，①旧区画審設置法 3 条 1 項は合理的な基準である，②平成 21 年選挙時，本件旧区割基準のうち 1 人別枠方式に係る部分および同区割基準に基づいた本件選挙区割りは違憲状態に至っていたが，③憲法上要求される合理的期間内の是正がされなかったとはいえず，本件旧区割基準規定および本件区割規定は憲法 14 条 1 項等に違反しない，④できるだけ速やかに 1 人別枠方式を廃止し，旧区画審設置法 3 条 1 項の趣旨に沿って本件区割規定を改正するなど，投票価値の平等の要請にかなう立法的措置を講ずる必要がある，と判示した（違憲状態・結論合憲）。

　平成 23 年判決を受け，1 人別枠方式の廃止と 0 増 5 減を内容とする平成 24 年改正法が成立したが，その成立日に衆議院が解散されたため，区割り作業は間に合わず，平成 24 年 12 月 16 日施行の衆議院議員総選挙（以下「本件選挙」という）は平成 21 年選挙と同じ区割りの下で施行された。本件選挙時の選挙人比最大較差は 1 対 2.425 であり，較差が 2 倍以上の選挙区は 72 選挙区であった。なお，本件選挙後，必要な区割りのための平成 25 年改正法が成立し，平成 22 年国勢調査の結果による選挙区間の人口の最大較差（以下「人口比最大較差」という）は 1 対 1.998 に縮小された。

　東京都等の複数の選挙区の選挙人 X らは，本件選挙について，小選挙区選挙の選挙区割り

等に関する公選法の規定は憲法に違反し無効である等と主張して選挙無効訴訟を提起した。原判決（東京高判平25・3・26判時2188号48頁）は，本件選挙時，本件選挙区割りは違憲状態にあり，合理的期間内の是正がされなかったとして本件区割規定は違憲であるとしつつ，いわゆる事情判決の法理を適用し，Xらの請求を棄却した（違憲・事情判決）。これに対し，Xらと東京都選挙管理委員会等の双方から上告があった。

〈上告審〉────────────

要 点

① 選挙制度の合憲性は，投票価値の平等の要請，国政遂行のための民意の的確な反映の実現等の諸事情を総合的に考慮した上でなお，国会に与えられた裁量権の行使として合理性を有するといえるか否かによって判断されることになり，国会がかかる選挙制度の仕組みについて具体的に定めたところが，憲法上の要請に反するため，裁量権を考慮してもなおその限界を超えており，これを是認することができない場合に，初めてこれが憲法に違反することになる。

② 本件選挙は，平成21年選挙時に既に違憲状態に至っていた本件選挙区割りの下で再び施行されたものであること，選挙区間の最大較差が2.425倍に達していたこと等に照らせば，本件選挙時において，本件選挙区割りは違憲状態にあったものといわざるを得ない。

③ 衆議院議員の選挙における投票価値の較差の問題について，最高裁大法廷は，これまで，(1)投票価値の較差が違憲状態か否か，(2)憲法上要求される合理的期間内の是正がされなかったため問題の規定が憲法に違反しているか否か，(3)事情判決の法理を適用するか否か，という判断枠組みに従って審査を行ってきた。これは，憲法の予定している司法権と立法権との関係に由来する。

④ 憲法上要求される合理的期間内の是正がされなかったか否かを判断するに当たっては，単に期間の長短のみならず，是正のために採るべき措置の内容，そのために検討を要する事項，実際に必要となる手続や作業等の諸般の事情を総合考慮して，国会における是正の実現に向けた取組が司法の判断の趣旨を踏まえた立法裁量権の行使として相当なもの

であったといえるか否かという観点から評価すべきである。

⑤ 国会が，本件旧区割基準中の1人別枠方式に係る部分および同区割基準に基づいた選挙区割りが違憲状態にあると認識し得たのは，平成23年判決の時点からであった。

⑥ 本件選挙までの国会の取組が平成23年判決の趣旨を踏まえた立法裁量権の行使として相当なものでなかったということはできず，憲法上要求される合理的期間を徒過したものと断ずることはできない。

⑦ 本件選挙時において，本件区割規定が憲法14条1項等に違反するとはいえない。

⑧ 国会においては，今後も，平成24年改正後の新区画審設置法3条の趣旨に沿った選挙制度の整備に向けた取組が着実に続けられていく必要がある。

■ 判 旨 ■

一部破棄自判，一部棄却。

「3(1)〔従来の判例法理〕　憲法は，……**投票価値の平等**を要求しているものと解される。他方，投票価値の平等は，選挙制度の仕組みを決定する絶対の基準ではなく，国会が正当に考慮することのできる**他の政策的目的ないし理由**との関連において**調和的に実現**されるべきものであるところ，……選挙制度の仕組みの決定について国会に**広範な裁量**が認められている。

　衆議院議員の選挙につき全国を多数の選挙区に分けて実施する制度が採用される場合には，選挙制度の仕組みのうち定数配分及び選挙区割りを決定するに際して，憲法上，議員1人当たりの選挙人数ないし人口ができる限り平等に保たれることを**最も重要かつ基本的な基準**とすることが求められているというべきであるが，それ以外の要素も合理性を有する限り国会において考慮することが許容されているものと解されるのであって，具体的な選挙区を定めるに当たっては，都道府県を細分化した市町村その他の行政区画などを基本的な単位として，地域の面積，人口密度，住民構成，交通事情，地理的状況などの諸要素を考慮しつつ，国政遂行のための**民意の的確な反映**を実現するとともに，投票

価値の平等を確保するという要請との調和を図ることが求められているところである。したがって、このような選挙制度の合憲性は、これらの諸事情を総合的に考慮した上でなお、国会に与えられた裁量権の行使として合理性を有するといえるか否かによって判断されることになり、国会がかかる選挙制度の仕組みについて具体的に定めたところが、上記のような憲法上の要請に反するため、上記の裁量権を考慮してもなおその限界を超えており、これを是認することができない場合に、初めてこれが憲法に違反することになるものと解すべきである 要点①。」

「(2)〔投票価値の較差の程度〕……本件選挙は、……平成21年選挙時に既に憲法の投票価値の平等の要求に反する状態に至っていた本件選挙区割りの下で再び施行されたものであること、……選挙区間の較差は平成21年選挙時よりも更に拡大して最大較差が2.425倍に達していたこと等に照らせば、本件選挙時において、前回の平成21年選挙時と同様に、本件選挙区割りは憲法の投票価値の平等の要求に反する状態にあったものといわざるを得ない 要点②。

(3)ア〔投票価値の較差に関する具体的判断枠組み〕衆議院議員の選挙における投票価値の較差の問題について、当裁判所大法廷は、これまで、①定数配分又は選挙区割りが前記のような諸事情を総合的に考慮した上で投票価値の較差において憲法の投票価値の平等の要求に反する状態に至っているか否か、②上記の状態に至っている場合に、憲法上要求される合理的期間内における是正がされなかったとして定数配分規定又は区割規定が憲法の規定に違反するに至っているか否か、③当該規定が憲法の規定に違反するに至っている場合に、選挙を無効とすることなく選挙の違法を宣言するにとどめるか否かといった判断の枠組に従って審査を行ってきた。こうした段階を経て判断を行う方法が採られてきたのは、単に事柄の重要性に鑑み慎重な手順を踏むというよりは、**憲法の予定している司法権と立法権との関係**に由来するものと考えられる。すなわち、裁判所において選挙制度について投票価値の平等の観点から憲法上問題

があると判断したとしても、自らこれに代わる具体的な制度を定め得るものではなく、その是正は国会の立法によって行われることになるものであり、是正の方法についても国会は幅広い裁量権を有しており、上記の判断枠組みのいずれの段階においても、国会において自ら制度の見直しを行うことが想定されているものと解される。換言すれば、裁判所が選挙制度の憲法適合性について上記の判断枠組みの各段階において一定の判断を示すことにより、国会がこれを踏まえて所要の適切な是正の措置を講ずることが、憲法の趣旨に沿うものというべきである 要点③。このような憲法秩序の下における司法権と立法権との関係に照らすと、上記①の段階において憲法の投票価値の平等の要求に反する状態に至っている旨の司法の判断がされれば国会はこれを受けて**是正を行う責務**を負うものであるところ、上記②の段階において憲法上要求される合理的期間内における是正がされなかったといえるか否かを判断するに当たっては、単に期間の長短のみならず、是正のために採るべき措置の内容、そのために検討を要する事項、実際に必要となる手続や作業等の諸般の事情を総合考慮して、国会における是正の実現に向けた取組が司法の判断の趣旨を踏まえた立法裁量権の行使として相当なものであったといえるか否かという観点から評価すべきものと解される 要点④。

イ〔合理的期間の起算点〕……本件旧区割基準中の1人別枠方式に係る部分及び同方式を含む同区割基準に基づいて定められた選挙区割り……が憲法の投票価値の平等の要求に反する状態に至っているとする当裁判所大法廷の判断が示されたのは、平成23年3月23日であり、国会においてこれらが上記の状態にあると認識し得たのはこの時点からであったというべきである 要点⑤。

〔考慮要素〕これらの憲法の投票価値の平等の要求に反する状態を解消するためには、……制度の仕組みの見直しに準ずる作業を要するものということができ、立法の経緯等にも鑑み、国会における合意の形成が容易な事柄ではない

といわざるを得ない。また，このような定数配分の見直しの際に，議員の定数の削減や選挙制度の抜本的改革といった基本的な政策課題が併せて議論の対象とされたことも，この問題の解決に向けての議論を収れんさせることを困難にする要因となったことも否定し難い。そうした中で，平成22年国勢調査の結果に基づく区画審による選挙区割りの改定案の勧告の期限を経過した後，まず憲法の投票価値の平等の要求に反する状態の是正が最も優先されるべき課題であるとの認識の下に法改正の作業が進められ，1人別枠方式を定めた旧区画審設置法3条2項の規定の削除と選挙区間の人口較差を2倍未満に抑えるための前記0増5減による定数配分の見直しが行われたものといえる。

このような……定数配分の見直しの内容を現に実施し得るものとするためには，1人別枠方式の廃止及び定数配分と区割り改定の枠組みを定める法改正の後，新たな区割基準に従い区画審が選挙区割りの改定案の勧告を行い，これに基づいて新たな選挙区割りを定める法改正を行うという二段階の法改正を含む作業を経る必要があったところ，前者の改正を内容とする平成24年改正法が成立した時点で衆議院が解散されたため，**平成23年大法廷判決の言渡しから約1年9か月後**に施行された本件選挙は従前の定数と選挙区割りの下において施行せざるを得なかったことは前記のとおりであるが，本件選挙前に成立した平成24年改正法の定めた枠組みに基づき，本来の任期満了時までに，区画審の改定案の勧告を経て平成25年改正法が成立し，定数配分の上記0増5減の措置が行われ，平成22年国勢調査の結果に基づく選挙区間の人口較差を2倍未満に抑える選挙区割りの改定が実現されたところである。このように，平成21年選挙に関する平成23年大法廷判決を受けて，立法府における是正のための取組が行われ，**本件選挙前の時点**において是正の実現に向けた一定の前進と評価し得る法改正が成立に至っていたものということができる。

〔**国会の対応の不十分性**〕　もとより，上記0増5減の措置における定数削減の対象とされた

県以外の都道府県については，本件旧区割基準に基づいて配分された定数がそのまま維持されており，平成22年国勢調査の結果を基に1人別枠方式の廃止後の本件新区割基準に基づく定数の再配分が行われているわけではなく，全体として〔平成24年改正後の〕新区画審設置法3条の趣旨に沿った選挙制度の整備が十分に実現されているとはいえず，そのため，今後の人口変動により再び較差が2倍以上の選挙区が出現し増加する蓋然性が高いと想定されるなど，1人別枠方式の構造的な問題が最終的に解決されているとはいえない。しかしながら，この問題への対応や合意の形成に前述の様々な困難が伴うことを踏まえ，新区画審設置法3条の趣旨に沿った選挙制度の整備については，今回のような漸次的な見直しを重ねることによってこれを実現していくことも，国会の裁量に係る現実的な選択として許容されているところと解される。また，今後の国勢調査の結果に従って同条に基づく各都道府県への定数の再配分とこれを踏まえた選挙区割りの改定を行うべき時期が到来することも避けられないところである。

〔**合理的期間に関する評価**〕　以上に鑑みると，……本件選挙までに，1人別枠方式を定めた旧区画審設置法3条2項の規定が削除され，かつ，全国の選挙区間の人口較差を2倍未満に収めることを可能とする定数配分と区割り改定の枠組みが定められており，前記アにおいて述べた司法権と立法権との関係を踏まえ，前記のような考慮すべき諸事情に照らすと，国会における是正の実現に向けた取組が平成23年大法廷判決の趣旨を踏まえた立法裁量権の行使として相当なものでなかったということはできず，本件において憲法上要求される合理的期間を徒過したものと断ずることはできない　要点⑥。

（4）〔**結論**〕　……**本件選挙時**において，本件区割規定の定める本件選挙区割りは，前回の平成21年選挙時と同様に憲法の投票価値の平等の要求に反する状態にあったものではあるが，憲法上要求される合理的期間内における是正がされなかったとはいえず，**本件区割規定が憲法14条1項等の憲法の規定に違反するものとい**

188 平等選挙

うことはできない 要点⑦。

〔国会へのメッセージ〕 投票価値の平等は憲法上の要請であり、1人別枠方式の構造的な問題は最終的に解決されているとはいえないことは前記のとおりであって、国会においては、今後も、新区画審設置法3条の趣旨に沿った選挙制度の整備に向けた取組が着実に続けられていく必要があるというべきである 要点⑧。」

鬼丸かおる裁判官の意見は違憲状態・結論合憲と、大谷剛彦裁判官、大橋正春裁判官、木内道祥裁判官の各反対意見は、違憲状態・合理的期間の徒過＝違憲・事情判決とする。

■ ■ ■ ■ ■ 確認問題 ■ ■ ■ ■ ■

1　本判決はいかなる選挙制度の下での投票価値の較差を審査しているか。（→解説1）

2　選挙制度の合憲性に関する一般的判断枠組みは何か。この一般的判断枠組みは、投票価値の較差の問題以外、どのような場合に用いられるか。（→要点①、解説2）

3　投票価値の較差に関する具体的判断枠組みは何か、また、それはどのような理由に基づいているか。（→要点③、解説3）

4　投票価値の較差の程度を判断する際の考慮要素は何か。（→要点②、解説4）

5　合理的期間について判断する際の考慮要素、評価基準、判断方法は何か。（→要点④〜⑥、解説6）

■ ■ ■ ■ ■ 解　説 ■ ■ ■ ■ ■

1　小選挙区制の合憲性を前提とする判断

衆議院の中選挙区制の下での昭和51年判決（最大判昭51・4・14民集30巻3号223頁＝関連判例1）は、中選挙区制が合憲であると明示的に判示した後、最大較差約1対5を違憲と断じた。小選挙区制の下での平成11年判決（最大判平11・11・10民集53巻8号1704頁）も、小選挙区制を合憲と判示した後、投票価値の較差の合憲性を審査した。本判決は、小選挙区制の合憲性に言及していないが、その合憲性を前提にしている。

平成11年判決は、「国会が具体的に定めた

ところがその裁量権の行使として合理性を是認し得るものである限り、それによって右の投票価値の平等が損なわれることになっても、やむを得ない」と説示し、国会が制定した具体的選挙制度の枠内で投票価値の平等を保障するという制度依存的な立場を示した。これは、制度準拠審査、制度優先的思考等と呼ばれ、学説から強く批判されている。ただし、近年の最高裁は、投票価値の平等をより重視する傾向を示している。これに対し、鬼丸裁判官の反対意見は、衆議院議員選挙について投票価値をできる限り1対1に近いものとすることを憲法が基本的に保障しており、国会が選挙制度を決定する際には投票価値の平等を最大限尊重し、較差の最小化を図ることが憲法上要請されていると説示する。これは投票価値の平等を優先する思考といえる。

2　選挙制度の合憲性に関する一般的判断枠組み

要点①は、選挙制度の合憲性に関する一般的判断枠組みである。この判断枠組みは、当初、中選挙区制の下での投票価値の較差に関するものであったが、平成11年判決は、これが選挙制度の仕組みの合憲性一般に適用可能であることを明示し、これに基づいて小選挙区制、投票価値の較差（最大判平11・11・10民集53巻8号1441頁参照）、候補者届出政党に政見放送等を認める規定の合憲性を審査した。この判断枠組みは、重複立候補制と比例代表制の合憲性審査にも用いられる（最大判平11・11・10民集53巻8号1577頁）。

3　投票価値の較差に関する具体的判断枠組み

要点③は、衆議院の投票価値の較差に関する具体的判断枠組みであり、要点①の一般的判断枠組みを投票価値の較差に関して具体化したものである。これは、裁判所が選挙制度の合憲性についてこの判断枠組みの各段階において一定の判断を示し、国会がこれを踏まえて所要の適切な是正の措置を講ずることが憲法の趣旨に沿うという憲法の予定している司法権と立法権との関係に由来する。要点③の定式化は、本判決が初めて示したもので、平成27年判決

（最大判平 27・11・25 民集 69 巻 7 号 2035 頁＝関連判例 4）も採用する。これは，憲法が要請する投票価値の平等の保障は，最高裁と国会との相互作用によって実現することを示している。この点に関し，平成 27 年判決の千葉裁判官の補足意見は，両者の間で「実効性のあるキャッチボールが続いている」と評価する。これに対し，このような相互作用を最高裁と国会との「対話」と呼び，建設的な対話のためには最高裁のより積極的な違憲判断が不可欠であることを指摘する学説もある。

4 投票価値の較差の程度

最高裁は，一定の数値基準を形式的に当てはめて結論を導くことはせず，諸般の要素を斟酌して合理性の有無を判断するため，合憲性の判断基準として最大較差の具体的な限界的数値を示していない。しかし，判例からは一定の傾向が見てとれる。

判例は，投票価値の較差を判断する際，較差の程度や状況とその要因を考慮する。較差の程度について判例は，中選挙区制下の昭和 51 年判決から小選挙区制下の平成 19 年判決（最大判平 19・6・13 民集 61 巻 4 号 1617 頁）まで最大較差 1 対 3 程度を違憲状態となる一応の目安とし，小選挙区制の下で合憲判断を繰り返してきたが，平成 23 年判決以降違憲状態判決に転じ，平成 27 年判決は選挙人比最大較差 1 対 2.129 を違憲状態と判示する等，最大較差 1 対 2 程度を一つの目安としていると解される。平成 27 年判決の千葉裁判官の補足意見は，投票価値の差異が最大 2 倍以上となることは「実質的に他の倍以上の数の選挙権を与えたという評価が生ずることになり」，「避けるべき事態である」と説示する。これに対し，鬼丸裁判官の意見は，衆議院議員選挙について投票価値をできる限り 1 対 1 に近いものとすることを憲法は基本的に保障していると説示する。従来の通説的見解は最大較差 1 対 2 を基準としてきたが，近年 1 対 1 を基準とする説が有力となりつつある。また，較差の要因としては，①人口移動，②時間の経過による 1 人別枠方式の合理性の喪失，③国会の不十分な対応等が考慮される。近年の最高裁は，較差を積極的に惹起する制度やその維持に対し厳しい評価を行う傾向がある。

最高裁は，平成 23 年判決を契機に「従前よりも投票価値の較差の評価を厳しく行う姿勢に転じてきて」おり（平成 27 年判決の千葉裁判官の補足意見），漸次的ではあるが，実質的に較差の程度に関する立法裁量を縮小する方向に向かっている。

5 違憲状態判決の効果

本判決は，最高裁が違憲状態判決を出した場合，国会は違憲状態を是正する責務を負うと説示する。この点，参議院に関するものではあるが，平成 26 年判決（最大判平 26・11・26 民集 68 巻 9 号 1363 頁＝関連判例 3）の千葉裁判官の補足意見は，違憲状態判決後の是正の責務は「国会としての憲法上の責務」であると説示する。このように違憲状態判決は，是正内容に関する立法裁量を残しつつも，国会に何らかの是正措置を執ることを憲法上義務づけるという意味で立法裁量を縮小する効果がある。

6 合理的期間

(1) 中選挙区制の下の判例

中選挙区制下の判例は，合理的期間の起算点，長さについて具体的に示したことはない。判例は，投票価値の較差が違憲状態に陥ってからこれが継続している期間の長さに重きを置いていた（大谷裁判官の反対意見）と解されるが，実際には，前回の改正からの期間や投票価値の較差が判明してからの期間を目安としてきた（木内裁判官の反対意見）。期間の長さに関し判例は，公選法自体が国勢調査の結果をみて 5 年ごとに更正されることを予定していたことをふまえ，5 年を一応の目安にしていたと解される。

(2) 本判決の考慮要素・評価基準・判断方法

①期間の長短，②是正のために採るべき措置の内容，③そのために検討を要する事項，④実際に必要となる手続や作業等が主な考慮要素で，⑤国会の是正のための取組が司法の判断の趣旨を踏まえた立法裁量権の行使として相当なもの

であったといえるか否かが評価基準で，諸般の事情の総合考慮が判断方法である。

(3) 合理的期間の起算点

本判決は，1人別枠方式等が違憲状態にあると国会が認識し得た時点である平成23年判決時を起算点とする。この点，大橋裁判官の反対意見は，本来起算点は違憲状態が生じた時とすべきであるが，「当審が合憲の判断を下していた選挙区割りについてその後の事情の変更を踏まえて違憲状態に至ったとの判断をする場合」には，「当審の違憲状態の判断を立法府が知り又は知り得た時から」起算するのが相当であると述べる。

(4) 合理的期間の長さ

合理的期間の長さは主な考慮要素の一つである。しかし，上記6(2)で指摘した考慮要素と評価基準によると，合理的期間は一定ではなく，是正内容や最高裁の判決内容等により，長さが変化するものと解される。本判決は平成23年判決から本件選挙までの約1年9か月について，また，平成27年判決は平成23年判決から問題の選挙までの約3年8か月について，合理的期間を徒過していないと判示した。

選挙区の改定に関する区画審の勧告は10年ごとに行われる国勢調査の結果をふまえる旨規定する区画審設置法4条1項等に関する国会審議からは，10年のみならず5年という期間も念頭に置かれていたことがうかがえる。これと従来の判例とを踏まえると，最高裁が5年を何らかの目安にする可能性はある。また，本判決は，「本来の任期満了時」までに平成25年改正法が成立したことも考慮したが，これは5年よりも短い期間を念頭においたことを示唆するのかもしれない。

期間の長さに関し，大谷裁判官の反対意見は，前の選挙時の投票価値の較差が違憲状態であれば，次回の選挙時までには何らかの是正が求められる等と，また，木内裁判官の反対意見も，通常は次回選挙に間に合うように改正を行う必要がある等と指摘する。さらに，大橋裁判官の反対意見は，合理的期間は具体的事情の下で個別的に判断されるべきもので，最高裁の違憲状

態判決に先立って，違憲状態とする少数意見が表明された場合は合理的期間を短くする一要素となり得ると指摘する。

(5) 考慮要素

本判決が指摘した定数配分の見直しの際に議員の定数の削減や選挙制度の抜本的改革が併せて議論されたことに関し，大橋裁判官の反対意見は，「1人別枠方式の廃止は，立法府が優先的に実行すべき課題で，他の選挙制度の改革とは別個に取り組むべきものであり，選挙制度の抜本的改革を理由にその実現を遅らせること」は許されない等と反論する。

本判決が，本件選挙後に平成22年国勢調査の結果に基づく人口比最大較差を2倍未満に抑える平成25年改正法が成立したことを考慮した点について，木内裁判官の反対意見は，合理的期間内の是正の有無を判定する対象は当該選挙時における区割りの内容であり，当該選挙後の法改正によって当該選挙時における区割規定の合憲性の判断は左右されないと批判する。これに対し，平成27年判決の千葉裁判官の補足意見は，本判決について，平成25年改正法の成立は，「対象となる選挙時点での立法府の較差是正に対する真摯な姿勢を推測させるいわば事後的・付加的事情であり，その意味で合理的期間を徒過したか否かの考慮要素ともなる」と説示する。本判決は本件選挙時を違憲審査の基準時としている。

本判決は漸次的な見直しを重ねることも許容されると指摘する。平成27年判決も，平成25年改正法の成立時既に人口比最大較差が2倍を超えていたことを示唆して平成25年改正法は当初から違憲状態であったと判示しつつも，漸次的な見直しを重ねることも許容されると説示する。これは，最高裁の違憲状態判決後，1回の法改正で違憲状態を是正できなくても，合理的期間内に複数の法改正によって是正することも憲法上許されることを意味する。これには是正の内容や時期に関する立法裁量を広げる効果がある。この点，大橋裁判官の反対意見は，「合理的期間は，立法府が問題の根本的解決のために真摯な努力を行っていることを前提とし

て判断」すべきで，平成25年改正法は「抜本的改革には程遠いもの」で，その成立を理由に合理的期間が経過していないということはできないと反論する。

(6) 立法裁量の縮小

本判決が，上記6(2)で示した評価基準を採用したことにより，合理的期間は司法判断の趣旨を基準とした立法裁量統制として位置づけられる。これは，是正内容に関する一定の立法裁量を認めつつも，合理的期間の内実を最高裁が決めることを意味し，合理的期間が質的側面から制約される可能性を示している。このように，合理的期間においても，最高裁は，漸次的ではあるが，実質的に立法裁量を縮小する方向に向かっている。

7 国会へのメッセージ

平成23年判決は，違憲状態・結論合憲判決を示した上で，「できるだけ速やかに本件区割基準中の1人別枠方式を廃止し，区画審設置法3条1項の趣旨に沿って本件区割規定を改正するなど，投票価値の平等の要請にかなう立法的措置を講ずる必要がある」と判示し，主要な判決理由の一つとして，国会に対し，直接的に，是正内容に関し一定の方向性を示しつつ，迅速な対応を求めた。本判決の「国会においては，今後も，新区画審設置法3条の趣旨に沿った選挙制度の整備に向けた取組が着実に続けられていく必要がある」という判示部分も，違憲状態が継続しているため，同様の性質を持つ。最高裁から憲法に基づく是正の要請が出された場合，国会が持つ是正の内容や時期に関する裁量権は，判決の趣旨の範囲内に限定される（木内裁判官の反対意見参照）。もっとも，最高裁からの要請は一義的内容のものではなく，是正内容に一定の裁量を残している。

■ ■ ■ ■ ■ 関連判例 ■ ■ ■ ■ ■

1 衆議院議員定数不均衡違憲判決（最大判昭51・4・14民集30巻3号223頁）
2 参議院議員定数違憲訴訟（最大判平24・10・17民集66巻10号3357頁）

3 参議院議員定数違憲訴訟（最大判平26・11・26民集68巻9号1363頁）
4 衆議院議員定数違憲訴訟（最大判平27・11・25民集69巻7号2035頁）
5 参議院議員定数違憲訴訟（最大判平29・9・27裁時1685号10頁）

■ ■ ■ ■ 演習問題 ■ ■ ■ ■

1 裁判所が，衆議院議員の選挙について，問題となっている選挙区割りを違憲と判断した場合，裁判所は選挙の効力に関してどのような判断をすべきか。

＊考え方

昭和51年判決は，①選挙区割および議員定数の配分は不可分の一体をなすから議員定数配分規定は全体として違憲の瑕疵を帯びると解し（不可分説），②事情判決の法理を適用し，当該選挙は憲法に違反する議員定数配分規定に基づいて行われた点で違法である旨を判示するにとどめ，選挙自体を無効とせず，選挙無効を求める請求を棄却するとともに，当該選挙が違法である旨を主文で宣言した（事情判決）。それに対し，岡原裁判官ら5名の反対意見は，議員定数配分規定は問題となった選挙区のみ違憲無効であり（可分説），これに基づく選挙も無効として，請求を認容する。また，岸裁判官は，問題の選挙区の選挙は無効であるが，当選人4名は当選を失わないとする反対意見を述べる。

昭和60年判決（最大判昭60・7・17民集39巻5号1100頁）の寺田裁判官ら4名の補足意見は，選挙を無効とするがその効果は一定期間経過後にはじめて発生するという判決（将来効判決）も可能である旨説示する。実際，平成27年判決の大橋裁判官の反対意見は，当該選挙は判決確定後6か月経過の後に無効とするという将来効判決を相当とする。また，同判決の木内裁判官の反対意見は，不可分説に立ちつつも，選挙人数が，最も選挙人数の多い選挙区の選挙人数の2分の1を下回る12の選挙区は選挙無効とし，その余の選挙区の選挙は違法を宣言するにとどめ無効とはしないという選挙の一部無効の考えを示す。

千葉勝美元最高裁判事は，選挙無効判決を言い渡す際，選挙無効の効力発生時期に一定の猶予期間（例えば1年間）を与え，その期間が過ぎてもなお判決の趣旨に沿った公選法改正法が成立していないと最高裁が判断する場合には，その時点で，最高裁が，人口比例の原則を適用し，選挙区割規定を自ら呈示して，それに従った再選挙を所定の期間内に実施することを関係機関に命ずる方法を提示する（千葉・後掲41頁〜44頁）。

2 平成24年判決（最大判平24・10・17民集66巻10号3357頁）は，平成22年の参議院議員通常選挙に関し，平成24年改正前の参議院選挙区選出議員の議員定数配分規定（最大較差5.00倍）を違憲状態・結論合憲と判示した。その後国会は平成24年11月に公選法の改正を行い，最大較差は4.75倍となった。平成25年7月21日施行の通常選挙について，東京都選挙区等の選挙人Xらは，当該選挙当時の議員定数配分規定（最大較差4.77倍）は憲法に違反し無効である旨主張し，選挙無効訴訟を提起した。この場合，裁判所は，どのような判断枠組みを用い，いかなる内容の判断を示すべきか。

＊考え方

参議院に関する平成26年判決（最大判平26・11・26民集68巻9号1363頁）は，①参議院の投票価値の不均衡に関し最高裁はこれまで，(1)選挙区間における投票価値の不均衡が違憲状態に至っているか否か，(2)当該選挙までの期間内にその是正がされなかったことが国会の裁量権の限界を超え，当該定数配分規定が憲法に違反するに至っているか否かという判断枠組みで審査してきており，これは「憲法の予定している司法権と立法権との関係に由来する」，②平成16年判決（最大判平16・1・14民集58巻1号56頁）以降の最高裁は「投票価値の平等の観点から実質的にはより厳格な評価」をしてきた，と説示する。

上記①(1)に関し，従来の判例は最大較差6倍程度を違憲状態とする一応の目安としていたと解されていたが（最大判平8・9・11民集50巻8号2283頁参照），平成24年判決は5.00倍，平成26年判決は4.77倍の最大較差を違憲状態と判示した。この点に関しては，平成24年判決と平成26年判決の「参議院議員の選挙であること自体から，直ちに投票価値の平等の要請が後退してよいと解すべき理由は見いだし難い」という説示部分をどのように理解するのか（参議院も衆議院と同程度の最大較差しか許容されないのか，参議院はその理由如何で衆議院よりも大きな較差が許容されうるのか）が一つのポイントとなる。平成29年判決（最大判平29・9・27裁時1685号10頁）は，3.08倍の最大較差を違憲状態ではないと判示し，投票価値の平等に関し，参議院と衆議院とでは異なる評価をする可能性を示唆した。

上記①(2)に関し，平成26年判決は，「単に期間の長短のみならず，是正のために採るべき措置の内容，そのために検討を要する事項，実際に必要となる手続や作業等の諸般の事情を総合考慮して，国会における是正の実現に向けた取組が司法の判断の趣旨を踏まえた裁量権の行使の在り方として

相当なものであったといえるか否かという観点に立って評価すべき」と判示し，衆議院に関する本判決と同趣旨の判断枠組みを示した。

〔参考文献〕

岩井伸晃＝林俊之・最判解民事篇平成25年度459頁
棟居快行「選挙無効訴訟と国会の裁量」レファレンス766号5頁
千葉勝美『違憲審査』（有斐閣，2017年）
宍戸常寿「一票の較差をめぐる『違憲審査のゲーム』」論ジュリ1号41頁
佐々木雅寿「衆議院小選挙区制の下での最高裁と国会との継続的対話」高見勝利先生古稀記念『憲法の基底と憲法論』（信山社，2015年）755頁
佐々木雅寿『対話的違憲審査の理論』（三省堂，2013年）第3章，第4章

（佐々木雅寿）

公務就任権

21 東京都管理職選考受験事件

■ 最高裁平成 17 年 1 月 26 日大法廷判決
■ 平成 10 年（行ツ）第 93 号
　管理職選考受験資格確認等請求事件
■ 民集 59 巻 1 号 128 頁，判時 1885 号 3 頁

〈事実の概要〉

　X（原告・控訴人・被上告人）は，「日本国との平和条約に基づき日本の国籍を離脱した者等の出入国管理に関する特例法」に定める「特別永住者」である。東京都 Y（被告・被控訴人・上告人）は，1986（昭和 61）年，保健婦の採用につき日本国籍を要件としないこととした。X は，1988（昭和 63）年 4 月 Y に保健婦として採用され，1994・1995（平成 6・7）年度に東京都人事委員会の実施した管理職選考を受験しようとしたが，日本国籍を有しないことを理由に受験が認められなかった。そこで，X は，国家賠償法 1 条 1 項に基づき，Y に対し慰謝料の支払等を求めて出訴した。

　第 1 審判決（東京地判平 8・5・16 判時 1566 号 23 頁）は X の請求を棄却したが，原審（東京高判平 9・11・26 高民集 50 巻 3 号 459 頁）は，管理職の中には外国籍の職員に昇任を許しても差し支えのない（国民主権の原理に反しない）ものも存在するというべきであるから，日本国籍を有しないことを理由に外国籍の職員から管理職選考の受験の機会を奪うことは，外国籍の職員の課長級の管理職への昇任のみちを閉ざすものであり，憲法 22 条 1 項，14 条 1 項に違反する違法な措置であるとして，X の慰謝料請求を一部認容した。Y が上告。

〈上告審〉

要 点
①　地方公共団体が在留外国人を職員として採用することは禁じられていない。

②　職員として採用された外国人に対して，国籍を理由とした差別的取扱いをしてはならないが，合理的理由に基づいて日本国民と異なる取扱いをすることは憲法 14 条 1 項に違反しない。

③　公権力行使等地方公務員の職務については，国民主権の原理に基づき，国および地方公共団体による統治の在り方について日本国の統治者としての国民が最終的な責任を負うべきこと（憲法 1 条，15 条 1 項参照）に照らし，原則として，日本国籍を有する者の就任が想定されており，外国人が公権力行使等地方公務員に就任することは，本来我が国の法体系の想定するところではない。

④　地方公共団体が，公権力行使等地方公務員の職とこれに昇任するのに必要な職務経験を積むために経るべき職とを包含する一体的な管理職の任用制度を構築して，人事の適正な運用を図るため，日本国民である職員に限って管理職に昇任させる措置をとることは，合理的理由に基づいて日本国民である職員と在留外国人である職員を区別するものであり，労働基準法 3 条，憲法 14 条 1 項に違反せず，この理は，特別永住者についても異なるものではない。

⑤　東京都は，④の一体的な管理職の任用制度を設けているから，東京都がこの制度を適正に運用するために必要があると判断して，管理職昇任の資格要件を日本国籍を有する職員と定めたことは，合理的理由に基づいて外国人職員とを区別するものであって，労働基準法 3 条，憲法 14 条 1 項に違反しない。

■ 判 旨 ■

破棄自判。

4「(1)〔**外国人職員採用の許容性**〕 地方公務員法は，一般職の地方公務員（以下「職員」という。）に本邦に在留する外国人（以下「在留外国人」という。）を任命することができるかどうかについて明文の規定を置いていないが（同法 19 条 1 項参照），普通地方公共団体が，法による制限の下で，条例，人事委員会規則等の定めるところにより職員に在留外国人を任命することを禁止するものではない 要点①。〔**採用後の平等処遇の要請（憲法 14 条 1 項）**〕 普通地方公共団体は，職員に採用した在留外国人について，国籍を理由として，給与，勤務時間その他の勤務条件につき差別的取扱いをしてはならないものとされており（労働基準法 3 条，112 条，地方公務員法 58 条 3 項），地方公務員法 24 条 6 項に基づく給与に関する条例で定められる昇格（給料表の上位の職務の級への変更）等も上記の勤務条件に含まれるものというべきである。しかし，上記の定めは，普通地方公共団体が職員に採用した在留外国人の処遇につき**合理的な理由**に基づいて日本国民と異なる取扱いをすることまで許されないとするものではない。また，そのような取扱いは，合理的な理由に基づくものである限り，憲法 14 条 1 項に違反するものでもない 要点②。

管理職への昇任は，昇格等を伴うのが通例であるから，在留外国人を職員に採用するに当たって管理職への昇任を前提としない条件の下でのみ就任を認めることとする場合には，そのように取り扱うことにつき合理的理由が存在することが必要である。」

「(2)〔**公権力行使等地方公務員と外国人の就任**〕 地方公務員のうち，住民の権利義務を直接形成し，その範囲を確定するなどの公権力の行使に当たる行為を行い，若しくは普通地方公共団体の重要な施策に関する決定を行い，又はこれらに参画することを職務とするもの（以下「**公権力行使等地方公務員**」という。）については，次のように解するのが相当である。すなわち，公権力行使等地方公務員の職務の遂行は，住民の権利義務や法的地位の内容を定め，あるいはこれらに事実上大きな影響を及ぼすなど，住民の生活に直接間接に重大なかかわりを有するものである。それゆえ，**国民主権の原理**に基づき，国及び普通地方公共団体による統治の在り方については日本国の統治者としての国民が最終的な責任を負うべきものであること（憲法 1 条，15 条 1 項参照）に照らし，原則として日本の国籍を有する者が公権力行使等地方公務員に就任することが想定されているとみるべきであり，我が国以外の国家に帰属し，その国家との間でその国民としての権利義務を有する外国人が公権力行使等地方公務員に就任することは，本来我が国の法体系の想定するところではないものというべきである 要点③。」

「〔**一体的管理職任用制度と憲法 14 条 1 項**〕 そして，普通地方公共団体が，公務員制度を構築するに当たって，公権力行使等地方公務員の職とこれに昇任するのに必要な職務経験を積むために経るべき職とを包含する**一体的な**管理職の**任用制度**を構築して人事の適正な運用を図ることも，その判断により行うことができるものというべきである。そうすると，普通地方公共団体が上記のような管理職の任用制度を構築した上で，日本国民である職員に限って管理職に昇任することができることとする措置を執ることは，合理的な理由に基づいて日本国民である職員と在留外国人である職員とを区別するものであり，上記の措置は，労働基準法 3 条にも，憲法 14 条 1 項にも違反するものではないと解するのが相当である。そして，この理は，前記の特別永住者についても異なるものではない 要点④。」

「(3)〔**本件の管理職任用制度と憲法 14 条 1 項**〕 これを本件についてみると，前記事実関係等によれば，昭和 63 年 4 月に Y に保健婦として採用された X は，東京都人事委員会の実施する平成 6 年度及び同 7 年度の管理職選考（選考種別 A の技術系の選考区分医化学）を受験しようとしたが，東京都人事委員会が上記各年度の管理職選考において日本の国籍を有しない者には受験資格を認めていなかったため，いずれも受験することができなかったというのである。そして，当時，Y においては，管理職に昇任し

た職員に終始特定の職種の職務内容だけを担当させるという任用管理を行っておらず，管理職に昇任すれば，いずれは公権力行使等地方公務員に就任することのあることが当然の前提とされていたということができるから，Yは，公権力行使等地方公務員の職に当たる管理職のほか，これに関連する職を包含する一体的な管理職の任用制度を設けているということができる。

〔あてはめ〕　そうすると，Yにおいて，上記の管理職の任用制度を適正に運営するために必要があると判断して，職員が管理職に昇任するための資格要件として当該職員が日本の国籍を有する職員であることを定めたとしても，合理的な理由に基づいて日本の国籍を有する職員と在留外国人である職員とを区別するものであり，上記の措置は，労働基準法3条にも，憲法14条1項にも違反するものではない　要点⑤　。原審がいうように，Yの管理職のうちに，企画や専門分野の研究を行うなどの職務を行うにとどまり，公権力行使等地方公務員には当たらないものも若干存在していたとしても，上記判断を左右するものではない」。原判決のうちYの敗訴部分を破棄する。Xの慰謝料請求を棄却すべきものとした第1審判決は正当であるから，上記部分についての被上告人の控訴を棄却する。

藤田宙靖裁判官の補足意見　現行法上，特別永住者がそれ以外の外国籍の者から区別され，特に優遇されていると考えるべき根拠はなく，外国籍の者一般の就任可能性の問題として考察すべきである。Yの措置は当然に違法と判断されるべきものではない。

金谷利廣裁判官，上田豊三裁判官の各意見　憲法は在留外国人に公務就任権を保障するものではないから，外国人職員の採用と昇任についても，地方公共団体の裁量に委ねられている。裁量の逸脱濫用がない限り，違法性を帯びることはない。

滝井繁男裁判官，泉徳治裁判官の各反対意見　国民主権の原理からの当然の帰結として日本国籍を有する者でなければならないのは，地方行政機関については，その首長など地方公共団体における機関責任者に限られる。管理職の職務内

容を考慮せず，一律に外国人を排除することに合理性はない（滝井）。特別永住者には平等原則（14条1項）と職業選択の自由（22条1項）が及ぶから，特別永住者は，地方公務員となることにつき，日本国民と平等に扱われるべきであり，自己統治の過程に密接に関係する職員以外への就任を制限する場合には，その制限には，厳格な合理性（制限目的が重要で，かつ目的と手段たる制限との間に実質的関連性が存すること）が要求される（泉）。

● ● ● ● ● **確認問題** ● ● ● ● ●

1　在留外国人が（公権力行使等地方公務員以外の）地方公共団体の職員に就任することはできるか（要請・禁止・許容のいずれか）。（→ 要点①　）

2　外国人が公権力行使等地方公務員に就任することはできるか（要請・禁止・許容のいずれか）。（→ 要点③　）

3　外国籍の職員が昇任について日本国籍の職員と差別されない権利は，憲法上保障されているか。（→ 要点②　）

4　外国人が就任することのできる管理職は存在するか。（→ 要点③　）

5　国民主権の原理は外国人の公務員就任を制約する原理となるか。どういう意味において制約原理となるのか。（→ 要点③　，解説6b）

6　どのような管理職任用制度を採用すれば，外国人をすべての管理職から排除しても合理的な理由に基づくものとされるのか。（→ 要点④⑤　，解説6c）

7　特別永住者は他の一般外国人よりも優遇されるべきことは憲法上要請されているか（それとも禁止または許容されているのか）。（→ 要点④　，解説5）

● ● ● ● ● **解　説** ● ● ● ● ●

1　判決の特徴

(1)　採用と昇任

東京都管理職選考受験事件の最高裁判決の特徴は，①職員を採用する段階と，②採用後の昇任の段階のうち，①で外国人に公務就任権（東京都の職員になる権利）が憲法上保障されるか

否かの問題に一切触れることなく，②で法の下の平等（憲法14条1項）の問題だけを論じている点である。それが可能だったのは，事件の原告Xはすでに東京都の職員に採用されており，管理職試験の受験を拒絶されたことだけが問題とされたからである。

(2) 平等原則と合理的理由

外国人職員を日本人職員と異なる取扱いをすることは，「合理的理由」がなければ許されない。判決は，①公権力行使等地方公務員は，国民主権の原理から，原則として日本国籍を有する者が就任することが想定されているとする。外国人には公権力行使等地方公務員に就任する権利は保障されていない（ただし，禁止されているわけでもない）から，その職から外国人を排除しても違法ではないということである。

次に，判決は，②地方公共団体は，人事の適正な運用を図るため，公権力行使等地方公務員の職とこれに昇任するのに必要な職務経験を積むために経るべき職とを包含する一体的な管理職任用制度を構築することができるとし，このような制度を構築した上で，管理職への昇任を日本人に限ることは「合理的理由」に基づく区別であるとする。

(3) 結　論

したがって，本件Yの措置は労働基準法3条にも，憲法14条1項にも違反するものではない。

2　公務就任権からのアプローチ

多数意見は，①採用の段階で権利が保障されているか否かにかかわらず，②昇任の段階で法の下の平等の保障が及ぶとする。このように①採用と②昇任の段階をはっきりと切り離すとらえ方は，――高く評価する学説もあるけれども（山本・後掲125頁）――必ずしも一般的なものではない。

例えば，金谷・上田裁判官の各意見は，そもそも外国人に公務就任権は保障されていないから，管理職に就任する権利もなく，管理職選考の受験資格に日本国籍を要求し，日本人と外国人を異なった取扱いをしても，違憲の問題は生じないとする。憲法14条1項は，「等しいものは等しく，等しくないものは等しくなく取り扱う」よう要求しているので，「公務員になる権利のある人」（日本人）と「その権利のない人」（外国人）を異なって取り扱うのは，まさに等しくないものを等しくなく取り扱うもので，合理的な根拠に基づくものだということになる。

泉裁判官の反対意見は，外国人（特別永住者）にも憲法22条1項によって日本人と同様に公務就任権が保障されており，管理職から正当な理由なく外国人を排除することは，憲法22条1項・14条1項に違反するとする。外国人にも日本人と同じように公務就任権が保障されているからこそ，昇任について憲法14条1項の（より厳格な）適用があるのである。

そうしてみると，意見と反対意見の結論は正反対であるが，①の公務員になる段階と，②のなった後で昇任する段階をいわば一続きのものととらえ，①の段階で権利保障がなければ②の権利も保障されず，①で権利が保障されていれば②も保障されている点で，両者は裏表の関係にある。

いずれにしても，①の採用段階，例えば，地方公務員採用試験の受験資格として日本国籍が要件とされている場合には，公務就任権の有無から論じる必要がある。例えば，「演習問題」1では，Xは，日本国籍がないために，そもそもY市の職員になれないことが争われている。したがって，最高裁判決で取り扱われていない（下級審判決や個別意見では取り扱われている），Xに公務就任権が憲法上保障されているか，公務就任権の憲法上の根拠規定は何条か，という点を論じなければならない。ここで法の下の平等をあわせて持ち出してもかまわないが，平等はあくまで脇役であり，主役は公務就任権である（ちなみに，国籍による差別を禁止する労働基準法3条は，採用〔雇入れ〕後の差別の禁止であって，採用の段階では適用されない。参照，三菱樹脂事件判決：最大判昭48・12・12民集27巻11号1536頁）。

3　公務就任権の根拠と外国人への保障の有無

(1)　日本国民に公務就任権が保障されることは当然だが，その憲法上の根拠について学説は分かれる。代表的な学説は次の2つである。

①　15条1項説：憲法15条1項は，文言上は国民が公務員を選定罷免する権利を保障するが，この権利と表裏をなすものとして，国民自らが公務員に就任する権利も保障されているとする。この説は公務就任権を参政権の一種ととらえている[1]。

②　22条1項説：公務員も「人が自己の生計を維持するためにする継続的活動」（薬事法違憲判決：本書14事件）であるから，憲法22条1項の「職業」であり，公務就任権は「職業選択の自由」に含まれるとする。この説では，公務就任権は自由権である。

(2)　外国人の人権享有主体性については，マクリーン事件最高裁判決（関連判例1）が出発点である。同判決は，「憲法第3章の諸規定による基本的人権の保障は，権利の性質上日本国民のみをその対象としていると解されるものを除き，わが国に在留する外国人に対しても等しく及ぶ」とする。議論は（答案も）ここから出発してよい（①人権の前国家性と，②憲法の国際協調主義を理由としてあげてもよい）。今日では，判例・学説とも「権利性質説」で一致しているからである。

「権利の性質上」外国人に保障されないことが明らかな権利として，参政権（選挙権・被選挙権）が挙げられる。参政権は，国民が自己の（正規のメンバーとして）所属する国（国籍国）の政治に参加する権利だからである。最高裁判所も，憲法の国民主権原理における国民とは，日本国民，すなわち日本国籍を有する者を意味しており，「公務員を選定罷免する権利を保障した憲法15条1項の規定は，権利の性質上日本国民のみをその対象とし，右規定による権利の保障は，我が国に在留する外国人には及ばない」とする（地方参政権訴訟・関連判例2。ただし，判決の傍論で許容説をとることを明言した）。もちろん，憲法15条1項の「国民」には定住外国人（とくに特別永住者）は含まれない。以

前は，公務就任権を参政権の一種と捉える①説が有力だった。①説をとると，公務就任権は国民固有の権利で，外国人には保障されない（4の「禁止」または「許容」）。

それに対して，最近は，憲法22条1項の職業選択の自由として保障されるという②説が有力になっている。自由権は前国家的権利であり，国籍の如何にかかわらずすべての人に保障されるので，②説では公務就任権は外国人にも保障されることになる（4の「要請」）。

4　権利保障における「要請」・「禁止」・「許容」

「ある権利が外国人に保障される」とは，ある権利を外国人に与えるよう憲法が要請しているという意味である。したがって，与えなければ違憲である。これに対して，「ある権利が外国人に保障されていない」という場合，法律でその権利を与えたら違憲なのか（禁止），与えても合憲（許容）なのかを区別しなければならない。後者（許容）では与えても与えなくても良いから，すべて立法政策の問題となる。「ある権利を外国人に与えることは禁止されていない」といっても，その権利が外国人に保障されている（要請）というわけではない（許容にとどまる場合がある）[2]。

5　特別永住者の優遇措置

日本にいる（在留）外国人といっても，短期の滞在者や，定住外国人，難民などがおり，一様ではない。定住外国人は，日本に生活の本拠

---

1)　学説には，15条1項は選挙権の保障規定であり，選挙権と表裏の関係にあるものとして被選挙権を導き出すことまではできても，そのような関係にない公務就任権を同規定に基礎づけるのは困難だという学説もある（渋谷・後掲4頁）。しかし，15条1項が明文で規定しているのは公務員選定罷免権なのであって，それと表裏の関係にあるものとして公務就任権を導くことはとくに問題がないと思う。

2)　原審は，「統治作用にかかわる程度の弱い管理職に外国人が就任することは国民主権の原理に反するものではない」ということから，「このような管理職への任用について外国人にも憲法の保障が及ぶ」としたが，藤田補足意見は論理的飛躍があると批判した。禁止されていないから要請だとはいえないということである。

をもち，永住資格を有する人々で，本件の「特別永住者」のほか，「出入国管理及び難民認定法」上の「永住者」が含まれる。問題は，特別永住者を他の一般の外国人よりも優遇することが憲法上の要請かどうかである。本判決は特別永住者の優遇の要請を否定した。多数意見はごく簡単に結論を述べたにとどまるが，藤田裁判官補足意見は，現行法の諸規定を詳細に検討して，「特別永住者がそれ以外の外国籍の者から区別され，特に優遇されていると考えるべき根拠は無」いとした（これに対して，泉裁判官反対意見を参照）。憲法が優遇措置を禁止するのか許容するのかについては触れていない（許容の場合，優遇してもしなくても合憲である）[3]。

6　制約原理

(1)　22条1項説の場合

　公務就任権の根拠について22条1項説をとると，この保障は外国人にも及ぶから，制限（国籍要件）は権利の制限であり，制限の正当性（必要性と合理性が認められるか）が審査されなければならない。

　制限の根拠となり得るのは，さしあたり次の3つである。これらは「合理的理由」の根拠と共通する。(a)(b)は一定範囲の公務員の職に外国人が就任できない，または外国人を排除しても許されるとする原理であり，(c)は本来なら外国人も就くことのできる職から外国人を排除できる原理である。

　(a)　「当然の法理」：公権力の行使または国家意思の形成への参画に携わる公務員は，日本国籍を有する者でなければならない（が，それ以外の公務員になるためには必ずしも日本国籍を有しない）。ただし，「当然」とするだけで，その根拠がはっきり示されているわけではない。また，この「基準はあまりにも包括的すぎ，漠然としている」と批判されている（芦部93頁）。「公権力行使等地方公務員」の概念はこの法理の難点を克服する意図があるという（藤田補足意見）。したがって，今日では，この法理によって外国人の公務員就任を否定することはできないというべきであろう[4]。

　(b)　「国民主権の原理」：最高裁判決によれば，国民主権の原理から，統治の在り方については国民が最終的な責任を負うことを憲法は要請している。そのため，「公権力行使等地方公務員」に外国人が就任することは想定されていない。したがって，外国人が公権力行使等地方公務員に就くことを認めなくても違憲ではない。

　「国民主権の原理」を制約根拠と考えた場合，すぐに生じる疑問は，国民主権をとっていない国（例えば，明治憲法下の日本）では外国人が公務員になることは広く認められるのか，それを阻止する憲法原理は存在しないのか，ということである。

　また，判決は，国民主権は，①国民が国家意思の形成に参加するだけではなく，②国家意思の執行も直接国民が行うことを要請しているとするが，学説では，国民主権は，国家権力の正当性の淵源が国民にあることを意味するにとどまり，国民が国家意思を直接行使するところまで要請するものではない。主権の権力的契機を説く学説も，憲法改正国民投票制を要請するのみで，それ以外の権力行使や直接民主制を否定している（芦部42頁）[5]。

　こうしてみると，国民主権の原理から直ちに特定の公務員から外国人が排除されるわけではない。むしろ国家主権の原理（国家の対外的独立性）が，より適切な制約根拠であろう。今日の国家は（主権の所在のいかんにかかわらず）国民国家である。国民はまずは国家の構成メンバーなのである。したがって，国民主権をとっていない国においても，国家の仕事に携わる資格

---

3)　もし特別永住者を他の一般外国人よりも優遇して，例えば特別永住者には公務就任権を肯定するのに一般外国人にはそれを否定すると，外国人相互間の差別（平等違反）が問題となる。その場合には，異なる取り扱いに合理的根拠があるかどうかを検討しなければならない（野坂・後掲405頁）。

4)　前田正道編『法制意見百選』（ぎょうせい，1986年）370頁以下は，当然の法理は「立法がなされていない場合の解釈原理」であるから，「立法によって外国人を公務員に任用することは可能になる」とする。

5)　ただし，大石眞『憲法講義Ⅰ〔第3版〕』（有斐閣，2014年）83頁は，「直接的な国政参加」として「公務に就任する」ことを挙げる。

を有するのは国家の構成員（国籍保有者として
の国民）だけだとされるのである。制約根拠と
しての国民主権の原理も，このような国家主権
を当然の前提としてのことだろう（山本・後掲
131頁は，国家主権が最も強い制約根拠であると
する。藤田裁判官が，外国人の公務員就任を否定
する理由は国民主権の原理に限られないとするの
も，国家主権の原理が念頭にあるものと推測され
る）[6]。

　(c)　「地方公共団体の行政組織権」：最高裁判
決によれば，すべての管理職が公権力行使等地
方公務員なのではない。しかし，東京都の事件
では，都が，「公権力行使等地方公務員の職と
これに昇任するのに必要な職務経験を積むため
に経るべき職とを包含する一体的な管理職の任
用制度」をとっていたので，一切の管理職に外
国人が就くことができないことになっても合憲
であるとした。憲法上，地方公共団体には自己
組織権，すなわち人事組織をどのように構築す
るかの裁量権が与えられているので，それによ
って外国人の公務就任権が制限されることにな
っても合憲だということになる。

　(2)　具体的事案へのあてはめ
　当然の法理(a)も，国民主権の原理(b)も，すべ
ての公務員になることを禁じているわけではな
い。統治作用に直接かかわる公務員（公権力行
使等地方公務員とほぼ同義）から外国人を排除す
ることは憲法上認められるだろうが，例えば，
「演習問題」1のような学芸部門の公務員のよ
うな専門的分野の公務員は，外国人が就任して
もこれらの原理に反することはない。かえって，
憲法22条1項（＋14条1項）の保障が及ぶ。
にもかかわらず，一切の公務員になる可能性が
閉ざすことが許されるか問題となる。

　(c)との関係はどうか。最高裁は，外国人は一
切管理職になれないといっているわけではない。
都が，「公権力行使等地方公務員の職とこれに
昇任するのに必要な職務経験を積むために経る
べき職とを包含する一体的な管理職の任用制
度」をとっていたので，管理職試験に日本国籍
を要求しても合憲であるとしたのである。最高
裁が外国人の就任が想定されていないとするの

は「公権力行使等地方公務員」であって，管理
職一般ではない。すべての管理職に国籍を要求
しても違憲でないのは，一体的任用制度をとっ
ていることが前提である。そのような任用制度
をとっていない地方公共団体の場合には，外国
人が就くことのできる管理職があり得ることに
なる。

　そうすると，外国人にも公務就任権が認めら
れるという前提に立つ限り，公務員の職種（統
治作用とのかかわり，専門的・学術的分野など），
管理職と非管理職，当該地方公共団体の人事制
度などを考慮に入れることなく，一律に外国人
を排除することは，外国人の公務就任権を不当
に制限するもので違憲とされる可能性が高い。

　(3)　15条1項説の場合
　これに対して，外国人に公務就任権が認めら
れないという立場（15条1項説）では制約根拠
を問題とするまでもなく当然合憲になる。ただ，
今日では公務就任権の根拠について22条1項
説が多数派になってきているので，どうして公
務員を「職業」とみることができないのか，十
分な理由が必要になる。その理由づけの際に参
考になるのは，とくに(b)だろう。そのほかにも
例えば，地方公共団体の長や地方議会議員のよ
うに，選挙によって就任する地位は「職業」で
はない。それと同じように，自分自身の利益の
ためではなく当該地方全体の利益のために活動
しなければならない地方公務員も「職業」では
ない（権利は自分自身の利益を追求するためにあ
るもので，公共の利益を追求することが義務づけ
られているなら，権利とはいえない），など。

　(4)　14条1項を用いた場合の注意
　①　「国籍」による差別は「人種」による差
別とイコールではない。「一国民一人種」では

──────────
6)　なお，国民主権の原理が公務員から外国人を排除
　する理由にならないことから，これとは逆に，民主
　的に決定された憲法・法律を忠実に執行していれば，
　だれが執行していても統治の正当性は維持されると
　いう見解もある（野坂・後掲400頁）。もしそうだと
　すると，裁判官が外国人であっても問題はないこと
　になる。明治憲法下，不平等条約改正のための外国
　人裁判官問題が想起される（大石眞『日本憲法史〔第
　2版〕』〔有斐閣，2005年〕247頁以下）。

ないからである。国籍要件は特定の人種を差別しているわけではないし，もとは外国籍で日本人とは違う人種でも，日本国籍を取得したら同じ取扱いとなり，逆に，もとは日本国籍で日本人と同じ人種でも，外国籍を取得して日本国籍を離れたら異なる取扱いを受けることになるからである。ちなみに，人種差別撤廃条約1条1・2項参照。

　②　国籍は自分自身の意思や努力によっては変えられないものか，問題となる。これを肯定すると，国籍を理由とする別異扱いの審査を厳格化する理由になる（国籍法違憲判決＝本書1事件や非嫡出子相続分違憲判決＝本書2事件など参照）が，自分の意思で変えられると考えれば厳格に審査する理由はなくなる（薄まる）。国籍のほかにも，例えば宗教の変更可能性について，意見が分かれるだろう。

■ ■ ■ ■ ■ 関連判例 ■ ■ ■ ■ ■

1　マクリーン事件判決（最大判昭53・10・4民集32巻7号1223頁）

2　定住外国人地方参政権訴訟判決（最判平7・2・28民集49巻2号639頁）

■ ■ ■ ■ ■ 演習問題 ■ ■ ■ ■ ■

1　次の【事例】を読み，下記の【設問】に答えなさい。

【事　例】

　Xは，「日本国との平和条約に基づき日本の国籍を離脱した者等の出入国管理に関する特例法」に定める「特別永住者」である。Xは，大学で学芸員の資格を取得していたので，その資格を生かし，自分が生まれ育ったY市において，市の職員（地方公務員）になりたいと思っていた。その年もY市では学芸分野の職員の募集が行われた。ところが，Y市では，市の職員の採用にあたり，日本国籍を有することを要件としていたため，Xは，日本国籍がないことを理由に，Y市の職員採用試験の受験を拒否された。そこで，Xは，Y市に対し，条例とそれに基づく措置によって基本的人権を侵害されたと主張し，慰謝料を請求する訴訟を提起することにした。

　実は，Y市が当該条例を制定した際に，市議会ではその合憲性に関する質問が出されていた。市の担当者は次のように答えている。

「市の職員は日本国籍を有する者でなければならない，とすることは憲法違反の疑いがあるのではないか，とのご質問ですが，もともと外国人には市の職員になる権利が憲法上保障されているわけではありませんから，条例が憲法違反になることもございません。もちろん，外国人を職員にすることが一切禁止されているわけではありませんけれど，管理職への昇任試験の際は日本国籍が必要になるわけです。これは最高裁判決でも認められております。そうしますと，外国人を職員として採用しても管理職になることはできないわけですから，能力のある人にはかえってかわいそうである。最初から他の領域で活躍してもらったほうがよい，こういう趣旨で条例では受験資格を日本国籍を有する者に限ったわけでございまして，憲法違反ということは全くありませんので，ご安心ください。」

　なお，Y市では，学芸分野の管理職は，その専門性にかんがみて，学芸分野の職員が昇任するものとされており，昇任試験の後に他のさまざまな分野で管理職に必要な職務経験を積むという制度はとられていない。

【設　問】

1　Xはどのような憲法上の主張をすると考えられるか。簡潔に説明しなさい。

2　これに対してY市は，どのように反論すると考えられるか。市の担当者の説明を参考に，簡潔に説明しなさい。

3　Xの主張とY市の反論を踏まえ，あなた自身の見解を述べなさい。

4　本件で，採用された職員が管理職に昇任する場合に日本国籍が要求されていた場合には，1〜3はどう変わるか。

　＊考え方
　1　Xは22条1項説を主張すべきである。その場合，薬事法違憲判決（本書14事件）に従って，次のように主張することになる。
　①公務員として働くことは「人が自己の生計を維持するためにする継続的活動」であり，憲法22

条1項の「職業」に該当するから、「職業選択の自由」の一部として公務就任権が保障される。②職業選択の自由は、前国家的権利として国籍の如何にかかわらずすべての人に保障されるから、外国人も公務就任権を有する。③職業選択の自由は、個人の人格的価値と不可分の関係を有する重要な権利であり、公務員採用試験の受験要件として日本国籍を要求することは、外国人の公務就任権を一切否定する重大な制約であるから、憲法22条1項に違反する。

あわせて14条1項を挙げてもよい。ただし、「職業選択の自由は、合理的理由のない限り、外国人にも日本人と同じように保障される」という意味にとどまるので、審査がとくに厳格ないし慎重になるわけでもない。

2　これに対して、Y市は、15条1項説に基づいて、公務就任権は外国人に保障されていないと反論する（公務就任権が外国人には保障されなくても、日本国民には保障されるのだから、その根拠条文を明らかにしておく必要がある）。ただし、公務員に採用することが禁止されているわけではないとするのだから、外国人を採用するかどうか、どのような条件で採用するかは立法政策の問題であるという「許容説」である。そもそも権利がないのだから、権利侵害もなく、このような取扱いが違憲になることはない。

また、14条1項は、「等しいものは等しく、等しくないものは等しくなく取り扱う」よう要求しているので、「公務員になる権利のある人」（日本人）と「その権利のない人」（外国人）を異なって取り扱うのは、まさに等しくないものを等しくなく取り扱うもので、合理的な根拠に基づくものだということになる。

3　学芸分野の職員から外国人を排除することは国民主権原理で正当化できるか。また、Y市の管理職任用制度は東京都と同じか。判例を踏まえて解答すること。

2　現行法上、二重国籍者であっても選挙権・被選挙権を有する。国家公務員・地方公務員になることもできるが、例外として、外務公務員については、日本国籍を有しない者のほか、日本国籍とともに外国の国籍を有する者も資格を欠くとされている（外務公務員法7条）。このような制限は憲法に違反しないか。

また、国際化の進展とともに、日本国の利益を対外的に主張しなければならないのは外務公務員に限られないとして、法律を改正し、外務公務員以外の一般の公務員についても、外国籍を有することを欠格条件とすることは憲法上可能か。

＊考え方

外務公務員の職務内容に他の公務員と異なる特殊性はあるか。それは外務公務員に限られるか。

3　P県では、外国籍の者にも教員採用試験の受験を認めるが、合格した者は、「教諭」ではなく「常勤講師」として採用している。日本人は教諭、外国人は常勤講師である。その結果、校長、教頭、主任などの管理職に就任するには教諭であることが必要であるため、外国人は管理職から排除されている。外国籍の常勤講師Xは、このような取扱いは憲法違反であるとして、P県弁護士会に人権救済を申し立てた。

＊考え方

本問は、①採用段階で取扱いが異なり、その結果、②外国人は管理職から排除される。本判決と同じく②だけを争うか、その原因となっている①も争うのか。前者では合理的理由の有無が、後者では公務就任権の有無も問題となる。なお、日弁連の勧告が出ている（日弁連総第170号、2012年3月6日）。

4　地方参政権訴訟判決との関係

平成7年判決（関連判例2）は、その傍論で、永住者等の外国人に、「法律をもって、地方公共団体の長、その議会の議員等に対する選挙権を付与する措置を講ずることは、憲法上禁止されているものではない」とした。平成17年判決はこの判決を変更したことにならないか。

＊考え方

地方公共団体の長や地方議会議員の被選挙権と公権力行使等地方公務員の職との関係。禁止か許容か。

〔参考文献〕
高世三郎・最判解民事篇平成17年度(上)60頁
ジュリスト1288号（渋谷秀樹、中西又三、高世三郎）2～33頁
長谷部恭男「外国人の公務就任権」同『Interactive憲法』（有斐閣、2006年）98～110頁
工藤達朗「外国人の公務就任権」笹田栄司ほか『ケースで考える憲法入門』（有斐閣、2006年）125～139頁
野坂泰司「外国人の公務就任・管理職昇任」同『憲法基本判例を読み直す』（有斐閣、2011年）383～407頁
山本隆司「外国籍公務員と民主的正統化」同『判例から探究する行政法』（有斐閣、2012年）122～147頁

（工藤達朗）

裁判を受ける権利

22 裁判員制度違憲訴訟

■ **最高裁平成 23 年 11 月 16 日大法廷判決**

■ 平成 22 年（あ）第 1196 号
　覚せい剤取締法違反，関税法違反被告事件

■ 刑集 65 巻 8 号 1285 頁，判時 2136 号 3 頁

〈事実の概要〉

　Y（被告人。日本在住のフィリピン国籍の女性）がクアラルンプール空港から持ち込んだスーツケースの中に覚せい剤が入っていることが成田空港税関で発見され，Y は，覚せい剤取締法違反および関税法違反で起訴された。

　1 審（千葉地判平 22・1・18 刑集 65 巻 8 号 1351 頁参照）は Y を有罪とし，懲役 9 年および罰金 400 万円の刑に処した。これに対して Y は，事実誤認および量刑不当のほか，1 審の裁判員裁判（裁判官 3 名と裁判員 6 名によって構成）が憲法違反であることを理由に控訴したが，控訴審（東京高判平 22・6・21 前掲刑集 1363 頁参照）がこれを棄却したため，Y は最高裁に上告した。

〈上告審〉

　　要　点

　① 憲法は，一般的には国民の司法参加を許容しており，国民の司法参加に関わる制度の合憲性は，具体的に設けられた制度が，適正な刑事裁判を実現するための諸原則に抵触するか否かによって決せられる。

　② 裁判員制度は，公平な裁判所における法と証拠に基づく適正な裁判が行われることを制度的に十分保障しており，かつ裁判官を刑事裁判の基本的な担い手としているものと認められ，憲法が定める刑事裁判の諸原則を確保する上で支障はないから，日本国憲法 31 条，32 条，37 条 1 項，76 条 1 項および 80 条 1 項に反しない。

　③ 裁判員法が規定する評決制度の下で，裁判官が時に自らの意見と異なる結論に従わざるを得ない場合があるとしても，それは憲法に適合する法律に拘束される結果であり，日本国憲法 76 条 3 項に違反しない。

　④ 裁判員制度による裁判体は，地方裁判所に属し，その第 1 審判決に対しては，高等裁判所への控訴および最高裁判所への上告が認められているから，日本国憲法 76 条 2 項の禁止する特別裁判所には当たらない。

　⑤ 裁判員の職務等は，司法権の行使に対する国民の参加という点で参政権と同様の権限を国民に付与するものであること，辞退に関し柔軟な制度が設けられていること，および，旅費等の支給により負担を軽減するための経済的措置が講じられていることから，憲法 18 条後段が禁ずる「苦役」には当たらない。

■　判　旨　■

　上告棄却。

　2 「〔**司法への国民参加**〕　まず，国民の司法参加が一般に憲法上禁じられているか否かについて検討する。

　(1)　憲法に国民の司法参加を認める旨の……明文の規定が置かれていないことが，直ちに国民の司法参加の禁止を意味するものではない。憲法上，刑事裁判に国民の司法参加が許容されているか否かという刑事司法の基本に関わる問題は，憲法が採用する統治の基本原理や刑事裁判の諸原則，憲法制定当時の歴史的状況を含めた憲法制定の経緯及び憲法の関連規定の文理を総合的に検討して判断されるべき事柄である。

　(2)　裁判は，証拠に基づいて事実を明らかにし，これに法を適用することによって，人の権利義務を最終的に確定する国の作用であり，取り分け，刑事裁判は，人の生命すら奪うことの

ある強大な国権の行使である。そのため，多くの近代民主主義国家において，それぞれの歴史を通じて，刑事裁判権の行使が適切に行われるよう種々の原則が確立されてきた。基本的人権の保障を重視した憲法では，特に31条から39条において，適正手続の保障，裁判を受ける権利，令状主義，公平な裁判所の迅速な公開裁判を受ける権利，証人審問権及び証人喚問権，弁護人依頼権，自己負罪拒否の特権，強制による自白の排除，刑罰不遡及の原則，一事不再理など，適正な刑事裁判を実現するための諸原則を定めており，そのほとんどは，各国の刑事裁判の歴史を通じて確立されてきた普遍的な原理ともいうべきものである。刑事裁判を行うに当たっては，これらの諸原則が厳格に遵守されなければならず，それには高度の法的専門性が要求される。憲法は，これらの諸原則を規定し，かつ，三権分立の原則の下に，『第6章　司法』において，裁判官の職権行使の独立と身分保障について周到な規定を設けている。こうした点を総合考慮すると，憲法は，刑事裁判の基本的な担い手として裁判官を想定していると考えられる。

　(3)　他方，歴史的，国際的な視点から見ると，欧米諸国においては，上記のような手続の保障とともに，18世紀から20世紀前半にかけて，民主主義の発展に伴い，国民が直接司法に参加することにより裁判の国民的基盤を強化し，その正統性を確保しようとする流れが広がり，憲法制定当時の20世紀半ばには，欧米の民主主義国家の多くにおいて陪審制か参審制が採用されていた。我が国でも，大日本帝国憲法（以下「旧憲法」という。）の下，大正12年に**陪審法**が制定され，昭和3年から480件余りの刑事事件について陪審裁判が実施され，戦時下の昭和18年に停止された状況にあった。

　憲法は，その前文において，あらゆる国家の行為は，国民の厳粛な信託によるものであるとする国民主権の原理を宣言した。上記のような時代背景とこの基本原理の下で，司法権の内容を具体的に定めるに当たっては，国民の司法参加が許容されるか否かについても関心が払われ

ていた。すなわち，旧憲法では，24条において『日本臣民ハ法律ニ定メタル裁判官ノ裁判ヲ受クルノ権ヲ奪ハルヽコトナシ』と規定されていたが，憲法では，32条において『何人も，裁判所において裁判を受ける権利を奪はれない。』と規定され，憲法37条1項においては『すべて刑事事件においては，被告人は，公平な裁判所の迅速な公開裁判を受ける権利を有する。』と規定されており，『裁判官による裁判』から『裁判所における裁判』へと表現が改められた。また，憲法は，『第6章　司法』において，最高裁判所と異なり，下級裁判所については，裁判官のみで構成される旨を明示した規定を置いていない。憲法制定過程についての関係資料によれば，憲法のこうした文理面から，憲法制定当時の政府部内では，**陪審制**や**参審制**を採用することも可能であると解されていたことが認められる。こうした理解は，枢密院の審査委員会において提示され，さらに，憲法制定議会においても，米国型の陪審制導入について問われた憲法改正担当の国務大臣から，『陪審問題の点については，憲法に特別の規定はないが，民主政治の趣旨に則り，必要な規定は法律で定められ，現在の制度を完備することは憲法の毫も嫌っているところではない。』旨の見解が示され，この点について特に異論が示されることなく，憲法が可決成立するに至っている。……

　刑事裁判に国民が参加して民主的基盤の強化を図ることと，憲法の定める人権の保障を全うしつつ，証拠に基づいて事実を明らかにし，個人の権利と社会の秩序を確保するという刑事裁判の使命を果たすこととは，決して相容れないものではな〔い〕。……

　(4)　そうすると，<u>国民の司法参加と適正な刑事裁判を実現するための諸原則とは，十分調和させることが可能であり，憲法上国民の司法参加がおよそ禁じられていると解すべき理由はなく，国民の司法参加に係る制度の合憲性は，具体的に設けられた制度が，適正な刑事裁判を実現するための諸原則に抵触するか否かによって決せられるべきものである</u> 要点①。換言すれば，憲法は，一般的には国民の司法参加を許容

しており，これを採用する場合には，上記の諸原則が確保されている限り，陪審制とするか参審制とするかを含め，その内容を立法政策に委ねていると解されるのである。

3 そこで，次に，**裁判員法**による裁判員制度の具体的な内容について，憲法に違反する点があるか否かを検討する。

〔刑事裁判の諸原則の確保〕

(1) ……憲法80条1項が，裁判所は裁判官のみによって構成されることを要求しているか否かは，結局のところ，憲法が国民の司法参加を許容しているか否かに帰着する問題である。……

問題は，裁判員制度の下で裁判官と国民とにより構成される裁判体が，刑事裁判に関する様々な憲法上の要請に適合した『裁判所』といい得るものであるか否かにある。」

「裁判員制度の仕組みを考慮すれば，公平な『裁判所』における法と証拠に基づく適正な裁判が行われること（憲法31条，32条，37条1項）は制度的に十分保障されている上，裁判官は刑事裁判の基本的な担い手とされているものと認められ，憲法が定める刑事裁判の諸原則を確保する上での支障はないということができる 要点②」。

〔裁判官の独立〕

(2) 「憲法76条3項によれば，裁判官は憲法及び法律に拘束される。そうすると，……憲法が一般的に国民の司法参加を許容しており，裁判員法が憲法に適合するようにこれを法制化したものである以上，裁判員法が規定する評決制度の下で，裁判官が時に自らの意見と異なる結論に従わざるを得ない場合があるとしても，それは憲法に適合する法律に拘束される結果であるから，同項違反との評価を受ける余地はない 要点③。元来，憲法76条3項は，裁判官の職権行使の独立性を保障することにより，他からの干渉や圧力を受けることなく，裁判が法に基づき公正中立に行われることを保障しようとするものであるが，裁判員制度の下においても，法令の解釈に係る判断や訴訟手続に関する判断を裁判官の権限にするなど，裁判官を裁判

の基本的な担い手として，法に基づく公正中立な裁判の実現が図られており，こうした点からも，裁判員制度は，同項の趣旨に反するものではない。」

〔特別裁判所の禁止〕

(3) 「裁判員制度による裁判体は，地方裁判所に属するものであり，その第1審判決に対しては，高等裁判所への控訴及び最高裁判所への上告が認められており，裁判官と裁判員によって構成された裁判体が**特別裁判所に当たらない**ことは明らかである 要点④」。

〔苦役の禁止〕

(4) 「裁判員としての職務に従事し，又は裁判員候補者として裁判所に出頭すること（以下，併せて「裁判員の職務等」という。）により，国民に一定の負担が生ずることは否定できない。しかし，裁判員法1条は，制度導入の趣旨について，国民の中から選任された裁判員が裁判官と共に刑事訴訟手続に関与することが司法に対する国民の理解の増進とその信頼の向上に資することを挙げており，これは，この制度が国民主権の理念に沿って司法の国民的基盤の強化を図るものであることを示していると解される。このように，裁判員の職務等は，司法権の行使に対する国民の参加という点で参政権と同様の権限を国民に付与するものであり，これを『苦役』ということは必ずしも適切ではない。また，裁判員法16条は，国民の負担を過重にしないという観点から，裁判員となることを辞退できる者を類型的に規定し，さらに同条8号及び同号に基づく政令においては，個々人の事情を踏まえて，裁判員の職務等を行うことにより自己又は第三者に身体上，精神上又は経済上の重大な不利益が生ずると認めるに足りる相当な理由がある場合には辞退を認めるなど，辞退に関し柔軟な制度を設けている。加えて，出頭した裁判員又は裁判員候補者に対する旅費，日当等の支給により負担を軽減するための経済的措置が講じられている（11条，29条2項）。

これらの事情を考慮すれば，裁判員の職務等は，憲法18条後段が禁ずる『苦役』に当たらないことは明らかであり 要点⑤，また，裁判

員又は裁判員候補者のその他の基本的人権を侵害するところも見当たらないというべきである。」

■ ■ ■ ■ 確認問題 ■ ■ ■ ■

1 陪審制および参審制について確認した上で，裁判員制度の基本的な仕組みについて説明しなさい。（前提問題）

2 本判決によれば，憲法上，どのような形態の国民の司法参加であれば認められるとされているか。（→ 要点①②）

3 本判決が前提とする「適正な刑事裁判の諸原則」とは何か。（→判旨2(2)）

4 裁判官の職権行使の独立について，憲法76条3項の定める「良心」の意味を踏まえて説明しなさい。（→ 要点③）

5 日本国憲法76条2項の禁止する「特別裁判所」とは何か。（→ 要点④）

■ ■ ■ ■ 解 説 ■ ■ ■ ■

1 国民の司法参加

(1) 陪審制・参審制

裁判員制度をめぐっては，裁判官以外の国民が裁判体の構成員となり，評決権を持って裁判を行うこと（国民の司法参加）が憲法上許されるか，という問題がある。比較法的にみると，国民の司法参加のあり方には，①陪審制と②参審制とがある。①陪審制は，基本的には，事件ごとに国民一般から選ばれた陪審員が，事件の事実関係につき証拠に基づいて審理・評決し，裁判官がこれに基づいて法的判断や量刑を行い，判決を言い渡す制度とされる[1]。②参審制は，職業裁判官と，一定任期につき国民一般より選任された参審員とが一つの合議体を構成して裁判する制度とされ，陪審員が裁判官から独立して審理し，その事実判断が裁判官を拘束する陪審制と異なり，裁判官と参審員が共同して裁判に当たる点に違いがあるとされる。

(2) 裁判員制度の導入

わが国では，帝国臣民たる30歳以上の男子からなる陪審員により，犯罪構成事実の有無等につき評議すること等を内容とする陪審法が

1923（大正12）年に制定されたが（1928〔昭和3〕年施行），太平洋戦争の激化等も手伝って，1943（昭和18）年から施行が停止されていた。時を経て21世紀に入り，司法制度改革の一環として，「司法に対する国民の理解の増進とその信頼の向上」に資するべく，国民の中から選任された「裁判員」が，裁判官とともに刑事訴訟手続に関与することを内容とする，裁判員制度が創設された（裁判員法1条）。具体的には，死刑または無期懲役もしくは禁錮に当たる罪にかかる事件等につき，衆議院議員の選挙権を有する者の中から選任された裁判員6名と裁判官3名が[2]，事実の認定，法令の適用，刑の量定について審理するものである（法令の解釈等にかかる判断は裁判官の合議による。以上につき，裁判員法2条1〜3項，6条1・2項，13条等）。裁判員制度は，裁判員と裁判官とが一つの合議体を構成して審理する点で陪審制とは異なり，また裁判員が事件毎に選任される点で参審制とも異なる，わが国独自の司法参加制度であるとされる。

(3) 裁判員制度の合憲性

裁判員制度については，①憲法には国民の司法参加を想定した規定がなく，憲法80条1項は下級裁判所が裁判官のみによって構成されることを定めているから，裁判員制度による裁判体は憲法にいう「裁判所」に当たらず，憲法32条・37条・76条1項・31条に反する，②裁判員制度では裁判官は裁判員の判断に影響・拘束されるため，裁判官の職権行使の独立（憲法76条3項）に反する，③裁判員が参加する裁判体は特別裁判所に該当し，憲法76条2項に反する，④裁判員制度は国民に憲法上根拠の

---

1) 英米法では，陪審（jury）は，事件の審理に関与する（事実問題の認定に携わる）小陪審（petit jury），刑事事件につき正式起訴の決定にあたる（起訴を相当とするに足るだけの証拠があるかを審査する）大陪審（grand jury）などに区別される（田中英夫編集代表『英米法辞典』〔東京大学出版会，1991年〕388〜389，486，639頁）。

2) ただし，公訴事実に争いがないと認められ，事件の内容その他の事情を考慮して適当と認められる事件については，裁判員4名と裁判官1名で審理を行うことも可能である（裁判員法2条3項）。

ない負担を課すものであり，憲法18条後段に反する，などの点で違憲であるとして争われた。

本判決において最高裁は，「憲法上，刑事裁判に国民の司法参加が許容されているか否かという刑事司法の基本に関わる問題は，憲法が採用する統治の基本原理や刑事裁判の諸原則，憲法制定当時の歴史的状況を含めた憲法制定の経緯及び憲法の関連規定の文理を総合的に検討して判断されるべき事柄である」として，憲法上の原理，歴史的経緯，比較法的見地，憲法各条の文言，そして国民の司法参加の意義等もふまえつつ，憲法は，一般的には国民の司法参加を許容しており，刑事裁判の諸原則が確保される限り，その内容につき立法政策に委ねている，と解し，以上の諸点について合憲とした（土井真一・百選II〔第6版〕386頁，宍戸常寿・判プラ465頁）。また，この考えを前提に，裁判員制度による審理・裁判を受けるか否かについて被告人に選択権が認められていないことも，憲法32条・37条に反しないとされている（最判平24・1・13刑集66巻1号1頁）[3]。

2 「自由主義の原理」と「民主主義の原理」

本判決は，その理由第1の3(1)において，「憲法80条1項が，〔下級〕裁判所は裁判官のみによって構成されることを要求しているか否かは，結局のところ，憲法が国民の司法参加を許容しているか否かに帰着する問題である」と述べ，理由第1の2を参照している。すなわち，裁判官以外の者が構成員となった裁判体が（憲法32条，37条1項，76条1項等にいう）「裁判所」と認められるか否かは，下級裁判所については憲法80条1項の解釈問題となるが，この各論的解釈問題の前提として，「日本国憲法には，裁判官以外の国民が裁判体の構成員となり評決権を持って裁判を行うことを想定した規定がない」ことの趣旨をどう理解すべきか，という総論的論点についての検討が必要になる，というわけである。

この点については，大別して3つの理論的可能性が考えられる。①憲法に国民の司法参加を許容する明文の規定がないことを根拠に，およ

そ，憲法は国民の司法参加を一切認めないという立場をとっていると解釈すべきか，それとも，②（解釈によって導かれる）一定の憲法上の条件をみたす限り，国民の司法参加は憲法上認められるという立場をとっていると解釈すべきか，はたまた，③憲法は国民の司法参加につき，これをすべて立法政策に委ねていると解釈すべきか，である。②の場合にはさらに，憲法上どのような条件を充足すれば，国民の司法参加が認められるのか，という次の解釈問題が控えている[4]。

この点，本判決は，明文規定のないことの趣旨につき，(a)比較法史的考察，および(b)憲法制定過程からの示唆を根拠に，②の解釈方針を採用している。まず(a)の観点であるが，ドイツおよびフランスにおける参審制は，わが国の裁判員制度と比較的類似した制度であり，犯罪事実の認定や量刑についての判断を裁判官と共に行うが，ドイツ基本法・フランス第5共和制憲法のいずれも，そのような制度を設ける明文の規定をもたない。ここから了解されるように，裁判員制度に関する明文規定がないからと言って，①と解すべき必然性はなく，むしろ憲法76条1項は，下級裁判所の設置について「法律の定めるところによる」として，下級裁判所の制度構築を，立法政策に委ねているのである（②または③と解される）。

しかし，憲法が刑事裁判に関する下級裁判所の制度構築を，挙げて立法政策に委ねていると解しうるわけではなく，下級裁判所が「司法裁判所」として相応しい構成・手続・権限を備えていることが，憲法上，当然に要求される。とりわけ，憲法31条〜39条はアメリカ型の刑

---

3) 裁判員制度の合憲性については，土井真一「日本国憲法と国民の司法参加」『岩波講座憲法4　変容する統治システム』（岩波書店，2007年）235頁，青野篤「裁判員制度の憲法学的一考察」大分大学経済論集62巻5・6号（2011年）203頁など参照。被告人に選択権が認められていないことの問題点については，宍戸常寿「裁判員制度の合憲性——東京高判平成22年4月22日第2刑事部判決」刑事法ジャーナル28号（2011年）90頁を参照。

4) 西野吾一「刑事裁判における国民の司法参加と憲法ほか」ジュリ1442号83頁以下も参照。

事司法を念頭に置きつつ，刑事裁判手続に関する詳細な基本権規定を設けているが，このような諸原則が厳格に遵守されるよう，裁判官の職権行使の独立性と，身分保障とが憲法上規定されている（76条3項，78条，80条2項）。したがって，刑事裁判の担い手に着目した場合，上記のような刑事裁判制度に関する基本原則を確保するためには，刑事裁判の主たる担い手が裁判官であるべきことは，憲法上明らかである（判旨2⑵を参照）。

　本判決のこの判示部分は，担当の調査官による解説が示すように，「検討の出発点として，『自由主義の原理』の観点から，憲法上守らなければならない事項を確認したもの」（西野・前掲87頁）と理解することができる（「民衆裁判の危険性」の認識）。

　他方で，18世紀から20世紀にかけて，民主主義の理念の発達に伴い，「国民が直接司法に参加することにより裁判の国民的基盤を強化し，その正統性を確保しようとする流れが広がり，憲法制定当時の20世紀半ばには，欧米の民主主義国家の多くにおいて陪審制か参審制が採用されていた」（理由第1の2⑶）。これは，「民主主義の原理」の観点から，国民参加によって刑事裁判の民主的基盤の強化（＝民主的正統性の確保）を図ろうとするものであるが，ここから了解されるように，「自由主義の原理」の観点からする刑事裁判の諸原則の制度的確保と，「民主主義の原理」の観点からする国民の司法参加とは，相互に緊張関係にあるものの，決して両立不可能なものではない。問題のポイントはむしろ，「前者を基調としつつも，いかなる憲法上の制度的条件をクリアすれば，『国民の司法参加』を導入することが憲法上許容されるか」という点に存する。

3　「刑事裁判の諸原則の確保」の要請

　わが国では，明治維新を経て，フランス・ドイツをモデルとした刑事裁判制度が整備された後，いわゆる大正デモクラシーの時期に，英米をモデルとする陪審法が制定された（大正12年）。しかし，太平洋戦争の泥沼化に伴い，裁

判運用における効率性を重視するという観点から，昭和18年に運用が停止されたまま，終戦を迎えることになる。

　このように，陪審制度が停止されたまま存在している環境下で，日本国憲法の裁判所制度の設計が行われたが，その際には（内閣法制局の起草作業，枢密院審議，帝国議会審議を通じて）次の諸点が明確に意識されていた（西野・前掲88頁）。

　⒜　明治憲法は「裁判官の裁判を受ける権利」を定めていたが（24条），日本国憲法では「裁判所の裁判を受ける権利」へと修正されている。

　⒝　憲法は，最高裁判所が「裁判官」のみで構成される旨を定めているのに対し（79条1項），下級裁判所については，裁判官の任命方式の定めがあるだけで，裁判官以外の者が裁判体の構成員に加わることを排除していない（80条1項）。

　⒞　「裁判官の裁判を受ける権利」を保障する明治憲法下においても，被告人が陪審裁判又は裁判官裁判のいずれを選ぶかの選択権を有することを根拠に，陪審制度は憲法に適合すると考えられていたことから，新憲法では，被告人に選択権のない強制陪審すら可能であると解釈されていた。

　ここから了解されるように，憲法制定史の知見，および条文の文理解釈の観点からしても，日本国憲法は国民の司法参加をおよそ否定しているとは考え難く，問題の本質は，刑事裁判の諸原則が確保されるような制度的担保が行われているかどうか，という点にあると言えよう（上記の②のアプローチ）。判旨2⑷が②のアプローチを示しつつ，「憲法は，一般的には国民の司法参加を許容しており，これを採用する場合には，上記の諸原則が確保されている限り，陪審制とするか参審制とするかを含め，その内容を立法政策に委ねていると解される」〔傍点稿者〕と述べるのも，この理を示したものに他ならない。

　だが，「国民の司法参加のあり方は多様であり，制度の具体的な内容如何では，憲法の関連

条項に違反する場合も生じる[5]」。それでは，現在の形における裁判員制度は，この「諸原則」を確保するものとなっているだろうか。

4　公平な裁判所の裁判を受ける権利

上記の観点からすれば，「自由主義の原理」を体現する刑事裁判の諸原則を確保するのは，あくまで専門的知識を有する裁判官の役割であって，他方，裁判員は，法的な専門知識が不可欠ではない事項について，市民としての感覚を反映した判断を行うべきこととなる（司法の民主主義的正統性の確保）。

本判決は，裁判体の構成，裁判員の選任方法，裁判官および裁判員の権限分配・役割分担，および審理・評議・評決の規定などを順次検討した上で，「このような裁判員制度の仕組みを考慮すれば，公平な『裁判所』における法と証拠に基づく適正な裁判が行われること（憲法31条，32条，37条1項）は制度的に十分保障されている上，裁判官は刑事裁判の基本的な担い手とされているものと認められ，憲法が定める刑事裁判の諸原則を確保する上での支障はないということができる」とする。

もっとも，現行の裁判員法に依れば，見解の分布によっては，裁判官の多数が無罪と考える場合であっても，被告人が有罪となるケースがある。例えば，裁判官1名・裁判員4名が有罪，裁判官2名・裁判員2名が無罪と判断した場合，裁判官のみの裁判であれば無罪であるが，裁判員を含めた裁判では有罪の結論になる。

この点，学説上では，有罪判決を行うためには，身分保障のある裁判官の多数が有罪の意見であることを要件とすべきだとの見解もある[6]。しかし，刑事被告人が「公平な裁判所の裁判を受ける権利」を保障されることの意義は，民衆裁判の危険性を踏まえつつ，政治的圧力や一時的激情に左右されない，法にしたがった裁判を確保する点に存するのであるから[7]，身分保障のある裁判官が刑事裁判の主たる担い手となり，刑事裁判の諸原則が確保された制度設計がなされている限り，有罪判決を下すに当たって必ずしも裁判官の多数を必要としない制度であって

も，公平な裁判所の裁判を受ける権利（憲法32条・37条1項）を侵害するとまでは言えないであろう。

これを現行の裁判員制度に照らしてみた場合，「法令の解釈に係る判断」および「訴訟手続に関する判断」は裁判官の判断に留保されているほか（裁判員法6条2項），裁判官たる裁判長は，裁判員を交えた評議において，必要と認めるときは，裁判員に対し「構成裁判官の合議による法令の解釈に係る判断及び訴訟手続に関する判断を示さなければならない」（同法66条3項）ものとされ，また，「必要な法令に関する説明を丁寧に行うとともに，評議を裁判員に分かりやすいものとなるように整理し」なければならない（同5項）とされるなど，一時的な激情や政治的考慮ではなく，法に従った裁判となるように配慮した制度設計が行われている点に着眼すれば，刑事被告人が「公平な裁判所」の裁判を受ける権利を侵害するものとまでは言えないと解される[8]。

5　特別裁判所の設置の禁止

本判決の控訴審段階では，裁判員法が「特定の刑事事件に限って裁判員裁判の対象としていること」が憲法76条2項に反するとの主張が行われていたが，司法裁判所の系列の中に，特定分野の法領域を管轄する裁判所を設けたり，また同じく司法裁判所の系列の中で，裁判所の構成を裁判官以外にも拡大したりすることは，

---

5)　青野・前掲注3) 203頁。

6)　例えば竹下守夫は，「裁判員が参加して裁判官と一緒に裁判をすることは憲法上も禁止されていないが，有罪の判決をするには，身分保障のある裁判官の多数が有罪の意見であることを必要とする，と考えるべきだ」と指摘している。佐藤幸治＝竹下守夫＝井上正仁『司法制度改革』（有斐閣，2002年）343頁。

7)　高橋和之『立憲主義と日本国憲法〔第4版〕』（有斐閣，2017年）287～288頁。

8)　もっとも，立法政策上，有罪判決の場合には裁判官の多数の同意を要件とすることも考えうる（青野・前掲注3) 213頁以下）。また，裁判長の義務遂行を事後的に検証できる制度の必要性につき，青野篤「裁判員制度の合憲性——最高裁平成23年11月16日大法廷判決」大分大学経済論集64巻1号（2012年）74頁，77頁も参照。

——そのような「国民の司法参加」自体を憲法が許容していると解される以上——禁じられた「特別裁判所」を設置するものとは言えないであろう。合議体の一部に裁判員が評決権をもって参加する場合であっても、この裁判体自体は通常裁判所の系列に属しているからである。

上告理由では、裁判員制度による裁判体が「通常裁判所の系列の外にある」ことを根拠に、憲法76条2項違反であるとの主張が行われたが、何に着目して「通常裁判所の系列外」であるとしているかは判然としない。この点、本判決は、高等裁判所への控訴、最高裁判所への上告が認められていることを根拠に、裁判員制度による裁判体も通常裁判所の系列に属する（ので特別裁判所ではない〔最大判昭31・5・30刑集10巻5号756頁〕）旨の判示をしている[9]（判決理由第一の三(3)）。

6 裁判官の職権行使の独立性

裁判員法67条1項は、「前条第1項の評議における裁判員の関与する判断は、裁判所法第77条の規定にかかわらず、構成裁判官及び裁判員の双方の意見を含む合議体の員数の過半数の意見による」と定める。それゆえ、裁判官全員が一致して有罪の判断をした場合であっても、裁判官以外の裁判所構成員（裁判員）が全員無罪の意見である場合には、裁判官以外の構成員の判断のために、無罪の判断を行わなくてはならない。このような点が、「すべて裁判官は、その良心に従ひ独立してその職権を行ひ、この憲法及び法律にのみ拘束される」と定める憲法76条3項に違反するかが問題となった（判旨3(2)を参照）。

この点、そもそも裁判体が合議体である場合には、個々の裁判官の事実認定・量刑判断・法令解釈は、最終的には合議体の多数意見に従うことを余儀なくされる。しかし、この点を捉えて「裁判官の職権行使の独立性の侵害」だとは、およそ考えられないであろう（合議体としての内在的制約。憲法自体が、合議体による裁判を予定している〔79条・82条〕）。ここから了解されるように、裁判官の職権行使の独立性とは、

個々の裁判官が上記の判断を行う過程で、他の裁判官や外部の国家機関等から不当な圧力・干渉を受けないことを意味するのであって、それらを排除した上で形成された各裁判官の判断の結果が最終的な権威・効力を与えられるというわけではない（青野・前掲注3) 210頁以下）。

そもそも、前述のように、法令解釈権は裁判官に留保されており（6条、66条3項）、裁判員は、その法令解釈に従わなくてはならない（66条4項）のであるから、職権行使の独立性の制度目的を「法に基づく公正中立な裁判の確保」に求める自由主義の原理の観点からも、被告人の基本権保障に適正な配慮が払われていると言えよう。

7 「意に反する苦役の禁止」（憲法18条）と裁判員制度

本判決においてYは、裁判員法が裁判員となる者に出頭・就任義務を課し（29条1項、52条、63条1項）、正当な理由なく出頭しない場合に10万円以下の過料に処す（112条）としている点に着目して、このような出頭・就任義務が憲法18条の「意に反する苦役」に当たると主張した。

まず問題になるのは、Yにこのような第三者（裁判員）の基本権侵害の主張適格を認めるか否かという憲法訴訟上の論点である。

この点については、本判決が第三者に係る憲法18条後段違反の主張適格を暗黙のうちにYに認めたのは、Y自身の裁判を受ける権利（憲法32条）の派生的保護の問題として捉えうると考えたからではないかと想定されること、これに対して、裁判員制度の憲法適合性が問題となった別の下級審判決についてであるが、裁判員が自己の権利侵害を裁判で争うことが困難であることに主張適格承認の実質的根拠を見る見

---

9) ただし、君塚正臣「裁判員制度を最高裁判所大法廷が合憲と初めて判断した例」Watch Vol.10・22頁は、一部の学説に見られるような、「上訴可能ならば軍事裁判でも許容するという結論は首肯できず、『司法』に相応しい手続を有することが憲法上の要請であり、行政機関の行う『裁判』でも〔司法手続に〕準じる手続が要請」される旨を指摘している。

解があること[10]，に留意されたい。

その上で，本判決は，憲法18条違反の所論につき，裁判員の職務等が，司法権の行使に対する国民参加という点で，参政権と同様の「権限」を国民に付与するものであることに注意を促している（判旨3(4)）。その背後には，政治参加に能動的な公民が公共空間の構築に主体的に参与してゆくという統治システムの理解が伏在しているが，この点で，例えば強制的に土木工事に従事させることや，徴兵制・懲役と同視することには無理があり[11]，その意味で憲法18条の禁止する「苦役」に該当するとは考え難い。

■ ■ ■ ■ 関連判例 ■ ■ ■ ■

1　児童福祉法違反被告事件（最大判昭31・5・30刑集10巻5号756頁）：特別裁判所の禁止と家庭裁判所
2　検証物提示命令事件（最決平21・1・15民集63巻1号46頁）：裁判を受ける権利とインカメラ審理・裁判公開原則との関係について。
3　婚姻費用分担審判に対する抗告審の変更決定に対する特別抗告事件（最決平20・5・8判時2011号116頁）：演習問題を参照。

■ ■ ■ ■ 演習問題 ■ ■ ■ ■

次の【事例】を読み，下記の【設問】に答えなさい。
【事　例】
　X（妻）は平成18年5月にY（夫）と別居し，同年10月，家庭裁判所に夫婦関係調整の調停と婚姻費用分担の調停を申し立てた。しかし，いずれの調停も不成立となったことから，婚姻費用の分担については審判に移行し，平成19年8月，横浜家裁小田原支部は，Yの負担すべき婚姻費用額を1か月あたり12万円とする審判を行った。これを不服とするXが東京高裁に即時抗告し，同年11月，東京高裁はYの負担すべき婚姻費用額を1か月あたり16万円に変更する決定をした。しかし，その際東京高裁は，Xが即時抗告した事実をYに知らせず，また抗告状および抗告理由書の写しも送達しなかった。

そこでYは，抗告が行われた事実を知らされなければ抗告の相手方たる自身が抗告審に参加できないこと，および，抗告理由書の写しが抗告の相手方たる自身に送達されなければ反論する機会を奪われることになることを主張し，憲法32条違反等を理由に最高裁に対して特別抗告を申し立てた。

【設　問】
　本件において，Yの「裁判を受ける権利」は，いかなる意味で侵害されているか。裁判を受ける権利の保障内容，判例が採用してきたとされる訴訟事件と非訟事件との区別[12]，および，裁判を受ける権利が審尋請求権を含むとする学説の見解[13]を参考にして，本件における「侵害」の内容について検討しなさい。

　＊考え方
　本章では裁判員制度違憲訴訟に焦点が当てられたが，裁判を受ける権利は，より広い議論の射程をもっている。とりわけ，近年における学説・実務の展開により，「裁判を受ける権利」は「適正な裁判手続を受ける権利」や，「実効的な権利救済を受ける権利」をも内実として含んでいる，という見解が有力に主張されるようになった。このような近年の展開は，最高裁の確立した判例法理とされる訴訟・非訟峻別論を克服する形で行われてきた。
　この訴訟・非訟峻別論によれば，①権利義務の存否の確定は「純然たる訴訟事件」として公開・対審・判決という伝統的な「訴訟手続」を履践することが要請される（憲法82条・32条）のに対して，②権利義務の具体的内容の形成は，裁判所の後見的・合目的的な裁量に服する非訟事件であって，非訟手続（非公開・非対審・決定）によっても憲法82条・32条に違反するものではなく，③この非訟手続において実体的権利義務の存否を

---

10)　宍戸・前掲注3) 93頁。
11)　西野・前掲注4) 92頁。
12)　強制調停事件（最大決昭和35・7・6民集14巻9号1657頁，宍戸常寿・判プラ275頁），家事審判事件（最大決昭和40・6・30民集19巻4号1089頁，宍戸常寿・判プラ276頁）を参照。
13)　中野貞一郎＝松浦馨＝鈴木正裕編『新民事訴訟法講義〔第2版補訂版〕』（有斐閣，2006年）14頁，片山智彦『裁判を受ける権利と司法制度』（大阪大学出版会，2007年）49頁以下，141頁以下，新堂幸司『新民事訴訟法〔第4版〕』（弘文堂，2008年）42頁，および，平野朝子「いわゆる『インカメラ審理』を巡る最高裁決定」法律のひろば62巻10号（2009年）68頁を参照。

前提問題として判断しても既判力は生じず，別途，当該権利義務の存否をめぐる「純然たる訴訟事件」を提起しうるのであるから，この点でも憲法82条・32条に違反するものではない，とされる（訴訟事件公開説）。

これはまさしく，「訴訟と非訟の性質の違いを明らかにするとともに，32条・82条から，訴訟手続には厳格な拘束を導き，非訟事件には何らの拘束も存しない，というデジタル型の訴訟・非訟峻別論を明らかにした」（宍戸常寿・判プラ277頁）ものであって，昭和40年決定以降，このような訴訟・非訟峻別論に依拠した最高裁判例が蓄積されてゆくこととなった。

しかし，判例の採用する訴訟・非訟峻別論には，かねてより，種々の問題点が指摘されてきた。たとえば，

(a) 上記③のような思考方式では家庭裁判所の存在意義が見失われることにならないか（昭和40年決定の田中二郎裁判官の意見を参照）

(b) 「性質上純然たる訴訟事件」と「性質上非訟事件」との境界は不明確ではないか（最大決平10・12・1民集52巻9号1761頁の尾崎行信裁判官の反対意見の2も参照）

(c) 伝統的な公開・対審・判決の手続に従うことが，近代法の基盤たる個人の尊重原理（例，プライヴァシーの問題）や公正な裁判の遂行をかえって妨げるような場合（例，営業秘密にかかわる問題）にまで貫徹されなければならないというのは硬直した姿勢ではないか（昭和40年決定の山田作之助裁判官の意見を参照）

という省察の下に，現在ではより柔軟な思考枠組が有力になっている。

すなわち，ⓐ（「訴訟事件」「非訟事件」という二分法に依らず）公開・対審の手続に依らずに権利義務の存否を含めて終局的解決を図っても憲法上許容される事件を性質に応じて類型化する一方（対象事件の類型化），ⓑ手続態様についても（「訴訟手続」「非訟手続」の二分法に依らず）事件の類型・性質に応じた公正な手続・審理方式を認める憲法解釈を採用するべきだという見解が，次第に有力化したのである（公正手続説。例，芦部257 ～ 258頁）。

そうであるとすれば，本件のような紛争性の強い非訟事件について，非訟事件であるからという理由だけで，裁判を受ける権利，とりわけその一内実とされる審尋請求権（「当事者が裁判所に対して自己の見解を表明し，かつ，聴取される機会を与えられることを要求することができる権利」）に適正な考慮を払わないことが正当化されるか否かについては，再検討の余地が残されていよう[14]。

〔参考文献〕

青野篤「裁判員制度の合憲性――最高裁平成23年11月16日大法廷判決」大分大学経済論集64巻1号（2012年）63頁以下

笹田栄司『司法の変容と憲法』（有斐閣，2008年）81頁以下，257頁以下

横大道聡「裁判員制度と死刑」辻村みよ子＝山元一＝佐々木弘通編『憲法基本判例――最新の判決から読み解く』（尚学社，2015年）244頁以下

柴田憲司「裁判員の守秘義務と表現の自由」小山剛＝畑尻剛＝土屋武編『判例から考える憲法』（法学書院，2014年）255頁以下

赤坂幸一「司法制度改革へのアンビヴァレンス――竹崎博允」渡辺康行ほか編『憲法学からみた最高裁判所裁判官』（日本評論社，2017年）351頁以下

（赤坂幸一）

---

14) 宍戸常寿・セレクト2008年11頁，赤坂幸一「裁判を受ける権利」月報司法書士519号（2015年）30頁も参照。

判例索引

(年月日順)

＊ゴチックのものは本書表題判例を指す

＊数字は本書ページを指す

＊「判プラ」は憲法判例研究会編『判例プラクティス憲法（増補版）』（信山社，2016 年）を，「百選Ⅰ・Ⅱ」は長谷部恭男・石川健治・宍戸常寿編『憲法判例百選Ⅰ・Ⅱ（第 6 版）』（有斐閣，2013 年）を指す。それらの数字は通し番号を指す

最大判昭 23・9・29 刑集 2 巻 10 号 1235 頁（食糧管理法違反事件）【判プラ 217】　153

最判昭 27・2・15 民集 6 巻 2 号 77 頁　52

最大判昭 28・12・23 民集 7 巻 13 号 1561 頁（皇居前広場事件）【判プラ 93，百選Ⅰ-85】　120

最大判昭 29・11・24 刑集 8 巻 11 号 1866 頁（新潟県公安条例事件）【判プラ 89，百選Ⅰ-87】　120，123

最大判昭 30・2・9 刑集 9 巻 2 号 217 頁（公職選挙法違反被告事件）【判プラ 241，百選Ⅱ-151】　178，182

最判昭 30・11・29 民集 9 巻 12 号 1886 頁　52

最大判昭 31・5・30 刑集 10 巻 5 号 756 頁（児童福祉法違反被告事件）【判プラ 276，百選Ⅱ-A8】　209，210

最大判昭 31・7・4 民集 10 巻 7 号 785 頁（謝罪広告事件）【判プラ 51，百選Ⅰ-36】　43

最大判昭 35・7・20 刑集 14 巻 9 号 1243 頁（東京都公安条例事件）【判プラ 90，百選Ⅰ-A4】　120，123

最大判昭 38・5・22 刑集 17 巻 4 号 370 頁（東大ポポロ事件）【判プラ 136，百選Ⅰ-91】　169，171

最大判昭 39・2・26 民集 18 巻 2 号 343 頁（教科書無償事件）【判プラ 140，百選Ⅱ-A6】　169，171

東京地判昭 39・9・28 下民集 15 巻 9 号 2317 頁（「宴のあと」事件）【判プラ 103，百選Ⅰ-65】　22，26

旭川地判昭 41・5・25 判時 453 号 16 頁（旭川学テ事件 1 審）　161

最判昭 41・6・23 民集 20 巻 5 号 1118 頁【判プラ 108】　91

広島地判昭 42・4・17 行集 18 巻 4 号 501 頁（薬事法事件 1 審）　125

最大判昭 42・5・24 民集 21 巻 5 号 1043 頁（朝日訴訟）【判プラ 219，百選Ⅱ-136】　157，159

旭川地判昭 43・3・25 下刑集 10 巻 3 号 293 頁（猿払事件 1 審）【判プラ 318，百選Ⅱ-200】　101，102，103

札幌高判昭 43・6・26 下刑集 10 巻 6 号 598 頁（旭川学テ事件 2 審）　161

広島高判昭 43・7・30 行集 19 巻 7 号 1346 頁（薬事法事件 2 審）　125

最大判昭 43・12・4 刑集 22 巻 13 号 1425 頁（三井美唄労組事件）【判プラ 238，百選Ⅱ-149】　183

最判昭 44・6・25 刑集 23 巻 7 号 975 頁（「夕刊和歌山時事」事件）【判プラ 109，百選Ⅰ-68】　91，93

最大決昭 44・11・26 刑集 23 巻 11 号 1490 頁（博多駅事件）【判プラ 121，百選Ⅰ-78】　82，85

最大判昭 44・12・24 刑集 23 巻 12 号 1625 頁（京都府学連事件）【判プラ 29，百選Ⅰ-18】　20，21，23，26，32

東京地決昭 45・3・14 下民集 21 巻 3・4 号 413 頁　92

東京高決昭 45・4・13 高民集 23 巻 2 号 172 頁　92

最大判昭 45・6・24 民集 24 巻 6 号 625 頁（八幡製鉄政治献金事件）【判プラ 12，百選Ⅰ-9】　52，55，58

最大判昭 45・9・16 民集 24 巻 10 号 1410 頁（被拘禁者の喫煙）【判プラ 23，百選Ⅰ-15】　32，79，81，85

最大判昭 46・1・20 民集 25 巻 1 号 1 頁　140

神戸地判昭 47・9・20 行集 23 巻 8・9 号 711 頁（堀木訴訟 1 審）　152，154，179

最大判昭 47・11・22 刑集 26 巻 9 号 586 頁（小売市場事件）【判プラ 153，百選Ⅰ-96】　127，130，132，136

最大判昭 48・4・4 刑集 27 巻 3 号 265 頁（尊属殺人罪違憲判決）【判プラ 43，百選Ⅰ-28】　7

最大判昭 48・12・12 民集 27 巻 11 号 1536 頁（三菱樹脂事件）【判プラ 14，百選Ⅰ-10】　37，196

最判昭 49・7・19 民集 28 巻 5 号 790 頁（昭和女子大事件）【判プラ 15，百選Ⅰ-11】　62

最大判昭 49・11・6 刑集 28 巻 9 号 393 頁（猿払事件）【判プラ 20，百選Ⅰ-13】　83，95，97，99，103，149，150

札幌地小樽支判昭 49・12・9 判時 762 号 8 頁（在宅投票制度廃止訴訟 1 審）　177

最大判昭 50・4・30 民集 29 巻 4 号 572 頁（薬事法違憲判決，薬事法薬局距離制限事件）【判プラ 154，百選Ⅰ-97】　34，120，125，136，183，197，200

最大判昭 50・9・10 刑集 29 巻 8 号 489 頁（徳島市公安条例事件）【判プラ 177，百選Ⅰ-88】　150

大阪高判昭 50・11・10 行集 26 巻 10・11 号 1268 頁（堀木訴訟 2 審）　152，156

東京地判昭 50・11・21 判時 806 号 26 頁（よど号ハイジャック記事抹消事件 1 審）　78

最判昭 50・11・28 民集 29 巻 10 号 1698 頁（国労広島地本事件）【判プラ 239，百選Ⅱ-150】　53，55，57，58

ii 判例索引

最大判昭 51・4・14 民集 30 巻 3 号 223 頁（衆議院議員
　定数不均衡違憲判決）【判プラ 250, 百選Ⅱ-153】
　177, 188, 191

**最大判昭 51・5・21 刑集 30 巻 5 号 615 頁（旭川学テ
事件）**【判プラ 142, 百選Ⅱ-140】　161

東京高判昭 52・5・30 訟月 23 巻 6 号 1051 頁（よど号
　ハイジャック記事抹消事件 2 審）　78

最大判昭 52・7・13 民集 31 巻 4 号 533 頁（津地鎮祭訴
　訟）【判プラ 66, 百選Ⅰ-46】　64, 66, 67, 73,
　74, 76

札幌高判昭 53・5・24 判時 888 号 26 頁（在宅投票制度
　廃止訴訟 2 審）　177

最大判昭 53・7・12 民集 32 巻 5 号 946 頁（事後法によ
　る財産権の内容変更）【判プラ 165, 百選Ⅰ-104】
　139, 140

最大判昭 53・10・4 民集 32 巻 7 号 1223 頁（マクリーン
　事件）【判プラ 2, 百選Ⅰ-1】　65, 197, 200

最判昭 54・10・9 刑集 33 巻 6 号 503 頁（大阪学テ事件）
　169, 171

札幌地判昭 55・7・16 民集 40 巻 4 号 908 頁（北方ジャ
　ーナル事件 1 審）　87

札幌高判昭 56・3・26 民集 40 巻 4 号 921 頁（北方ジャ
　ーナル事件 2 審）　87

最判昭 56・4・14 民集 35 巻 3 号 620 頁（前科照会事件）
　【判プラ 33, 百選Ⅰ-19】　22, 26

最大判昭 57・7・7 民集 36 巻 7 号 1235 頁（堀木訴訟）
　【判プラ 221, 百選Ⅱ-137】　152

**最大判昭 58・6・22 民集 37 巻 5 号 793 頁（よど号ハ
イジャック記事抹消事件）**【判プラ 21, 百選Ⅰ-16】
　78, 97, 100

最大判昭 59・12・12 民集 38 巻 12 号 1308 頁（〔札幌〕
　税関検査事件）【判プラ 132, 百選Ⅰ-73】　83, 90,
　93, 97, 145, 147, 148, 150

最判昭 59・12・18 刑集 38 巻 12 号 3026 頁（吉祥寺駅
　〔構内〕ビラ配布事件）【判プラ 82, 百選Ⅰ-62】
　109, 113, 119

最大判昭 60・7・17 民集 39 巻 5 号 1100 頁【判プラ 322,
　百選Ⅱ-154】　191

大阪地判昭 60・8・14 民集 49 巻 3 号 872 頁（泉佐野市
　民会館事件 1 審）　115

最大判昭 60・10・23 刑集 39 巻 6 号 413 頁（福岡県青
　少年保護育成条例事件）【判プラ 178, 百選Ⅱ-113】
　147, 148, 150

最判昭 60・11・21 民集 39 巻 7 号 1512 頁（在宅投票制
　度廃止訴訟）【判プラ 314, 百選Ⅱ-197】　111,
　176, 178, 181, 182

熊本地判昭 61・2・13 判時 1181 号 37 頁（南九州税理
　士会事件 1 審）　51

東京地判昭 61・3・20 行集 37 巻 3 号 347 頁（日曜日授
　業参観事件）【判プラ 64, 百選Ⅰ-44】　66, 67

**最大判昭 61・6・11 民集 40 巻 4 号 872 頁（北方ジャー
ナル事件）**【判プラ 116, 百選Ⅰ-72】　33, 87

最判昭 62・3・3 刑集 41 巻 2 号 15 頁（大分県〔屋外広
　告物〕条例違反被告事件）【判プラ 80, 百選Ⅰ-61】
　110, 119

最大判昭 62・4・22 民集 41 巻 3 号 408 頁（森林法事件）
　【判プラ 163, 百選Ⅰ-101】　18, 136, 139, 140

最大判昭 63・6・1 民集 42 巻 5 号 277 頁（自衛官合祀
　事件）【判プラ 73, 百選Ⅰ-47】　33

大阪高判平元・1・25 民集 49 巻 3 号 885 頁（泉佐野市
　民会館事件 2 審）　115

最判平元・3・7 判時 1308 号 111 頁　131

最大判平元・3・8 民集 43 巻 2 号 89 頁（レペタ事件,
　法廷メモ事件）【判プラ 128, 百選Ⅰ-77】　36, 82,
　85

最判平 3・7・9 民集 45 巻 6 号 1049 頁（未成年者接見
　禁止規則訴訟）　81, 85

福岡高判平 4・4・24 判時 1421 号 3 頁（南九州税理士
　会事件 2 審）　51

最大判平 4・7・1 民集 46 巻 5 号 437 頁（成田新法事件）
　【判プラ 179, 百選Ⅱ-115】　97, 118, 120, 149,
　150

最判平 4・12・15 民集 46 巻 9 号 2829 頁（酒類販売免
　許制事件）【判プラ 155, 百選Ⅰ-99】　131, 132

最判平 5・2・16 民集 47 巻 3 号 1687 頁（箕面忠魂碑訴
　訟）【判プラ 68, 百選Ⅰ-51】　73, 74, 76

神戸地判平 5・2・22 判タ 813 号 134 頁（神戸高専事件
　1 審）　61

最判平 5・3・16 民集 47 巻 5 号 3483 頁（第一次家永教
　科書訴訟, 第一次教科書検定事件）【百選Ⅰ-93】
　83, 171

最判平 5・5・27 判時 1490 号 83 頁（大阪合同税理士会
　事件）　56

最判平 6・2・8 民集 48 巻 2 号 149 頁（「逆転」事件）
　【判プラ 105, 百選Ⅰ-66】　33

大阪高判平 6・12・22 行集 45 巻 12 号 2069 頁（神戸高
　専事件 2 審）　61

最判平 7・2・28 民集 49 巻 2 号 639 頁（定住外国人地
　方参政権訴訟）【判プラ 7, 百選Ⅰ-4】　197, 200

**最判平 7・3・7 民集 49 巻 3 号 687 頁（泉佐野市民会館
〔使用不許可処分〕事件）**【判プラ 95, 百選Ⅰ-86】
　83, 109, 111, 113, 115, 146, 149, 150, 179

最大決平 7・7・5 民集 49 巻 7 号 1789 頁（非嫡出子相
　続分差別）【判プラ 47】　14, 18

最判平 7・12・15 刑集 49 巻 10 号 842 頁（指紋押捺事
　件）【判プラ 36, 百選Ⅰ-3】　23, 26

**最二小判平 8・3・8 民集 50 巻 3 号 469 頁（神戸高専事
件判決, 剣道実技拒否事件）**【判プラ 65, 百選Ⅰ-
45】　35, 47, 61, 84

最判平 8・3・15 民集 50 巻 3 号 549 頁（上尾市福祉会
　館事件）【判プラ 96】　120, 122, 123

**最判平 8・3・19 民集 50 巻 3 号 615 頁（南九州税理士
会事件）**【判プラ 58, 百選Ⅰ-39】　51

判例索引　iii

東京地判平 8・5・16 判時 1566 号 23 頁（東京都管理職選考受験事件 1 審）　193

最大判平 8・9・11 民集 50 巻 8 号 2283 頁【判プラ 256】　192

最判平 9・4・2 民集 51 巻 4 号 1673 頁（愛媛玉串料訴訟）【判プラ 69，百選 I-48】　74，76

東京高判平 9・11・26 高民集 50 巻 3 号 459 頁（東京都管理職選考受験事件 2 審）　193

最判平 10・3・13 自正 49 巻 5 号 213 頁（日弁連スパイ防止法案反対決議事件）　59

最大決平 10・12・1 民集 52 巻 9 号 1761 頁（寺西判事補事件）【判プラ 210・280，百選 II-183】　97，100，104

最判平 11・2・26 判時 1682 号 12 頁　85

東京地判平 11・10・28 民集 59 巻 7 号 2216 頁（在外国民選挙権訴訟 1 審）　173

最大判平 11・11・10 民集 53 巻 8 号 1441 頁【判プラ 252】　188

最大判平 11・11・10 民集 53 巻 8 号 1577 頁【判プラ 254，百選 II-157】　188

最大判平 11・11・10 民集 53 巻 8 号 1704 頁【判プラ 248，百選 II-157】　188

最判平 12・2・8 刑集 54 巻 2 号 1 頁（司法書士法違反事件）【判プラ 159，百選 I-100】　132

名古屋高金沢支判平 12・2・16 判時 1726 号 111 頁（富山県立美術館天皇コラージュ事件）【判プラ 86，百選 II-167】　107，113

最判平 12・2・29 民集 54 巻 2 号 582 頁（エホバの証人輸血拒否事件）【判プラ 39，百選 I-26】　33

東京地判平 12・5・24 金判 1141 号 8 頁（証券取引法インサイダー取引規制事件 1 審）　134

東京高判平 12・9・28 金判 1141 号 8 頁（証券取引法インサイダー取引規制事件 2 審）　134

東京高判平 12・11・8 民集 59 巻 7 号 2231 頁（在外国民選挙権訴訟 2 審）　173

東京地判平 13・9・12 判例集未登載（LEX/DB 28062353）（東大和市雑誌閲覧禁止処分取消事件）　114

最大判平 14・2・13 民集 56 巻 2 号 331 頁（証券取引法インサイダー取引規制事件）【判プラ 164，百選 I-102】　134

最判平 14・4・5 刑集 56 巻 4 号 95 頁　137

佐賀地判平 14・4・12 判時 1789 号 113 頁　60

最判平 14・4・25 判時 1785 号 31 頁（群馬司法書士会事件）【判プラ 59】　55，58

最判平 14・9・24 判時 1802 号 60 頁（「石に泳ぐ魚」事件）【判プラ 104，百選 I-67】　33，93

最判平 15・4・18 民集 57 巻 4 号 366 頁　137，140

東京地判平 15・9・9 民集 59 巻 6 号 1579 頁（船橋市西図書館事件 1 審）　105

最判平 15・9・12 民集 57 巻 8 号 973 頁（江沢民講演事件）【判プラ 34，百選 I-20】　22，26

最大判平 16・1・14 民集 58 巻 1 号 56 頁【判プラ 257，百選 II-159】　192

大阪地判平 16・2・27 判時 1857 号 92 頁（住基ネット判決 1 審）　19

東京高判平 16・3・3 民集 59 巻 6 号 1604 頁（船橋市西図書館事件 2 審）　105

東京高決平 16・3・31 判時 1865 号 12 頁（「週刊文春」事件）【判プラ 107】　93

広島地判平 16・7・16 刑集 61 巻 6 号 645 頁（広島市暴走族追放条例事件 1 審）　143

最大判平 17・1・26 民集 59 巻 1 号 128 頁（東京都管理職選考受験事件）【判プラ 8，百選 I-5】　183，193

東京地判平 17・4・13 判時 1890 号 27 頁（国籍法事件 1 審）　2

最判平 17・4・26 判時 1898 号 54 頁（農作物共済当然加入制事件）【判プラ 160】　132

最判平 17・7・14 民集 59 巻 6 号 1569 頁（船橋市西図書館事件）【判プラ 87，百選 I-74】　33，105

広島高判平 17・7・28 刑集 61 巻 6 号 662 頁（広島市暴走族追放条例事件 2 審）　143

最大判平 17・9・14 民集 59 巻 7 号 2087 頁（在外国民選挙権訴訟）【判プラ 242，百選 II-152】　16，173

最判平 17・11・8 民集 59 巻 9 号 2333 頁　137

東京高判平 17・11・24 判時 1915 号 29 頁　112

最判平 18・1・20 民集 60 巻 1 号 137 頁　33

最判平 18・2・7 民集 60 巻 2 号 401 頁（呉市教研集会会場使用不許可事件，広島県教職員組合事件，広島県教組教研集会事件）　113，123

東京高判平 18・2・28 家月 58 巻 6 号 47 頁（国籍法事件 2 審）　2

札幌地判平 18・3・3 民集 64 巻 1 号 89 頁（空知太神社事件 1 審）　69

最判平 18・3・23 判時 1929 号 37 頁　84

最判平 18・6・23 判時 1940 号 122 頁（首相靖国参拝事件）【判プラ 74】　35

東京地判平 18・6・29 刑集 66 巻 12 号 1627 頁（堀越事件 1 審）　95

最判平 18・7・13 判時 1946 号 41 頁（在宅投票制度神経症訴訟）【判プラ 243】　7，181，182

最判平 18・11・27 判タ 1232 号 82 頁　138

大阪高判平 18・11・30 判時 1962 号 11 頁（住基ネット判決 2 審）　19

最判平 19・2・27 民集 61 巻 1 号 291 頁（「君が代」ピアノ伴奏事件）【判プラ 54】　47，49

最大判平 19・6・13 民集 61 巻 4 号 1617 頁　189

札幌高判平 19・6・26 民集 64 巻 1 号 119 頁（空知太神社事件 2 審）　69

大阪高判平 19・8・24 判時 1992 号 72 頁　59

最判平 19・9・18 刑集 61 巻 6 号 601 頁（広島市暴走族〔追放〕条例事件）【判プラ 310，百選 I-89】　121，123，143

最判平 19・9・28 民集 61 巻 6 号 2345 頁（学生無年金障害者訴訟）【判プラ 225，百選 II-139】　8 iv 判例索引

最決平 19・10・19 家月 60 巻 3 号 36 頁【判プラ 50】
34

最判平 20・3・6 民集 62 巻 3 号 665 頁（住基ネット判決）【判プラ 35, 百選 I -21】 19

最決平 20・5・8 判時 2011 号 116 頁【判プラ 211】
210

最大判平 20・6・4 民集 62 巻 6 号 1367 頁（国籍法事件）【判プラ 48, 百選 I -35】 1, 12, 16, 18, 156, 200

京都地判平 20・12・8 判時 2032 号 104 頁（京都市タウンミーティング事件 1 審） 107, 113

最決平 21・1・15 民集 63 巻 1 号 46 頁（検証物提示命令事件） 210

東京地判平 21・1・19 判時 2056 号 148 頁（起立斉唱命令事件〔I 事件〕1 審） 39

最判平 21・4・23 判時 2045 号 116 頁 138

大阪高判平 21・6・11 判時 2056 号 65 頁 86

最判平 21・7・17 集刑 297 号 209 頁 138

さいたま地判平 21・7・22 判例集未登載 77

大阪高判平 21・9・17 判時 2068 号 65 頁（京都市タウンミーティング事件 2 審） 107, 113

東京高判平 21・10・15 判時 2063 号 147 頁（起立斉唱命令事件〔I 事件〕2 審） 39

千葉地判平 22・1・18 刑集 65 巻 8 号 1351 頁（裁判員制度違憲訴訟 1 審） 202

最大判平 22・1・20 民集 64 巻 1 号 1 頁（空知太神社事件）【判プラ 71, 百選 I -52】 69

最大判平 22・1・20 民集 64 巻 1 号 128 頁（富平神社事件）【判プラ 72】 76

東京高判平 22・3・29 刑集 66 巻 12 号 1687 頁（堀越事件 2 審） 95

東京地判平 22・3・30 判時 2096 号 9 頁（新薬事法事件 1 審） 130, 131, 132

東京高判平 22・6・21 刑集 65 巻 8 号 1363 頁（裁判員制度違憲訴訟 2 審） 202

東京高判平 22・11・25 判時 2107 号 116 頁（プリンスホテル日教組会場使用拒否事件） 124

最二小判平 23・5・30 民集 65 巻 4 号 1780 頁（起立斉唱命令事件）【判プラ 55, 百選 I -40】 39, 65, 67

最一小判平 23・6・6 民集 65 巻 4 号 1855 頁 39, 67

最三小判平 23・6・14 民集 65 巻 4 号 2148 頁 39, 67

最判平 23・6・21 判時 2123 号 35 頁 67

東京地判平 23・8・25 判例集未登載（「真理が我らを自由にする」事件） 114

最判平 23・9・22 民集 65 巻 6 号 2756 頁【百選 II -204】 139

最大判平 23・11・16 刑集 65 巻 8 号 1285 頁（裁判員制度違憲訴訟）【判プラ 281 -2, 百選 II -181】 202

最判平 24・1・13 刑集 66 巻 1 号 1 頁 206

最一小判平 24・1・16 集民 239 号 1 頁（不起立懲戒処分事件） 49

最一小判平 24・1・16 集民 239 号 253 頁（不起立懲戒処分事件）【判プラ 55 -2】 49

最判平 24・2・28 民集 66 巻 3 号 1240 頁（生活保護老齢加算廃止違憲訴訟）【判プラ 227 -2】 159

東京家審平 24・3・26 金判 1425 号 30 頁（非嫡出子相続分事件 1 審） 10

東京高決平 24・6・22 民集 67 巻 6 号 1352 頁（非嫡出子相続分事件 2 審） 10

最大判平 24・10・17 民集 66 巻 10 号 3357 頁（参議院議員定数違憲訴訟）【判プラ 321 -3, 百選 II -155】 191

最判平 24・12・7 刑集 66 巻 12 号 1337 頁（堀越事件）【判プラ 20 -2, 百選 I -14】 82, 95, 138, 148

最判平 24・12・7 刑集 66 巻 12 号 1722 頁（世田谷事件） 99, 102, 103

東京地判平 25・3・14 判時 2178 号 3 頁（成年被後見人選挙権）【判プラ 243 -2】 178, 182

東京高判平 25・3・26 判時 2188 号 48 頁（議員定数不均衡訴訟〔本書 20 事件〕1 審） 185

東京地判平 25・5・29 判時 2196 号 67 頁（夫婦同氏事件 1 審） 28

最大決平 25・9・4 民集 67 巻 6 号 1320 頁（非嫡出子相続分事件）【判プラ 48 -2, 百選 I -29】 10, 37

大阪高判平 25・9・27 判時 2234 号 29 頁（受刑者選挙権） 178, 182

最大判平 25・11・20 民集 67 巻 8 号 1503 頁（議員定数不均衡訴訟）【判プラ 321 -2】 179, 184

東京高判平 26・3・28 民集 69 巻 8 号 2741 頁（夫婦同氏事件 2 審） 28

最判平 26・5・27 判時 2231 号 9 頁 138

最大判平 26・11・26 民集 68 巻 9 号 1363 頁（参議院議員定数違憲訴訟） 189, 191, 192

最大判平 27・11・25 民集 69 巻 7 号 2035 頁（衆議院議員定数違憲訴訟） 188, 191

最大判平 27・12・16 民集 69 巻 8 号 2427 頁（再婚禁止期間判決） 37, 181

最大判平 27・12・16 民集 69 巻 8 号 2586 頁（夫婦同氏事件） 16, 28

東京地判平 28・7・11 判時 2329 号 60 頁 38

東京地決平 29・1・6 判例集未登載（LEX/DB 25545218） 92

最大判平 29・3・15 刑集 71 巻 3 号 13 頁（GPS 捜査判決） 23

東京地決平 29・3・31 判例集未登載 92

最大判平 29・9・27 裁時 1685 号 10 頁（参議院議員定数違憲訴訟） 191, 192

大阪地判平 29・9・27 判例集未登載（LEX/DB 25548925）（入墨施術事件） 132

判例トレーニング　憲　法

2018(平成30)年 4 月 3 日　　初版第 1 刷発行

	棟	居	快	行
編　者	工	藤	達	朗
	小	山		剛
発行者	今	井		貴
	今	井		守

発行所　　信山社出版株式会社

〒 113-0033 東京都文京区本郷 6-2-9-102
電　話　03-3818-1019
Ｆ Ａ Ｘ　03-3818-0344

印刷・製本／暁印刷・渋谷文泉閣

© 棟居快行，工藤達朗，小山剛 2018. Printed in Japan

ISBN978-4-7972-2771-0　C3332

JCOPY 〈出版者著作権管理機構　委託出版物〉

本書の無断複製は著作権法上での例外を除き禁じられています。複製される場合は，そのつど事前に，出版者著作権管理機構（電話 03-3513-6969，FAX 03-3513-6979，e-mail：info@jcopy.or.jp）の許諾を得てください。

棟居快行 著
人権論の新構成   8,800円

棟居快行 著
憲法学の可能性   6,800円

棟居快行 著
憲法解釈演習〔第2版〕   2,800円

新井　誠 編著
ディベート憲法   2,300円

（本体価格）

―――――――――――――― 信 山 社 ――――――――――――

鈴木秀美 著
放送の自由〔増補第 2 版〕   9,000円

曽我部真裕・田近肇 編
憲法裁判所の比較研究   7,000円

山本龍彦 著
プライバシーの権利を考える   7,000円

井上武史 著
結社の自由の法理   8,800円

（本体価格）
──────── 信 山 社 ────────

———————— 判例プラクティス・シリーズ ————————

憲法判例研究会 編
　　（執筆　淺野博宣・尾形健・小島慎司・
　　　宍戸常寿・曽我部真裕・中林暁生・山本龍彦）
判例プラクティス憲法〔増補版〕　　　　　　3,880円

松本恒雄・潮見佳男 編
判例プラクティス民法Ⅰ　総則・物権　　　　3,600円
判例プラクティス民法Ⅱ　債権　　　　　　　3,600円
判例プラクティス民法Ⅲ　親族・相続　　　　2,800円

成瀬幸典・安田拓人 編
判例プラクティス刑法Ⅰ　総論　　　　　　　4,000円

成瀬幸典・安田拓人・島田聡一郎 編
判例プラクティス刑法Ⅱ　各論　　　　　　　4,480円

（本体価格）

———————— 信 山 社 ————————